中学地理教科书研究丛书　丛书主编／王民

中国中学地理教科书发展与演变研究(1902—2019)

Research on the Development and Evolution of Geography Textbooks for Secondary Schools in China(1902—2019)

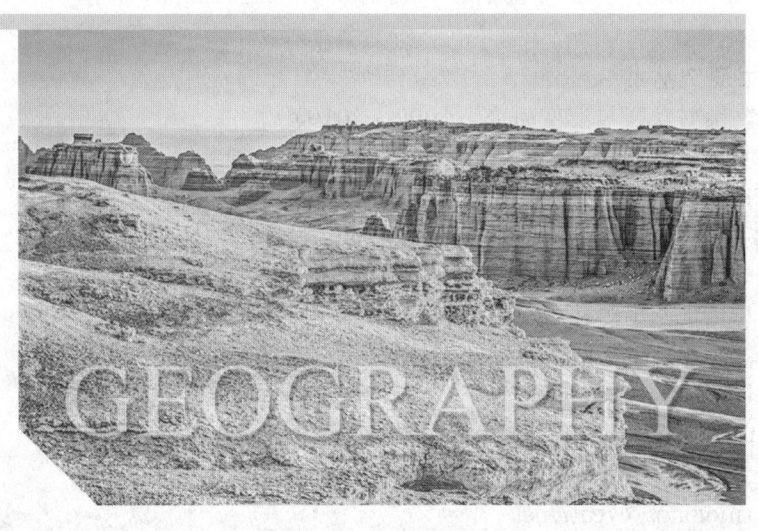

◎ 王民　何亚琼　蔚东英　张九零／著

中国地图出版社
·北京·

图书在版编目（CIP）数据

中国中学地理教科书发展与演变研究：1902—2019 = Research on the Development and Evolution of Geography Textbooks for Secondary Schools in China（1902—2019）/ 王民主编． —— 北京：中国地图出版社，2022.7
（中学地理教科书研究丛书）
ISBN 978-7-5204-3012-8

Ⅰ．①中… Ⅱ．①王… Ⅲ．①中学地理课－教材－研究－中国－1902-2019 Ⅳ．① G633.552

中国版本图书馆 CIP 数据核字（2022）第 115811 号

中学地理教科书研究丛书
中国中学地理教科书发展与演变研究（1902—2019）
Research on the Development and Evolution of Geography Textbooks for Secondary Schools in China（1902—2019）

出 版 发 行	中国地图出版社
社　　　　址	北京市白纸坊西街 3 号
邮 政 编 码	100054
电　　　　话	010-83543863
地图教学网	www.ditu.cn
电 子 邮 箱	sinomaps@yeah.net
印　　　　刷	三河市博文印刷有限公司
经　　　　销	新华书店
成 品 规 格	184mm×260mm
印　　　　张	20.5
版　　　　次	2022 年 7 月第 1 版
印　　　　次	2022 年 7 月河北第 1 次印刷
书　　　　号	ISBN 978-7-5204-3012-8
定　　　　价	36.00 元

中学地理教科书研究丛书
编写委员会

主　　任　陈　平　王　民
副 主 任　徐根才　蔚东英　陶宁平　田　忠　马宝艳
委　　员　（按姓氏笔画为序）
　　　　　马　箐　马　巍　王　英　王　强　兰大鹏
　　　　　朱小丽　伊　娜　刘　鹏　孙　玥　李　斌
　　　　　李春梅　何亚琼　张九零　张万春　张鹏韬
　　　　　陈　瑶　陈亚娇　陈思吉　林　珏　周代许
　　　　　赵　亮　胡志刚　相远红　廖　倩

目 录

◎ **第一部分　中国中学地理教科书发展演变研究概述** /1

第一章　中学地理教科书发展演变研究背景 /1
第一节　问题的提出 /2
第二节　有关概念的界定 /3
第三节　研究思路和方法借鉴 /4

第二章　中学地理教科书发展演变研究的方法体系构建 /11
第一节　理论基础 /12
第二节　方法体系 /14
第三节　发展过程 /18

◎ **第二部分　清末、民国时期中学地理教科书的发展** /23

第三章　地理课程的设置 /23
第一节　地理课程的发端 /24
第二节　清朝末期的地理课程（1902—1911）/28
第三节　北洋政府时期的地理课程（1912—1928）/30
第四节　国民政府时期的地理课程（1928—1949）/32

第四章　地理教育理论发展 /37
第一节　清末和北洋政府时期（1902—1928）/38
第二节　国民政府时期（1928—1949）/42

第五章　中学地理教科书的编写和出版 /49
第一节　中学地理教科书的萌芽 /50
第二节　清末——中学地理教科书的雏形阶段 /54
第三节　北洋政府时期——中学地理教科书的完善时期 /55
第四节　国民政府时期——中学地理教科书的出版盛期 /58

第六章　清末的中学地理教科书及其特点 /65
第一节　《新体中国地理》/66
第二节　最新中学教科书《瀛寰全志》/73
第三节　《中等地文学教科书》/78
第四节　清末中学地理教科书的特点 /83

第七章　北洋政府时期的中学地理教科书及其特点 /85
　　第一节　共和国教科书《本国地理》/86
　　第二节　共和国教科书《外国地理》/91
　　第三节　共和国教科书《自然地理》/95
　　第四节　新学制《地理教科书》/99
　　第五节　北洋政府时期中学地理教科书的特点 /103

第八章　国民政府时期的中学地理教科书及其特点 /105
　　第一节　复兴中学教科书《本国地理》/106
　　第二节　复兴中学教科书《外国地理》/114
　　第三节　复兴高级中学教科书《自然地理》/123
　　第四节　国民政府时期中学地理教科书的特点 /127

第九章　清末、民国时期中学地理教科书的发展与演变 /129
　　第一节　不同时期地理教科书的发展与演变 /130
　　第二节　中学地理教科书表述方式的发展与演变 /134
　　第三节　中学地理教科书教育功能的发展与演变 /137

第十章　清末、民国时期中学地理教科书国情教育的体现 /139
　　第一节　清末、民国时期中学地理教科书国情教育的主要阶段 /140
　　第二节　清末、民国时期中学地理教科书"国土疆域"的变化 /140
　　第三节　清末、民国时期中学地理教科书中"国土疆域"呈现的特点及其启示 /146

◎ 第三部分　中华人民共和国成立以来中学地理教科书的发展 /149

第十一章　地理课程设置与课程内容 /149
　　第一节　改造旧课程时期（1949—1956）/150
　　第二节　教育改革与探索时期（1957—1966）/152
　　第三节　"文化大革命"时期（1966—1976）/155
　　第四节　恢复发展时期（1977—1985）/155
　　第五节　学科体系完善时期（1986—2000）/157
　　第六节　新世纪地理课程改革时期（2001—2019）/164

第十二章　地理教育的理论研究 /167
　　第一节　改造旧课程时期（1949—1956）/168
　　第二节　教育改革与探索时期（1957—1966）/169

            第三节 "文化大革命"时期（1966—1976）/171
            第四节 恢复发展时期（1977—1985）/171
            第五节 学科体系完善时期（1986—2000）/174
            第六节 新世纪地理课程改革时期（2001—2019）/179

第十三章 中学地理教科书的编写和出版 /187
            第一节 改造旧课程时期（1949—1956）/188
            第二节 教育改革与探索时期（1957—1966）/193
            第三节 "文化大革命"时期（1966—1976）/194
            第四节 恢复发展时期（1977—1985）/195
            第五节 学科体系完善时期（1986—2000）/197
            第六节 新世纪地理课程改革时期（2001—2019）/200

第十四章 20世纪后半叶的中学地理教科书及其发展特点 /203
            第一节 改革旧课程时期（1949—1956）/204
            第二节 教育改革与探索时期（1957—1966）/214
            第三节 "文化大革命"时期（1966—1976）/217
            第四节 恢复发展时期（1977—1985）/218
            第五节 学科体系完善时期（1986—2000）/222
            第六节 20世纪后半叶中学地理教科书发展的特点 /238

第十五章 21世纪以来的中学地理教科书及其发展特点 /247
            第一节 初中地理教科书 /248
            第二节 高中地理教科书 /258
            第三节 21世纪新课程标准下中学地理教科书发展的特点 /279
            第四节 高中新课程地理教科书使用情况调查 /282

◎ **第四部分 研究的启示 /301**

    第十六章 我国地理教科书百余年发展历程的启示 /301

    第十七章 高中地理教科书难度国际比较研究的思考和启示 /307

后记 /313

第一部分
中国中学地理教科书发展演变研究概述

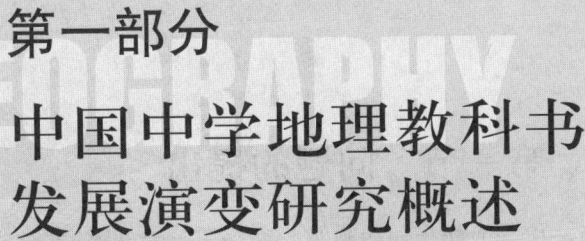

第一章

中学地理教科书发展演变研究背景

第一节　问题的提出

教科书作为教师教学和学生学习的主要资料，在教学中具有非常重要的作用。在一定意义上，教科书可以体现学科的地位、编者对学科的理解程度、学科的教学方法以及当时的社会态度。地理是培养公民地理素养的学科，地理教学的内容对公民具有强烈的导向作用，其中地理教科书的内容导向作用最为明显。地理教学的思想往往会在教科书内容的选择和编排中得以体现，这些内容是学生形成地理素养的核心元素。因此，地理教科书研究是地理教育研究中的核心要素之一。

自19世纪60年代以来，我国开始自办新式学校、设立地理课程，地理教科书才逐渐发展起来。我国现代地理教学模式主要是从国外引进过来的，经历了外国传教士办的教会学校、中国人办的新式学堂和清朝政府办的新式学校等阶段。

1902年1月10日，张百熙被任命为清政府管学大臣，着手制定新学制。同年8月15日，清政府颁布了由张百熙主持拟定的《钦定学堂章程》（又称"壬寅学制"）。但这个章程没有实施，就被《奏定学堂章程》取代。

1903年，由张百熙、张之洞、荣庆等奏拟《奏定学堂章程》，这年为癸卯年，所以又称"癸卯学制"。1904年1月13日，清政府颁布实施《奏定学堂章程》。该章程是中国近代第一个以教育法令公布并在全国实行的关于学制的文件，它根据初等教育、中等教育、高等教育等教育阶段的划分，对学校教育课程设置、教育行政及学校管理等做了明确规定，对中国近代教育产生了重大影响。它奠定了中国现代教育的基础，打破了儒家经典一统天下的局面，建立了统一的教育行政体系，并为结束科举制创造了条件。《奏定学堂章程》对中学的舆地课程首次做出了规定。此后，教学大纲不断增强了对教科书编写内容和框架的规范。1912年，北洋政府颁布了《审定教科书规程》，由此教科书审定开始实现了制度化。早期，出版社出版了大量的教科书，这些教科书对我国地理教科书的发展产生了重大的影响。

民国时期，我国地理学工作者就已经意识到地理在国民教育中的作用，并开始寻找进行地理国民教育的方法，一方面在于民治思想之涵养，另一方面在于对外思想之确立[1]。足以见得，长久以来地理教育所关注的核心问题并没有随着自然科学和教育科学取得的飞速发展而发生改变。

整个20世纪，受国内外政治、经济、文化以及地理学科自身发展等诸多因素的影响，我国中学地理教科书的发展先后经历了沿袭传统的地方志、编译国外教材、地方编写"乡土地理"等地方教材、出版社或者个人编写并接受国家教育部审订的教材等多个阶段。期间，地

---

[1] 刘玉峰. 地理教科书之急宜改造与其教授法之急宜革新[J]. 史地丛刊, 1921, 1 (2)：9–15.

理教科书的变革呈现出了多种形式，不仅开本、印张、印刷、文本的呈现方式、插图数量等方面有显著变化，教科书内容所体现的教育观、文化观、知识观等方面也发生了变化。2000年新一轮中学课程改革以来，我国开始对地理课程、地理教科书、地理教学、地理课程评价与考试等进行多方面的研究，取得了丰硕的成果，使我国对地理教育的研究发展到了一个新的阶段。

迄今为止，我国学者对地理教科书做了不少深入分析和探讨，特别是2000年新一轮课改以来，学者们对多个版本教材的横向和纵向对比有了深入研究，但是从历史的角度系统地对地理教科书进行梳理和分析的研究却很欠缺。历史上，我国出现过哪些中学地理教科书，其中具有代表性的有哪些？这些地理教科书是在怎样的背景下编写的？很多学者都在尝试回答这些问题。由于系统研究不够，历届地理教科书编制的成功经验没有得到很好地推广，失败的原因也并未得到深入的剖析，这影响了地理教科书的发展。

本书的目的不是编写中国地理教科书的完整历史，因为这个任务太过繁重。即使是编写简史，对分析教科书数量、研究深度都有较高要求，也是一项艰巨的工作，短时间内难以完成。本书旨在选取重点事件和具有代表性的地理教科书，进行重点研究，概括其特点，分析其影响因素，再现我国百余年来中学地理教科书的发展演变脉络，探寻其在地理教育中的地位和作用，并对地理教科书未来的发展提供借鉴。

第二节　有关概念的界定

一、中学

20世纪初期，我国先是模仿日本学制，制定了"癸卯学制"，后又受德国影响制定了"壬子癸丑学制"。这两个学制都只是对整个学程进行分级，没有明确区分初中、高中学段。1922年，当时的教育部公布了《学校系统改革令》，制定了"壬戌学制"，引进了美国中小学"六三三"学制，即小学六年，初中和高中各三年，这是我国20世纪以来中等学校首次设立初级中学和高级中学学段。中华人民共和国成立后，我国曾出现过"五四三"学制，即小学五年，初中四年，高中三年，但大部分地区依然使用"六三三"学制安排教学。从年龄阶段上来看，初中生年龄为13—15周岁，高中生年龄为16—18周岁。

二、地理教科书

广义的教材是指学校范围内普遍采用的体现教学内容、实现教学目标的工具，不仅包括课内的教科书和教学参考书，还包括课外书，其中课内教科书是教材的主体；狭义的教材是指课堂上使用的教科书或称作课本、教本，通常按学年或学期分册，主要由课文、注释、图像和习题等内容构成，需要经过国家相应的教育部门审批。本文所研究的地理教科书是指狭义的地理教材，即中学地理课堂上使用的地理教科书或称作地理课本、教本。

传统观念中，地理教科书的主要作用在于传承最基本的地理知识，其内容表现在文本中包含知识点的多少和深浅上。随着教育理念和教育技术的发展，地理教科书开始包含内容的组织编排，并具有了承载教学设计的功能。新课改以来，地理教科书再次革新，开始融入了科学研究的思想，加入了大量的案例研究和探究性学习内容，具有了承载教学方法的功能。地理教科书功能不断演变的过程是地理教科书研究的线索，也是本书研究的重点。

三、时间和地域范围

本书所研究的中学地理教科书是自1902年现代地理课程诞生至2019年这117年所出版的地理教科书。

自1902年《钦定学堂章程》颁布以来，我国中学的地理教育就已经作为正规学科被纳入了中学教学体系，经过不断摸索和改善，最终建立起了我国地理教育的完整体系。这一过程中不是简单的借鉴，而是地理教科书不断继承和发展、不断中国化和本土化的过程。历史上各个阶段都有中学地理教科书发展的相关研究，特别是中华人民共和国成立后的研究更为翔实，但目前依然鲜有系统而全面的研究。本书希望通过回顾我国地理教科书的发展历程，梳理其发展演变的脉络，探寻不同时期我国中学地理教科书的特点、影响因素及其相互关系。

本书研究的中华人民共和国成立前的地理教科书，以国民政府统治区使用的教材为主。事实上，1933—1948年，红色政权地区同样也编撰了大量的地理教科书。1931年"九一八事变"以后，日本为了在我国东北地区推行奴化教育，宣扬"日满一体""共存共荣"等思想，也编撰了很多教科书[①]。日本编撰的教科书虽然政治观点错误，思想反动，但仍有一定的研究价值。由于时间和精力有限，本书对这些教科书仅有所涉及，未做深入研究。

第三节 研究思路和方法借鉴

英国是一个比较重视地理教育的国家，在地理教科书的编写以及研究方面都有较长的历史，且有深入的研究。本书研究写作之初，我们对英国伦敦大学教育系诺曼·格雷夫斯于2001年编写出版的《学校地理教科书研究：1800—2000》进行了翻译、研究，对该书的研究思路、方法及其研究成果进行了剖析，希望能对我国地理教科书历史的研究有所启示。

一、英国地理教科书历史研究的指导思想和基本方法

教科书作为教师教学和学生学习的主要资料，在教学中具有无法替代的作用。从一定意义上讲，教科书是体现学科地位、编者对学科理解程度、学科教学方法以及当时社会态度的重要媒介。社会的道德信仰、文化、特定时期和社会技术条件下的重大事件、学科自身的发展状况等都可能反映在教科书中，这也体现了教科书历史发展研究的复杂性。此外，教科书

---

① 陈婷. 20世纪我国初中几何教科书编写沿革与发展[D]. 重庆：西南大学，2008：7.

不仅仅是反映特定时期社会背景的教学材料，也是一种建立在市场需求之上的特殊商品，即教科书市场从侧面反映了当时的经济发展状况。例如，20世纪30年代的金融危机等就是导致教科书市场萎缩与动荡的直接原因。

因此，地理学自身的发展、社会的进步和教科书市场的壮大，三者相辅相成共同构成了地理教科书的发展历史，这也是英国地理教科书研究的核心思想。英国学者诺曼·格雷夫斯在教科书研究过程中重点研究了三大主要问题：地理教科书内容与社会文化、经济、道德之间的关系演变；适用于不同时期地理教育的不同教学模式；地理学科自身的发展演变。

地理教科书发展历史的研究，是一个海量资料搜集、整理和分析的过程。作者从英国皇家地理学会图书馆、伦敦大学图书馆、英国图书馆等多家图书馆、出版社和研究学者那里查阅了数百本地理教科书及相关的一手资料。另外，为保证研究的连贯性和完整性，作者还查阅了大量17、18世纪的教科书，其研究中提及最早的是1638年罗伯特·休斯编写的《地球论：基于地球和天球及其使用途径的研究》(*A Learned Treatise of Globes, both Coelestiall and Terrestriall with Severall Their Uses*)。诺曼·格雷夫斯通过对这些资料的研究，展现了英国地理教科书的发展历程。

教科书研究的基本步骤可以归纳为：首先，分析地理教科书内容的变化，挖掘地理教科书中自然地理、人文地理、区域地理等内容相互渗透和转变的过程，证明特定内容与社会背景之间的关系，了解地理学科发展在地理教科书中的反映等；其次，分析典型地理教科书的构思，探寻地理教科书是侧重现象描述还是侧重事物间的联系，是以传统教授课文为主还是以问答互动为主，是以"人—地"关系为主线还是以"新地理学"思想为主线等；再次，采用多种常规研究方法分析地理教科书中地图和插图的特征、排版格式和色彩的变化以及教学模式的变化等；最后，进行批判性分析，力求客观公正地评价不同时期地理教科书因为特殊的社会背景（例如战争）、读者的宗教偏见等因素而出现的不真实甚至错误的论述，并对其进行适当的说明和更正。

二、2000年以前英国地理教科书的发展

基于以上的研究思想和研究方法，作者对英国2000年以前的地理教科书历史进行了梳理，并将其大致分为了以下7个主要阶段。

第1个阶段，地理教科书的孕育期。19世纪以前，英国的教育并非由国家开办，只有上层阶级才会雇佣家庭教师辅导孩子学习。因此，学校地理教科书的数量非常少，内容主要停留在对世界的描述，且以讲义的形式出现。通常地理教科书在事实性问题之后附有很长的答案，用于学生记忆。教学中，教师根据学生的能力来确定所要教授的要点，让学生通过寻找问题的原因并对其进行解释来学习。当时宗教对知识的影响相当显著，学生学习的主要目的是为了提高其阅读宗教经文的能力。

第2个阶段，地理教科书大量出现。1800—1830年，地理教科书的数量显著增加，教科书的特征开始发生变化。虽然教科书中罗列的名词解释依然居多，但也出现了一些描述陆地

和水体的分布、各大洲国家的位置、山川和河流的分布等信息的地图。教科书内容涉及基本术语（例如大洲、海洋、地峡等），国家的位置和边界、物产、民居特征以及政府和政体等。由于几乎所有的教科书都是个人编写，所以教科书中往往有诸多的个人偏见。

第3个阶段，地理教科书正式成为学校教学用书。1830—1900年，地理教科书已经在学校中使用，且大致可分为三类。第一类教科书倾向于传递事实信息，这类教科书通常是关于特定地区和国家零碎信息的堆积，但随着时代的进步，信息量显著增加，其准确性也受到了怀疑。第二类教科书随着自然科学的发展和人们对科学方法理解的不断加深，教科书更倾向于自然地理学，即精准地理学。学校教育更强调学生学习自然世界的方式，此时的地理学与物理学、化学、地质学和植物学等学科密切相关。第三类教科书的编写重点突出了"人—地"关系，并强调"环境决定论"，同时也关注时代背景下政治的影响。

第4个阶段，区域地理内容得以强化。1902年英国教育法的通过对中学地理教育的发展起到显著作用。地理教学内容的质量有了明显改善，人们意识到地理是一门有用的学科。学者普遍认为，地理的学习需要在人文环境中进行，需要介绍科学的研究方法，需要在一定范围内体现人与自然的相互关系，而相对于巨大的自然界来说，学生更容易接受小范围内的学习。由此，区域地理的教科书开始出现。到20世纪上半叶，中学地理教科书逐渐形成了以区域性质的世界为主并结合了自然地理内容的特征，但此时的地理教科书受到了帝制思想的影响。

第5个阶段，地理教科书的巩固与发展。经历两次世界大战后，到20世纪60年代末，地理教科书的数量不断增长。地方教育机关所管制的中学数量增加、中学考试的发展刺激了地理教科书的撰写。中学学生离校年龄的后延（1918年为14周岁，1947年为15周岁），使得中学地理教科书的需求随之增加。20世纪初，地理教科书中帝制思想普遍存在，有学者意识到民族特征很难达成普遍的认同，因而难以进行民族间的文化比较。随后，撰写者开始尝试在地理教科书中编入趣味性的内容，同时在区域的框架上注重融入人文地理的思想，使得地理学的概念、技能等能在区域的框架上得以阐述。二战后，帝制思想和大英国文明开始在地理教科书中消失，地理教科书逐渐开始强调插图和文本的结合，强调战后重建和待人宽容的态度，技术上也开始有了彩色印刷读本。

第6个阶段，新地理学下地理教科书的变革。1967年，英国地理协会成立了一个地理模型和定量技术委员会，将地理学推向了"新地理学"时代，由此促进了出版商顺着这条主线出版新观念的地理教科书。当时的地理教科书主要分为三大类：第一类地理教科书对观念的革新没有深入地理解，主要关注城市、资源和工业生产的分布等确定的问题，并没有与地理学新观念结合起来，也不想使其成为地理课程的一部分；第二类地理教科书关注了部分地理学定量技术，并将其视为"新地理学"，它们强调学生亲自调查的重要性，在课本和练习簿中提供了大量的练习，但这些调查常常会因为缺乏对特殊技术的掌握而导致调查结果受到质疑；第三类地理教科书大胆地在中学地理课程中教授新的概念和技术，这些教科书将国家重要的问题和地理新概念巧妙地结合起来,同时也运用了当时先进的课程与教学论,推动了地理教育的发展。此外,地理教科书在版式、印刷和插图上都有了很大改进,使用了大号字体、双色印刷和大量图片,但实质性的变化并不多见。在区域地理方面,地理教科书重点关注的区域是欧洲和第三世界国家。实际教学中,包含有"新地理学"内容的地理教科书多用于选择性学校或综合性学校,学生大多是能力较强者。

第 7 个阶段,地理教科书再发展时期。地理教科书的内容、出版和生产发生了一系列的变化,其主要影响因素有以下几方面。首先,随着地理学多种观点的不断演化,地理教科书撰写者对于当时教育观点所持的态度各不相同,使得这些思想融入地理教科书中的时间有差异;其次,为了方便教师教学,地理教科书中与练习相关的表格、图像、地图、图片等增多,双面印刷比较受欢迎,另外彩色印刷提高了地理教科书的可读性;再者,公办学校采用国家课程导致英国教育系统发生了根本性的变化,1990 年之前出版的地理教科书因为和国家课程内容不符被淘汰,只有之后出版的少量教科书占据了英国地理教科书的主要市场。

三、英国地理教科书历史研究给我们的启示与借鉴

通过研究英国 2001 年出版的《学校地理教科书研究:1800—2000》,我们得到了诸多有益的启示和借鉴。

1. 收集丰富的一手资料

在对地理教科书进行全面梳理的过程中,英国作者通过图书馆、出版社和研究学者寻找了丰富的资料,掌握了大量的史实素材。作者在分析过程中的每个环节都会列举大量的具体案例,涉及了地理教科书课文、地图、练习、编写要旨、相关评价等,为读者提供了评析的材料,从而使读者切身体会地理教科书的发展过程。在海量一手资料的基础上,作者进行了全面细致的分析,拓展了研究的深度和广度,也为作者的观点提供了佐证。

在我国地理教科书发展历史进程中,虽然自《奏定学堂章程》颁布以来,当时的政府多次颁布了地理课程标准和教学大纲,对地理教科书的编制和出版做了相应的政策性规定,但是地理教科书的实际出版和发行制度变化频繁。特别是中华人民共和国成立前,社会动荡、战争不断、国民生活水平很低、教育发展缓慢,使得很多教科书因为缺乏市场,流传下来的版本分散在各地,尚无统一的共享平台。所以,要深入分析我国地理教科书的历史,搜集和整理散落各地的各个时期的教科书就是当务之急。建立中国地理教科书数据库,收集各个年代不同版本的地理教科书和配套材料,是地理教科书研究的基础和必要条件。

2. 合理把握教科书及其内容的属性

从商业的角度来看,地理教科书是一种商品,市场对地理教科书的需求是诱发其出版和发行的直接原因,这种关系是基本恒定的。但是,从学科教育的角度来看,地理教科书及其内容的属性是随着时代和学科背景的变化而变化的,只有抓住了这种变化的关键,才可能对地理教科书历史进行全面而深入的分析。从英国地理教科书发展阶段的分析中可以看到,作

者对于地理教科书及其内容的把握是按照地理学科自身的不断发展以及人们对其理解程度的加深这两条线索进行的。当然，作者也承认在学科发展和教科书内容编写之间存在着一定的时间延迟，而这种延迟很大程度上受商业利益的影响。

我国地理教科书的出现和最初的发展都是在社会极其动荡的背景下完成的。当时地理学科的发展非常缓慢，大部分地理教科书的编著是直接的译本或者是有识之士糅合国外教材经过简单整理而完成的，不仅无法做到内容全面，而且还存在诸多不符合国情、甚至错误之处，地理学科发展对地理教科书内容编写的促进作用并不大。因此，在对我国地理教科书及其内容进行分析的过程中，寻找合理的思想脉络对于理清纷繁的地理教科书是非常必要的。在之前的研究中，有学者按照不同的历史时期进行教科书分类，有学者对不同学校（例如，旧中国的教会学校、私立学校、公办学校）的教科书进行分析，也有学者根据具体学科（例如，自然地理、人文地理、区域地理）对教科书进行分析，这些思路和方法都是值得借鉴的。

3. 紧密结合教育理论和教学实践的发展

教育理论和教学实践的进步不断推动着地理教科书的教育形式和效果的发展。这是研究英国地理教科书历史发展的另一条重要线索。19世纪初，教育只是一个让学生记住客观事实的过程；随后，一些学者试图通过在地理教科书中插入诗词或以问答的形式编写教科书，来提高教科书的活力；到19世纪60年代，实用主义者意识到了教师与学生之间交流的重要性，开始在地理教科书中加入故事以及构建与学生交流的情景来增强教学的效果；20世纪初，有学者开始强调通过实验、观察和面向社会的学习，由此地理教科书开始强调直接观察（野外实习），以及从地图、图片、图表和观察物的记录和解说中进行直观发现，地理教科书内容开始和现实生活联系了起来；到20世纪60年代，以儿童为中心的发现式讲授与学习方法在地理教科书中备受欢迎，以学生对环境的兴趣点作为出发点，为教学法提供了新视角。20世纪80年代以后，地理教科书体现的主要教学原则是"从做中学"，除了必修课所规定的学习内容，学生更多承担了主动学习的角色。

地理教科书的编写和地理学科的研究相比，教科书的编写是一个将地理学知识和教育学理论相结合的富有普及性质的工作，它不仅关注所传递内容的真实性和全面性，更要关注传递过程中学生接受和掌握的程度。所以，结合教育理论和教学实践的发展来研究地理教科书的发展史是必然的途径。受传统教育思想的影响，我国地理教科书中要求学生记忆的部分居多，对于先进的教育理念接受较少，这也是导致我国地理教育发展缓慢的原因之一。

4. 结合民族精神展开理性思辨

影响英国地理教科书发展的民族精神主要包括宗教和爱国主义两个方面。就宗教而言，19世纪早期的很多地理教科书是由牧师撰写的，这些教科书集中反映了英国宗教的观点。19世纪中期，随着达尔文"生物进化论"观点的提出，地理教科书的撰写者开始意识到了生物进化和宗教利益之间的冲突。到20世纪上半叶，地理教科书虽然涉及了宗教内容，但其内容基本上是中立的。到20世纪下半叶，英国地理教科书中已经很少提及宗教和宗教事件了。就爱国主义方面而言，早期的地理教科书通过对家乡和人民的赞扬，来表明一个民族优越于其他民族，证明政府对其他民族的战争政策都是正当的，也使得英国"掠夺非洲"等殖民活动合法化。20世纪30年代末，官方推动了"英帝国"的说法，公立学校开始讲授尼日利亚等第三世界国家，因为这些国家为英国带来了巨额财富。二战后，随着殖民地的纷纷独立，地理教科书中该部分内容逐渐被删除。

地理是培养公民基本素养的学科。地理教科书中所体现的民族精神对于国民的影响是不容忽视的。在我国，宗教问题对于教育并没有太大的影响。我国学校地理教科书自出现以来，历经了晚清政府、北洋政府、国民政府、中华人民共和国初期、"文化大革命"、改革开放、新课改等不同历史时期。不同历史时期的教育政策不同，爱国主义的内涵不尽相同，其在地理教科书中的体现存在巨大的差异。对这种差异进行客观、公正的评价，不仅有利于地理教科书发展变化历史研究，也是探究民族精神的重要素材之一。

第二章

中学地理教科书发展演变研究的方法体系构建

第一节　理论基础

一、知识特点

教科书内容的主要形式是书本知识，是根据教育目的和学生年龄特点从人类千百年认识成果中精选的特殊的知识系统①。教科书不仅是向学生传递人类文化和经验的主要媒体和资源，也是学生在学习和学校教育中获得个人知识和能力所依赖的工具，由于其发挥功效的作用不同、读者群不同，因而必须有自己独特的体现知识形态的体例结构、风格②。

学校地理教学过程中的地理知识是指地理学科知识中的基础部分，即适合学校学生年龄特征的，相对成熟稳定的作为国民素质基础的地理知识，称为地理基础知识③。为此，地理教科书所确定的地理基础知识必须要满足学校教育和国民素质培养的需要，要符合学生认知水平和实际教学情况的发展，要适应地理学科和社会教学改革的发展趋势。这些教科书所选取的内容，必然要在知识、技能、情感态度价值观等方面得以体现。

在我国，地理教学内容是以教学大纲或课程标准的形式颁布的，在一定程度上，它是规定好的，因而具有指定性④。虽然历届的教学大纲或课程标准对于教学内容进行了规范，但是由于历史、社会、编者等诸多方面的差异，编写出来的地理教科书在编写顺序、编写体例、教材特色、使用材料等方面均有所差异，这些也往往构成了地理教科书各自的特点⑤。

二、学习理论

当代学习理论由于对学习的实质、过程、规律及其与心理发展的关系有不同的主张而被划分为不同学派，主要有行为主义学派、认知学派和人本主义学派，由此发展而来的学习理论可以分为行为主义、认知主义和建构主义⑥。

行为主义强调刺激和反应之间的关系，强调控制学习环境和强化行为的观念，但它将学习视为机械的、被动的过程。在行为主义的指引下，教科书的设计需要规定目标，经常反复，小步推进，即时反馈，以外部评价来促进强化⑦。

认知主义强调的学习更加关注学习者内部的认知过程，并由此来确定教学目标、选择教学内容等。在认知主义的指引下，教材内容的组织从知识逻辑组织开始转向了心理组织，从

---

① 裴娣娜. 教学论[M]. 北京：教育科学出版社，2007：161.
② 任丹凤. 中小学教科书编制设计的理论与实践研究[D]. 上海：华东师范大学，2003：55.
③ 袁书琪. 地理教育学[M]. 北京：高等教育出版社，2001：69.
④ 王民，仲小敏. 地理教学论[M]. 北京：高等教育出版社，2010：56.
⑤ 王民，仲小敏. 地理教学论[M]. 北京：高等教育出版社，2010：60.
⑥ 王民，仲小敏. 地理教学论[M]. 北京：高等教育出版社，2010：25.
⑦ 任丹凤. 中小学教科书编制设计的理论与实践研究[D]. 上海：华东师范大学，2003：71.

而更加注重学生心理的发展特点。皮亚杰认知发展理论对教材内容组织的启示表现在于：教材内容的组织应该是螺旋上升的；知识的阐述要反映儿童主动获取知识的过程；教材内容的组织要多安排刺激物，设难置疑，制造悬念，以促进学生积极思考[1]。

建构主义认为知识不是通过教师传授得到的，而是学习者在一定的情境即社会文化背景下，接受其他人（包括教师和学生伙伴）的帮助，利用必要的学习资料，通过建构的方式而获得的[2]。建构主义强调学习环境情境化、学习内容生活化、学习方式多样化[3]。

这些学习理论以不同的侧重点共同关注了学生学习目标的完成。我国中学地理教科书从无到有，从形式单一到丰富多彩。在这一变化过程中，地理教科书不断受到各种学习理论的影响，且在不断地自我完善，对于中学地理教学方式的转变起到了非常重要的作用。

三、课程论

教科书之所以是课程的重要组成部分，在于它直接反映和表现课程内容以及课程设计中规定的学习活动方式，其设计质量与水平直接影响到课程总体设计质量与水平，并最终影响教学质量[4]。《中国大百科全书·教育》中对课程的定义为"课程是课业及其进程"。地理课业在学校教育环境中，是学生获得的、促进其迁移的，进而促进学生全面发展的，具有教育经验的计划[5]。地理课程具体可以表现为地理课程标准或教学大纲以及教科书，广义的地理课程还包括地理教学和评价。

课程论具有众多流派，例如学科中心课程观、学生中心课程观、社会中心课程观和人本主义课程观等。这些不同价值取向的课程论思想对教科书均产生了深刻的影响。其对教科书编制设计影响表现为：教科书既是知识的载体，又是学习的工具；个人与社会有着密切的联系，个人的生活和生存不能离开社会，社会的道德规范和文化风俗必然对个体的成长发生作用；学习是个体的自我完善，每一个儿童都是一个独立的个体，其智力水平、能力倾向和情感态度都具有差异性和独立性；人类是在与错综复杂的客观事物的接触中，逐渐发现、认识和接近客观真理的[6]。因此，不同的课程论思想，决定了教科书不同的内涵。

四、教学理论

教学理论以教学的普遍规律为主要研究对象。具体来说，教学理论研究的范围包括教学任务（目标）、教学内容、教学过程、教学原则、教学模式、教学方法和教学评价等[7]。地理教学理论是指人们在一般教学理论的基础上，关于地理教学的规律性的认知或看法，对教科书

---

[1] 任丹凤. 中小学教科书编制设计的理论与实践研究[D]. 上海：华东师范大学，2003：69.
[2] 王民，仲小敏. 地理教学论[M]. 北京：高等教育出版社，2010：26.
[3] 任丹凤. 中小学教科书编制设计的理论与实践研究[D]. 上海：华东师范大学，2003：78-80.
[4] 任丹凤. 中小学教科书编制设计的理论与实践研究[D]. 上海：华东师范大学，2003：81.
[5] 王民. 地理课程论[M]. 南宁：广西教育出版社，2001：2.
[6] 任丹凤. 中小学教科书编制设计的理论与实践研究[D]. 上海：华东师范大学，2003：90-91.
[7] 谢利民. 教学设计应用指导[M]. 上海：华东师范大学出版社，2007：15.

的编写具有一定的指导意义。教科书是教学任务（目标）、教学内容、教学过程、教学原则、教学模式、教学方法和教学评价过程等内容的具体表现，对于体现地理教学理论思想、引导教学过程具有重要的作用。

第二节 方法体系

一、地理教科书结构体系研究

中学地理教科书历史研究，首先表现为对某一时期教科书的研究。地理教科书一般包括表层结构和深层结构两大部分。表层结构包括内容及其表述两方面，从地理教科书的表述形式看，它是由课文系统、图像系统和作业系统三个部分组成。这三者之间的自身特点和相互关系构成了地理教科书的表层结构。知识因素、技能因素和情感态度价值观因素三者自身的特点和相互关系构成了地理教科书的深层结构。深层结构体现在地理教科书教育功能的发挥上，主要通过地理教科书表层结构的形式来表现。

从地理教科书编制的四大理论基础来看，教学理论和学习理论更加注重教科书表述方式的选择，课程论和知识论更加注重教科书内容的选择，四者相互影响共同直接或间接作用于教育功能的发挥，如图2-1所示。

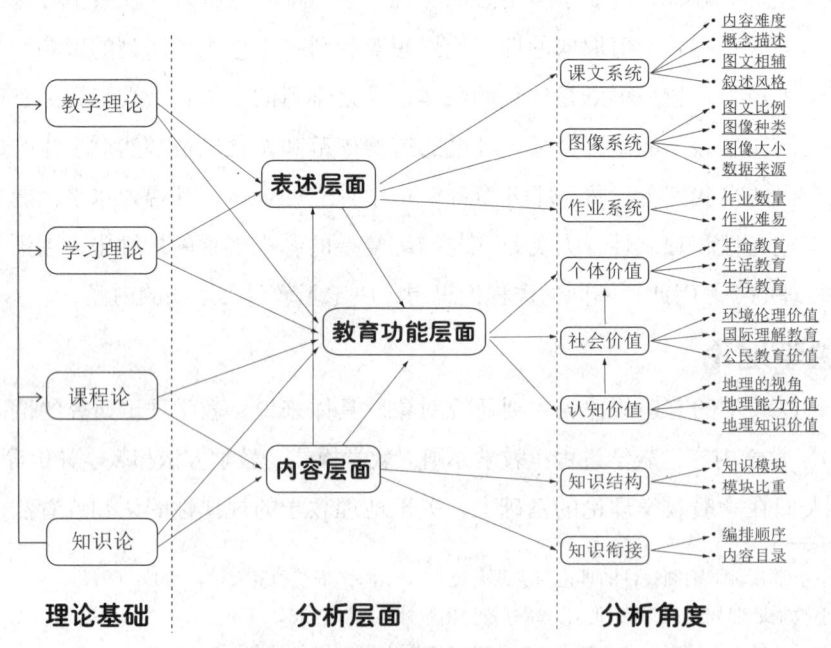

图2-1 地理教科书研究的结构体系

地理教科书的结构体系存在三大主要层面：内容层面、表述层面和教育功能层面。其中，内容层面是基础，表述层面是将内容层面和教育功能层面联系了起来的"桥梁"。

1. 内容层面

内容层面可以从知识结构和知识衔接进行分析。其中，知识结构主要讨论地理教科书中涉及的知识模块及各模块之间的比重关系；知识衔接主要讨论知识点之间的逻辑关系，主要通过教科书内容的编排顺序来呈现。内容层面是教科书研究的基础部分，我国大部分关于地理教科书的分析更多关注的也是该层面。

2. 表述层面

表述层面按照地理教科书表述形式的不同，一般分为课文系统、图像系统和作业系统（新一轮基础教育课程改革以来，探究作为一个独立的单元出现，即成为地理教科书第四大系统——探究系统）。其中，课文系统通过对课文内容难易程度、概念界定的准确性、图文相辅的情况以及文本的叙述风格进行分析；图像系统通过对图文比例（即图像的数量与课文页数的比值）、图像种类（通常包括地图、景观图、示意图和统计图表等）及其数量比例、图像的大小（地理教科书根据图像占课本页面大小分为了 1、1/2、1/3、1/4、1/5、1/6、1/8 等 7 个等级描述图像的大小）及其比例来反映图像系统在表述层面中的体现；作业系统则更加关注作业的数量、难易程度等指标。

3. 教育功能层面

教育功能是指地理教科书在基础知识和基本技能教育、智能培养、情感态度价值观形成等方面所体现出来的价值。课程价值内容体系的建立应以课程目标分类为依据，只有把课程价值内容与可实施的课程目标联系起来，才有课程价值的实现[1]。因此，地理教科书教育功能的实现，必然也要与课程目标相联系。本书采用将教育功能分为认知价值、社会价值和个体价值三个层次[2]的方法进行分析。

认知价值，主要涉及知识、技能、能力等方面的内容，"地理知识价值""地理能力价值"和"地理的视角"属于这一类价值。它们的意义在于提供学生发展需要的地理知识和技能，促进学生智能发展，属于"认知目标层"，位于基础层面。

社会价值，主要涉及情感、态度、价值观层面的内容，"公民教育价值""国际理解教育"和"环境伦理价值"属于这一类价值。这一层面中掌握知识是次要的，重要的是情感态度价值观的变化。

个体价值，主要涉及行为意识的内容，"生存教育""生活教育"和"生命教育"属于这一类价值。其目的在于使学生在认知的基础上，产生行为的变化。

二、地理教科书历史研究

中学地理教科书历史研究，表现为对不同时期地理教科书历史过程的研究。地理教科书是时代的产物，其时代背景包括很多方面，如国家有关教育法律、政策和文件，国家和地方

---

[1] 仲小敏. 我国现代中学地理课程价值与实现的研究[D]. 北京：北京师范大学，2006：144.
[2] 仲小敏. 我国现代中学地理课程价值与实现的研究[D]. 北京：北京师范大学，2006：145.

的经济形势和动态,地理学和教育科学的最新观点和理论等[①]。因此,地理教科书历史研究,必然要对地理教科书产生时代的教育背景进行研究,进而研究引导地理教科书产生的课程标准,通过横向比较分析同时期地理教科书的特点,通过纵向比较完成地理教科书历史的对比研究,从而形成完整的地理教科书历史研究。

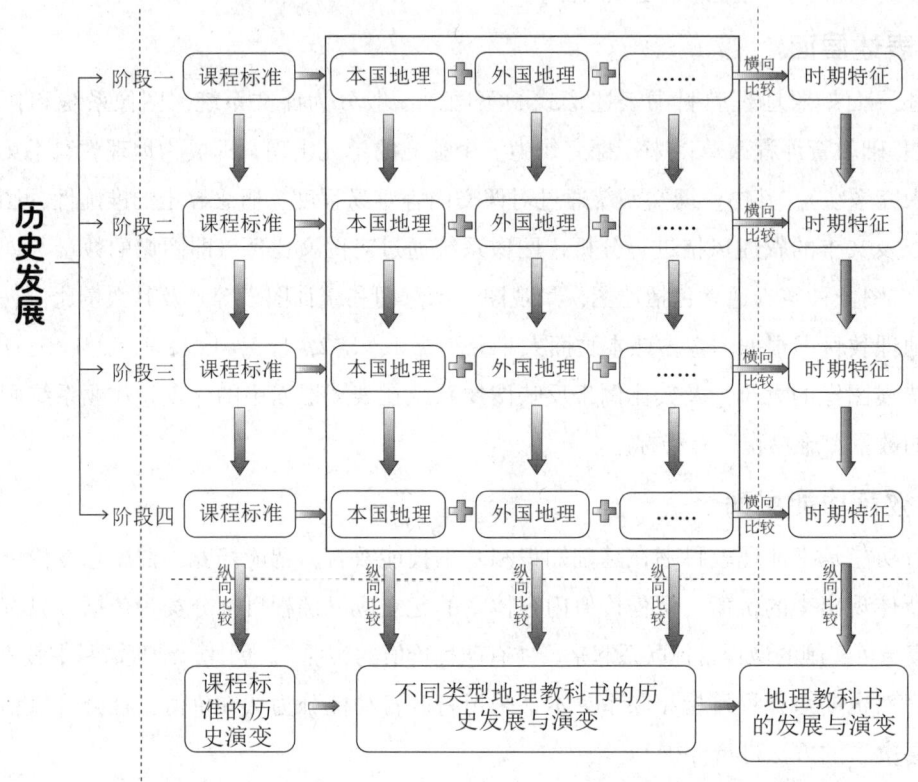

图 2-2 地理教科书历史研究的方法体系

如图 2-2 所示,地理教科书历史研究包括了横向比较和纵向比较两部分。横向比较为研究同一阶段课程标准的主要内容、相应地理教科书的出版状况,进而得出某一阶段地理教科书发展的时代背景和基本特征;纵向比较为研究分析课程标准的历史演化过程,得出地理教科书的发展和演化过程。课程标准、地理教科书及其相关研究的综合,则可以得出地理教科书乃至地理教育的历史发展与演化过程。

三、我国中学地理课程标准

我国中小学课程从清朝末期至今,经历了百余年的发展历程。在此期间,中小学的课程目标、课程设置、课程内容和教学要求等都是由政府统一制定,以教育主管部门名义颁布,作为全国中小学教育教学的依据。这些颁布实施的教学大纲(课程标准),对中学地理教学内容和要求做了具体的规定,成为地理教科书编写的最基本依据,保证了全国范围内地理教学

---

① 王树声. 中学地理教材教法 [M]. 北京:高等教育出版社,1995:108.

水平的基本统一，同时也成为教师教学、教学评价、成绩考核的重要参照标准。

2001年人民教育出版社出版的《20世纪中国中小学课程标准·教学大纲汇编：课程（教学）计划卷》，收录了1902—2000年政府颁布的课程文件79个（其中1902—1948年间42个，1949—2000年间37个）。这些文件基本保持了资料的原貌，具有一定的权威性，是研究20世纪我国中小学课程、教科书发展历史的重要背景材料。同一系列针对地理学科，人民教育出版社编辑出版了《20世纪中国中小学课程标准·教学大纲汇编：地理卷》[①]。该书收录了1902—2000年政府颁布的43个中小学地理课程标准、教学大纲、有关文件和纪要（中学有32个）。由于产生于不同的历史时期，所汇编的课程标准反映了不同的政治、经济、文化背景，各具特色，客观地反映了我国中学地理教育改革发展历程。通过对大纲演变历程的研究，我们可以直接管窥到教科书的变迁，这无疑为研究教科书的演变提供了重要的背景材料[②]。但该书只是简单地罗列了课程标准和教学大纲，并没有对其当时的背景、产生的影响、重要的标志和意义等问题进行分析讨论，所以围绕该书提供的内容尚有巨大的研究空间。

结合《20世纪中国中小学课程标准·教学大纲汇编：地理卷》提供的课程大纲资料，以及2000年以来国家颁布的课程标准，即可相对全面地还原百余年间我国中学地理课程设置、课程内容发展的基本特征，从而为教科书的研究奠定基础。

四、具体方法

本书研究采用的具体方法包括历史研究法、比较法、个案分析法以及访谈法，其中历史研究法是研究的主线，其他方法作为辅助方式对研究进行补充和完善。

1. 历史研究法

历史研究法是对相关社会历史过程的史料进行分析、破译和整理，以认识研究对象的过去、现在和未来的一种研究方法。这种方法的实质在于探求研究对象本身的发展过程和人类认识事物的历史发展过程，而不是单纯地描述具体的历史事件或历史人物的活动[③]。

本书采用历史研究法的思想，以20世纪以来所出版的地理教科书为核心，探索不同时期地理教科书的来龙去脉，分析其发展的特点，探究其内容编写的特点和主要影响因素。

研究对象及来源：1902年以来国家审核通过并出版发行的地理教科书及其相关资料。上述资料主要来源于国家图书馆、北京师范大学图书馆、全国各大高校及出版社图书馆中保存的中学地理教材，以及相关的研究著作和研究报告等。

研究的基本程序如下：

第一步，明确本研究的性质和预期目标，规定符合要求的文献的具体标准。具体标准包括：面向中学生年龄阶段且国家正式颁布的地理教科书，相关的评论和研究，相关学科的教

---

① 课程教材研究所. 20世纪中国中小学课程标准·教学大纲汇编：地理卷[M]. 北京：人民教育出版社，2001.
② 陈婷. 20世纪我国初中几何教科书编写沿革与发展[D]. 重庆：西南大学，2008.
③ 裴丽娜. 教育科学研究方法[M]. 合肥：安徽教育出版社，2006：136.

科书演变研究，该时期的课程和教科书的研究等。

第二步，史料的搜集和鉴别。用多种方法尽可能搜集与地理教科书或者课程演变有关的材料，并用制定的标准判断所选资料是否符合要求，确保选择的内容可以提供确凿可信的历史事实。例如，通过网络、图书馆、期刊、会议论文、学位论文、评论性报纸等资源，进行文献搜集和文献排查。

第三步，进行史料的分析。对搜集到的文献进行深入分析，掌握尽可能多的史实和论点，研究地理教科书演化的内在成因和机理，以达到客观、全面地评价地理教科书的目的。

2. 比较法

比较法是按照某一标准，对同一事物在不同情况下的不同表现进行比较研究，从而找出事物本质和属性的研究方法。鉴于本书研究的时间跨度大，内容多，范围广，不同编者对地理教科书的理解程度差异很大，比较法有利于理清不同时期地理教科书内容的特征，分析不同时期地理教科书内容和形式等方面变化的主导因素，进而归纳地理教科书的演变规律。

3. 个案分析法

通过选取不同时期有代表性的地理教科书，细致描述和揭示地理教科书的真实状况，推测和挖掘文本内容的潜在意义，反映当时地理教科书的现状。

4. 访谈法

通过访谈一些权威的地理教育家、地理教科书编写者以及地理教师，了解他们对地理教科书变迁过程的理解和看法，弥补研究者在研究过程中由于资料缺乏造成的分析不深刻等不足，进一步完善研究。

第三节　发展过程

一、地理教科书历史研究内容分析的顺序

目前，我国关于教科书的历史研究不断升温。但就地理学科而言，大部分研究集中于特定的时段，特别是2000年新课改以来，对课改前后的地理教科书以及新课改期间不同版本地理教科书的研究较为丰富。但这些研究关于地理教科书历史的研究略显概括。本书在研究过程中突出了历史性的特点，通过对多个时段、多个版本地理教科书之间的比较，体现同一时期地理教科书之间的关系以及不同时期地理教科书的发展过程。

我国中学地理课程的变革是百余年来基础教育整体变革的一个缩影，从这个意义上说，整个基础教育的变革史包含了地理课程的变革史。为此，关于基础教育课程变革阶段划分的有关意见和看法应成为划分地理课程变革时期的首要依据[①]。本书根据历史年代和历史重大事件

---

① 仲小敏. 我国现代中学地理课程价值与实现的研究[D]. 北京：北京师范大学，2006.

的发展，将1902年以来地理教科书的发展分为九个主要阶段。其中，中华人民共和国成立前分为三个阶段，中华人民共和国成立后分为六个阶段。

沿着这九个主要阶段，遵循"教学大纲或课程标准—教科书概况—教科书微观分析—不同时期教科书对比"的顺序进行逐层研究。其中，教科书概况是对教科书发展的宏观分析，即对历史时期地理教科书的编写、出版等现状进行整理。教科书的微观分析集中于"教科书的框架—教科书课文系统—教科书图像系统—教科书作业系统—教科书教育功能"五个层次。希望能通过分析探索出一套深入剖析教科书的理论和方法。

鉴于研究时间和精力有限，中华人民共和国成立前的阶段主要以商务印书馆出版的系列教材为研究主线，中华人民共和国成立后的阶段以人民教育出版社、中国地图出版社、北京师范大学出版社等出版的教材为主要研究对象。

二、清末至民国地理教科书发展阶段

1. 清朝末期（1902—1911）

1851—1864年，随着义和团运动和八国联军的入侵，当时的社会阶级矛盾和民族矛盾进一步激化。清政府为了缓和人民的不满情绪，维持其摇摇欲坠的封建统治，于1901年开始推行"新政"。清政府陆续颁布了一些改革法令，在教育方面表现为"废科举、兴学堂"，引进西方教育制度和科学技术。随之，《钦定学堂章程》（1902）和《奏定学堂章程》（1904）相继颁布，成为中国近代教育史上最先制定的系统的学校制度和课程设置，对我国基础教育产生了深远的影响。在当时社会急剧转型的背景下，我国现代意义的地理教科书诞生并开始使用。

2. 北洋政府时期（1912—1928）

1911年，辛亥革命爆发，推翻了清朝的专制统治。1912年1月，中华民国临时政府成立。1912—1928年，北洋军阀在政治格局中占主导地位，这个时期的中华民国政府也称为"北洋政府"。中华民国临时政府成立后，开始着手对两千年来传统教育进行全面改革，《普通教育暂行办法通令》《普通教育暂行课程之标准》《中学校令》等法令相继颁布并实施，由此推翻了封建教育制度，中国的资产阶级教育制度初步确立、形成[1]。1922年"壬戌学制"颁布，普通教育阶段模仿美国"六三三"制，自此我国中学开始区分初中和高中教学。这次学制革新首次理顺了普通教育各个部分的衔接关系[2]，在中国现代教育史上具有开创性意义。

3. 国民政府时期（1928—1949）

1927年，国民党在南京成立国民政府。1928年6月，国民革命军进入北平，北洋政府的统治结束。自新文化运动以来，积极提倡和努力探索创建现代中国教育的教育家和教育人士，为推进和巩固"五四"新教育所取得的成果，在国民政府统治区域做了大量的工作，使教育和各项规章制度臻于完备，奠定了我国现代教育的基本模式，教育改革也进一步深化。这一

---

[1] 王炳照，郭齐家，刘德华，何晓夏，高奇. 简明中国教育史[M]. 北京：北京师范大学出版社，2007：339.
[2] 王炳照，郭齐家，刘德华，何晓夏，高奇. 简明中国教育史[M]. 北京：北京师范大学出版社，2007：384.

时期的教育宗旨不断由"党化教育"转向"三民教育",而后又提出"战时应作平时看"的教育指导方针,从而使我国教育得以保存,并得到了艰难的发展①。

三、中华人民共和国成立以来地理教科书发展阶段

1. 改造旧课程时期（1949—1956）

中华人民共和国成立以后,百废待兴。1949年9月,中国人民政治协商会议第一届全体会议通过了中华人民共和国的施政纲领《中华人民共和国政治协商会议共同纲领》。《共同纲要》规定:"中华人民共和国的文化教育工作,应以提高人民文化水平,培养国家建设人才,肃清封建的、买办的、法西斯主义的思想,发展为人民服务的思想为主要任务。人民政府应有计划有步骤地改革旧的教育制度、教育内容和教学法"。1956年,我国颁布了《中学地理教学大纲（草案）》,一方面开始对旧中国的学校教育进行全面的改造,另一方面开始积极学习苏联经验,发展正规的学校教育,以求从根本上改变旧中国半殖民地半封建性质的教育,初步建立为社会主义建设服务的现代教育体系。

2. 教育改革与探索时期（1957—1966）

1956年,社会主义改造基本完成,我国开始进入全面的大规模社会主义建设。1958年,全国掀起了"大跃进"的高潮。受之影响,中小学缩减学制、精简课程,地方开始自主编撰教材。1959年,中央指示编写全国统一使用的教材。1963年,颁布了新的教学计划,规定初一开设中国地理,每周3课时,内容包括准备知识、全国地理和分省地理;高一开设世界地理,每周3课时,内容包括地球概述、分洲地理、分国地理。但是,《世界地理》课本尚未出版,"文化大革命"就开始了,教学计划也停止了。

3. "文化大革命"时期（1966—1976）

1966年,"文化大革命"全面开展,大中城市中小学停课。1967年10月,中央发出《关于大、中、小学校复课闹革命的通知》,但各地学校复课情况进展缓慢。当时全国不仅无统一的学制,而且无统一的教学计划,各地各自为政。一般由学校和教师自定方案,自定课程,自选教学内容,各省自编、自印教材。各地编写的教材质量难以保证,正式使用的也寥寥无几。地理教学处于可有可无的境地,即使有地理课,也多被其他课程占用。"文化大革命"时期实际上是地理教育的停滞时期。

4. 恢复发展时期（1977—1985）

1977年,我国结束十年内乱,地理教学进入恢复和发展的时期。教育部确定了中小学以十年制为基本学制,并制定了相应的教学计划。1978年1月,教育部颁发《全日制十年制中小学教学计划（草案）》,规定了小学五年一贯制,中学五年（初中三年,高中两年）。地理课程在基础教育中开始逐步恢复。随着全国通用教材的编写和使用,中学地理教科书实现了

---

① 王炳照,郭齐家,刘德华,何晓夏,高奇. 简明中国教育史[M]. 北京:北京师范大学出版社,2007:406.

统一。

5. 学科体系完善时期（1986—2000）

1985年5月27日，《中共中央关于教育体制改革的决定》公布，《决定》指出："现在，我们完全有必要有可能把实行九年义务教育当作关系民族素质提高和国家兴旺发达的一件大事突出地提出来，动员全党、全社会和全国各族人民，用最大的努力，积极地、有步骤地予以实施。为此，需要制定义务教育法，经全国人民代表大会审议通过后颁行。"1985年6月，国家教育委员会成立，拟订了《中华人民共和国义务教育法（草案）》，并于1986年4月12日颁布。自此我国中小学教育正式开始有法可依，并正式实行九年义务教育，高中地理课程也开始逐步得到了恢复和发展。

此后，虽然中学地理课程的发展在波折中前行，但国情教育、环境与可持续发展教育等诸多社会日益关注的问题，开始为传统地理教育开辟了另外一条更加崭新宽阔的道路。

6. 新世纪地理课程改革时期（2000—2019）

20世纪80年代以来，由于科学技术的迅猛发展，世界各国特别是西方发达国家都认识到基础教育对社会和经济发展的重要性，各国都进行了大规模的基础教育改革，其中各国政府和教育主管机构最关注的就是课程改革。在这种背景之下，1999年6月，《中共中央国务院关于深化教育改革全面推进素质教育的决定》中提出了要"调整和改革课程体系、结构、内容、建立新的基础教育课程体系"；2001年6月，《国务院关于基础教育改革与发展的决定》进一步明确了"加快构建符合素质教育要求的基础教育课程体系"的任务，于是我国开始了中华人民共和国成立以来的第八次基础教育课程改革。随后，教育部制定了《基础教育课程改革纲要（试行）》，并于2001年9月首次在全国38个国家级实验区进行了实验，随后逐渐扩展到全国。这次课程改革的步伐之大、速度之快、难度之大，都是前七次课程改革所不可比拟的[①]。

这次课程改革为初高中地理课程确定了"知识与技能""过程与方法""情感态度价值观"的三维目标，目标的描述采用了操作性非常强的行为动词，从而真正体现了以学生为本的教育理念。这次改革从课程目标、功能、结构、内容、实施、评价、管理等各个方面，对20世纪90年代所建立和完善起来的地理教育学理论提出了全新的挑战。

2003年，教育部开始组织义务教育课程标准修订工作，2011年3月基本完成，并于2012年初正式颁布《义务教育地理课程标准（2011年版）》。依据《义务教育地理课程标准（2011年版）》修订的初中教科书，于2012年、2013年分批审查，在全国使用。

最新一轮高中课程方案和课程标准的修订工作自2013年启动，在2018年1月16日由教育部正式发布《普通高中地理课程标准（2017年版）》，并于2018年秋季开始执行。本次课程改革中，学科核心素养与学业质量标准的提出是最大的亮点。依据《普通高中地理课程标准

---

① 王民. 地理新课程教学论[M]. 北京：高等教育出版社，2003.

（2017年版）》修订的高中教科书，于2019年审查通过，在全国使用。

此外，为贯彻落实《关于加强和改进新形势下大中小学教材建设的意见》，进一步做好教材管理有关工作，国务院于2017年7月3日成立国家教材委员会，其主要职责是：指导和统筹全国教材工作，贯彻党和国家关于教材工作的重大方针政策，研究审议教材建设规划和年度工作计划，研究解决教材建设中的重大问题，指导、组织、协调各地区各部门有关教材工作，审查国家课程设置和课程标准制定，审查意识形态属性较强的国家规划教材。国家教材委员会办公室设在教育部，由教育部教材局承担办公室工作。

第二部分
清末、民国时期中学地理教科书的发展

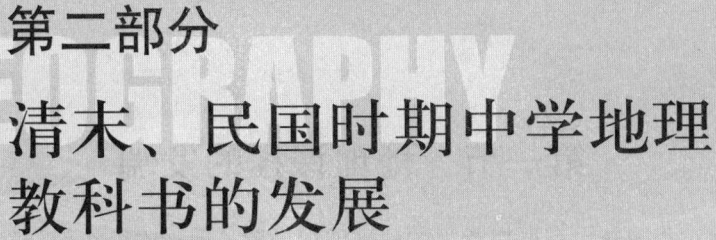

第三章

地理课程的设置

第一节　地理课程的发端

1902 年以前，我国并没有严格意义的地理课程设置，地理内容在部分学校的课程中仅有少量的涉及，地理课程发展十分缓慢。在当时社会，随着西方地理学知识的引进，一部分社会知识精英诸如薛福成、康有为等人已经逐步意识到了地理的重要之处，但绝大多数的社会民众由于获得知识的机会和速度限制，对地理学知识毫无察觉①。20 世纪初，伴随着社会转型，新认识、新观念得到传播，这一格局才真正转变。知识的传播离不开学校的教育，当时我国存在旧式学校、教会学校和国人自办的新式学校等多种形式的学校。这些学校的开办对我国早期地理学知识传播和地理教育的发展起到了积极的推动作用。

一、我国早期旧式学校地理课程的设置

我国早期的旧式学校经过数千年的发展，产生了官学与私塾的分化，但始终没有独立的地理课程。官学既不存在启蒙阶段，也没有中学阶段的区分，教育以科举为重点；私塾作为一种启蒙教育，面向的学童年龄一般是 8 岁到 15 岁，课程主要是读书习字，以《三字经》《百家姓》《千字文》《四书》为教材，随后根据不同的年龄阶段，逐步加入《五经》《千字诗》等内容。总体而言，这些教科书内容逻辑体系笼统，知识点随意性很大，对地理知识的传播作用有限。

《三字经》作为流传较广的识字教材，却仅有八句带有地理学意义的诗文，即"曰南北，曰西东，此四方，应乎中；曰春夏，曰秋冬，此四时，运不穷。"《千字文》也只有些许语句与地理学相关，如"云腾致雨，露结为霜。金生丽水，玉出昆冈……"《幼学琼林》是用骈文编纂的，主要讲述自然、社会、地理、历史、伦理等方面的典故，该书第一卷"地舆"部分，约有 1/3 内容记叙了不太准确的地理常识。《尚书》中《禹贡》一篇，虽然有虚有实，瑕瑜互见，仍被誉为是我国具有系统性地理观念的书籍。此外，还有众多的读物，虽然其中有一些地理材料，但是多局限于中国历史地理，以地名为主，只有文字陈述，缺少地图，最基本的教法也只是课读和背诵两种，学生死记一些脱离现实的古地名，在生活中没有多大用处。

康有为在谈论当时的教育现状时曾指出："翰苑清才，而竟有不知司马迁、范仲淹为何代人，汉祖、唐宗为何朝帝者。若问以亚非之舆地，欧美之政学，张口瞪目，不知何语矣。"梁启超也曾感叹道："自考官及多士，多有不识汉唐为何朝、贞观为何号者。至于中国之舆地不知，外国之名形不识，更不足责也。"足见当时国民地理知识之匮乏。

我国传统地理教育体系最大的弱点就是把教育的目的变得狭隘，使学问变成一种形式化的东西，程序化的考试又使应试者陷入一种痛苦的境地，形成一旦目的达成，教育就似乎完

---

① 邹振环.晚清西方地理学在中国[M].上海：上海古籍出版社，2000：267.

成的错觉①。地理不作为科举考试的内容,自然不会受到学者的重视。清末在中国学校中开设地理课程可追溯到 19 世纪 60 年代的京师同文馆,光绪二年(1876 年)公布的八年课表,第三年开设"各国地图",第六年开设"航海测量",第八年开设"地理"②。其后,如上海广方言馆、广州同文馆、福建船政学堂等也纷纷开设了舆地课程。而对于大部分培养外语和航海技术人才的学堂来说,设置地理课程的主要目的是让学生学习驾驭技术或便于译出西方舆图,作为实际航船的指南③。

19 世纪 80 年代,郑观应提出"仿照泰西程式",广设大小学堂,建议"设于各州、县者为小学,设于各府、省会者为中学,设于京师者为大学",并设立"艺学科",培养天文、地理、测算、制造的人才④。

1898 年,孙文桢指出:"欧墨二洲之人,性多聪慧。其童子束发就傅书算之后,研核地图,若者邦,若者部,若者名山大川,目极寰宇,如数家珍。较之轺轩使者,握槧怀铅,遍历万方,采其风俗形势以备掌故,尤加详焉。是以西人之行商也,未出家而遐方互埠,如在目前,长行无阻,宜其贸迁有无,易获什一之利。西人之应制也,文词国史之外,精考地理,故凡为文人,必通图籍。而行船管舰之傅,尤当精参是学。其所以涉重洋,制强敌,称雄异地,虎瞰邻封,要以地学是赖。其他农夫、工匠、村妪、灶妾,亦知舆地崖略。每谈外国时事,口若悬河……我华人专重词章,罕及杂艺,诗书帖括之余,不究四维八极。惟自道、咸间中外通商,西人纷至,始知中国之外,尚有俄、英、意、德、法、荷、美、奥、班、葡诸国。其人之学问制作,多有精于我者。然问英何在?法何在?而士林中人茫然不知所答,甚有名列贤书,谓英、法在我国南者,昏昧至此,令人绝倒!"⑤

康有为面对当时的状况,愤慨道:"故俄之割精奇里江、哈滚江、混同江、乌苏里之地六千里,众人皆若未知之。近者俄界黑顶子巴未尔之案出,举国茫然。割澳与葡,大臣有以为在星架坡之东者。日本之入我疆边也,探报地名,吾大臣皆不之识,至待问之洋教习,为彼所讪。若夫割野人山地于英也,吾使者不知,待询于英之外部;割滇界土司于法也,大臣不知中边,至割腹里土司于法人。至夫词馆之英不知中国省会郡邑之东西,疆土之吏不知全地外国之名号,其他更不足责已。譬由旧家遗产甚多,子弟甚愚,至不能按其图契,其为人盗卖欺占也固宜。推原其由,皆学校仅课举业不讲地理之故。童子不习,士人不讲,则公卿大臣皆由此出,宜其闻名罔然,窥图索然也……(泰西)童崽之子摹印地图,有文书可诵,远近南北,指画如流。日人效之,皆有小学、中等地理之书,以遍智其国民,有教科,有问题,故非博雅士考据之谓教,凡农工商人皆通之谓教也。"⑥

---

① 邹振环.晚清西方地理学在中国 [M].上海:上海古籍出版社,2000:275.
② 朱有瓛,高时良.中国近代学制史料(第一辑,上)[M].上海:华东师范大学出版社,1983:71–72.
③ 邹振环.晚清西方地理学在中国 [M].上海:上海古籍出版社,2000:273.
④ 夏东元.郑观应集(上)[M].上海:上海人民出版社,1982:299–300.
⑤ 孙文桢.坤舆撮要问答 [M].上海:上海土山湾印书馆,1898.
⑥ 姜义华.康有为全集(第三集)[M].上海:上海古籍出版社,1992:682.

可以看到，当时的仁人志士已经深刻地认识到了"地理学之关系于民智，诚一国兴衰强弱之本"，而最为紧迫要做的事情在于"一当以世界观念，养成其知识，一当以国家思想，激励其精神。则地理一科，不可不视为学堂中重要之科目"①。

在外来文化影响日盛之下，一些有识之士开始审视本国文明，并提出"师夷长技以制夷"的口号，开启了学习外国的先例。19世纪60年代到90年代，洋务派发起洋务运动，提出"中学为体，西学为用"的原则，在国内积极开办各种新式学堂。

到19世纪后期，中国自办新式学校逐渐出现，对旧式学校进行了一些改良。1878年，张焕纶在上海开办的正蒙书院（后改名梅溪学堂），是国人自办的一所最早的私立小学，地理（当时称舆地）被列入学校课程。1897年，张焕纶任南洋公学师范院总教习，把地理列入教科，并令该院师范生担任南洋公学外援的地理课教师并编撰中国首批地理教材。1895年10月，盛宣怀奏办天津中西学堂，在第三年开设地舆学。此外，求是书院、两湖书院、广雅书院等，也都开设了新式地理课程。这些国人自办的新式学校数量和规模都非常小，对整个社会的影响远不及早期的教会学校，但对我国地理教科书的出现和发展却起到了积极的作用。

二、早期教会学校地理课程的设置

1840年，鸦片战争爆发，西方列强用大炮轰开中国的大门，对我国进行军事侵略、经济掠夺，我国封建传统教育的地位逐渐动摇，开始向近代教育转型，呈现出多种异域文化教育形式。19世纪40—90年代，经历了鸦片战争、太平天国运动、洋务运动，成为我国近代教育改革的酝酿时期和改革启动时期。正是在这一"废科举、兴学堂"的教育革新潮流中，一些具有西方特色的新式学校陆续出现②。这些学校多为教会中学，当时比较有名的有上海圣方济书院（1874年）、天津的究真学堂（1866年）、山东的登州文会馆（1864年）、上海中西书院（1881年）、福州鹤龄英华书院（1881年）和上海中西女中（1890年）等。北京教会学校的出现时间晚于沿海城市，比较有名的有育英学堂（1864年设立，1912年改为两年制中学）、贝满女子学堂（1864年设立，1895年设中学课程）、崇实馆（1865年设立，1891年添设中学）等③。

早期教会学校开设的课程，最主要的是宗教内容，也开设了一定数量的语文、自然、历史、地理等科目。1818年，马礼逊在南洋马六甲创办了英华学院，其宗旨"一则造就欧人学习中国语言及中国文字；二则举凡恒河外方各族，即中国、印支及中国东岸诸藩属之琉球、高丽、日本等民族，其就读于中文科者皆能以英语接受西欧文学及科学之造就"，并要求用英语授以地理、历史、数学等课程，该校1843年迁至香港，1856年停办。

1839年，美国传教士布朗等人在澳门创建了马礼逊学堂，并于同年11月4日正式开课，开设有地文课程，与算术和英文并列，被公认为是我国普通中小学地理教育的开端。根据马

---

① 汉勃森（英）著，任廷旭，范祎译. 中等地理教本序[M]. 上海：广智书局，1907.
② 李文田. 解放前我国地理教科书的肇始与流变述略[J]. 地理教育，2011（5）：4-6.
③ 王炳照，郭齐家，刘德华，何晓夏，高奇. 简明中国教育史[M]. 北京：北京师范大学出版社，2007：318.

礼逊学堂第三届年会报告，1839年其共招收学生6人，1841年招17人。1842年，学堂迁至香港，设有四个班，共32名学生[①]。此后，设有地理课的教会学校开始增多，例如上海的徐汇女中、中西女塾和圣玛利亚女书院，北京的贝满女子学堂，山东的登州文会馆，江苏的镇江女塾等。这些学校的地理课程设置不尽相同，例如，中西女塾共设有十年制西学课程，只有英文、算数、格致、圣道四门，地理包括在格致课内。格致课在第三年到第十年间开设。

各年级的格致课内容如下：

第三年 地理志

第四年 地理志 地势学

第五年 地势学 身理学

第六年 动物新编 地学

第七年 格致质学

第八年 植物学

第九年 天文

第十年 化学

圣玛利亚女书院是初级、备级、正级课程齐备的12年制学校。据《圣玛利亚女书院章程》，备级课程第一年、第二年有"训蒙地理志"上下；第三年、第四年有"地理志略"的课程；正级课程第一年、第二年有"地理初桄"课程[②]。

登州文会馆开设的西方课程包括五大类：第一类是数学，从初等数学到微积分；第二类是物理、化学；第三类是天文、地理；第四类是动植物学；第五类是测地法、航海学、测量学等动手实践性课程[③]。

镇江女塾也是一所12年制的学校。其地理课程安排如下：

第一年 地理口传

第二年 地球风俗

第三年 地理初阶

第四年 蒙学地理

第七年 地理志

第八年 地势略解

第九年 地学志略

这些课程的名字，与当时流行的教科书名称一致性非常高，如《地理志略》《地势略解》《地理初桄》。

根据1877年的"在华基督教传教士大会"报告，从1842年至1877年，全国基督教办的

[①] 高时良. 中国教会学校史[M], 长沙：湖南教育出版社，1994：49-50.

[②] 朱有瓛，高时良. 中国近代学制史料（第四辑）[M]. 上海：华东师范大学出版社，1993：310-311.

[③] 何晓夏，史静寰. 教会学校与中国教育近代化[M]. 广州：广东教育出版社，1996：132-139.

学校有350所，学生5 795人①。在此次大会上，狄考文、林乐知等发起成立了学校"教科书编撰委员会②"又称"益智书会"。委员会商讨编写初级和高级两套教材，其中包括数学、天文、测量、地质、化学、动植物、历史、地理、语文、音乐等科目③。

1896年，狄考文在"中华教育会"第二届年会上做了《什么是中国教会学校最好的课程》的报告，地理被列为与语言、数学并列的科目。

20世纪20年代，程湘帆指出："教科书编撰委员会"颇能供给当时的需要，所编译的教科书为数也不少，中间大半属自然科学、算学、西洋历史、地理、宗教、伦理等科目。总体而言，委员会当时的工作不过是教会办学的必需而已，且众多的教会学校办学、撰写教科书的真正目的是把"基督精神"加进教科书。博兰雅指出："这些书除了沿革以外，应当抓住各种机会，注意到上帝、罪恶、赎罪这些大事④"。1890年，在传教士大会上，首任中华教育会会长的美国传教士狄考文说："教会学校建立的真正目的和作用，不只是在传教，使学生受礼入教。他们看得更远，他们要进而给入教的学生以智慧和道德的训练，使学生能成为社会上及教会里有势力的人物，成为一般人民的教师和其他领袖人物⑤。"

虽然当时教会学校的教育内容中存在大量的教会内容，但是其中珍贵的科学知识和材料均属于当时的原创，对于我国教育事业的发展做出了开创性贡献。他们不仅翻译，而且用"中国的例子和图解"加以改编。虽然这种理想在19世纪并不完全能够实现，但传教士教师出版了许多种类的书籍，从而为引进西方知识做出了贡献⑥。"

可以看到，不论是国人办校还是教会学校，其课程开设已经具有了初步的课程体系和教材设置。但地理课程还不够完善，部分教学内容浅且脱离当时实际，许多地理知识被混编在其他教材之中。随着"西学东渐"和清末学制改革，我国地理教育必然要经历一场巨大的变革并确立其严格的体系。

第二节　清朝末期的地理课程（1902—1911）

19世纪末的"维新运动"，展开了一场资产阶级教育思想的宣传和教育改革，由此标志着

---

① 陈景磐. 中国近代教育史[M]. 北京：人民教育出版社，1979：58.
② 1890年"教科书编纂委员会"改组为"中华教育会"，会长狄考文，每三年开会一次；1912年"中华教育会"改组为"全国基督教教育会"，全国分为八个省区，每个区设立一个教育会；1915年"全国基督教教育会"改名为"中华基督教教育会"，由贾腓力任总干事。
③ 王树槐《基督教教育会及其出版事业》，载林治平《近代中国与基督教论文集》[M]. 台北：宇宙光出版社，1981：199–202.
④ 博兰雅. 中国教育指南，1895.
⑤ 《基督教在华传教大会》，1890年. 转载自：陈学恂. 中国近代教育史教学参考资料（下）[M]. 北京：人民教育出版社，1987：14.
⑥ [美]杰西·格·卢茨著，曾钜生译. 中国教会大学史[M]. 杭州：浙江教育出版社，1987：59.

中国近代教育改革进入了一个新的发展阶段①。这场教育改革从教育观念、培养目标、教育制度、教育内容等方面，将中国封建传统教育引向近代教育发展的轨道。虽然以失败告终，但是却为近代我国教育发展奠定了基础。

随着改革的不断深入，1902 年《钦定学堂章程》颁布，同时出现了相应的教学大纲，自此我国教育有了统一的课程规划和规范，使得教学拥有参照标准。该文件规定，中学地理课程为 4 年，被称为"中外舆地"，开设"本国各境""亚洲各境"和"欧美各境"。这部章程虽然颁布，但并没有真正实施，故可视为《奏定学堂章程》的前期准备。1902—1911 年，我国先后颁布了三部相关文件，如表 3-1 所示。

表 3-1　1902—1911 年中学地理课程标准中内容和学时安排

年份	名称		第一年 内容 （周学时）	第二年 内容 （周学时）	第三年 内容 （周学时）	第四年 内容 （周学时）	第五年 内容 （周学时）
1902	钦定学堂章程		本国各境 (3)	亚洲各境 (3)	亚洲各境 (3)	欧美各境 (3)	
1904	奏定学堂章程		地理总论及亚洲总论 (2)	中国地理 (2)	外国地理 (2)	外国地理 (2)	地文学 (2)
1909	学部奏变通中学堂课程分为文科实科折	文科	中国地理 (3)	中国地理 (3)	外国地理 (2)	外国地理 (2)	外国地理 (2)
		实科	中国地理 (1)	中国地理 (1)	中国地理 (1)	外国地理 (2)	外国地理 (1)

1904 年颁布并付诸实施的《奏定学堂章程》（以下简称《章程》）是中国近代第一个真正意义上关于学制的文件，它将近代地理教育列为学校教育的内容，首次明确了教育的宗旨和目的，实现了我国地理课程大纲（标准）从无到有的一个重大转变，并确定了地理课程在学校中的合法地位，对课程内容和次序的规定为后来课程大纲的完善和发展奠定了基础。

《章程》中明确规定中学教育的目标在于"令高等小学毕业者入焉。以施较深之普通教育，俾毕业后不仕者从事于各项实业，进取者升入高等专门学堂均有根底为宗旨；以实业日多，国力增大，即不习专门者亦不至暗陋偏谬为成效。"地理课程设为 5 年，内容有"地理总论及亚洲总论""中国地理""外国地理"以及"地文学"，并就课文具体内容框架进行了规定和要求。《章程》认为地理教学知识方面"凡教地理者，在使知大地与人类之关系，且务须发明与列国相较之分际"，教学技能方面提及了"兼使描地图"，情感方面要求"养成其爱国心性志气"；具体的教学法"讲外国地理尤须详于与中国有重要关系之地理，且务须发明中国与

---

① 王炳照，郭齐家，刘德华，何晓夏，高奇．简明中国教育史 [M]．北京：北京师范大学出版社，2007：285．

列国相较之分际",而"讲地文,须就中国之事实教之"。

《章程》还规范了地理课程的讲习法:"地理学研究法:中国与外国之关系,气候与地理之关系,财政与地理之关系,海陆交通与地理之关系,历史与地理之关系,动植物与地理之关系,文化与地理之关系,军政与地理之关系,风俗与地理之关系,工业与地理之关系。交涉地理:日本名国际地理,可斟酌采用,仍应自行编纂。其余西学各科目:外国均有其书,应择译善本讲授"这基本上反映了20世纪初国人对地理学专业研究者须具备的知识结构的认识[1]。

1909年颁布的《学部奏变通中学堂课程分为文科实科折》规定,中学课堂有文科、实科之分,地理在中学12门课程分别担任了主课和通习:文科中地理为主课,共12学时;实科中为通习,共5学时。主要开设的课程分为"中国地理"和"外国地理"两大部分。但是1911年修改以后,"实科"在整个中学段周学时总数及占课程比重调整到与"文科"一致[2]。

由于众多的政治家、教育家、思想家等社会仁人志士意识到了地理学对于民智、国强的重要作用,所以大部分学堂在办学的过程中都较为重视地理课程的开设。1901年,袁世凯奏办的山东大学堂的备斋,设有地舆学和地势学的课程。1905年,民立南洋中学也规定中学地理课程内容第一学年为本国地理,第二学年为本国地理、世界地理,第三学年为世界地理,第四学年为地文学,第五学年为地质学。1902年,京师大学堂预备科的政科三年中都开设有"中外舆地",学科阶段第一年有舆地课,讲述全球大势和本国地理;第二年讲述外国地理;第三年讲述地文地质学;第四年讲地理学科的教授方法。

晚清中国近代地理教育是在教会教育的启发下兴起的。特别是20世纪初大批留日学生的回归,引入了比较完整的日本地理学教育课程,这些对于清末地理学教育体系的建立具有积极的作用。20世纪初,各个层次有关地理学教学的规定陆续在一些学校贯彻执行,约有数百万学生接受着不同层次的地理学教育,为民国年间地理学教育的发展奠定了良好的基础[3]。

第三节 北洋政府时期的地理课程(1912—1928)

1911年孙中山领导的资产阶级民主革命——辛亥革命,是中国历史上第一次反帝反封建的资产阶级民主革命,推翻了清王朝的统治,结束了在中国延续两千多年的君主制度,建立了资产阶级民主共和国。这次革命在一定程度上使教育平民化,但是在中学学科及课程设置方面,表现为中小学年限过长,与社会发展需要不适应;取消文实分科,硬性划一单科课程,

---

[1] 朱有瓛,高时良. 中国近代学制史料(第四辑)[M]. 上海:华东师范大学出版社,1993:780-814.
[2] 《大清教育新法令》第四册第1-7页,转引自吕达. 中国近代课程史论[M]. 北京:人民教育出版社,1994:224-227.
[3] 邹振环. 晚清西方地理学在中国[M]. 上海:上海古籍出版社,2000:283.

不利学生个性发展与能力发挥[①]。

这一时期初期的课程受晚清时期课程大纲的影响很大。1912年颁布的《中学校令施行规则》认为"地理要旨在使知地球之形状运动，并地球表面及人类之状态，本国外国之国势"，该规则依然侧重于国情的教育。综合而言，1912年《中学校令施行规则》、1913年《中学校课程标准》都沿用了晚清时期的风格。从学制来看，从五年改为了四年。教学内容依然以世界地理、中国地理和地文学三个部分为主。只是1912年提出了女子中学的教学安排，而1913年"地文学"被改为了"自然地理概论""人文地理概论"。

表3-2 1912—1928年中学地理课程标准中内容和学时安排

年份	名称	第一年 内容（周学时）	第二年 内容（周学时）	第三年 内容（周学时）	第四年 内容（周学时）
1912	中学校令施行规则	2	2	2	2
1913	中学校课程标准	地理概要 本国地理 (2)	本国地理 外国地理 (2)	外国地理 (2)	自然地理概论 人文地理概论 (2)
1923	新学制课程纲要初级中学地理课程纲要	未注明	未注明	未注明	未注明

1922年"壬戌学制"颁布，学制以"适应社会进化之需要；发挥平民教育精神；谋个性之发展；注意国民经济力；注重生活教育；使教育易于普及；多留各地方伸缩余地"为改革的指导思想，开始重视教育为社会发展服务，同时兼顾个人的个性发展。"壬戌学制"分初等教育、中等教育和高等教育三个阶段，普通教育阶段模仿美国"六三三"制。自此，我国中学开始区分初中和高中教学，并且有了各自独立的教学大纲。

1923—1928年，国家仅于1923年颁布了《新学制课程纲要初级中学地理课程纲要》，该纲要主要从课程的目的、内容和方法、毕业最低限度的标准三个方面对初中地理课程进行了重要的调整。

从该纲要可以看到课程要求已经从知道和掌握知识，开始向"研究地理与人生的关系"，使学生"知道适应环境的方法"，富有"民族及国际的同情心"，具有"自助、自决的精神"和一定的"审美"观念，即体现了地理教育的智育、德育、美育目标。课程目标不仅是使学生了解知识，更加注重学生对人生、世界、民族等多方面的思考和学生的全面发展，即关注对于学生的生活教育[②]。

[①] 樊笑英. 基础教育阶段地球科学教育目标与内容设计研究[D]. 北京师范大学，2008.
[②] 仲小敏. 中学地理课程价值与实现[D]. 北京：北京师范大学，2005.

纲要规定了初中地理课程的内容框架,即"应注重人类全体的生活",同时"中外地理的界域,首宜打破",课程主要包括"地球的全体""陆地的位置""水面的形成""山岳的主干""水道的代表""气候的差别""物产的分布""人种的区分""交通的状况""世界各国的大势""重要的城市"等11个方面,且对具体的内容进行了详细规定。

在具体的教法上,纲要提出"只须注意本国对于世界的关系,便可确定本国在世界的位置",即强调的是一个国际地位的问题,而并非简单的坐标记忆;同时提出了教学中要注意讨论和实习的运用,"鼓励学生自行解答、引起他们自动研究的兴趣""随时研究""详细调查"等。这些要求一方面体现了对学生能力和兴趣培养的意识,一方面也在注重学生全面发展的情感培养。这些先进的理念,至今仍是我国地理教学的重要关注点。

同时,纲要首次提出学生学习地理的衡量标准,即"须了解地理与人生的关系""须了解重要各国经济政治的现势,及吾国于国际间所处的地位""须知著名的山川都邑的位置及形势"。且不论这些标准在具体操作中可行性如何,这是我国自课程标准出现以来以学生为核心的课程设置的尝试。

第四节 国民政府时期的地理课程(1928—1949)

1928年之后,地理课程针对新学制,开始不断出台和修订针对初中和高中的地理课程标准。期间,国家先后共颁布了十一部课程标准(如表3-3所示),其中关于初中地理和高中地理各五部,另有一部关于六年制中学的课程标准草案,均是以"三三"学制进行编排的。

表3-3 1928—1949年中学地理课程标准

初中		高中	
年份	课程标准	年份	课程标准
1929	初级中学地理暂行课程标准	1929	高级中学普通科地理暂行课程标准
1932	初级中学地理课程标准	1932	高级中学地理课程标准
1936	初级中学地理课程标准	1936	高级中学地理课程标准
1940	修正初级中学地理课程标准	1940	修正高级中学地理课程标准
1948	修订初级中学地理课程标准	1948	修订高级中学地理课程标准
1941	六年制中学地理课程标准草案		

经过不断地修订,地理课程标准的基本框架趋于稳定,主要包括四部分:"目标",即课程的教学目标;"时间分配",即上课的学年、学时、幻灯演讲、野外考察、气象仪器实习等的实施时间;"教材大纲",即教科书编写基本遵循的要旨;"教法要点",即教学中教法的指

第四节 国民政府时期的地理课程（1928—1949）

导。1929年颁布的课程标准中还包括"作业要项"，即教学过程中各种教学资源的使用，"毕业最低限度"（包括课程需要学生掌握的知识、养成的习惯和形成的思想情感）两项内容。

三民主义（民族、民权、民生）是当时的社会发展目标，地理课程的目标也围绕三民主义内涵来确定，强调环境知识对国家建设方略、对于国家地位的重要作用，重在培养学生应对社会现实问题的意识和能力，培养学生热爱地理科学的精神[①]。1929年，三民主义教育宏观目标提出，其中强调了培养学生"民族精神""世界眼光"的民族主义；培养其成为"健全的公民"的民权主义；同时注重"唤起学生乐观的积极的精神"的民生主义[②]。地理课程标准颁布以后，课程目标表述为"明了本国概况"和"明了世界概况、国际关系"，以达到"养成爱护国土之观念与利用自然之能力"和"明了本国现在之国际地位"的目的，地理教育的目标再次被拨正，同时也突出了"人生与环境相互关系""克服自然改变环境的创造力和进取心"的深层目标。可以看到，地理课程目标内容不断细化，更加注重务实。

相比初中而言，高中地理课程目标的层次性和要求更高。知识方面，要求学生"明了"各种自然和人文现象及其关系；能力方面，要求学生要从全球的眼光来看待中国，要能理解国际形势，理解自然和人文之间的相互关系，要具有"利用厚生"的能力和"爱护和发展民族利益"的观念，"养成学生研究时事应付时事之能力与习惯"等。同时，"实业计划""国防""以尽促进世界大同之责"等字眼的出现，体现了当时整个社会对国家经济发展和国家局势稳定的重视。

从总体来看，地理课程目标从之前注重生活的实用价值转向了政治取向，从而使得"三民主义教育"成为了地理课程的具体体现，三民主义的思想不断渗透到课程内容中。从另一个角度来看，教育的核心开始转向学生，包括促进学生知识、能力等多方面的健全发展。值得注意的是，在这一时期，"环境决定论"思想对地理课程目标和内容具有较为深刻的影响。

表3-4 1928—1949年初中地理课程标准中内容和学时安排

年份	名称	第一年 内容 （周学时）	第二年 内容 （周学时）	第三年 内容 （周学时）	备注
1929	初级中学地理暂行课程标准	本国地理（2）	本国地理（2）	外国地理（2）	未强调先后顺序
1932	初级中学地理课程标准	本国地理（2）	本国地理（2）	外国地理（2）	
1936	初级中学地理课程标准	本国地理（2）	本国地理（2）	外国地理（2）	

---

① 樊笑英. 基础教育阶段地球科学教育目标与内容设计研究[D]. 北京：北京师范大学，2008：116.
② 仲小敏. 地理课程价值及其实现研究[D]. 北京：北京师范大学，2005：58.

续表

年份	名称	第一年 内容 （周学时）	第二年 内容 （周学时）	第三年 内容 （周学时）	备注
1940	修正初级中学地理课程标准	本国地理（2）	本国地理（2）	本国地理（1） 外国地理（1）	
1948	修订初级中学地理课程标准	1	2	2	本国地理占3/5, 外国地理占2/5

表 3-5 1928—1949 年高中地理课程标准中内容和学时安排

年份	名称	第一年 内容（周学时）	第二年 内容（周学时）	第三年 内容（周学时）
1929	高级中学普通科地理暂行课程标准	本国地理（1.5） 外国地理（1.5）		
1932	高级中学地理课程标准	本国地理（2）	本国地理（1） 外国地理（1）	外国地理（1） 自然地理（1）
1936	高级中学地理课程标准	本国地理（2）	本国地理（1） 外国地理（1）	外国地理（1） 自然地理（1）
1940	修正高级中学地理课程标准	本国地理（2）	本国地理（1） 外国地理（1）	外国地理（1） 自然地理（1）
1948	修订高级中学地理课程标准	本国地理（2）	外国地理（2）	

表 3-6 1928—1949 年中学地理课程标准中内容和学时安排

年份	名称	第一年 内容 （周学时）	第二年 内容 （周学时）	第三年 内容 （周学时）	第四年 内容 （周学时）	第五年 内容 （周学时）	第六年 内容 （周学时）
1941	六年制中学地理课程标准草案		本国地理（2）	本国地理（2）	本国地理（1） 外国地理（1）	外国地理（1） 自然地理（1）	

如表 3-4、表 3-5、表 3-6 所示，课程标准中初中和高中地理课程的内容均包含了本国地理和外国地理，而高中地文学课程则更名为自然地理，自此不再单独开设人文地理课程。初中地理一般开设三年，每周 2 学时，变动并不大；而高中地理开设时间变动较大，各阶段教学开设年份和学时数均有变化，但大部分情况下每周为 2 学时，且先讲本国地理，再讲世界地理，最后为自然地理，且课程学时依次减少。

第四节 国民政府时期的地理课程（1928—1949）

根据1929年《初级中学地理暂行课程标准》的规定，初中讲述自然、人文地理中的七个主题，将中国和与中国最有关系的国家渗透到各部分，以系统地理渗透区域地理的模式来呈现，其内容框架如下：

（一）地形（甲）山岳（乙）平原

（二）气候（甲）温度（乙）雨量（丙）风向

（三）水利（甲）河流（乙）湖泽（丙）海岸（丁）森林之调剂力

（四）交通（甲）邮电（乙）航空（丙）驿道（丁）运输

（五）物产（甲）食粮（乙）衣料（丙）建筑材料（丁）工业上之原动力

（六）都市（甲）政治中心（乙）文化中心（丙）经济中心（丁）人口在二十万以上者

（七）国际关系：与中国最有关系的国家有日本、美国、英国、法国、德国、俄国

这七大基本主题均是与人类衣食住行密切相关的内容。例如"物产"部分，规定的学习内容包括"食粮、衣料、建筑材料、工业上之原动力"，而在讲述国际关系时，侧重于与中国关系最为密切的国家，同时注重边防要地的讲述，与后期世界地理中追求大而全的介绍形成鲜明的对比。相较1923年的初中课程内容有所减少，自然地理中只介绍地形、气候与河湖，另外四部分均以人文地理内容为主，人文地理比重较大；极力强调自然环境作为社会发展基础的作用。

《高级中学地理暂行课程标准》中，内容的安排则是对本国和世界相关重大地理事件进行讨论。例如，本国地理强调了"人口问题""关税问题""发展实业问题""军备问题"等；而外国地理涉及的内容包括"日本问题""亚洲被压迫民族的问题""美洲集团诸问题"等。这些内容几乎没有明确的体系，只是根据主要的问题逐一进行了排列。由于此时公布的地理课程标准与之前教材的传承关系很弱，教材的重新编写需要一定的周期，且距离1932年出台的课程标准时间跨度不大，因此依照此课程标准编写的教科书数量很少，在随后的分析中也未涉及。

1932年，当时的教育部对1929年颁布的暂行地理课程标准做了较大篇幅的修订，之后以正式课程标准公布。初高中内容结构都发生了巨大变化，初中一改过去七大地理要素的视角，本国地理分为"概说""地方志"和"人文地理概况"三个方面（见下文举例）；外国地理的结构类似，以概说和各大洲地方志的形式加以呈现。

概说：讲述地球的基本知识，包括形状大小、经纬度、五带及方位、地球运动及昼夜四季、水陆分布、本国概况。

地方志："由天然区说到分省"，将我国分为七个区域，以这七个区域为框架，分述各省地理概况，内容要求——各省地形、气候土壤、水陆交通、主要城市、物产及工商业、水陆国境及国防要害、被侵略之领土与权利、总理实业计划、地方特殊事项。

人文地理概况（人口、交通、农产、工商业、国防）总结。

高中课程改变了以热点问题为内容主题的模式，也是从区域教育进行内容设置，内容体

系分为两大部分：区域，本国地理与经济之关系。高中课程的设置中还增加了自然地理内容。

1932以后颁布的课程标准中，对于初高中教材大纲的规定不断完善，并逐渐趋于稳定。初中地理中地理概论放在本国地理之前，其他两个部分则主要以地方志的形式展开；本国地理逐省介绍；世界地理的介绍以洲为单位，对每个洲中的主要国家一一列举。由于国家和国际局势不断动荡，边界不断变更，所以具体的疆界有部分调整，但总体变动不大。高中地理包括本国地理、世界地理和自然地理三个部分，前两个部分沿用地方志的形式安排，就分大区或者分洲、逐省或逐国的介绍，但增加了一些当时国内和国际所关注的重大地理问题；自然地理则从宇宙、陆地、水、大气、生物各个圈层逐一进行了规定。课程标准（1940年）指出，"初高中外国地理内容应有所区别：初中注意地理基本事实之陈述，高中注意政治、经济关系之阐明"，虽然这种思想是针对外国地理部分提出的要求，但其贯穿于整个初中、高中教材的设计之中。

这一时期的课程标准对地理课程实施方法有着明确的规定，主要是从作业、教法、选择教材注意事项三个方面进行说明。作业规定了学生应该掌握和学习的知识和技能，例如利用图表、野外观察、测量制图等；教法规定了教授过程中对于教材的处理、教学设计、教学资源的利用和补充等；选择教材注意的事项，规定了教材选用的一般规则，例如注重学生能力、教材应以生产与国防为中心、地名的规范等问题。1929年颁布的《初中地理课程标准》中还规定了每月应举行一次野外考察，轮流气象仪器实习，更加注重地理实习活动。

关于地理课程评价的要求，仅在1929年颁布的初高中地理课程标准中以"毕业最低限度"的形式存在。其中，初中评价的要点主要集中在基本知识明悉、看图的习惯、观测气象的尝试以及观察能力方面；高中则主要集中在民族精神的理解、国家的国际地位、国际关系等一些更注重情感和能力方面的要求。

可以看到，这一阶段的课程标准已经开始逐渐有了较为完整的框架结构，并且每一部分的内容在不断地完善和发展过程中。课程目标不断深化，课程时间安排逐渐固定，课程实施逐步规范，并开始有课程评价的环节。这些课程标准对于当时我国的地理教学进行了规范，同时也成为教科书编写的重要依据。

第四章

地理教育理论发展

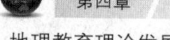

第四章　地理教育理论发展

第一节　清末和北洋政府时期（1902—1928）

一、高等地理教育

从高等地理教育来看，《奏定学堂章程》规定经学、文学、格致、农、商五大科开设地理课程，学制三年，章程对各科所学的地理内容进行了详细的规定。辛亥革命以后，南京临时政府成立教育部，总管全国教育事务。1912年，当时教育部颁布的《大学令》将地理学划分为文科，所学的课程包括了地理研究法、中国地理、世界各国地理等共计13门。随后，教育部规定高等师范学校以造就中学校、师范学校教员为目的，同时规定了相应的课程标准和课程，其中规定开设"地理教授法"的课程。高等师范学校此时已经开设有实验课，并且安排有一定的旅行绘图、采集各种标本等活动，以培养学生的能力。当时师资极度匮乏，许多高校聘请了不少国内的知名学者和国外留学生任教，使得高等教育的队伍快速发展起来。总体而言，当时对地理教育的实践停留在传统的现象描述阶段，但已经开始注重改革，关注学生能力的培养，然而这种改革力度和效果均没有本质上的变化。

此时，地理教育理论的研究在中国才刚刚起步，有不少学者开始思考地理课程的价值问题。例如，谢观、谭廉等在师范学校新教科书《地理》序言中提到："地理之学，名词多而事实少，讲授之际易涉鼓噪。是编于叙述之中，随时间参以地文、地质、历史、政治上之理论。凡遇事物之成因，无不推究其所以然之故，罗列指陈发挥详尽。俾学者又探讨之乐趣，而地理学真理亦益以明了。"他们一方面指出了当时的地理依然停留在了陈述事实的阶段，另一方面也指出了叙述地理事实过程中要注重和其他学科的结合，注意推究事实成因。在谈及师范学校教学内容时，他们指出："师范人才系供将来教授小学之用。我国地大物博，头绪纷繁，借非条理简明，则教授颇难握要，故是篇于山川地名之去取，以及篇幅事实之剪裁。皆悉心斟酌，以始于应用之常识为准"，可以看到当时的地理教育家已经开始质疑以前大而全的地方志式的地理内容编排对于现代地理教授的不适用。

二、中学地理教育

就中学地理教育，《奏定学堂章程》规定中学地理课程开设地理总论和亚洲总论、中国地理、外国地理、地文学四门课程，随后颁布的《学部奏变通中学堂课程分为文科实科折》将课程内容压缩为中国地理和外国地理两门，地理概论放在了中国地理开始部分，采用先中国地理后世界地理的顺序安排。由此，我国中学地理课程的基本框架形成。但由于当时国人对于地理科学的发展知之甚少，传统地方志和封闭的社会现实，使得地理教学的推进十分艰难。1906年，广智书局出版的中学用《世界地理》教科书中就曾提到："教育界所谓最缺点最困难者，莫地理教科若。此东西近世教育家所同道，然莫甚于我国"。

《奏定学堂章程》首次对中学地理课程的性质、课程内容、教学任务、教学方法、教学目的等进行了详细阐述。它认为地理知识"凡教地理者，在使知大地与人类之关系，且务须发明与列国相较之分际"，教学技能"兼使描地图"，情感方面"养成其爱国心性志气"；具体的教学法"讲外国地理尤须详于与中国有重要关系之地理，且务须发明中国与列国相较之分际"以及"讲地文，须就中国之事实教之"。由此成为后来地理教育研究的基本框架和指导。

根据当时课程大纲的规定，我国产生第一批地理教科书。这些教科书中地文学和世界地理部分受日本和美国的影响最甚，并且相当一部分教材都是由其他国家的教材翻译而来。例如，《瀛寰全志》是根据印度课本编成，张相文编写的《地文学》是根据日本的教科书编写而成等。这些教材大部分具有错误的观点，如地理环境决定论、人口决定论、优秀种族论的思想，一定程度上成为了统治者的宣传工具[①]。同时，中学地理教科书的初高中之间知识重复过多，衔接不合理也成为制约中学地理教育发展的重要因素之一。

在这一阶段，我国的学者们已经开始意识到地理教育教学基本受传统教学观的影响，学生死记硬背，教师注入式的讲授，对教育过程描述过多，纯属于"无味之记诵"。于是他们开始关注国际上地理教育教学中的一些实际经验，例如"实验观察法"等。这一过程逐步开始了对中学地理教学的性质和特点等的定义，指导了教科书的编写和广大教师的教学。

三、传统教育全面改革

1912年，南京临时政府建立以后，立即着手对两千年来的传统教育进行全面改革。通过这场改革，《普通教育暂行办法通令》《普通教育暂行课程之标准》《中学校令》等法令相继颁布并实施，推翻了封建教育制度，中国的资产阶级教育制度初步确立、形成[②]。1922年"壬戌学制"颁布，普通教育阶段模仿美国"六三三"制，自此我国中学开始区分初中和高中教学。这在中国现代教育史上是第一次，从而理顺了普通教育在整体上的衔接关系[③]。

1913年，谭廉编写了《共和国教科书地理教授法》，由商务印书馆出版。该书对当时小学地理教授法进行了最初探讨。1915年4月，北京高等师范学校史地部成立了史地学会，1920年6月，史地学会编辑的《史地丛刊》创刊。《史地丛刊》所发表的关于地理教学方面的文章有：《地理教科书之急宜改造与其教授法之急宜革新》（刘玉峰，第2期）；《我国将来怎样教授地理》（盛叙功，第3期）；《中学中国地理教科书实例》（武学易，第3期）；《改良中学校历史地理教法议案》（朱希祖，第4期）。《北京高师教育丛刊》于1919年12月创刊，在创刊号上有张大鈵撰写的《地理学习法大要》，第3期上有卢成章撰写的《中小学校地理教授之研究》等文章。

1922年《史地学报》第2期发表竺可桢的《地理教学法之商榷》一文，随后他在《地理杂志》中撰写《地理教学法》一文，强调地理教学要有法可依，提出教会学生以世界眼光推

---

① 刁传芳，高如珊. 中学地理教学法[M]. 北京：北京师范大学出版社，1990：27.
② 王炳照，郭齐家，刘德华，何晓夏，高奇. 简明中国教育史[M]. 北京：北京师范大学出版社，2007：339.
③ 王炳照，郭齐家，刘德华，何晓夏，高奇. 简明中国教育史[M]. 北京：北京师范大学出版社，2007：384.

论时事,以科学眼光观察事物,并且建议地理教学应始于本土地理[①]。这两篇文章重在倡导新的教学方法,被认为是我国地理教育研究起始的重要标志,为地理教育学科做出了重大贡献。地理教育的研究开始处于探索阶段,也为国民政府时期地理教育研究大发展奠定了基础。

四、区域地理划分思想的初步形成

中国区域划分的历史非常悠久,战国前后就出现了最早的区域地理著作——《山经》和《禹贡》。其中,《禹贡》是我国和世界最早的自然地理区划著作[②],该书总结了当时中国各地的自然地理情况,将全国分为"九州",并分别阐述了山川、湖泽、土壤、矿物等。近代,一些地理学家又提出了不少中国区划方案。例如,自然区划方案主要有罗开富方案、黄秉维方案、任美锷和杨纫章方案、赵松乔方案、席承藩方案等;经济区划方案主要有三大经济地带和七大经济区;综合区划如赵济等所提出的八大综合区。各种类型的区域规划方案都对中国区域地理研究的发展做出了积极的贡献,具有极强的理论性和专业性。

受不同时期中国区划发展的影响,中国中学地理课程中曾出现多种划分方案。发展至今,目前已经形成了四大地理区域的划分共识,但这种划分也并非完美,仍存在一些亟待解决的矛盾和问题。

1902 年《奏定学堂章程》的颁布,标志了中国现代意义地理课程的出现。此后,国家颁布了多部教学大纲规范初中地理课程的设置。1932 年以前的大纲仅规定《中国地理》的讲授时间,但并未涉及具体的课程内容。当时教科书《中国地理》中区域划分差异显著,存在以下三种形式。

1. 逐省直接讲述省级行政区

中国区域地理内容遵循历史沿革、省境、山脉、河流、地势、产物、交通、重要城市的中国传统地方志的写法,介绍中国当时省级区域等[③④⑤]。由于当时中国疆域不固定,教科书中省份数目随之变化。例如,1905 年中国仅有 26 个省级区域,而 1923 年的教科书中包含了 31 个省级区域。

虽为逐省介绍,部分教科书将数个省合并为同一编章,是最初的中国区域划分思想的体现。1909 年,由贺尹东编写,求是中学堂出版的《中国地理》教科书,因山川形势、行政便宜,将全国分为本部和属部,本部包括北带黄河流域、中带扬子江流域、南带珠江流域;属部包括满洲、新疆、蒙古、青海、西藏。1913 年,由谢观编撰,商务印书馆出版的共和国教科书《本国地理》,根据省区位置,将中国区域划分为京兆等六区、江苏等七区、察哈尔特别区域、绥远特别区域、山东等八区、四川川边、广东等四区、蒙古、西藏青海。1914 年,由

---

① 刘继忠. 我国中学地理教育百年反思 [J]. 中学地理教学参考,1997 (9):8–10.
② 潘玉君. 地理学基础 [M]. 北京:科学出版社,2001:46–47.
③ 刘师培. 中国地理教科书 [M]. 上海:国学保存会,1905.
④ 谢洪赉. 最新地理教科书 [M]. 上海:商务印书馆,1905.
⑤ 张培民. 新制中国地理 [M]. 太原:晋新书社,1923.

史礼绶编写，上海中华书局出版的《中国地理》教科书，将中国区域分为三类九大区域：行省（北区六省、中区七省、南区五省、东北区三省、西北区一省）、非行省（蒙古、西藏）、租借地及割让地。类似的划分如王郁文①等人编写的教科书。虽然划定区域的自然、人文特征相对一致，但并未进行整理归纳，逐省依照位置→境域→地势→海岸→河流→湖泊→区划→风俗→气候→物产→商埠等，或删或添的形式加以描述。

2. 兼顾自然、政治区划，划分基层区域

20世纪30年代，教科书编写者就已经意识到，中国地理分区域需要合理的划分标准。除自然区划外，要顾到政治区划②。自然区域固属地理上的天然单位，但亦可为大范围的概括区分，亦可为数十区的精细划分；政治区域虽多属人为，有许多牵强不合地理处，将来难免修正重新划定，但现在已行之数百年，其名称位置，使人较易知悉③。

此类较为常见的区划将中国划分为五个基本区域：黄河流域、扬子江流域、珠江流域、关东及新疆、蒙古青海西藏等④。前三个区域的划分以河流为原则，但"关东及新疆""蒙古青海西藏"两个区域内部并不相邻，特别是关东地区位居中国东北，新疆位居中国西北，两个地区合并为一个区域，且无地图引导，极容易使学生产生误解。

3. 划分自然区域

依照自然形势的联络关系而划分的12个自然区域：畿辅平原、关东平原、蒙古高原、秦晋山地、江楚平原、江浙平原、闽粤海疆、苗疆山地、滇蜀高地、康卫高原、天山高原、陇右高原⑤。

中国有沿海季风区域和内陆干旱区域之分，两者以南北行之横断山脉，与东西行之戈壁沙漠为天然界限⑥，两区域的风土人情大不相同的区划思想在教科书中体现逐渐明显。张其昀依此思想，制定了中国23个自然区域的划分方法：黄河三角洲、大湖区域、长江三角洲、东南沿海区、珠江三角洲、岭南山地、海南岛、云贵高原、西南三大峡谷区、四川盆地、秦岭汉水区、陕甘盆地、黄河上游区、山西高原、海河流域、东北二大半岛、关东草原、白山黑水区、塞外草原、外蒙高原、准噶尔盆地、塔里木盆地、西藏高原⑦。

此阶段中国地理区划多以行政区划为主，虽然出现了多种区划类别和名称，但在区划总体叙述之下，次级内容随处都有省区的痕迹，每区域的都市更是以省区分述，行政单元的思想依然明显。

---

① 王郁文，谢丕阁. 本国地理[M]. 天津：直隶书局，1925.
② 杨蕙田. 初级中学教科书本国地理[M]. 北平：海王商店，1925.
③ 苏甲荣. 初级中学学生用初中本国地理教本[M]. 上海：大东书局，1932年.
④ 藏励和. 新体中国地理[M]. 上海：商务印书馆，1908.
⑤ 王钟麟. 现代初中教科书本国地理[M]. 上海：商务印书馆，1924.
⑥ 张其昀. 新学制人生地理教科书初级中学用[M]. 上海：商务印书馆，1926.
⑦ 张其昀. 新学制人生地理教科书初级中学用[M]. 上海：商务印书馆，1926.

第二节 国民政府时期（1928—1949）

1927年，国民党在南京成立南京国民政府。自新文化运动以来积极提倡和努力探索创建现代中国教育的教育家和教育人士，为推进和巩固"五四"新教育所取得的成果，在国民政府统治区域做了大量的工作，使与教育相关的各项规章制度臻于完备，奠定了我国现代教育的基本模式，教育改革也进一步深化。这一时期的教育宗旨不断由"党化教育"转向"三民教育"，而后又提出"战时须作平时看"的教育指导方针，从而使我国教育得以保存，并得到了艰难的发展[①]。国民政府前期，国家和社会开始大力推进地理教育事业的发展，有关地理教育理论的研究达到中华人民共和国成立前的最高峰。

20世纪30年代初期是我国地理教育事业蓬勃发展的一段时期。得力于许多国内外地理学专家、教授的倡导与参与，在发展地理教育事业的同时，地理教育理论呈现蓬勃兴起的大好形势。在这一时期，我国首次颁布并开始实行全国统一的《中小学地理课程标准》，当时分别由张其昀（小学）和胡焕庸（中学）执笔，著名地理学家竺可桢、许寿裳、周光绰等人审查。该标准规定了初中"地理课程占三学年，每周二小时"；高中各年级地理课程每周均为2课时，分别讲授本国地理、外国地理及自然地理，均为高中普通科必修。课时比重占总课时的6%～6.5%，"其课时设置之多，分量之重，是中国地理教育史上所仅见的。"此外，这一时期各种新编地理教科书大量涌现，各地大小书局出版的教科书印发数之多，为中小学地理史上之最。

一、地理教科书的发展

这一时期教科书发展异常迅猛。由于评判标准和立场不一，学者们对这一时期地理教科书的评价结论不一。有研究表明这一时期教科书的内容结构类似于百科知识，科学性、系统性、地理性均不强[②]。但也有学者认为随着寻求富民强国的思想和地理教育的发展，地理教材的科学性、系统性还是得到了较大程度地增长，内容较发展之初也更加丰富[③]。

在我国高等教育的研究中，地理教育的研究主要集中在师范教育，如张印堂在《地理研究法》一书中阐述了师范地理教育的重要性和高校地理教育的当务之急。在此阶段出版的相关著作还有葛绥成的《地理教学法》（中华书局，1932年）；刘虎如的《小学地理科教学法》（商务印书馆，1934年）；褚绍唐的《地理学习法》（中华书局，1935年）；田世英的《中学地理新教法》（商务印书馆，1943年）等。

北京师范大学地理系师生积极参与地理教科书的编写，特别是历届系主任大多带头参加

[①] 王炳照，郭齐家，刘德华，何晓夏，高奇. 简明中国教育史 [M]. 北京：北京师范大学出版社，2007：406.

[②] 秦椒慧，于萍. 我国中学地理教学的百年变化 [J]. 中学地理教学参考，2003（11）：4-5.

[③] 范小杉，李传永. 百年反思：论地理教育理念的革新 [J]. 教育探索，2004（6）：75-76.

编写地理教科书,包括白眉初、黄国璋、王谟、王益崖、谌亚达、殷祖英等;教师及毕业生中有王均衡、王毕隆、万方祥、傅角今、王成组、王金、盛叙功、邓启东、田世英、杨蕙田、程国璋、吕士熊、苏从武、韩道之、陆光宇等。1923年毕业的楚图南(中华人民共和国成立后曾任全国人大常委会副委员长)翻译出版了《地理学发达史》一书。1924年毕业的杨秀峰(中华人民共和国成立后曾任高等教育部部长、最高人民法院院长)也参加过中学地理教科书的校订工作。

根据吴艳兰编著的《北京师范大学图书馆藏师范学校及中小学校教科书书目(清末至1949年)》(2002年出版)统计,1949年前共有小学地理教科书44种,中学地理教材160种,师范学校地理课本16种。北京师范大学地理系教师、毕业生编著的中学地理教科书达50多种,约占其中的1/3,说明北京师范大学地理系师生在全国地理教材编写方面具有举足轻重的地位。

二、地理教育刊物的兴起

这一时期是中国地理教育刊物蓬勃发展时期。在短短的几年时间内,地理教育研究的杂志从无到有,几年之内创办了近十种。如1928年,中央大学地理系(今南京大学前身)创办的"以促进中学地理教育为旨趣"的《地理杂志》后又改名《方志月刊》;1935年创刊的《教与学》;1936年,由竺可桢等人倡议创刊的《地理教育》;1936年,北京师范大学组织地理教学研究会创刊的《地理教学》等。此外,还有中国地学会的《地学杂志》,中华地学会的《地学季刊》,中山大学的《地理学季刊》等。当时的地理学家与普通地理教师都各抒己见,研究的议题涉及地理教育的各个方面。如竺可桢的《中央大学地学系之前途》,张其昀的《地理与大学教育》,胡焕庸的《地理教室之设备》,黄国璋的《地图之研究》,吴永成的《高中地理教材之讨论》,褚绍唐的《中学本国地理教材之改造》,顾颉刚的《地理教学与民族观念》,丁绍桓的《学生学习地理的途径》,沈思屿的《中学地理实习之方法》,李海晨的《地形与气候》,李燕昌的《趣味地理》等100多篇论文,其数量占了从民国初年到中华人民共和国成立前的论文总量的60%左右。这些文章的发表对当时的地理教育,尤其是中等地理教育,起到了巨大的推动和促进作用。1936年,竺可桢等人倡导并成立了"中国地理教育研究会",标志着地理教育发展达到了20世纪30年代的鼎盛时期。

《地理杂志》是1928年中央大学地理系创办的"以促进中学地理教育为旨趣"的杂志,该杂志刊登过我国不少著名的地理学者对学校地理教育问题讨论的文章,如竺可桢的《地理教学法》《中央大学地学系之前途》,胡焕庸的《地理教室之设备》,张其昀的《地理教育之目标》《地理学与大学教育》等。

1935年,《教与学》杂志创刊并正式发行,当时的教育部长蔡元培撰写了文章《教与学》,提出当时的教育要从"教而不学"到"既教且学";从"学而不教"到"既学且教";从"不教不学"到"又教又学"的思想转化。王世杰发表了文章《教育者的精神》,他认为教育者精神主要表现在为民族国家服务的精神,要有专业精神,要有进修的精神。这些论文的发表,使《教与学》杂志的发展形成了基本的格调。该期刊从 1935 年开始，一共出版了 5 册，共计 60 期，其中包含了众多有价值的关于地理教育理论和实践探讨的文章。

1935 年《教与学》第 3 期，高焕升发表题为《国防中心的中学课程和教学》的文章，指出史地、语言、公民、音乐等课，宜着重精神、国防的培养。同时，他认为地理教学是培养爱国思想最好的工具，要人民爱国，必先使人民知道国家可爱。他认为编撰教材"第一，须使一岛一屿一湾一港，皆为青年所熟悉，至少本省之人皆能了如指掌。第二，详述全国人口分布状况及各地出产之多寡。第三，研究我国及外国重要军港之形势。第四，特别注意东北四省及边疆各省。第五，详述沿海各省，长江流域和满蒙边陲等地之地理形势和军事上的关系。"他从"国防中心"出发，对地理教育的本质、内容进行了详细的规范。同时，他还提到了教学的基本原则，即"活动教学原则"和"事物教学原则"，提到了教学应该利用各类模型、电影、旅游参观等多种教学形式来开展，并给出一定的事例[①]。

1936 年《教与学》第 11 期出了地理教学专号，该期近 400 页，分为"论著""教学法""教材""研究"四个部分，共计 32 篇文章，对当时地理教育现状和发展做了系统的分析。著名的地理学者和地理教育家撰写了相关的论文，如竺可桢的《旅行是最好的教育》，张其昀的《地理学上的三律》，胡焕庸的《改进大学地理教育的建议》，李贻燕《中等学校教科上的地理科教育》，顾颉刚的《地理教学与民族观念》，葛绥成《地理教学的管见》，史念海的《国难中地理教材的商榷》等。

竺可桢发表的《旅行是最好的教育》一文开篇就说："俗语有句话叫'秀才不出门便知天下事'，这是欺人之谈。足不出户的人们，虽读书万卷的死书，仍然不辨菽麦，至于人生几何，世界经济更谈不到了。[②]"指出了地理实践在现实中的重要性。

胡焕庸发表题为《改进大学地理教育的建议》的文章，指出当时高校对地理教学非常的不重视，大学地理系数目太少，地理师资亟待解决等问题。同时，他认为大学设立地理学科的四个主要目的是"以大学地理系，为专门研究之中心；训练专门人才，以从事地理考察与研究；培养中等学校之地理师资；予一般大学生，以普通应用之地理基本知识"[③]。

李贻燕发表文章《中等学校教科上的地理科教育》，将高等以上学校所授的地理和中等学校所授的地理进行了区分，认为高等学校所授地理为科学，而中等学校授的地理仅能称为地理科。"盖中等教育，当视被教育者之地方年龄及心力之发达等，为必要之顾虑，力避高深之理论，为简单之说明"。中等学校地理科教育目标被概括为：使学生对于现代性有正确之理会；使学生得经济的知识，明了总理实业计划；养成爱国心。教学的阶段被分为了预备、提示、整理三个阶段，并逐一进行了阐述；与此同时还介绍了在整理教学内容或者编写教材时，

---

① 高焕升. 国防中心的中学课程和教学[J]. 教与学, 1935 (3): 157.
② 竺可桢. 旅行是最好的教育[J]. 教与学, 1936 (11): 15-17.
③ 胡焕庸. 改进大学地理教育的建议[J]. 教与学, 1936 (11): 15-17.

中等学校的地理要如何体现其特色,如何与教育性结合,与人生相互关联[①]。这些文章在半个世纪之前提出来,实属可贵。

1936年由竺可桢等人倡导并成立了"中国地理教育研究会",刊行《地理教育》杂志。该研究会的目的是"集合全国地学界同仁之力,对于一般地理教学问题,加以探讨,对于实际地理教育情形,设法改进,对于地理教育所必须之工具。同仁等尤求得分工合作。尽量供给。务使各级地理教师对于教学上所必须之参考与辅助,可得予求之便,而整个地理教育。由此乃有逐渐改进之一日"[②]。《地理教育》杂志共出版了两卷,总计16期。

1936年,北京师范大学组织地理教学研究会创刊《地理教学》,它的指导思想是"除从事一般科学地理之研究与地学知识之传布之外,尤注意于地理教育之改进"。当时北京师范大学地理系主任黄国璋决心改进中小学地理教学,"凡有利于中小学地理教学之事项而为本系人力财力之所及者,莫不规划周详,亟图实现"。他在"地理教学发刊词"中提出,地理教学杂志内容包括:(一)介绍地理新知——凡地理上新学说、新发现,或以翻译,或以转载,或以摘要,或以专著为之介绍。(二)供给地理教材——凡关地理教学之基本知识,小区域之专门研究,国内外之教学资料及各项之新颖统计、图表等均将尽量供给。(三)讨论教学方法——凡关于地理教学之原理问题及实施方法等,将一一详细讨论,以供中小地理教员之参考。(四)解答教学疑问——凡各方有关地理之疑问,当本同人之所知或参考之所得,尽量予以公开之解答。1937年《地理教学》第1卷第3期刊登了周廷儒的《野外考察与地理教育》,文章强调野外考察对高中学生学习地理的重要性[③]。王均衡也曾在《地理教学》上发表"中等地理教材的教法片段论述"的文章。

此外,当时还有众多关于地理教育研究的杂志陆续创办。《地学季刊》也是当时刊登地理教育论文的期刊之一,如1936年第2期中褚绍唐发表了《中学地理教学法述要》一文。但是上述杂志多因1937年抗日战争的全面爆发而被迫停刊。

三、区域地理划分标准及形式日渐统一

随着中国区域划分的研究和实践不断增多,中学地理中中国区域划分的形式和内容开始走向趋同。

1. 区域划分中,自然地理和人文地理开始有所侧重

依照河流、地形进行中国区域划分,成为多数地理教科书的选择。其中大多数地理教科书将中国划分为长江钱塘江流域、黄河白河流域、珠江闽江流域、松花江辽河流域、西部高原、蒙古高原六个区域[④]。这一划分思想更加简明、科学、合理[⑤],且对每个区域总体的自然地理

[①] 李贻燕. 中等学校教科上的地理科教育[J]. 教与学, 1936 (11): 19-23.
[②] 雄宁. 本世纪前半叶我国近代地理教育初探[J]. 地理研究, 1987 (01): 10-20.
[③] 刘继忠. 我国中学地理教育百年反思[J]. 中学地理教学参考, 1997 (9): 8-10.
[④] 刘虎如. 新时代本国地理教科书[M]. 上海: 商务印书馆, 1928.
[⑤] 钟毓龙. 初级中学用新中华本国地理[M]. 上海: 中华书局, 1928.

条件的叙述更加明晰，体现了自然区划的特征。

1931年，国家外忧内患，急需快速发展经济，增强国力。此时有的地理教科书对中国的区划则更加注重区域与国家经济建设的关系，将中国全国分本部、边疆之部。本部分为东方大港领域、北方大港领域、南方大港领域；边疆之部分为东北铁路区、西北铁路区、高原铁路区、东南沿海区[①]。

在认识到自然区域划分和人文区域划分的差异后，编写者开始尝试对两者进行融合，尝试针对不同内容采用不同的叙述形式加以描述。比如采用自然区域，而不为琐碎的划分，且避用尚未习惯的名词，如大湖区域等；把地形、山川、交通等不宜以省界分开的，在一个自然区域内论述；把产业、人民、都市等，在一个自然区域内仍分省叙述，俾读者于政治区域得到相当的认识；至于都市，又按交通的形势，采用游历法，依次叙述，俾增兴趣[②]。在这种思想下，出现了或以自然区域命名，实则人文和地理并重的形式[③]；或直接以自然区域加行政区域一起命名的形式[④]。

2．依据课程标准，统一进行区域划分

1932年《初级中学地理教学大纲》颁布，对中国区域划分做了较为明确的规定：即中部地方、南部地方、北部地方、东北地方、漠南北地方、西部地方。此后，《初级中学地理课程标准（1936年）》《修正初级中学地理课程标准（1940年）》《六年制中学地理课程标准草案(1941年)》《修订初级中学地理课程标准（1948年）》对其进行了修正和规范。

1932年以后，各大出版社纷纷依照教学大纲（课程标准）编写了相应的教科书。如复兴初级中学教科书《本国地理》[⑤]、新课程标准适用初中《本国地理教科书》[⑥]、新生活初中教科书《本国地理》[⑦]等。这种以地理方位划分并命名中国各大区域的方式，其表述简单且数量适中，对于统一国家各个区域的名称、形成中国国土空间观念、推动学生学习起到了积极的促进作用。

总体而言，以上列举的刊物和论著结合起来，系统地展现了当时地理教育教学法和学习法的主要思想和方法。我国地理教育理论研究逐渐从琐碎中逐步完善了起来，但依然处在尝试和探索阶段。地理教育的价值开始被关注，特别是地理教育在国情教育中的作用被大大的挖掘出来；对地理教学的关注增多，也开始注重地理实验、地理实习、科学的教学方法等对学生技能的培养；地理学科的发展以及教育理论研究不断深入，其与地理教育之间的联系日益紧密。地理教育理论研究主要以"地理教材教法"为主，表现出了以下两个方面的特点：

---

① 白眉初．初级中学（师范）适用新建设时代中国地理教本[M]．北平：建设图书馆，1933．
② 苏甲荣．初级中学学生用初中本国地理教本[M]．上海：大东书局，1932．
③ 周容．初级中学北新本国地理[M]．上海：北新书局，1934．
④ 苏甲荣．初级中学学生用初中本国地理教本[M]．上海：大东书局，1932．
⑤ 傅角今．复兴初级中学教科书本国地理[M]．上海：商务印书馆，1933．
⑥ 王均衡．新课程标准适用初中本国地理教科书[M]．北平：立达书局，1933．
⑦ 李长博．新生活初中教科书本国地理[M]．上海：大东书局，1934．

一是教材教法的主要研究对象是中学地理教材，以及在此基础上研究如何教授教材；二是教材教法主要是以技术性研究为主，即以教学经验为基础研究教师教授地理的具体方法[①]。

抗日战争时期，地理教育的推广受到了很大的影响，教育理论研究和地理教育的实践现状表现出极其不相称的发展局面。

---

① 常华锋. 褚亚平先生地理教育思想简介[J]. 地理教育，2010（3）：6-7.

第五章

中学地理教科书的编写和出版

第一节　中学地理教科书的萌芽

一、外国传教士编写的教科书

戊戌变法前，教科书的编纂基本上是由西方传教士完成的。当时的教会学校编写了大量教本，如《地理志略》《地势略解》《地志须知》《地理初桄》《地理全志》《天下五洲各大国志略》《列国地说》《训蒙地理志》《列国地志》《地文学教本》《最新地文图志》《小学地理课本》《地志学入门》《地理初级问答》《人类地理学》等。

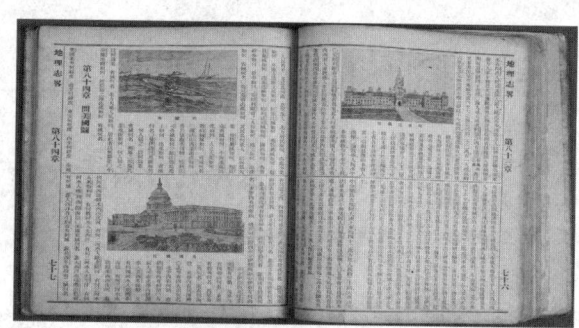

图 5-1　《地理志略》封面及部分课文

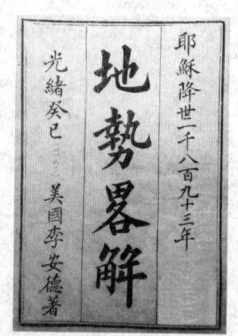
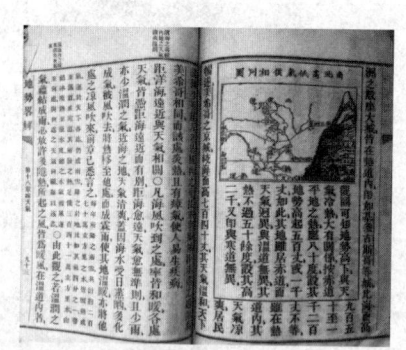

图 5-2　《地势略解》封面及部分课文

1856 年，曾任英华学院校长的英国传教士理雅各撰写的《智环启蒙塾课初步》一书出版，该书共分为 24 类，其中第 13 类以中英文对照的形式重点讲述了地理知识，主要包括地面分形论、土之分形论、水汇论、地之质体论、天气诸天论、宇宙论、地级论、地之运动论、地球分域论、天气论、四方论、赤道论、地极论等内容。1859 年以后，该书陆续在中国广东、香港等地发行并使用。

这些传教士编撰的教科书内容具有明显的宗教倾向。他们编撰的课本除了一部分属于纯粹的自然科学知识外，大部分内容旨在宣传宗教，美化资本主义制度，并在历史和地理教科书中，对我国进行歪曲和贬责，使学生读后产生崇洋和自卑之感。罗汝楠曾说："近世地理诸书，大抵译自外国，凡外人之所述者，则复冗无节；外人所未述者，则漏略弗详。"[①] 屠寄评价20世纪之前地理教科书的编写现状时指出："近来坊间所著本国部地理教科书，大半由东西文世界地理教科书中抽译中国一部而成。以外国人说我国之地理，其不能适当者十之六七也。间有教会中所编之本，则意偏宗教，不适国民教育之用。"[②]

外国传教士编写的教科书引进了国外先进的地理学科知识，但在地方化过程中存在诸多不适应之处。1877年，益智书会成立以后，一方面开展编辑教科书的工作，另一方面着手建立统一的译名[③]。益智书会要求教科书通俗易懂，不仅能教育读者，还可被教师用来进行教学；不是译作而是原作，要对本学科中某些外国最好的著作进行比较，选择一本最适宜的作为基础，然后把自己对文化的理解与手头的工作结合起来，以便编写出将对中华民族产生强大影响的书籍，同时应在使这些书籍具有严格的科学性的基础上，抓住一切机会引导读者注意上帝、罪孽和灵魂拯救的全部实施[④]。

益智书会干事傅兰雅曾编写了初级中学或高级小学使用的13种图说，自费出版了大纲性图书28种，其中与地理学密切相关是《地志须知》。以1882年和1883年出版的《地志须知》为例，其内容不断变化，传递了不同的地理学知识。

表5–1 1882年版和1883年版《地志须知》内容描述的对比

模块	1882年版《地志须知》	1883年版《地志须知》
总说描述	窃以不登山者，不知泰岱之高；不赴海者，不知沧溟之深。况人各处一方，何能遍知地球之大也。如数十年前，东方数处，未知有泰西诸国，数百年前，西人未知有西半球之地。是因水远洋宽，帆船所难通也。今则轮船既造，行海如衢，游览人等，无往不到。每到一处，即阅其地之形势，访其人民之风俗，查其物产之多寡，一记于书中，是谓之地志	地理一学，所该其广。如地质、地势、矿石、水泽、空气以及光热雷电、吸力、草木、禽兽、人类等，莫不属乎地理，盖地所以载物也。凡此诸事皆不能离乎地也。 不惟篇幅难容，而且不易细论。仅选择地理之紧切者，中国读者可以通过此书绘制的地理学知识线，了解"西国地理大略"，能使中国人把真正意义上的地理学与"中土堪舆家专以地脉、风水、阴阳、宅寓愚惑庸众者"区分开来

---

① 罗汝楠. 中国近世舆地图说 [M]. 广州：教忠学堂，1909.
② 屠寄. 中国地理学教科书 [M]. 上海：商务印书馆，1905.
③ 张龙平. 益智书会与晚清时期的译名统一工作 [J]. 历史教学（下半月刊），2011（05）：22–27.
④ 邹振环. 晚清西方地理学在中国 [M]. 上海：上海古籍出版社，2000：268.

续上表

模块	1882年版《地志须知》	1883年版《地志须知》
章节描述	第1章：略释地势名义 第2章：亚细亚洲各国 第3章：欧罗巴洲各国 第4章：阿非利加洲各国	第1章：略论地势（叙述陆地之形势、洲岛之来源以及山岭峰峦天生之形状、火山地震自然之事理） 第2章：略论空气（叙述天时之所以冷热、气候之所以燥湿、风之所以动荡吹嘘、飓之所以狂旋猛掠的原因） 第3章：略论雨雪（叙述露、霜、雾、云、雨、雪、雹各理） 第4章：略论水源（剖释泉源、湖泊、洋海、江河的成因）
章节描述	第5章：亚美利加洲各国 第6章：太平洋列岛	第5章：略论潮浪（叙述潮汐之涨退、波浪之大小以及半流之情形等） 第6章：地理总论（叙述地球各事，恒相运用运作，各尽其职，以备生长植物，繁衍动物，养育人民而显大造奇功）

从表5-1对比可以看到，1882年版《地志须知》更多倾向于世界地理知识，介绍世界各洲的大致概况；1883年版《地志须知》则更多从地理科学的角度阐述自然地理知识。地理"各事形性细微"，傅兰雅计划用"专书""依类分陈"的主张得到了体现。最关键的是，中国读者可以通过此书所绘制的地理学知识线，了解"西国地理大略"，能使中国人把真正意义上的地理学与"中土堪舆家专以地脉、风水、阴阳、宅寓愚惑庸众者"区分开来①。

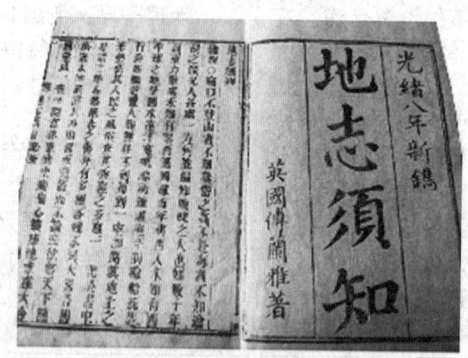

图5-3 《地志须知》首页及序言（1882年版）

虽然益智书会的成立以及其后期的各种努力只是为了满足当时教会学校的要求，但是其对我国教育和新文化的间接贡献是极大的②。正像美国学者卢茨所指出的，这些教科书一改中国人历来轻视分级启蒙读物的传统，力求能够使教科书适合学生的智力水平③。它们的编辑与出

---

① 地志须知·识语，1883年刊本. 载自：邹振环. 晚清西方地理学在中国[M]. 上海：上海古籍出版社，2000：271.

② 朱有瓛，高时良. 中国近代学制史料（第四辑）. 上海：华东师范大学出版社，1993：52-53.

③ 邹振环. 晚清西方地理学在中国[M]. 上海：上海古籍出版社，2000：272.

版，不仅顺应了教会学校发展的需要，而且揭开了近代教科书发展的帷幕。教科书编写者开始注意到中小学教学的需要，不仅在形式上有了图说一类的课本，而且在内容上开始着手将科学名词规范化和科学知识条理化，为近代教科书的编写提供了最早的范本①。

二、早期国人自编的教科书

近代最早由中国人自编的地理学教科书据说是上海美华书馆 1893 年出版，王亨统编的《地理答问》②，但未经证实。1899 年，我国近代地理学先驱张相文（1866—1934 年）在上海南洋公学（上海交通大学的前身）教授地理课程，并在 1901 年编写出版了我国第一本普通自然地理著作《地文学》。

从编制来看，教材可以分为分科编辑式和混然编辑式两种。分科编辑式教材，如旧体韵言式《地理歌略》《舆地韵言》，新体叙述式《初等地理教科书》和《中等地理教科书》、新体问答式《地理初阶》等；混然编辑式教材以常识为主要内容，集合了社会、自然而统称为蒙学，例如《蒙学课本》《蒙学读本》和《地球韵言》等。其中，张士瀛编撰的《地球韵言》全书分四卷，卷一为亚洲；卷二为南洋岛、欧洲；卷三为欧岛、非洲、非岛；卷四为澳洲、太平洋岛、美洲、美岛。其教材体系呈现出由全球到分洲，由分洲到分洲的一部分或国的特点，体现了由整体到部分的原则，但其内容以分国为主，政治、经济材料偏多，自然地理知识贫乏。

图 5-4 《舆地韵言》封面及序言

 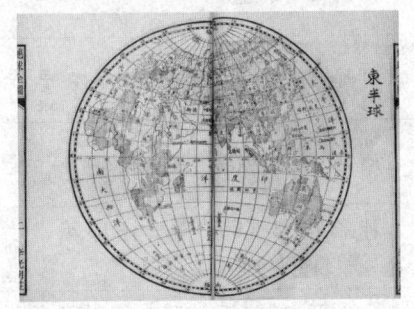

图 5-5 《地球韵言》首页及插图

---

① 王建军. 中国近代教科书发展研究 [M]. 广州：广东教育出版社，1989：58-59.
② 张静庐. 中国近代出版史料（初编）之《教科书之发刊概况》[M]. 上海：群联出版社，1953.

第二节　清末——中学地理教科书的雏形阶段

　　1904年《奏定学堂章程》正式颁布实施，规定在中学开设地理课程，但内容只停留在课程大体讲授次序的安排上，具体的教学目标、知识点、教学方法等均未提及。地理课程的开设亟需大批高质量的配套地理教科书，而当时教材的审定体系尚未完全形成，由此涌现了大批的出版社，如商务印书馆、开明书店等，并成立专职编撰教科书的部门，聘请有教育经验者和学科研究专家等，积极编写和出版教科书。此时出版的教科书门类多，且由于缺乏统一的编写指导纲要，教科书之间的差别非常大。

　　该章程规定中学地理课程包括"中国地理""外国地理"和"自然地理"三大部分。因此，在此期间出版的教科书也包括这三大部分，其中"中国地理"主要由国人编译而成，如屠寄的《中国地理教科书》等；而"外国地理"和"自然地理"主要以翻译外国教科书特别是日本教科书作为起步，而后国人逐渐开始自己编撰教科书。日本译著教科书如佐藤传藏、横山又次郎的《中等地文学教科书》、川上喜一的《外国地理》等；国人编撰的教科书如张相文的《地文学》、作新社的《世界地理》等。

表5-2　1902—1911年出版的主要中学地理教科书

教科书	作者	册数	出版地、出版者与出版时间
中等地文学教科书	佐藤传藏、横山又次郎（日）合著；沈仪镕（清）译编	全1册	湖北，湖北教育部，光绪三十年（1904年）
最新中学教科书西洋历史地图	小川银次郎（日）著；张元济（清）校订	全1册	上海，商务印书馆，光绪三十年（1904年）
世界地理	作新社编著	全1册	上海，著者自刊，光绪三十一年（1905年）
中学用世界地理教科参考书	广智书局编述	不详	上海，广智书局，光绪三十一年（1905年）
中国地理教科书	刘师培（清）编著；邓实参校	全2册	上海，国学保存会，光绪三十至三十二年（1904—1906年）
中国地理教科书	屠寄（清）编纂；庄俞校订	全1册	上海，商务印书馆，光绪三十至三十二年（1904—1906年）
中学地文教科书	神谷市郎（日）著；汪郁年（清）译补	全1册	东京，教科书译辑社，光绪三十二年（1906年）
最近中学地理教科书地文之部	山上万次郎（日）著；陈树藩（清）译编	全1册	上海，中国留学生会馆，光绪三十二年（1906年）
中学用世界地理教科书	广智书局编纂	不详	上海，广智书局，光绪三十二年（1906年）

续上表

教科书	作者	册数	出版地、出版者与出版时间
最新中学教科书瀛寰全志	谢洪赉（清）编辑；奚若校勘	全1册	上海，商务印书馆，光绪三十二年（1906年）
中国地舆志略	不详	全1册	上海，土山湾印书馆，光绪三十二年（1906年）
地文学	张相文	全1册	北京，中国地学会，光绪三十四年（1908年）
外国地理	川上喜一（日）讲述；孙清如（清）编译	全1册	东京，留学生同学会，光绪三十四年（1908年）
普通教育新地理外国之部	杨文洵（清）编述；胡阁校对	全1册	上海，会文学社，光绪三十四年（1908年）
新体中国地理	藏励和（清）编纂；谢观校订；赵玉森重订	全1册	上海，商务印书馆，光绪三十四年至宣统元年（1908—1909年）
中国地理教科书	贺尹东（清）编著	全1册	北平，求是中学堂，宣统元年（1909年）

这些教科书的出现，开启了我国现代地理教科书的先河，首次实现了教科书依据学制、学年、分科等形式编撰，同时也开始出现配套的教学参考资料，如教学参考书、图册等，形成了我国地理教材体系的雏形。

第三节　北洋政府时期——中学地理教科书的完善时期

北洋政府时期出版的教科书很多，虽然当时的教科书已经开始接受国家学部的审阅，但是大部分教科书依然继承了清末教科书的编撰形式和体例。参与编写教科书的出版社中影响较大有商务印书馆、中华书局、中国图书公司、泰东图书局、新华书社、海王商店和直隶书局等。此外，北京师范大学史地系也出过一套教材。总体而言，这个时期教科书的数量明显增多，教科书的内容编写和质量也发生了较大的变化。地理教科书的编写逐渐开始从翻译国外教科书过渡到国人自编地理教科书。

表5-3　1912—1928年出版的主要中学地理教科书

教科书	作者	册数	出版地、出版者与出版时间
中学地理教科书	周惟寅（清）编著	全4册	北平，新华书社，民国二年（1913年）
最新外国地理	贺尹东（清）编著	全1册	益森印刷公司，民国二年（1913年）

续上表

教科书	作者	册数	出版地、出版者与出版时间
共和国教科书本国地理	谢观（清）编纂；庄俞等校订	全2册	上海，商务印书馆，民国二年（1913年）
共和国教科书人文地理	傅运森（清）编纂；蒋维乔校订	全1册	上海，商务印书馆，民国三年（1914年）
共和国教科书外国地理	谢观（清）编纂；蒋维乔、傅运森校订	全2册	上海，商务印书馆，民国三年（1914年）
新制外国地理教本	杨文洵（清）编；姚汉章阅	全3册	上海，中华书局，民国三年至四年（1914—1915年）
新制本国地理教本	李廷翰（清）编；姚汉章等阅	全3册	上海，中华书局，民国三年至十年（1914—1921年）
中国地理教科书	史礼绥（清）编	全1册	上海，中华书局，民国三年（1914年）
共和国教科书自然地理	傅运森（清）编纂；蒋维乔校订	全1册	上海，商务印书馆，民国三年（1914年）
中学新地理	姚明辉、张国维（清）编纂	全4册	上海，中国图书公司，民国四年至十年（1915—1921年）
外国地理讲义	孙毓修、朱元善（清）编	全1册	上海，商务印书馆，民国五年（1916年）
中国地理讲义	庄俞（清）编纂；谭廉校订	全1册	上海，商务印书馆，民国五年（1916年）
新制地理概论教本	杨文洵（清）编辑	全1册	上海，中华书局，民国六年（1917年）
最新外国地理	谷钟秀（清）编	全1册	上海，泰东图书局，民国六年（1917年）
实用地理讲义	徐增（清）讲述	全1册	上海，中华书局，民国七年（1918年）
新体本国地理讲义	庞文源（清）编纂；齐国梁、谭廉校订	全1册	上海，商务印书馆，民国七年至八年（1918—1919年）
最新中学教科书地文学	忻孟（美）原著；王建极、奚若（清）译述	全1册	上海，商务印书馆，民国九年（1920年）
中华中学地理教科书	李廷翰（清）编；戴克敦等阅；史礼绥参订	全4册	上海，中华书局，民国九年至十年（1920—1921年）
新制外国地理教本	杨文洵（清）编；丁察庵、谢彬增订	全3册	上海，中华书局，民国十年至十三年（1921—1924年）

续上表

教科书	作者	册数	出版地、出版者与出版时间
共和国教科书本国地理	谢观（清）编纂；庄俞等校订	全2册	上海，商务印书馆，民国二年（1913年）
新学制地理教科书	王钟麒编辑；王岫庐、朱经农校订	全2册	上海，商务印书馆，民国十二至十三年（1923—1924年）
人文地理	王益涯	全1册	上海，大东书局，民国十二年（1923年）
新制中国地理	张培民著；赵守联校阅	全1册	太原，晋新书社，民国十二年（1923年）
现代初中教科书本国地理	王钟麒编辑；王岫庐、朱经农校订	全2册	上海，商务印书馆，民国十二年至十三年（1923—1924年）
外国地理	王郁文编辑；张景韩等校订	全1册	天津，直隶书局，民国十三年（1924年）
世界改造分国地图	丁察庵编著	全1册	上海，中华书局，民国十三年（1924年）
新中学教科书初级本国地理参考书	丁察庵编著；谢彬校阅	全2册	上海，中华书局，民国十三年至十八年（1924—1929年）
中国地理参考书	谭廉	上下卷	上海，商务印书馆，民国十三年（1924年）
新著人文地理学	王华隆编纂	全1册	上海，商务印书馆，民国十四年（1925年）
现代初中教科书世界地理	王钟麒编辑；朱经农校订	全2册	上海，商务印书馆，民国十四年至十八年（1925—1929年）
初级中学教科书中国地理	杨蕙田编辑；张星亚校阅	全1册	北平，海王商店，民国十四年（1925年）
初中本国地理	段耀林、闫敦一编辑	全4册	上海，青光书局，民国十四年（1925年）
新学制人生地理教科书	张其昀编辑；竺可桢、朱经农校订	全3册	上海，商务印书馆，民国十五年至十八年（1926—1929年）
新撰初级中学教科书外国地理	谭廉、陈铎编辑	全2册	上海，商务印书馆，民国十五年至二十一年（1926—1932年）
中学教科书世界地理	吕士熊编；何炳松、杨秀峰校	全1册	北京，文化学社，民国十五年（1926年）
本国地理	王郁文、谢丕阁编辑；李桂楼等校订	上册	天津，直隶书局，民国十五年（1926年）

续上表

教科书	作者	册数	出版地、出版者与出版时间
初中本国地理	葛绥成编;金兆梓校	全4册	上海,中华书局,民国十六年(1927年)
现代初中教科书本国地理参考书	刘虎如	全4册	上海,商务印书馆,民国十六年(1927年)
最新教本写真中国地理	白眉初编辑;王桐龄等校阅;张馨桂绘图	全1册	北平,北京师范大学史地系,民国十六年(1927年)

第四节 国民政府时期——中学地理教科书的出版盛期

随着课程大纲的不断完善,其对中学地理课程等的规范也愈加具体,加上教科书市场的进一步发展,众多出版社争先恐后地出版教科书。除之前所涉及的各大出版社以外,北平文化学社、上海世界书局、上海新国民图书社、北平建设图书馆、上海大东书局、上海开明书店、北平立达书局、北平京城印书局、南京中山书局、上海舆地学社、武昌亚新地学社、北平戊辰学社、北平华北科学社、南京正中书局、天津华北书局、重庆国定中小学教科书七家联合供应处等都出版过地理教科书。此外,出版地理教科书的学校也明显增多,例如北平国立北平师范大学地理系、上海开明函授学校、天津南开中学等。可以看到,这一时期出版的地理教科书数量之多,范围之广,达到了历史时期的最高峰。

表5-4 1928—1949年出版的主要中学地理教科书

教科书	作者	册数	出版地、出版者与出版时间
南开中学外国地理教本	邓资约	不详	天津,南开中学,民国十七年(1928年)
世界地理	殷祖英(清)著	全2册	北平,文化学社,民国十七年至二十年(1928—1931年)
初中地理	杜凤编辑;董文等校订	全6册	上海,世界书局,民国十八年至二十年(1929—1931年)
新时代本国地理教科书	刘虎如编辑;王云五、竺可桢校订	全2册	上海,商务印书馆,民国十八年至十九年(1929—1930年)
新中学教科书初级本国地理参考书	丁察庵编著;谢彬校阅	全1册	上海,中华书局,民国十八年(1929年)

第四节 国民政府时期——中学地理教科书的出版盛期

续上表

教科书	作者	册数	出版地、出版者与出版时间
初中外国地理	董文、高松岑编著；范祥善、魏冰心校订	全2册	上海，世界书局，民国十九年（1930年）
新中华本国地理（语体）	葛绥成、喻璞编；杨文洵校	全2册	上海，中华书局，民国十九年至二十年（1930—1931年）
世界地理	苏从武著；白眉初校阅	全2册	北平，建设图书馆，民国二十年至二十二年（1931—1933年）
南开中学东北地理教本	傅恩岭	全2册	天津，南开中学，民国二十年（1931年）
初中本国地理教本第1册	苏甲荣编著；孟寿椿校订	全4册	上海，大东书局，民国二十年至二十二年（1931—1933年）
新建设时代中国地理	白眉初	全2册	北平，建设图书馆，民国二十年至二十二年（1931—1933年）
新中华本国地理	葛绥成编	全1册	上海，中华书局，民国二十年至二十三年（1931—1934年）
初中外国地理	陆光宇	全2册	上海，北新书局，民国二十一年至二十二年（1932—1933年）
新中华自然地理	杨文洵编	全1册	上海，新国民图书社，民国二十一年（1932年）
开明外国地理讲义	盛叙功编	全1册	上海，开明书店，民国二十一年（1932年）
世界地理	韩道之著	全1册	北平，立达书局，民国二十一年（1932年）
世界地理	孙嘉会著；白眉初校对	不详	北平，建设图书馆，民国二十一年（1932年）
最新初中外国地理教科书	王谟著	全2册	北平，立达书局，民国二十一年至二十二年（1932—1933年）
本国地理	程国璋	全2册	北平，文化学社，民国二十一年至二十三年（1932—1933年）
初中本国地理	董文、张国维编著；范祥善、魏冰心校订	全4册	上海，世界书局，民国二十一年（1932年）
新中华本国地理	钟毓龙编；杨文洵等校	全2册	上海，新国民图书社，民国二十一年至二十二年（1932—1933年）
新中华分省本国地理	钟毓龙编；杨文洵等校	全2册	中华书局，民国二十一年至二十二年（1932—1933年）

续上表

教科书	作者	册数	出版地、出版者与出版时间
新撰初级中学教科书本国地理	缪育南编辑	全2册	上海，商务印书馆，民国二十一年（1932年）
新建设时代高级本国地理	白眉初	全1册	北平，建设图书馆，民国二十一年（1932年）
新学制高级中学教科书本国地理	张其昀编纂；竺可桢校订	全2册	上海，商务印书馆，民国二十一年（1932年）
高中教科书自然地理学原理	弗莱（英）著；王钧衡译述；谢季骅等校订	全1册	北平，京城印书局，民国二十一年（1932年）
初级中学北新外国地理	陆光宇	不详	上海，北新书局，民国二十二年（1933年）
初中外国地理教本	金守城编著；李长博校订	全2册	上海，大东书局，民国二十二年（1933年）
复兴初级中学教科书外国地理	余俊生编著；苏继校订	全2册	上海，商务印书馆，民国二十二年（1933年）
新中华世界地理	丁察庵编；谢彬、陆费逵校	全1册	上海，中华书局，民国二十二年（1933年）
新中华外国地理（语体）	朱文叔编；杨文洵校	全1册	上海，中华书局，民国二十二年（1933年）
新中华语体外国地理详解	刘虎如编	全1册	上海，新国民图书社，民国二十二年（1933年）
高中世界地理	王谟编著	全1册	上海，世界书局，民国二十二年（1933年）
高中世界地理教本	王钟麒编著	全2册	上海，大东书局，民国二十二年（1933年）
外国地理	张其昀、李海晨合编	全3册	南京，钟山书局，民国二十二年至二十四年（1933—1935年）
世界地志	傅角今编纂	全1册	上海，商务印书馆，民国二十二年（1933年）
初中本国地理教科书（卷上）	王钧衡编纂	全2册	北平，立达书局，民国二十二年至二十三年（1933—1934年）
复兴初级中学教科书本国地理	傅角今编纂；傅维平校订	全4册	上海，商务印书馆 民国二十二年至二十三年（1933—1934年）

续上表

教科书	作者	册数	出版地、出版者与出版时间
谭氏初中本国地理	谭廉逊编著；董文校订	全4册	上海，世界书局，民国二十二年至二十三年（1933—1934年）
新建设时代初中中国地理教本	白眉初	全2册	北平，建设图书馆，民国二十二年至二十三年（1933—1934年）
表解说明中国模范地图	陈铎	全1册	上海，奥地学社，民国二十二年（1933年）
地理学通论	傅角今编纂	全1册	上海，商务印书馆，民国二十三年（1934年）
世界地理教本	苏俊夫编著；李履冰等校阅	全1册	武昌，亚新地学社，民国二十三年（1934年）
初中外国地理	葛绥成编；张相校	全2册	上海，中华书局，民国二十三年至二十四年（1934—1935年）
谭氏初中外国地理	谭廉逊编著；董文校订	全2册	上海，世界书局，民国二十三年（1934年）
王氏初中世界地理	王谟编著	全2册	上海，世界书局，民国二十三年（1934年）
新生活初中教科书外国地理	陈希东编著	全2册	上海，大东书局，民国二十三年（1934年）
新中华外国地理	杨文洵、葛绥成编	全1册	上海，新国民图书社，民国二十三年（1934年）
高级中学外国地理	孙嘉会编著；徐用仪校阅	全1册	北平，戊辰学社，民国二十三年（1934年）
高中外国地理	盛叙功编	全2册	上海，中华书局，民国二十三年至二十四年（1934—1935年）
世界地理	韩镜明编著；苗迪青、郑资约校阅	不详	北平，华北科学社，民国二十三年（1934年）
世界地理	王益涯	不详	上海，大东书局，民国二十三年（1934年）
新中华外国地理	郑昶编	全1册	上海，新国民图书社，民国二十三年（1934年）
世界形势一览图	童世亨、陈镐基著	全1册	上海，商务印书馆，民国二十三年（1934年）

续上表

教科书	作者	册数	出版地、出版者与出版时间
本国地理	张其昀、任美锷（第三册）	全3册	南京，钟山书局，民国二十三年至二十四年（1934—1935年）
本国地理	王勤	全4册	上海，开明书店，民国二十三年（1934年）
初级中学北新本国地理 上册	周容	全2册	上海，北新书局，民国二十三年（1934年）
初中本国地理	葛绥成编；金兆梓校	全4册	上海，中华书局，民国二十三年（1934年）
初中本国地理参考书	韩非木编；葛绥成校	全2册	上海，中华书局，民国二十三年（1934年）
新生活初中教科书本国地理	李长博	全4册	上海，大东书局，民国二十三年至二十四年（1934—1935年）
高级本国地理	白眉初	全1册	北平，建设图书馆，民国二十三年（1934年）
高中本国地理	谌亚达编著	全1册	上海，世界书局，民国二十三年（1934年）
新标准高中自然地理学	王金绂编	全1册	北平，立达书局，民国二十三年（1934年）
地理	葛绥成编	全4册	上海，中华书局，民国二十四年至二十五年（1935—1936年）
复兴高级中学教科书外国地理	苏继顷编著	全2册	上海，商务印书馆，民国二十四年至二十五年（1935—1936年）
高级中学外国地理	王益涯	不详	南京，正中书局，民国二十四年（1935年）
高中新外国地理	蒋君章编著	全2册	上海，世界书局，民国二十四年至三十五年（1935—1946年）
新高中外国地理	沈仲龙编辑；胡庸焕、王益涯校订	全1册	上海，编者自刊，民国二十四年（1935年）
开明本国地理讲义	韦息予、傅彬然合编	全1册	上海，开明函授学校，民国二十四年（1935年）
初级中学本国地理	王益涯	全4册	南京，正中书局，民国二十四年至二十五年（1935—1936年）
初级中学教科书本国地理上册	叶楚伧主编；汪懋祖校阅	全4册	南京，正中书局，民国二十三年至二十四年（1934—1935年）

续上表

教科书	作者	册数	出版地、出版者与出版时间
谌氏初中本国地理	谌亚达编著；董文校订	全4册	上海，世界书局，民国二十四年（1935年）
高中本国地理	葛绥成编著	全3册	上海，中华书局，民国二十四年至二十五年（1935—1936年）
王氏高中本国地理	王益涯	全1册	上海，世界书局，民国二十四年（1935年）
复兴高级中学教科书自然地理	王谟编著	全1册	上海，商务印书馆，民国二十四年（1935年）
高级中学自然地理	王益涯	全1册	南京，正中书局，民国二十四年（1935年）
高中自然地理	丁绍桓编	全1册	上海，中华书局，民国二十四年（1935年）
初中地理教科书	张其昀编	全2册	南京，钟山书局，民国二十五年（1936年）
复兴高级中学教科书本国地理	王成祖	全3册	上海，商务印书馆，民国二十五年至二十八年（1936—1939年）
高中自然地理	万方祥	全1册	北平，北方学社，民国二十五年（1936年）
新标准高中外国地理	王钧衡	全3册	北平，北洋图书社，民国二十五年（1936年）
初中本国地理教科书（卷上）	王钧衡、万方祥编	上下卷	北平，北方学社，民国二十五年（1936年）
初中新本国地理	俞易晋编著	全4册	上海，世界书局，民国二十六年（1937年）
初中本国地理	葛绥成编；金兆梓校	全4册	上海，中华书局，民国二十六年（1937年）
高中新本国地理	孙省三编著	全3册	上海，世界书局，民国二十六年（1937年）
初中地理	教育部编审会编	全4册	北平，著者自刊，民国二十七年（1938年）
初中外国地理	教育部编审会编	全2册	北平，著者自刊，民国二十七年（1938年）
初中外国地理	中等教育研究会	不详	天津，华北书局，民国二十七年（1938年）

续上表

教科书	作者	册数	出版地、出版者与出版时间
初中本国地理 第2册	中等教育研究会	全4册	天津，华北书局，民国二十七年（1938年）
初中地理	教育总署编审会	全3册	北平，著者自刊，民国二十八年至二十九年（1939—1940年）
高中地理	教育总署编审会	全4册	北平，编者自刊，民国二十八年至三十年（1939—1941年）
初级中学地理 第1册	任美锷编辑；沈麓元绘图；国立编译馆校订；王云五等参阅	全6册	重庆，国定中小学教科书七家联合供应处，民国三十五年（1946年）
复兴高级中学教科书本国地理	王成祖	全3册	上海，商务印书馆，民国三十五年至三十八年（1946—1949年）
复兴世界地图	邵越崇编著	全1册	上海，复兴舆地学社，民国三十五年（1946年）
外国地理	余俊生编著；苏继顾校	不详	上海，商务印书馆，民国三十六年（1947年）
开明新编初级本国地理	田世英	全5册	上海，开明书店，民国三十六年至三十八年（1947—1949年）
新中国教科书高级中学本国地理	邓启东编著	全3册	南京，正中书局，民国三十六年（1947年）
初中外国地理纲要	黄国璋等编著	全1册	北平，国立北平师范大学地理系，民国三十七年（1948年）
开明新编初级外国地理	韦息予编	全1册	上海，开明书店，民国三十八年（1949年）
中华外国地理	葛绥成、丁绍桓编	全1册	上海，中华书局，民国三十八年（1949年）

第六章

清末的中学地理教科书及其特点

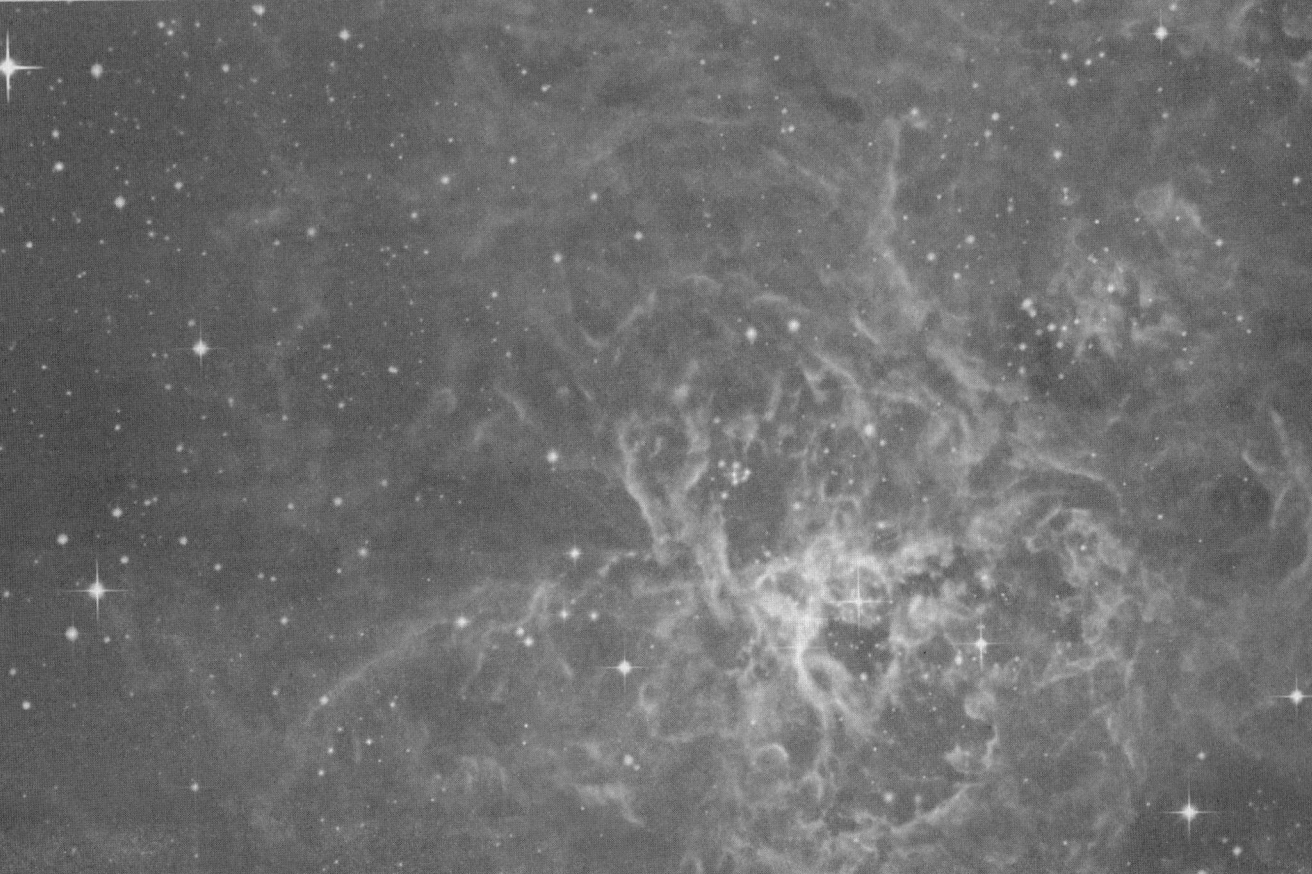

第六章

清末的中学地理教科书及其特点

清末地理教科书的编写已经从传教士编写发展为国人组织并参与编写。为了深入研究这一时期中学地理教科书的具体编写特点,本书以臧励和编写的《新体中国地理》、谢洪赉编写的最新中学教科书《瀛寰全志》、佐藤传藏和横山又次郎编写的中等《地文学》教科书为例,如表6-1所示,对地理教科书的特点进行分析和总结。这些地理教科书中有国人自编的部分,也包含了大量翻译和改编的部分。

表6-1　1902—1911年三种中学地理教科书统计

教科书	作者	册数	出版地、出版者与出版时间
新体中国地理	臧励和（清）编纂；谢观校订；赵玉森重订	全1册	上海，商务印书馆，光绪三十四年至宣统元年（1908—1909年）
最新中学教科书瀛寰全志	谢洪赉（清）编辑；奚若校勘	全1册	上海，商务印书馆，光绪三十二年（1906年）
中等地文学教科书	佐藤传藏（日）、横山又次郎（日）合著；沈仪镕（清）译编	全1册	湖北，湖北教育部，光绪三十年（1904年）

第一节　《新体中国地理》

一、内容框架

《新体中国地理》由臧励和编纂,商务印书馆于1908—1909年出版,是针对中学学堂使用的中国地理教科书,封面如图6-1所示。其具体内容的安排,正如作者在"编辑大意"中指出,"地球与天体之关系,并地球结构及水陆三界要略不可不略述梗概,以助学者想象之力",故设"地理学总论";"若不先明亚洲大势,则讲授本国地理,格良多",故设"亚细亚洲总论";随后为"中国总论"和"地方志";因此全书即为此四编。其中,山川、海岸、铁路、商埠等诸多内容均是总论略,而地方志详。全书的框架可概括为"地球——亚洲——中国——大区——省"。

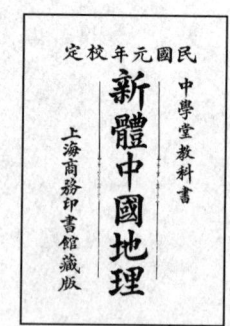

图6-1　《新体中国地理》封面

该书总体采用了"由总到分,由远及近"的编排方式,并采用了长22厘米的小开本,共计292页。从页数来看,"中国总论"和"地方志"部分所占比重相当,页数共占全书的65%;"地理学总论""亚细亚洲总论"和"附录"页数共占全书的35%,如图6-2所示。

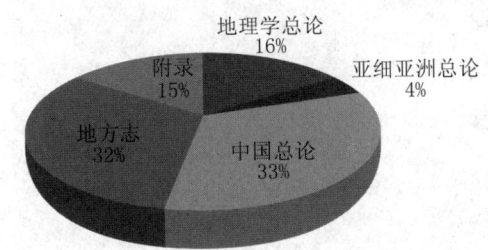

图6-2 《新体中国地理》各编比重统计

《新体中国地理》目录摘录如下：

第一编 地理学总论
 第一章 地理学之发端
  第一节 地理学之范围
  第二节 地理学之分类
 第二章 天文地理学
  第一节 地球之发生
  第二节 地球之构造
  第三节 地球之位置
  第四节 地球之形状
  第五节 地球之运动
  第六节 地球之区划
 第三章 地文地理学
  第一节 水陆之分界
  第二节 陆界
  第三节 水界
  第四节 气界
  第五节 物界
 第四章 人文地理学
  第一节 人种
  第二节 语言
  第三节 文字
  第四节 生业
  第五节 社会
  第六节 国家
  第七节 宗教
第二编 亚细亚洲总论
 第一章 地文地理
  第一节 释名
  第二节 位置境界
  第三节 地势
  第四节 海岸
  第五节 河流
  第六节 湖泽
  第七节 沙漠
  第八节 气候
  第九节 天产
 第二章 人文地理
  第一节 人民
  第二节 生计
  第三节 邦制
  第四节 交通
第三编 中国总论
 第一章 地文地理
  第一节 位置境界
  第二节 区域
  第三节 地势
  第四节 海岸
  第五节 山脉
  第六节 河流
  第七节 湖泽
  第八节 气候
  第九节 物产

第二章 人文地理
 第一节 人民
 第二节 宗教
 第三节 政治
 第四节 军政
 第五节 国防
 第六节 财政
 第七节 教育
 第八节 刑法
 第九节 外交
 第十节 农业
 第十一节 工业
 第十二节 商业
 第十三节 交通
 第十四节 沿革

第四编 地方志
 第一章 黄河流域
  第一节 直隶省
  第二节 山东省
  第三节 山西省
  第四节 河南省
  第五节 陕西省
  第六节 甘肃省

 第二章 扬子江流域
  第一节 江苏省
  第二节 安徽省
  第三节 江西省
  第四节 浙江省
  第五节 湖北省
  第六节 湖南省
  第七节 四川省
  ……
 第四章 关东及新疆
  第一节 奉天省
  第二节 吉林省
  第三节 黑龙江省
  第四节 新疆省
 第五章 蒙古青海西藏
  第一节 蒙古
  第二节 青海
  第三节 西藏
 第六章 附录
  第一节 土司
  第二节 外国属地
  第三节 外国租地
附录：各省直隶州县统计

二、内容表述

1．课文系统

  从内容来看，全书涉及的范围非常广，且以人文地理最甚。"地理学总论"几乎包括了整个地理学所有的知识内容；"亚细亚洲总论"和"中国总论"部分，受传统地方志写法的影响，内容更是面面俱到，甚至连"教育""刑法"等内容也被列入；"地方志"则是概括式地将全国逐省加以陈述，自然人文要素均有提及，另专门设有章节介绍"外国属地"和"外国租地"等内容。

  由于知识点过于繁多，具体的描述有限，导致关于知识点的叙述抽象、难懂。例如，在"地理学总论"第二章第一节"地球之发生"中原文写道：

地球未成形以前，有非常稀薄之瓦斯体，弥漫于太空。所谓宇宙尘是也。宇宙尘渐渐变化，结成数多之星云，星云回转，又生数多之环，是谓星云环。星云环彼此相吸，次第收缩逐成球形。球既收缩回转之速度愈增，其结果遂生离心力，而又生数多之环。环更凝缩而成数多之球。球更生环，环更凝缩以成第二等之球。中心体仍引摄各球而生向心力，相与成不绝之回转。中心之球即恒星，数多之球即游星，第二等之球即卫星。天空之恒星无数，而日居其一，天空中游星无数，而地球居其一。恒星、游星、卫星皆由组织天体物质变化而成，故地球亦为天体之一。

这段关于地球形成过程的描述字数不多，但提及了如"瓦斯体""宇宙尘""星云""离心力""恒星""游星""卫星"等诸多新概念，教学大纲中地文学的内容是在第五学年开设，但这些概念密集地出现在第一学年的教科书中，且并未附有示意图加以说明，学生学习实有难度。

该书"地方志"部分以当时清朝政府划定的政治区划为依据，将全国分为黄河流域、扬子江流域、珠江流域、关东及新疆、蒙古青海西藏五个主要地理区域。每一个区域按照"区域总论——直隶省——其他各省"的顺序进行叙述；每个省分别叙述其疆域、地势、海岸、山脉、河流、湖泽、形势、道路、气候、风俗、物产和商埠，其中部分要素如海岸、商埠等酌情予以删减。这种叙述方式由于涉及要素过多而撰写篇幅有限，内容只停留在泛泛而谈的表层，区域特色难以凸显。但客观而言，相比当时诸多地理教科书停留在采用地方志式逐省叙述的处理方式而言，该书采用分不同大区总分叙述的处理方式已经是一种较为先进的尝试。

2. 图像系统

当时地理教科书的编写由于受到教科书编写经验、地球科学知识发展等多种条件的限制，图像的数量并不多，但该书的编写者显然已经注意到了图文相辅在学校地理教育中的作用，正如该书编辑大意中提到"必重视地图，使学者得有明确之观念"，并在教科书中有所尝试。

经统计，《新体中国地理》共包含地图、景观素描图、示意图和统计图表等图像69幅，图文比例[①]为1：4.2。各类图像所占比重，如图6-3所示。

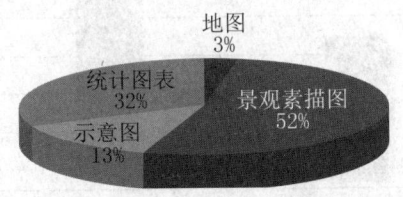

图6-3 《新体中国地理》各类图像比重

该书中景观素描图所占比重最大，达到了52%，主要集中在第四编"地方志"中，内容以各地标志性景观为主，例如洞庭湖、雅鲁藏布江上浮桥、戈壁风沙等；全书只有2幅地图，如图6-4所示，仅占图像总数量的3%，均为手绘地图，均以专题图的形式出现；统计图表

---

① 注：图文比例，即表示全书中总的图像数与总页数的比例关系，下同。

所占比重为32%，主要分布在第三编"中国总论"部分，主要是国家各项指标的统计数据，例如人口、军队战斗力、借贷款、进出口贸易等，均以表格的形式出现；示意图所占比重为13%，主要集中在第一编"地理学总论"部分，用以说明自然事物和自然现象之间的关系，例如行星之间的比较、日食、月食等内容。

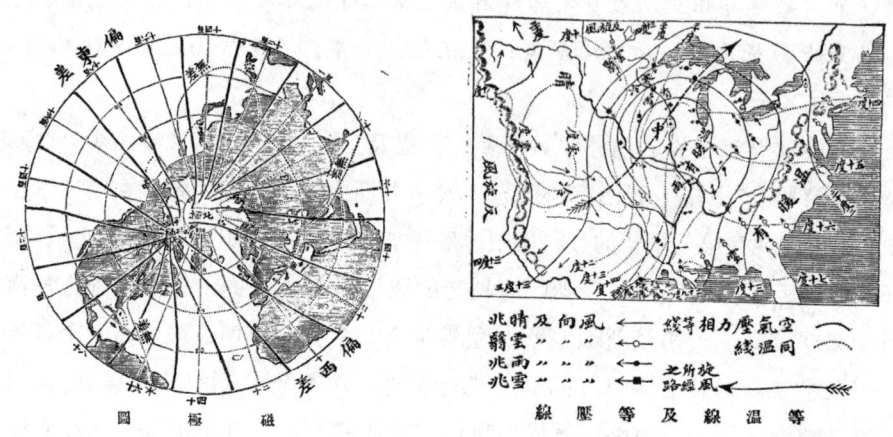

图6-4 《新体中国地理》中的地图

如图6-5所示，从图像大小来看，书中大部分图像占据页面的1/2以上。其中，地图和大部分景观素描图大小占页面的1/2以上，页面其余部分均为文字描述，但景观素描图与文字并没有密切的辅助说明关系，大部分只是起到了美化和装饰的作用；统计图表主要为全国统计数据，其内容较多，所以统计图表大多占据1页及以上的篇幅，但正文中对于图表的引用大多只是简单的陈述，并没有太多的解释说明，学习中往往需要教师的引导和学生的自主体会。

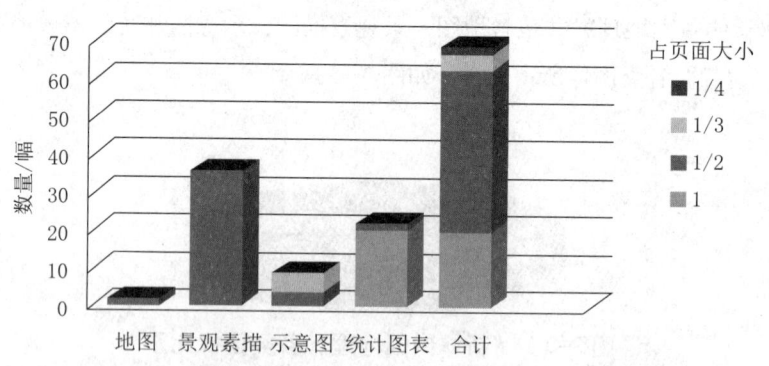

图6-5 《新体中国地理》各类图像占页面大小统计

图像系统的出现对课文的理解起到了一定的作用，但作用十分有限。图6-6为该书第19-20页关于"山"的文字介绍，虽然同样存在言语过于简单难以理解的问题，例如存在"褶曲山""断层山""侵蚀山""削成山"等晦涩的新名词，但课文第19页中的插图在一定程度上起到了将这些抽象概念形象化的作用。这种图文相辅的形式并没有覆盖全书，例如"亚细亚洲总论"部分没有一幅辅助图像,"中国总论"和"地方志"部分也缺乏指示方位的地图,学生很难形成地理空间思维。

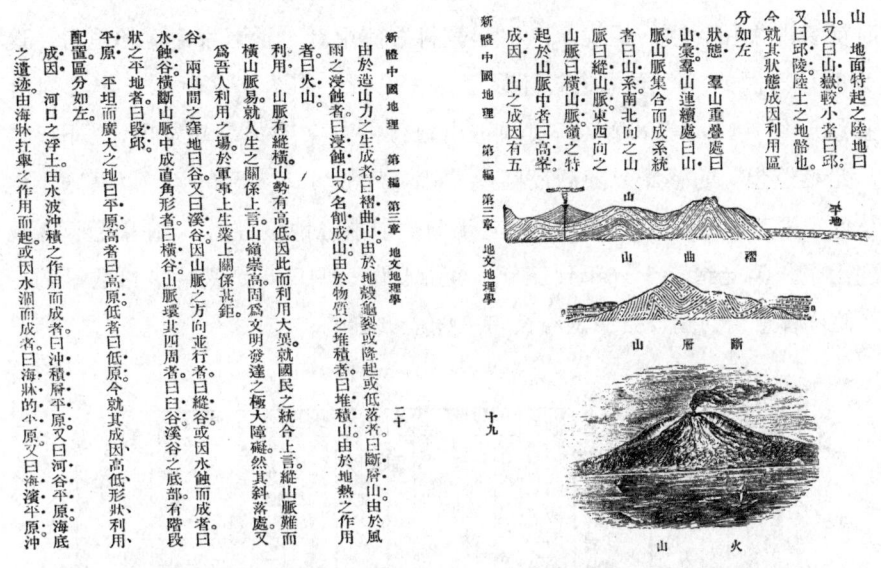

图 6-6 《新体中国地理》"地文地理学"部分课文实例

三、教育功能

地理课程作为独立的课程出现后,其教育功能才真正得到认同。早期地理课程刚刚起步,这种教育功能更加需要得到极大的强化,以引起更多关注。该书的教育功能在地理教育、历史教育、民族主义教育等多个方面都有明显而强烈的体现。

第一,强调地理教育的价值。作者论述地理学的范围时指出:"地理学者,研究地球表面自然之现象,与关于人生之种种现象之科学也。凡人类生存,必须具有普通知识,而地理为普遍各科之先导。如天象之关系、山川之位置、物产之饶瘠、人民之程度、政教之优劣、本国与外国地形之配置及实业之设施、行军之应用、社会之交际、时局之现象,无一不以此为权舆。故地理一科,实人生必需之学也。"作者从地理与人生的关系入手,强调了学习地理的价值,认为地理是学习其他的先导,强调了地理对于"人生"的实用价值,即"生计"层面的价值;作者对地理课程的认识体现了"立学总义章"的宗旨和"实业日多,国力增长"的教育宗旨[①]。

第二,结合历史教育。在该书编辑大意中作者提到:"地理学与历史最有关系,兹以限于时间,古今沿革,不能备举。然为联络历史学之观念,又不能尽付阙如。故于总论中著沿革一篇,地方志中亦略举其要,俾资读史之用。"因此,在书中第三编"人文地理"部分的第十三节,作者将"沿革"的内容编入其中,讲述了中国疆域的变迁与发展。可见该书对历史

---

① 仲小敏. 我国现代中学地理课程价值与实现的研究[D]. 北京:北京师范大学,2006:52.

教育价值的重视，将历史贯穿于教科书的始终，目的在于更好地解释现实中的地理问题[①]。在当时国家和社会动荡不安的局面下，具有非常重要的现实意义。

第三，注重民族主义教育。该书作者虽然力求客观的编写态度，但课文的字里行间也会流露对当时社会现象和问题的担忧，以引起教科书使用者对于国家命运的思考，这在教科书第三编尤为明显。例如“中国总论”部分第88–90页，如图6–7所示，作者列出了从光绪二十年至宣统元年（1894–1909年）我国进出口额的数字变化，并发出“吾国利益之外溢，年复一年，殆难设想”的感慨。随后反问说“然鸦片战争苟实行禁尽。以吾国土地之大，人民之众，及近年工艺之进步，亦断非长此立于商战败绩之地位者也。”在引起读者反思与共鸣之后，又列出了从清光绪三十一年到三十三年（1905–1907年）鸦片进口数量的变化。通过对比分析，使读者意识到鸦片给中国经济带来的巨大影响。

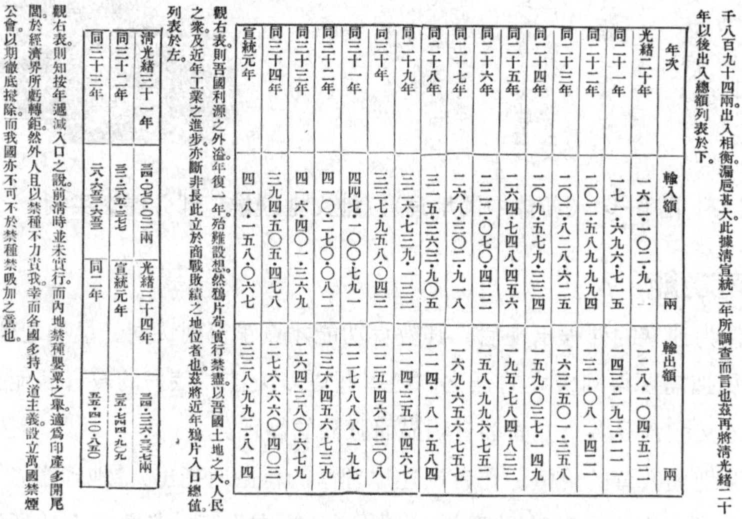

千八百九十四兩。出入相衡。漏卮甚大。此據清宣統二年所調查而言也。茲再將清光緒二十年以後出入總額列表於下。

年次	輸入額　兩	輸出額　兩
光緒二十年	一六二·一〇二·九一一	一二八·一〇四·五二二
同二十一年	一七一·六九六·七一五	一四三·二九三·二一一
同二十二年	二〇二·五八九·九九四	一三一·〇八一·四二一
同二十三年	二〇二·八二八·六二五	一六三·五〇一·三五八
同二十四年	二〇九·五七九·三三四	一五九·〇三七·一四九
同二十五年	二六四·七四八·四五六	一九五·七八四·八三三
同二十六年	二三一·〇七〇·四二三	一五八·九九六·七五二
同二十七年	二六八·三〇二·九一八	一六九·六五六·七五七
同二十八年	三一五·三六三·九〇五	二一四·一八一·五八四
同二十九年	三二六·七三九·一三三	二一四·三五二·四六七
同三十年	三三七·九五八·〇四三	二二五·四六二·三〇八
同三十一年	四四七·一〇〇·七九一	二二七·八八八·一九七
同三十二年	四一〇·二七〇·〇八二	二三六·四五六·七三九
同三十三年	四一六·四〇一·三六九	二六四·三八〇·六七九
同三十四年	三九四·五〇五·四七八	二七六·六六〇·四〇三
宣統元年	四一八·一五八·〇六七	三三八·九九二·八一四

觀右表。則吾國利源之外溢。年復一年。殆難設想。然鴉片苟實行禁盡。以吾國土地之大。人民之衆。及近年工業之進步。亦斷非長此立於商戰敗績之地位者也。茲將近年鴉片入口總値。列表於左。

清光緒三十一年	[illegible]兩	光緒三十四年	[illegible]兩
同三十二年	[illegible]	宣統元年	[illegible]
同三十三年	[illegible]	同二年	[illegible]

觀右表。則知按年遞減入口之說。前清時並未實行。而內地禁種罌粟之舉。適爲印產多開尾閭。於經濟界所虧轉鉅。然外人且以禁種不力責我。幸而各國多持人道主義。設立萬國禁煙公會。以期徹底撥除。而我國亦不可不於禁種禁吸加之意也。

图6–7　《新体中国地理》统计图表实例

我国著名的教育学家王锦福先生1935年在《师大月刊》发表文章对《新体中国地理》进行过评价[②]，为我们了解当时地理教育界对该书的评价提供了一定的指引。他认为该书有如下优缺点。

优点：

1. 全体分量均匀，无过多不足之弊。

2. 总论之部，对于山川脉络，海岸曲折，仅举大纲；地方志部，对于山脉异名，川流派别及港湾岬角，则详述之，学者可以温故知新，一举两得之效。

3. 地理学与历史学，关系密切，如详述沿革，则时间不足，若略而不举，则与历史之联络，完全消失，本书于中国总论中，著有沿革一篇，俾资读史。

---

① 仲小敏．我国现代中学地理课程价值与实现的研究[D]．北京：北京师范大学，2006：54．

② 王锦福．最近三十年来中学地理课程概要及教科书之调查并批评（上）[J]．师大月刊，1935（19）．

4. 各省之地文中，略述风俗之大概，在今日之课本中，殊属少见。

缺点：

1. 地方志中，与各省之都会，仅举一二，其他重要城市，及边疆要害，则概付阙如。殊欠适当。虽有附录之辅助，亦仅略举道府志区划而已。

2. 地方志中之附录章，应包括在总论之内，与其所在之省分述，再详论之，以激发国民之爱国心，而仇视外人侵略之不当。

3. 插图太少，使学者与区域之概念，容易漠视。

4. 亚洲总论部，以英里计，中国总论及地方志部，以华里计，与比较上颇多困难。

第二节　最新中学教科书《瀛寰全志》

一、内容框架

最新中学教科书《瀛寰全志》由谢洪赉编纂，商务印书馆于 1903 年 10 月出版发行，是针对中学学堂使用的世界地理教科书，封面如图 6-8 所示。本书的编撰背景正如作者在编辑大意中提到"地志一书访问罕有佳本，非本国过略，即外国不详"，为此编撰本书来"矫此二弊，繁简酌中"。成书过程"东西及本国地志数十种，注意种族竞争之要点，以期唤起读者之精神，非直释东西文一家之言可比"。体例格式"以印度广学会刊行地理精要一书为准"，框架主要包括"总论—亚西亚—欧罗巴—亚非利加—北亚美利加—南亚美利加—大洋洲"，共计七个部分。

图 6-8　最新中学教科书《瀛寰全志》封面

该书总体采用了"由总到分，由近及远"的编排方式，并采用了长 22 厘米的小开本，共计 542 页。如图 6-9 所示，从页数来看，"亚西亚"和"欧罗巴"两编的页数共占全书的 61%，大洋洲页数仅占全书的 5%。其中，如表 6-2 所示"亚西亚"涉及的国家或地区所占页数最多,平均每个国家或地区约占 18.5 页;"南亚美利加"涉及的国家或地区所占页数最少,平均每个国家或地区仅为 2.8 页;其他各编涉及的国家和地区所占页数相当,平均每个国家为 5～8 页。

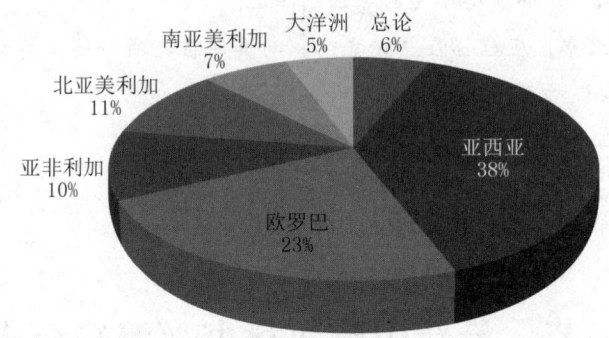

图6-9　最新中学教科书《瀛寰全志》各编比重统计

表6-2　最新中学教科书《瀛寰全志》各编和涉及国家或地区页数统计

编名	总页数	涉及国家或地区数量／个	平均页数
总论	32		
亚西亚	203	11	18.5
欧罗巴	123	20	6.2
亚非利加	53	10	5.3
北亚美利加	55	7	7.9
南亚美利加	36	13	2.8
大洋洲	28	5	5.6

最新中学教科书《瀛寰全志》目录如下:

第一编　总论
　一　界说
　二　地球
　三　地面诸线
　四　地之分界
　五　天气
　六　物产
　七　人民
　八　国家
　九　宗教

第二编　亚西亚
　一　总论
　二　大清
　　　总论
　　　行省
　　　外藩
　　　附录外国属地租地
　三　高丽
　四　日本
　五　亚洲俄属地

　六　亚洲土耳其
　七　西拉伯
　八　波斯
　九　阿弗干
　十　备鲁支
　十一　印度
　十二　印度支那
第三编　欧罗巴
　一　欧罗巴总论
　二　俄罗斯

三　欧洲土耳其	二　伊及	二　哥伦比亚
四　布勒嘎利亚	三　阿比辛伊亚	三　巴那玛
五　鲁玛尼亚	四　伊立德利亚	四　分额兑拉
六　色斐亚	五　巴巴利诸国	五　基阿那
七　门德内革罗	六　撒哈拉	六　巴西
八　希利尼	七　西亚非利加	七　哀瓜多
九　意大利	八　南亚非利加	八　秘鲁
十　日斯巴尼亚	九　东亚非利加	九　波利斐亚
十一　葡萄牙	十　中亚非利加	十　巴拉圭
十二　法郎西	十一　亚非利加诸岛	十一　乌鲁圭
十三　英国	第五编　北亚美利加	十二　阿很第那
十四　丹国	一　亚美利加总论	十三　支利
十五　瑞典挪威	二　北亚美利加总论	十四　法革兰群岛
十六　荷兰	三　革林兰	第七编　大洋洲
十七　勒克泽堡	四　英属亚美利加	一　大洋洲总论
十八　比利时	五　美国	二　玛雷西亚
十九　德意志	六　美希哥	三　奥斯达拉西亚
二十　税资	七　中亚美利加	四　波利尼西亚
二十一　奥斯马加	八　西印度	五　卖呷尼西亚
第四编　亚非利加	第六编　南亚美利加	六　美拉尼西
一　亚非利加总论	一　南亚美利加总论	

二、内容表述

1. 课文系统

从内容来看，"总论"同样包括了地理学的诸多要素，天文、地文、人文样样皆有；各洲分论逐一介绍了各洲中几乎所有的国家或地区，内容非常繁杂。虽为世界地理，但"亚西亚"一编中对"大清"的介绍篇幅达 87 页，超过整编的 1/2，且论述的体系和中国地理部分的体系相同，重复较多。总体而言，各部分内容均以简单罗列为主。

具体行文中，课文每一编开头，作者均安排有一段导读，意在突出本章的学习内容和意义，使学生在学习课文之前对所学内容有一定的了解。这些导读语言会对拟讲述地区的自然条件做粗略的概括，同时也会对其文化、经济做出评判，但其言语颇具偏见色彩。例如，亚西亚："……历来绝代之伟人，相接出现于此土。全世界所有之宗教无一非此土之肇建也。而泰西一切文学、哲学、美术巧艺、无疑非此土之子孙也……"；欧罗巴："欧罗巴其天之骄子乎……巍然为全世界之主人翁……妒其地理"；亚非利加："……而土人混沌无知，未足与言治理……欲使其异日进于文明,亦在教育而已";北亚美利加:"人性灵敏,卓绝环球……其势正未可限量也";南亚美利加:"既知主张自主之义,非安于卑屈者也,数百年后,生聚教养,将自称一大强国,安见不与欧洲并驾哉"。

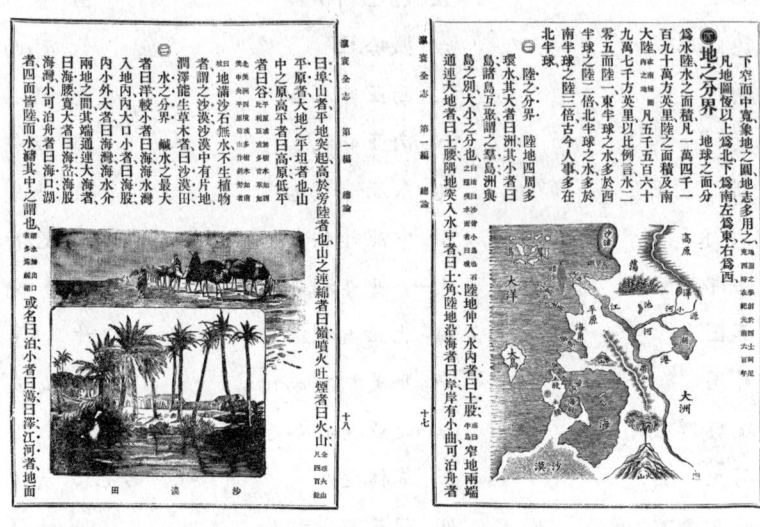

图6-10　最新中学教科书《瀛寰全志》课文实例

该书内容繁多,同样也存在着叙述难懂和抽象之处。但是该书在叙述过程中,对于一些关键且难懂的词语,常会用小字以备注的形式附在生词旁边,对其加以诠释或补充说明。例如,课本第18页中,"火山"一词旁标有"全球火山凡四百余"(如图6-10所示);虽然作者无法通过图片给读者形象直接的视觉感受,但通过相关的知识连接建立起空间概念和形象画面,对教学活动中学生理解还是起到了一定的作用。

各洲分论部分依然采用了传统的地方志叙述方式,分别对位置、疆域、地势(地形、山、海岸、江河、湖)、天气(气候、雨、风)、物产(植物、动物)、工业、人民(人数、种族、性情习俗、言语文字)、国政(政治、军事、财政、教育)、交通(道路、铁路、航路、邮政电报)、宗教等内容进行叙述。该部分言词简略,且没有各国详细地图加以辅助理解,不利于学生空间概念的建立。

2．图像系统

全书共包含地图、景观素描图、示意图和统计图表等图像396幅,图文比例为1∶1.4。其中,如图6-11所示,景观素描图占全书图像的91%,分布于整本书的各个章节,图像内容以自然景观、建筑、风土人情、名山大川为主,文本和图像的对应关系并没有非常密切;书中地图和示意图共占3%,主要集中在第一编总论部分,用于说明各洲的轮廓和总体地貌,以及自然现象的发生机制;统计图表占6%,以表格的形式穿插在文中,内容为各地的人口、经济等统计数据。总体而言,全书图像类型过于单一,景观图像太多,而地理学中最为重要的地图数量却偏少。

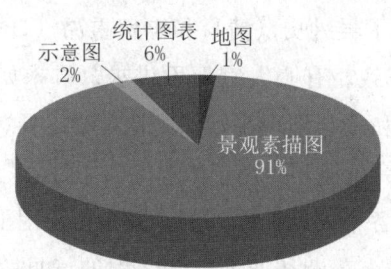

图 6-11　最新中学教科书《瀛寰全志》各类图像比重统计

从图像大小来看，该书图像大小不等，且各个大小等级的图像数量相当。其中，如图 6-12 所示，地图均占页面的 1/4 左右，穿插在文章之中，但和文字内容并没有形成严格的对应关系；景观素描图的大小由篇幅中文字所占空间决定；示意图图幅较小，均占页面的 1/8 左右；统计图表的大小随统计内容的多少而变化。

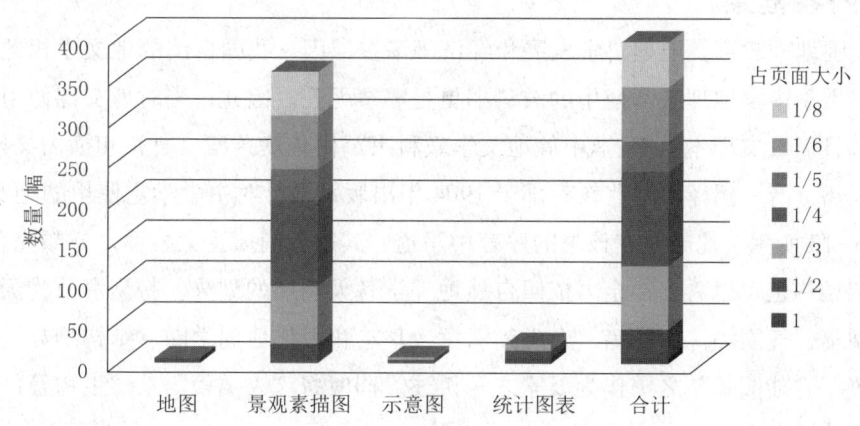

图 6-12　最新中学教科书《瀛寰全志》各类图像占页面大小统计

该书图像和课文之间的辅助关系有所呈现，但明显不足。例如，课本第 17 页在解释"陆分界"时，为了解释陆地表面、洲、群岛、海湾、半岛、湖、平原等名词，作者采用示意图的形式将所有概念在图中清晰标注出来，起到了很好的引导效果。但从全书课文和图像的辅助关系来看，示意图和地图在全文中出现较少，景观图片占较大比例，这在培养学生掌握地理事物联系和空间方位方面的作用发挥得并不充足。

三、教育功能

该书作者在编辑大意中用洋洋洒洒 500 字的文言古诗，道出了其撰写本书的情感寄托。

"天眷西顾，整顿全欧，诞生阁龙，鉴通环球，历华盛顿，恢杰无侪，听建独立，钟撞自由，噌吰镗鞳，克壮其猷，起大风潮，铁血横流，卒脱羁轭，还我新洲"，表达了其强烈的忧国心；"虽然垂绝之证不可以不药，而视其沈将萎之；花不可以不植而促其蕾，何况一线生机；丝毫元气方且氤氤氲氲，结为祥氛以缭绕，盘互于我国民方寸之中，孰谓其可恝焉，而周闻耶！爰辑大地志以饷学子，名曰瀛寰全志"。

该书在"总论"开篇引用了吴钟史（清）和志贺重昂（日）两位大家之言，"宇宙之大，事物纷繁。大而治平，小而格致，有心人宜无不讲求，讲求如何必自地理学始""……社会学、经济学、文学，何一不当藉资与地理乎？然则地理学之要，从可知也。"揭示了地理学的认识价值、职业准备价值和研究价值，体现了浓厚的实用性思想。

在各编之首，作者都会对各个大洲加以评判，其中不乏对亚洲的自豪感，对欧洲的嫉妒，对北美洲势力渐长的看好，对南美洲和非洲野蛮之地的偏见，以及对大洋洲主权的讨论等，一则阐述了作者对内容的理解，再则为读者学习全文提供了认识的情感基础。

第三节 《中等地文学教科书》

一、内容框架

鉴于我国地理教育、地理科学发展和经济等诸多原因，我国自编的地文学相关书籍数量很少，能够用于中学地理教学使用的教科书更是寥寥无几。因此，当时地文课使用的教科书多为译本，且以日文译本最多。《中等地文学教科书》由佐藤传藏（日）和横山又次郎（日）合著，沈仪镕（清）翻译，湖北教育部于1904年出版，是针对中学学堂使用的地文学教材，封面如图6-13所示。沈志坚在该书的序言中写道"其宗旨尚属正大搜罗，亦颇完备"，这从全书的框架结构也可以看出。全书依照自然地理学各大圈层的划分，将全书分为天然篇、陆圈篇、水圈篇、气圈篇、生物篇、人类篇六章，基本和现代地理学圈层结构划分一致，其中土壤圈被置于"陆圈篇"之中作为要素之一讲述，同时将"人类篇"从"生物篇"中分出来单独做一章进行叙述。

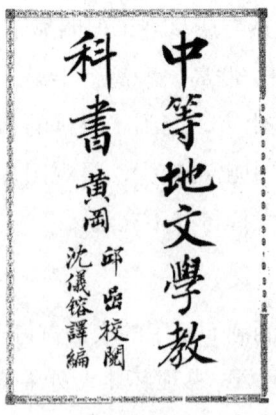

图6-13 《中等地文学教科书》封面

该书依照各大要素逐一罗列的形式进行编排，并采用了长22厘米的小开本，共计149页。如图6-14所示，从页数来看，"气圈篇"所占比重最大，为33%；"绪论"部分最少，为

1%；"天然篇""陆圈篇"和"水圈篇"所占比重基本相当，分别为19%、20%、17%；"生物篇"和"人类篇"所占比重均为5%。

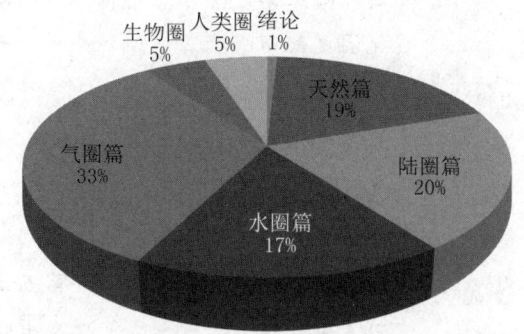

图6-14 《中等地文学教科书》各章比重统计

《中等地文学教科书》目录如下：

地文学之意义	大陆	熔岩之种类
绪论	大陆之肢部与胴部	喷出之状态
第一章	肢部与文明之关系	喷气孔与温泉
天然篇	岛屿之种类	喷出之原因
恒星与行星	珊瑚岛之种类及成立	地震
太阳系统	陆地之高低	地震之阶级
地球之运动	陆地垂直的分类	海震
星日	平原之区别	地震地
太阳日	低地之确证	地震之状态
公转	地壳之构造	土地之缓慢升降
昼夜之长短及四季之区别	山汇之要部	上升之地
地球之形状	谷类之区别	下降之地
地球全体之大	山汇之作用	升降之原因
地面之测定	山脉之生成	升降之结果
经纬度	分水界	地层之排列
经度之测定	海岸	水之作用
纬度之测定	火山之构造	流水之作用
标准时	火山之破裂	泉与地下水
地图	火山之区别	石灰洞窟
第二章	火山之位置	第三章
陆圈篇	火山之形与其诸部	水圈篇
水陆之分布	喷出物	矿泉

钻井
湍与瀑布
河之流域
河系及灌流
河口之形
湖
湖之消灭
雪线
冰山
冰河
海洋
坦海及深海
海底之凹凸
深海之深
海中之泥土
海色
海水中之盐分
海水之比重
海水之温度
波浪
波浪之传播
海啸
潮汐
潮汐之原因
潮汐之高
潮时
海流
海之作用
第四章
　气圈篇
　　大气之性质及作用

大气之作用
大气之温度
受热之次第
气温之配布
同温线
日本之温度
气压
气压之变化
同压线
日本之气压
大气之流动
地球之自转
大气
气候风
海陆软风
山风与谷风
不定风
次母基
龙卷
风之速度
风之分布
大气之湿度
湿度
降水
露
霜
雾
云
雨雪阴霰雹
雨量
虹

蜃气楼
流星
极光
天气及气候
波吕
薄明时之天色
天之碧色
鬼火
第五章
　生物篇
　　生物之分布
　　植物与气候之关系
　　植物带
　　植物区域
　　植物于人类对用
　　动物与气候之关系
　　动物与食物之关系
　　动物与植物之关系
　　动物区域
　　有用动物
第六章
　人类篇
　　人类与气候之关系
　　人口之疏密
　　人种
　　生活状态之分类
　　组织国家及政体
　　言语
　　宗教

二、内容表述

1. 课文系统

该书每章的目录仅有两级,即章和节。各节之间有并列关系,也有递进关系,参差不齐。例如"陆圈篇"部分,"大陆""大陆之肢部与胴部"和"肢部与文明之关系"三者有逐层递进的关系,与"平原""山地""海岸"为总分关系,"火山""地震"又属于"陆圈"的一种运动形式。在讲述其他圈层结构时,也存在类似的安排形式。在具体行文中,作者对这些内容之间的逻辑关系并未详细地说明和区分,且每一节内容以简要成因和概念叙述为主,这种叙述相对抽象,不利于学生对地理环境要素内部,以及各要素之间的整体性和差异性进行深入的了解。从整个中学地理课程安排来看,中等地文学开设于中国地理和世界地理课程之后,学生在此前已经积累了一定的地理学知识,但这一联系并未在课文安排中得到体现,说明教科书之间明显缺乏联系,这造成极大的教学资料浪费。

从文字描述来看,虽然该书的知识体系非常庞杂,但作者在解释地理现象及其原因时,语言较为精准且表达清晰,每一概念涉及的内容不多,同时还伴有详细的文字和图像解释,已经具有了较高的科学性。例如,课本第12～13页讲述"太阳日"与"星日"的区别时,如图6-15所示,书中提到"星日与太阳日有长短之差别,即地球公转之结果……"随后对其加以解释,同时配有相应的说明示意图,客观而形象地将太阳日和星日的区别解释清楚,而非直接叙述其结论。这种解释方式至今仍在我国中学地理教科书中使用。

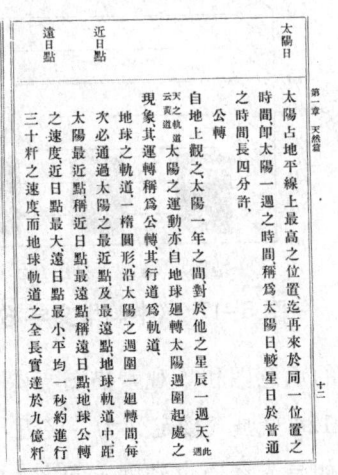
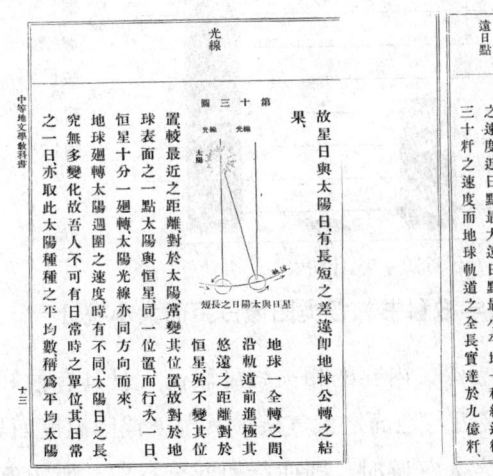

图6-15 《中等地文学教科书》课文实例

2. 图像系统

全书共包含地图、景观素描图、示意图和统计图表等80幅图像,图文比例为1∶1.9。其中,如图6-16所示,统计图表数量最少,占图像总数的1%,为解释风力的相关数据;示意图数量最多,占图像总数的46%,主要以对地理现象成因的分析和解释为主,如受热和气压、大气运动的关系,潮汐形成的原理,火山横断面示意图等,这一部分图像与文字的对应关系最为密切;地图和景观素描图分别占图像总数的27%和26%,地图主要是关于全球地理要素如火山、温度、气压、降雨量、植物和动物等的分布情况,多以专题地图的形式加以呈现,具有很好的空间信息表达功能,其中部分经典的地图沿用至今,依然是编写地理教科书的典型示范;景观素描图主要展示的是相关概念的现实景观形态,例如冰山、冰河、间歇泉、龙卷风等图像,以简易手绘图为主。

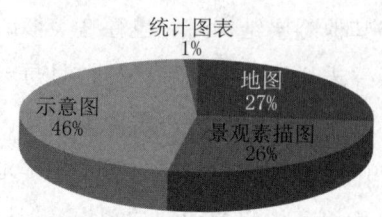

图6-16 《中等地文学教科书》各类图像比重统计

如图6-17所示,从图像大小来看,该书图像大小变化较大,占页面大小1/3、1/6和整幅的图像数量较多。其中,大幅地图数量较多,主要是世界性的专题地图,占地图总量的一半以上;景观素描图的大小依然根据行文需要进行调整,所以大小体现不明显;示意图图幅较小,占页面1/6大小的最多;统计图表数量最少,形式也较单一。

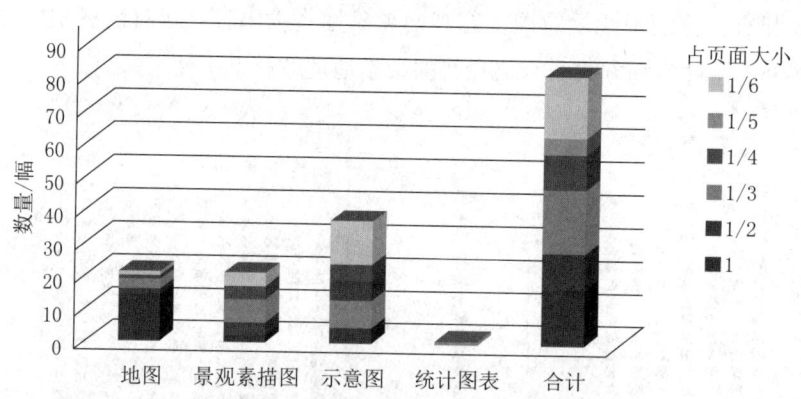

图6-17 《中等地文学教科书》各类图像占页面大小统计

本书采用的示意图和景观素描图与课文内容的相关程度较高,且具有很好的启发意义。例如,课文第124页蜃气楼定义为"接近与地面之大气层,其湿度或因温度而异,故其密度亦随之而异,如是光线通过密度不同之大气层时,即曲折而起全反射,使物象倒挂于空中,而令物体全变其位置,呈现种种之现象,为蜃气楼"。此表述较为贴切,且作者通过的3幅图,如图6-18所示,分别对其形成原理、沙漠蜃气楼和海边蜃气楼的情形加以表征,起到了很好的解释说明作用。

图6-18 《中等地文学教科书》图像系统实例

三、教育功能

20世纪初,我国地文学教科书的撰写以借鉴和翻译外文著作为主。该书虽然课文内容对自然事实进行了科学陈述,但由于是翻译的日本教科书,因而内容处处凸显了岛国的特征,缺乏和我国具体国情的整合。例如,书中关于水圈的大部分内容与海洋有关;陆圈中岛屿、珊瑚岛等内容均列于平原、低地等要素之前,此外用了大量的篇幅描述火山和地震的详细知识;气圈中有专门一节讨论"日本之气压"。虽然这些地理事物在我国也时有发生,但作为中国中学堂的地文学教科书,其最主要的功能是让学生在了解自然原理的基础上,对我国的自然地理加强认识,所以其国情教育体现较弱,教育的社会价值体现得不充分。

作者在编辑大意中曾写道:"各理学家中等地文学教科书参酌损益,务求详实,有当实用",而"书中记载之事项专就平易之宗旨,在徵实不在求奇"。编写中,作者集各家之言并加以整合,体现了本书的编辑务本而非求新,因而该书行文叙述都较为浅显,但非常清晰。

虽为地文学教科书,但作者在叙述过程中也在试图将自然现象与人生联系起来。例如,该书第51页"地震之状态"部分,作者以日本为例,介绍了地震对人民生命财产带来的巨大破坏;第57页关于"石灰洞窟"表述,第一句即为"石灰石地方,往往含有太古人类之遗物,及动物之遗骸。"虽然此句漏洞诸多,未阐明该地的人类遗物和动物遗骸与他处有何不同,但也是一种引起读者兴趣的方法之一;"生物篇"中关于动植物与人类的关系,以及将"人类篇"作为独立一章进行介绍,体现出了该书对于"生活价值"的关注,这种思想是影响我国地理课程的主要教育功能之一。

第四节 清末中学地理教科书的特点

1904年颁布的《奏定学堂章程》,只规定了课程名目,并没有规范课程内容,无统一纲目可遵循。此时清政府也没有设立专门的教材编撰和审查机构,所以当时的教科书数目日趋增多，但质量参差不齐。参见本文以上分析的3本地理教科书，本时期地理教科书的特点概括如下。

一、从教科书内容框架来看，各书的内容均追求大而全和面面俱到，而且没有关注教科书之间的衔接问题，相互重复现象非常明显。例如，不论是中国地理，还是世界地理，都会用较多的篇幅介绍地文学的知识；中国地理部分用大量篇幅来讲述亚洲地理，世界地理又有对中国地理的叙述，并且讲述的要素千篇一律，没有明显的侧重点，导致教学内容大范围重复，造成教学资源的浪费。

二、从教科书表述方式来看，教科书设定的框架过于庞大，但其叙述却非常简短抽象，且其中新词汇繁多，不利于学生的理解。虽然编者也曾注意到需要注重对学生科学态度的培养，但是行文依然以地方志式的陈述为主。课文部分的图文比例偏小，景观素描图数量占绝对优势。图文之间的对应关系不强，造成图像的功能仅仅停留在装饰和吸引学生的注意力方面，阐述的功能很难实现。同时图像种类多样，部分图像的质量很差，相互借用的现象明显。此时的教科书并没有涉及作业，所以本阶段教科书没有涉及教科书作业系统的分析。

三、从教科书的教育功能来看，教科书具有浓厚的爱国思想，关注培养学生思考国家复兴之大事；同时具有历史教育的价值，注重地理教学中对于民族历史的关注；另外，此时的教科书关注社会教育的价值，开始强调地理为现实、为生活服务的功能。总体而言，教科书反映了当时人们对地理课程价值观的认识，即在价值取向上突出了课程的社会中心的实用主义倾向①。

四、教科书的"编辑大意"中，作者屡有提及"兵费、税额、贸易，均据最近调查之数，然世界进步日新月异，俟调查新书出，尚当随时校正"（最新中学教科书《瀛寰全志》），"至东三省正与，在清光宣之际，屡有更变，俟民国制定后，于再版列入"（《新体中国地理》）等。可见当时的教科书非常注重数据更新和科研成果的引入，但由于受当时各种条件的限制，数据在文中更新速度缓慢，同时数据来源无法做到统一。

五、教科书中开始出现科学探究实例，但数量很少。

---

① 仲小敏．中学地理课程价值与实现[D]．北京：北京师范大学，2005：54．

第七章

北洋政府时期的中学地理教科书及其特点

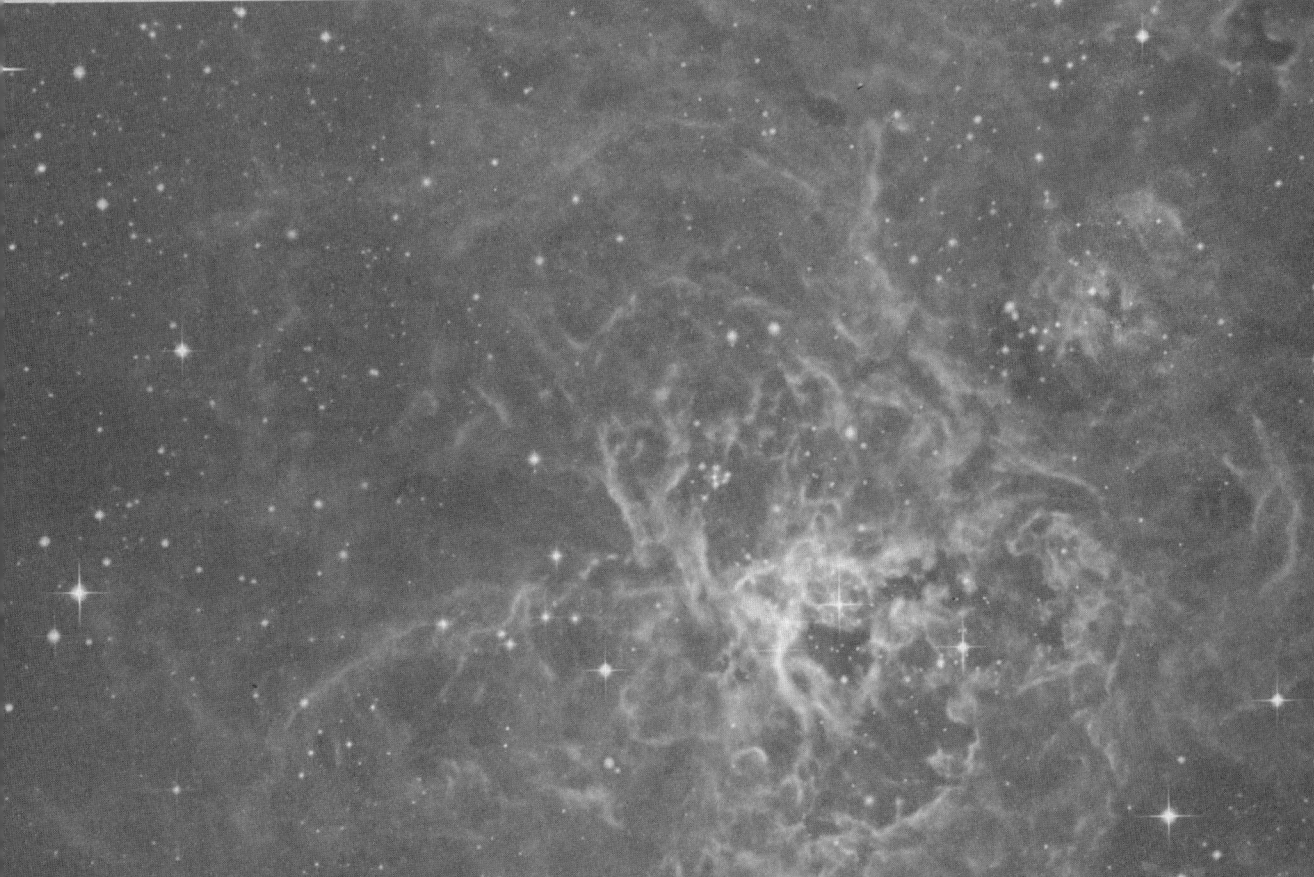

第七章

北洋政府时期的中学地理教科书及其特点

北洋政府时期，地理教科书的编写日渐成熟，且国家开始设立专门机构审定教科书。经过多年的发展，商务印书馆在地理教科书出版中的作用和地位日渐凸显，本章将结合其出版的共和国教科书[①]系列的三本地理教科书进行分析。此外，1923年，当时的教育部颁布了新学制课程纲要《初级中学地理课程纲要》，以此纲要为基础，曾出版了诸多地理教科书，商务印书馆也有相关地理教科书出版，在此一并加以分析。

表 7-1　1912—1928 年商务印书馆出版的部分地理教科书

教科书	作者	册数	出版地、出版者与出版时间
共和国教科书本国地理	谢观（清）编纂；庄俞等校订	全2册	上海，商务印书馆，民国二年（1913年）
共和国教科书外国地理	谢观（清）编纂；蒋维乔、傅运森校订	全2册	上海，商务印书馆，民国三年（1914年）
共和国教科书自然地理	傅运森（清）编纂；蒋维乔校订	全1册	上海，商务印书馆，民国三年（1914年）
新学制地理教科书	王钟麒编辑；王岫庐、朱经农校订	全2册	上海，商务印书馆，民国十二年至十三年（1923—1924年）

第一节　共和国教科书《本国地理》

一、内容框架

共和国教科书《本国地理》由谢观编纂，商务印书馆于1913年出版，是针对中学学堂使用的地理教科书。从编辑大意来看，作者对知识的处理"皆调查、精审、考订确当，并搜罗最新学说，或由西人转译，或由近人发明，借以增进学生之知识，而免应用之贻误。"其目的在于"所述本国地理皆按全世界之趋势，以立言于本国之优点，既在所必书而于夸大至此，则概从删汰，庶以养成学者实事求是之风"，"俾学者借知国步之现状，而激发其爱国心"，表达了作者对科学实事求是的态度和浓厚的爱国之情。

图 7-1　共和国教科书《本国地理》封面

全书的编排由简入繁，遵循了"总—分—总"的编排方式。全书分上下两卷，共计295页。从该书各部分内容比重来看（见图 7-2），"本国地理分论"所占比重最大，达到了52%，

[①] 研究者为真实反映北洋政府时期教科书的原貌，在本书中保留了原著中"共和国教科书"的说法。

"本国地理总论"占21%,"地理概要"和"总论"分别占14%和13%。

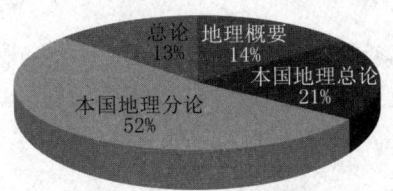

图7-2 共和国教科书《本国地理》各篇比重统计

共和国教科书《本国地理》目录摘录如下:

卷上
第一篇 地理概要
　第一章 总论
　　第一节 地理学之重要及其纲领
　　第二节 地理学之实用及其研究
　第二章 数理地理
　　第一节 地球与日之关系
　　第二节 地面之区画
　第三章 自然地理
　　第一节 地球构成之次第
　　第二节 陆界
　　第三节 水界
　　第四节 气界
　　第五节 物产
　第四章 政治地理
　　第一节 人民
　　第二节 政治
　第五章 结论
　　第一节 自然政治之关系
　　第二节 本国外国之关系
第二篇 本国地理
　第一章 总论
　　第一节 境域(附中国全图)
　　第二节 山脉
　　第三节 河流
　　第四节 地势

　　第五节 海岸
　　第六节 气候
　　第七节 物产
　第二章 分论
　　第一节 京兆地方
　　第二节 直隶省
　　第三节 热河特别区域
　　第四节 奉天省
　　第五节 吉林省
　　第六节 黑龙江省
　　第七节 京兆等六区概论(附图)
卷下
　　第八节 江苏省
　　第九节 安徽省
　　第十节 江西省
　　……
　　第十六节 山东省
　　第十七节 河南省
　　第十八节 山西省
　　第十九节 察哈尔特别区域
　　第二十节 绥远特别区域
　　第二十一节 陕西省
　　第二十二节 甘肃省
　　第二十三节 西套蒙古
　　第二十四节 山东等八区概论
　　第二十五节 新疆省

第二十六节 新疆概论	第三十六节 蒙古概论
第二十七节 四川省	第三十七节 西藏
第二十八节 川边特别区域	第三十八节 青海
第二十九节 四川川边概论	第三十九节 西藏青海概论
第三十节 广东省	第三章 结论
第三十一节 广西省	第一节 人民
第三十二节 云南省	第二节 政体
第三十三节 贵州省	第三节 财政
第三十四节 广东等四区概论	第四节 军备
第三十五节 外蒙古	

二、内容框架

1. 课文系统

面对当时大部分地理教科书所追求的大而全的编写方式，作者提出课文内容的安排"必须者详之，无关紧要者略之"。对于自然地理部分，作者认为"本书于自然地理之构造，必备详其原理，地势之高下，亦备其尺度，务使学者得有完全之知识"；对于亚洲地理部分，作者认为"于本国地理之前，冠以亚洲总论，几成通例。盖以为非此，则本国之位置不能明也"；对于地方志中的山川地名，作者认为"皆悉心斟酌，宜详宜略，宜轻宜重，一以现时需要为主，并载明统系，前后联络，力避矛盾、疏忽之习"。可见，作者在追求内容翔实的同时，开始对课文内容的有效性进行了思考。

该书"总—分—总"的编排方式不仅存在于章节之间，在章节内部同样也有明显体现。例如，第二篇的"总"以人文地理等要素的总结为主，"分"包括中国自然地理和中国区域地理。其中，中国区域地理每一节为一个省，并逐省加以描述；各省的介绍遵循先综述各地特征，再分述各省内主要城市和地区的顺序进行叙述。作者这样的编排方式，是希望能够达到"务使眉目清醒，以便学者之练习与记忆"的目的。

在自然地理部分，课文针对复杂的地理过程通常使用了极其简单的语言表述。例如，在讲述地球形状的演变过程时，作者仅仅用了百余字便将地球从气体如何凝固为液体，进而成为固体，不断变坚硬而成为现在的"柑橘状"的过程进行了介绍，原文如下：

地理之始非为今日之形状也。据物理推之必为极热之气体，其气布满空中四面，旋转久而渐冷，凝变为液体，又久而渐凝渐厚渐坚变为岩石，而地壳始成壳固于外或收或缩，气蕴于内，时涨时裂，积久而外面之凹凸渐生，如柑橘状。此地面之所以有山河洋海也，然在今日固莫知其为气体也。

且不论其将地球的形状比喻为"柑橘状"外壳是否科学，仅看其作为中学一年级的教材，便将如此复杂难懂的过程教授给学生，其必要性也是值得商榷的。

在人文地理部分，课文着重突出了"实业、军事、铁路"三大"立国命脉"在区域发展中的作用，同时又增添了如"东北、西北、西南等处，强邻逼处，时起交涉""原有领土之割让者，以及租界与外人者"等政治地理内容。这些内容与从前地方志式的表述有所精简，体现了地理学与现实之间的联系。增加的政治地理内容，虽然在一定程度上增加了教学负担，但对于学生民族情感的激发起到了非常重要的作用。

在区域地理部分，课文首先对区域进行了总体概述，包括该区域的"境域""山脉""河流""海岸""物产"等要素；其次对该区域内的主要城市或地理要素进行描述，关注点或为交通区位，或为自然条件，或为经济特点，或为政治沿革与局势等，其关注点各不相同且有明显的侧重点区分，重在突出城市的特色。课本原文举例如下：

安东　鸭绿江下游商埠也，与朝鲜新义州隔江相对，为自昔通朝鲜要道。中日、日俄两役。日兵亦皆由此渡江侵入我境。实满洲东门户也。当清之季，日本自有筑路以达奉天，谓之安奉铁路。事后与之订约，签为中日合办，并开安东为商埠。故日人经营此地不遗余力，凡领事馆公司林场之类，皆设于此。且于鸭绿江上架铁桥以通火车，其注意可知。长白山木材，多由此埠输出，收税颇旺。西南大东沟，亦称太平沟，在鸭绿江口，亦为商埠。（卷上第119页）

宜昌　省（湖北省）西门户也。在长江东岸，江水至此始平流，故深水汽船，以此为终点，楚蜀商货皆与此转车。（卷下第28页）

阳曲　本省（山西省）省会也。故太原府治。居本省中央。当汾水之东，倚云中之脉。正太铁路既通市面益臻繁盛，唯雨泽颇少。地味不饶，汾水涨时，时有水患。（卷下第46页）

多伦　即多伦诺尔，俗称喇嘛庙。为内蒙古人民都会。市街绵至数里。新辟为商埠。（卷下第48页）

从以上例子可以看出，"安东"重在介绍其在中国与日本在贸易发展中的作用；"宜昌"关注的是其在水路运输中的重要地位；"阳曲"则是从其地理位置、降水等角度加以描述；"多伦"则以其商埠发展为主。根据区域特色确定区域介绍的内容，一方面开始脱离千篇一律的地方志式的叙述方法，另一方面体现了区域地理对内容的取舍。

2．图像系统

全书共包含地图、景观素描图、示意图、统计图等图像133幅，图文比例为1∶2.2。其中，如图7-3所示，景观素描图的数量依然最多，占全书图像总数的57%，这些景观素描图以自然和人文景观为主；统计图表占全书图像总数的11%，全部以表格的形式展示统计数据，形式非常单一；示意图的数量最少，仅为5%，主要集中在第一篇自然地理部分，用来解释说明自然事物和现象之间的关系；地图的数量明显增加，占图像总数的27%。此外，该书有了地图信息相对完善的大幅小比例尺地图，

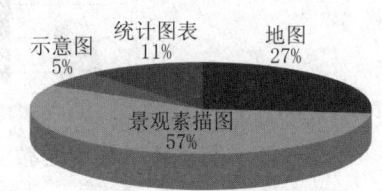

图7-3　共和国教科书《本国地理》各类图像比重统计

如第42页的《中国全图》，虽然图中中国疆域情况与今日不同，但主要的疆域特点，如海岸、河流、山脉等地理信息基本齐全，并具有了相对精确的图例和比例尺。但整本书此类图只有两幅（另一幅为"广东等四区图"）。课文其他地图主要分布在区域地理部分，以城市地图为主，与课文内容相匹配，为学生进行本区域空间位置的定位和地理事物区位的理解提供了便利和帮助（如该书卷上第110页"天津图"和卷下第18页"象山港、三门湾合图"如图7-4所示）。与清末教科书中的地图相比，该书的城市地图比例尺更大，表示的区域范围更加精确，显示出当时地图的发展和进步。但就整本书而言，地图没有完全覆盖，存在一些区域缺乏对应的地图，而且地图的蓝本以手绘为主，呈现的地理信息偏少，且精确度很难保证。

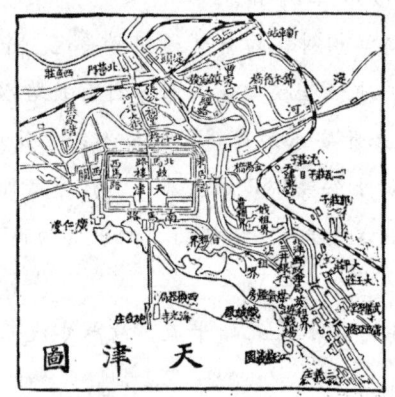 

图7-4 共和国教科书《本国地理》图像系统地图实例

从图像大小来看，该书中图像的大小类型多样。其中，图幅与页面1/2及以上的图像较多，如图7-5所示。地图的大小变化很大，主要由地图所表示的范围大小而定，全国或者大区域地图以占整页或1/2页面以上大小为主，小城市的地图则根据具体的内容来确定图幅的大小；景观素描图以占页面1/2及以下大小为主，图像与内容的关联程度不高，多数图像起修饰和美化作用；示意图数量很少，其大小多为占页面1/2～1/5；统计图表均以表格形式出现，篇幅大小由内容的多少决定，变化最大。

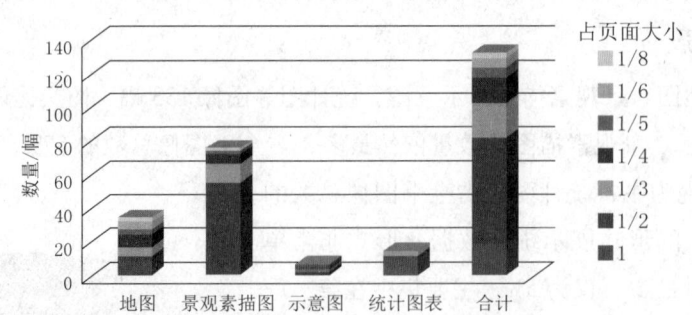

图7-5 共和国教科书《本国地理》各类图像占页面大小统计

在图文关系处理上，该书多处尝试将图文紧密结合，来阐释地理现象和地理事物。例如，第一篇第二章第二节"地球之区画"部分，该部分开篇说："地球之面，至为广漠，苟无区画，将何以推算而便指点。故言地理者，必于球面假设若干线，正其名，定其义，所以便肄习也。"随后，课文就"两极""赤道""经线""纬线""回归线""两极圈""五带""方位"依次道来。其语言表达极为简单，同时附有经纬线图和五带图（如图7-6所示）加以说明，不仅增加了课文的可读性，而且将抽象事物形象化，能更好地帮助学生理解知识。这部分内容至今依然是我国中学地理教学中的重点和难点，虽然地理科学知识在不断发生变化，但这种图像和文字密切结合的呈现形式至今仍然在使用。

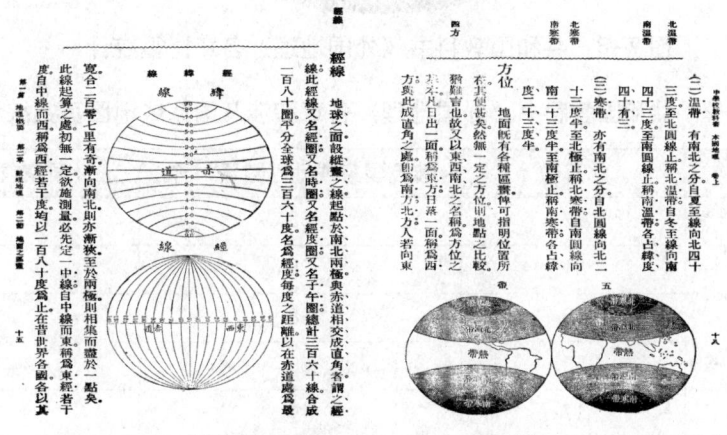

图7-6 共和国教科书《本国地理》课文实例

第二节 共和国教科书《外国地理》

一、内容框架

共和国教科书《外国地理》由谢观编撰，商务印书馆于1914年出版，是针对中学学堂使用的世界地理教科书，是"共和国地理教科书系列"中专述外国地理的部分，卷上封面如图7-7所示。该书的编写"皆取最近调查所得者，续断之间，一以适合于世界趋势为主，而于中外关系之处言之尤详"。

该书世界地理涉及"亚细亚洲""欧罗巴洲""阿非利加洲""亚美利加洲""海洋洲"五个大洲，分五个章节加以阐述，各个章节以并列的形式进行编排。该书采用长20厘米的小开本，共计270页。从页数来看，亚细亚洲和欧罗巴洲的比重相当，合计占全书总页数的59%，海洋洲仅占6%，如图7-8所示。从各章包含的国家或地区的平均页数来看，欧罗巴洲最多，每个国家或地区约为3.2页；其次为亚细亚

图7-7 共和国教科书《外国地理》封面

洲，每个国家或地区约为 2.3 页；其余各洲每个国家或地区的平均页数均在 2 页以下（见表 7-2）。

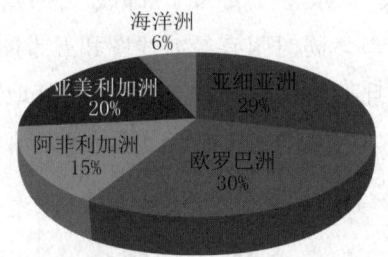

图 7-8 共和国教科书《外国地理》各章比重统计

表 7-2 共和国教科书《外国地理》各章和涉及国家或地区页数统计

洲名	总页数	涉及国家或地区数量/个	涉及国家或地区平均页数
亚细亚洲	77	33	2.3
欧罗巴洲	81	25	3.2
阿非利加洲	40	38	1.1
亚美利加洲	55	30	1.8
海洋洲	17	11	1.5

共和国教科书《外国地理》目录如下：

第三篇 外国地理

　第一章 亚细亚洲（附亚细亚洲图）

　　第一节 总论

　　第二节 日本

　　第三节 暹罗

　　第四节 波斯

　　第五节 保护国

　　第六节 俄罗斯属地

　　第七节 英吉利属地

　　第八节 法兰西属地

　　第九节 荷兰属地

　　第十节 土耳其属地

　　第十一节 葡萄牙属地

　　第十二节 美利坚属地

　　第十三节 结论

　第二章 欧罗巴洲（附欧罗巴洲图）

　　第一节 总论

　　第二节 英吉利

　　第三节 俄罗斯

　　第四节 德意志

　　第五节 法兰西

　　第六节 意大利

　　第七节 奥斯马加

　　第八节 瑞典挪威

　　第九节 荷兰比利时

　　第十节 丹麦

　　第十一节 西班牙葡萄牙

　　第十二节 瑞士

　　第十三节 巴尔干诸国

　　第十四节 欧洲小国

　　第十五节 结论

　第三章 阿非利加洲

第一节 总论	第五节 墨西哥
第二节 北非洲	第六节 中亚美利加诸国
第三节 东非洲	第七节 西印度群岛诸国
第四节 南非洲	第八节 巴西
第五节 西非洲	第九节 南美西北诸国
第六节 中非洲	第十节 南美西南诸国
第七节 非洲属岛	第十一节 结论
第八节 结论	第五章 海洋洲
第四章 亚美利加洲	第一节 总论
第一节 总论	第二节 澳大利亚
第二节 美利坚	第三节 附近澳洲大岛
第三节 英属加拿大	第四节 散布太平洋小岛
第四节 丹属格陵兰	第五节 结论

二、内容表述

1. 课文系统

该书作为共和国教科书地理部分第三篇，在中国地理之后讲述，较其他版本教科书去掉了地理概论部分内容，凸现了该套教科书之间的连贯性。教科书开篇为各大洲地理，先以"地势—水系—海岸—气候—物产—区划"的描述顺序阐述各个洲的自然地理内容，而后再以地方志形式罗列各个洲的主要国家或地区，最后以"民族—宗教—政体—交通—比较"的顺序总结其人文地理特征。这种编排方式避免了教科书内容的重复呈现。但由于该书缺乏关于中国地理的过渡和对世界地理的引入，且各大洲的内容相对独立，因此并不利于世界区域观念的形成。

该书较晚清时期的最新中学教科书《瀛寰全志》，内容有很大的压缩，从后者的 542 页减少为 270 页。但该书涉及的国家和地区从原来的 66 个，增加到了 137 个，由此大大降低了对这些国家和地区内容表述的深度。以"亚细亚洲"地势为例，书中写道：

可分东西南北中五区。中央之帕米尔高原，为群山起源处。向北者为天山、阿尔泰山脉；向东者为昆仑山脉；南者为希马拉耶山脉；向西南者为苏里曼（亦作萨里曼）山脉……

课文中涉及的山系、高原、平原、沙漠等，纯属简单罗列。原本用一幅地图即可解释清楚的内容，作者用了 100 多字来叙述，且并未加入关于地势变化、区域联系等方面的内容介绍，对学生的学习要求也只停留在简单的记忆上。

该书编辑大意中说："本篇于名词之下，兼列英文以便互相考证"，即重要的地名都会配有相应的英文名称。虽说如此表述与国际接轨，但是部分内容地名过多，汉字被频繁隔开，且英文字母呈侧躺状排列在行段中，影响了阅读的连贯性，容易使读者的阅读理解产生障碍。

第七章 北洋政府时期的中学地理教科书及其特点

如该书卷上第 3 页和第 79 页，如图 7-9 所示。关于亚洲地势和欧洲地势的课文几乎完全是名词的堆砌。但对中学生而言，名词的英文名称无需都要记忆，花费大量的篇幅给出名词的英文名称，确有不妥。

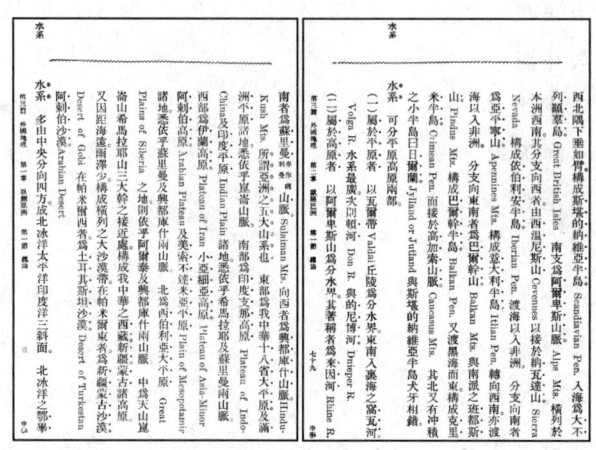

图 7-9　共和国教科书《外国地理》课文系统实例

该书课文另外一个突出的特点是特别强调"殖民地"和"专属地"。例如，"亚细亚洲"中共提到了 33 个国家或地区，但其中只有 3 个完整的独立国家（中国没有涉及），其他均被划为某国的属地；其他各洲亦如此，大部分小国家的名称前面都加有"某属"二字，以表示附属关系。该现象充分体现了当时世界殖民统治分割天下的局面。

该书的语言描述在科学性上有了很大的突破。同时，该书开创了在地理教科书中外国地理部分讲述南极和北极的先河。

2．图像系统

全书共包含景观素描图、地图、示意图和统计图表等图像 159 幅，图文比例为 1∶1.7。如图 7-10 所示，该书中景观素描图数量占全书图像总数的 88%，贯穿于书中各章节，内容以各类风景名胜、风土人情、建筑等为主；地图数量占图像总数的 10%，主要由各大洲地图、亚洲和欧洲部分首都城市的地图组成，例如东京、圣彼得堡、柏林、新加坡等；全书中示意图和统计图表各 1 幅，分别是"五大湖之高低"图和"世界各国面积人口统计图"。

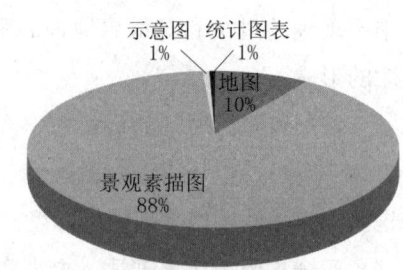

图 7-10　共和国教科书《外国地理》各类图像比重统计

从图像大小来看，地图部分由于表示的区域差别较大，有大洲地图、城市地图和小区域的地图。因此，地图的图幅大小各不相同，大多数占 1/4～1 的页面大小；景观素描图的大小以占页面 1/2 或 1/3 为主，如图 7-11 所示。

94

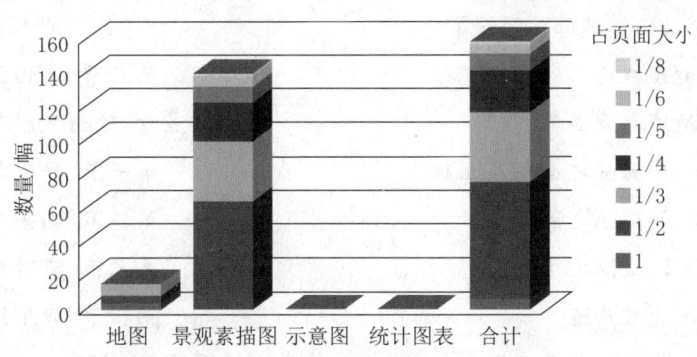

图 7-11 共和国教科书《外国地理》各类图像占页面大小统计

第三节 共和国教科书《自然地理》

一、内容框架

共和国教科书《自然地理》由傅运森编纂，商务印书馆于1914年5月出版，是针对中学学堂使用的自然地理教材，是"共和国地理教科书系列"的第四篇，封面如图7-12所示。全书内容"编纂皈依自然地学之题材，为狭义之地文学"。全书以"海陆空"三界为核心，分别对"陆文""海洋""气象"三大类要素进行阐述。全书包含"地球之表面""地壳之构造""地壳之变动""地面之变化""陆面之形态—海洋—气象"等七章，前五章为"陆文"部分，后两章分别对应"海洋"和"气象"。

图 7-12 共和国教科书《自然地理》封面

该书采用了长19厘米的小开本，共计77页。三部分内容相比，"陆文"部分内容最多，占总页数的73%，其中"地壳之变动""地面之变化"和"陆面之形态"三章内容均占总页数的15%以上，且这些内容的安排注重体现由外而内、由静态到动态的内容组合思路。"气象"部分内容占总页数的16%；"海洋"部分内容最少，仅占总页数的11%，如图7-13所示。

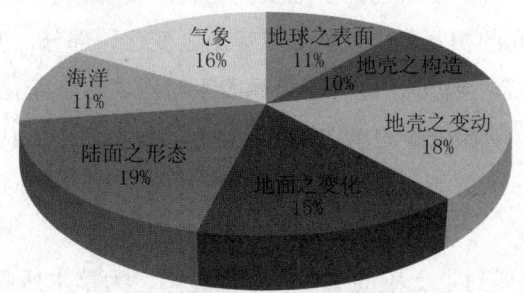

图 7-13 共和国教科书《自然地理》各章比重统计

共和国教科书《自然地理》目录如下：

第四篇　自然地理概论
　　第一章　地球之表面
　　　　第一节　海陆之面积及立积
　　　　第二节　海陆之区域
　　　　第三节　大陆之干支
　　第二章　地壳之构造
　　　　第一节　岩石及其类别
　　　　第二节　地层之排置
　　第三章　地壳之变动
　　　　第一节　地震
　　　　第二节　火山
　　　　第三节　陆地之升降
　　第四章　地面之变化
　　　　第一节　空气之作用
　　　　第二节　水之作用

　　　　第三节　生物之作用
　　第五章　陆面之形态
　　　　第一节　平原与台地
　　　　第二节　山岳与溪谷
　　　　第三节　河川与湖泽
　　　　第四节　海岸线
　　第六章　海洋
　　　　第一节　海洋之干支
　　　　第二节　海水之性质
　　　　第三节　海水之运动
　　第七章　气象
　　　　第一节　空气之性质
　　　　第二节　空气之运动
　　　　第三节　空气之现象
　　　　第四节　气候

二、内容表述

1. 课文系统

与晚清时期的地理教科书相比，该书内容压缩明显，知识点大幅度减少。作者在编辑大意中提到"教授本书选材务取寻常措词，力求浅显。于海陆空三界大要无遗。俾学者对于自然现象易养成普通之智识。"因此，仅从目录即可看出全书各个章节的内容更加精炼且切中知识核心，前两章从地质学的角度介绍了地球的基本结构和构造；第三章和第四章分别从内营力和外营力的角度介绍了引起地表变化的原因；第五章地貌学、第六章海洋、第七章气象，内容之间的对应和并列关系非常清晰，且具体选取内容的难度也比较适中，是一本力求普及知识之作。

就地理要素的全面性而言，全书包括了地质、地貌、气象和水文四大要素，在各要素的动态变化中体现了要素之间的相互作用。例如"地面之变化"部分，课文突出了气象、水文和生物的作用；"陆面之形态"部分，体现了外界因素对地表形态变化的影响；"海洋"部分的水文过程讲述比较系统，陆地表面的水文过程穿插在其他要素中。从涉及的地球圈层来看，该书突出了地球的岩石圈、大气圈、生物圈、水圈四大基本圈层，并将土壤作为岩石圈的一部分进行了介绍。

例如，教科书第30页提到了土壤的成因"惟雨量多，为草木所吸收且草木益畅茂，则其生所之腐植酸，沈浸于地层者益厚，于是风化之作用遂能深入于岩层之中，使地磐化为土壤。"教科书第 33 页"空气之作用"部分讲风成黄土时提到"垆斯层者,亦风之所建设。垆斯者,由岩石细粒所成之黄土,兼有砂炭酸、石灰,诸质者也。"再如,教科书第 35 页"水之作用"部分讲述了"土砂之由来",即流水不断磨蚀石块,使其变圆变小,不断破碎成粉砂,最终沉积形成土地,或流入海洋中的过程。

课文在表述的过程中,在对自然现象叙述的同时,增添了相关的实例予以说明,几乎所有的自然现象都对应了相应的典型分布区域,起到了增进学习者对地理现象的理解和联系实际的作用。例如,讲述"垆斯层"之后,作者列举了我国北部、欧洲莱茵河、多瑙河等地的溪谷进行说明;讲述流水的搬运作用时,以我国黄海、非洲刚果河口等地作为例子进行了说明。

课文中存在大量的概念表述、原因解释和数据引用,但相关内容的定义和准确性等与当今地理学界的认识差别较大。例如,该书关于岩石的定义为"构成地壳之材料谓之岩石,乃由一种或数种之矿物所成者。通例称为岩石者,含有坚之意味。然如砂及粘土,使为多量,则亦为岩石也。"显然,土壤被纳入了岩石圈的范畴之内。再者"风化作用"被认为是兼"机械的、化学的两重作用",而目前我们认为风化作用是机械的、化学的和生物的三重作用的结果。再如,作者在对有关数据进行表述时,使用了大量的概词,如"地球全部为海与陆所构成,其面积若干,至今仍未能精确",体现了作者对其引用的数据存在诸多不确定性。文章多处所言皆如此,但是从当时的地理科学、地理教育和社会经济条件来看,能做到这些已属不易。这也从侧面反映了我国地理教育艰辛的发展之路。

2. 图像系统

全书共包含了 65 幅图像,图文比例为 1∶1.2。如图 7-14 所示,全书图像中示意图数量最多,占图像总数的 59%,主要呈现的是自然事物的成因、自然现象及其发生过程。例如,课文在讲述"土壤之成因""平原之成因""湖变为河""层向斜角"等时,通过示意图的展示能更好地对自然事物进行解释。其次是景观素描图,占图像总数的 22%,其中多为各类地质地貌特征素描图,如岩脉、火山、环礁等。地图在图像系统中所占比重相对较小,主要是专题性世界地图,用来表示各种自然现象在世界各地的分布情况,例如"火山地震及珊瑚礁分布"(见图 7-15)"世界主要分水线""雪线"等。统计图表所占比重最小,主要是关于大洋和大陆面积、空气成分等的统计。

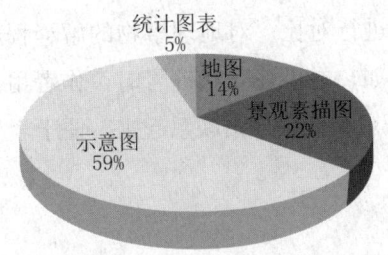

图 7-14 共和国教科书《自然地理》各类图像比重统计

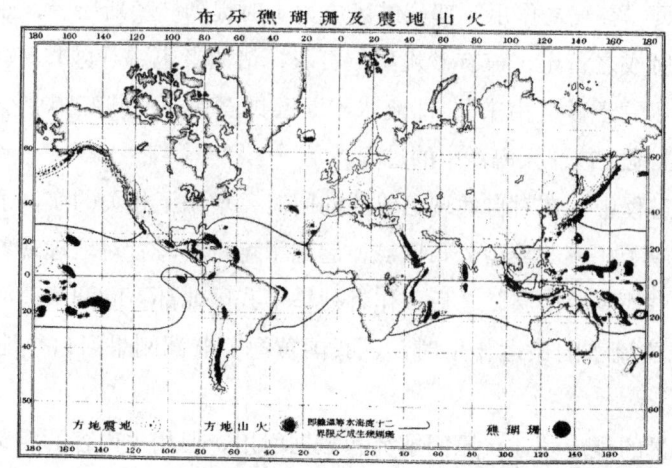

图 7-15　共和国教科书《自然地理》图像系统地图实例

从图像大小来看，该书中的图像普遍偏小，全书图幅小于 1/5 页面的占到了一半以上。大幅图像以地图为主，主要是世界性的专题地图，大幅地图占所有地图总量的 1/3 以上；景观素描图中图幅占页面 1/3 大小的最多；示意图图幅占页面 1/6 及以下的图像占示意图总数的 2/3 以上；统计图表由于需要表达的数据量有限，所以图幅多占页面 1/3 左右。（如图 7-16 所示）虽然该书图像的篇幅小，且以黑白印刷为主，但图像的效果较之前有了明显的改善，特别是地图和示意图部分。

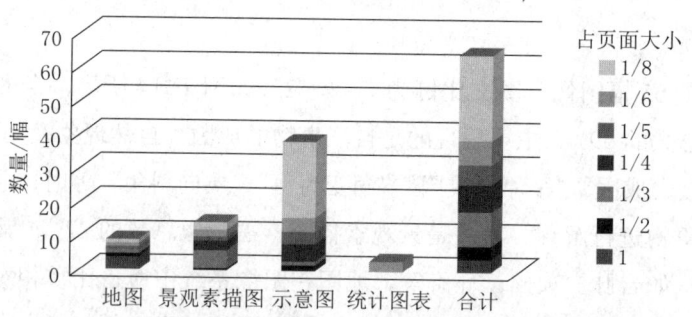

图 7-16　共和国教科书《自然地理》图像系统统计

为了辅助课文内容，本书中配备的图像在内容表达和典型性上都有了较大的改善，图文对照在体现自然事物原理、成因方面表现得更加贴切。例如，图 7-17 中通过对"土壤之成因"和"纸片受横压力之状"进行对比，对地理事物的解释程度大大提高。此外，景观图像也突出了特定区域的特征。例如，在讲述茸状砂岩时，作者用括号补充说明了该砂岩"在美国亚利桑拿州"，由此将自然景观和区域分布联系起来，便于学生掌握。

图 7-17　共和国教科书《自然地理》课文图像实例

第四节　新学制《地理教科书》

一、内容框架

新学制《地理教科书》是在 1923 年新学制课程纲要《初级中学地理课程纲要》颁布以后，由王钟麒编辑，商务印书馆于 1923 年 2 月出版的针对初级中学使用的地理教科书全书包括上、下两册，上册封面如图 7-18 所示。新学制《地理教科书》的内容框架与《初级中学地理课程纲要》的目录非常吻合。为了使学生更"容易得到完整的地理观念"，作者在编写上采用"混合编制，打破中外地理的界域"，并按照课程纲要的要求逐一进行讲述。但是，初中生对于地理学的认识还处在感性认识向理性认识过渡的阶段，缺乏宏观的知识框架。这种不区分中外地理统一讲述的方式，对学生理解区域的效果值得商榷。

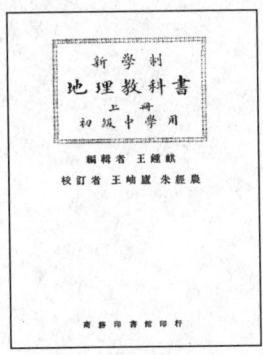

图 7-18　新学制《地理教科书》封面

全书内容框架的特点是先自然地理，后人文地理，该书采用长 19 厘米的小开本，上册 141 页，下册 232 页，全书共计 373 页。从页数来看，由于该书划分的章节很多，所以各章所占的比重均不大。其中"重要的城市"一章所占比重最大，占整套教科书总页数的16%；其次为"世界各国的大势"一章所占比重为13%；"水道的代表"一章所占比重为11%；其余各章所占比重均不足10%，如图7-19所示。

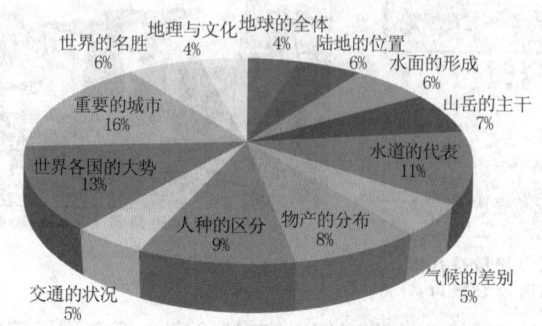

图7-19　新学制《地理教科书》各章比重统计

新学制《地理教科书》上册、下册目录如下：

上册

第一章　地球的全体

　　第一节　鸟瞰中的地球

　　第二节　太阳系下的地球

　　第三节　人为经界之下的地球

第二章　陆地的位置

　　第一节　大陆的分布

　　第二节　岛屿的散置

第三章　水面的形成

　　第一节　大洋的配布

　　第二节　港湾的错列

第四章　山岳的主干

　　第一节　世界主要的分水线

　　第二节　有名的山系

第五章　水道的代表

　　第一节　世界主要的河流

　　第二节　有名的湖沼

　　第三节　人工开凿的运河

第六章　气候的差别

　　第一节　五带的测定

　　第二节　例外的变态

　　第三节　沙漠带

下册

第七章　物产的分布

　　第一节　食用品和燃料

　　第二节　衣料和饰品

　　第三节　材木

　　第四节　重要的工艺出品

第八章　人种的区分

　　第一节　人种的假定

　　第二节　各种人数的比较

　　第三节　民族的精神

第九章　交通的状况

　　第一节　铁路

　　第二节　航线

　　第三节　电信和邮递

　　第四节　航空事业

第十章　世界各国的大势

　　第一节　各国分立的形势

　　第二节　中国在国际上的地位

第十一章　重要的城市

　　第一节　城市的起源

　　　　第二节　文化的城市
　　　　第三节　工商业上的城市
　　　　第四节　交通上的城市
　　第十二章　世界的名胜
　　　　第一节　关于重大古迹的名胜
　　　　第二节　游赏的名胜
　　　　第三节　名胜的大建筑

　　第十三章　地理与文化
　　　　第一节　人与地的关系
　　　　第二节　地势与文化
　　　　第三节　气候与文化
　　　　第四节　天产与文化
　　　　第五节　环境的改变

二、内容表述

1．课文系统

　　该书采用横行的形式编排课文，与现代课文的编排形式相同，并且字体和行距加大，使阅读英文注释更加便利；文中补充说明的部分，均以上标进行了标注，并在一小节结束之后进行统一解释，不会干扰正常的阅读；同时，语言文字的白话程度增强，学生阅读的速度加快。

　　课文具体内容紧紧围绕课程大纲的要求，虽然目录和内容依然繁多，但是讲述的深度和广度却大大降低。例如，讲述陆地时，仅讲陆地的位置、陆地的种类、陆地的形成等以前自然地理学部分重点提及的内容；四大典型地貌类型仅讲述山地，且只通过"山岳的主干"来介绍世界的分水线和有名的山系。例如，在介绍分水岭时作者写道："原来，山岳是陆地的骨干，好像人身的脊梁，高原地带，固然由他结成；即半岛和岛屿，也都与他有密切的关系。所以山岳脉络的配布，便是形成陆地的根据；凡地面一切河流的流域，都以此分界。这连结的脉络，便叫山脉（Mountain range）；分界的地点，便叫分水界（Divide）。联合许多山脉的分水界，自成一线，叫做分水线（Water Shed）。"

　　虽然课文的表述非常浅显易懂，但存在缺乏科学性和严谨性的问题。例如，如何确定山脉分界地点？是山脊，山顶还是山麓？课文的表述没有抓住分水界以及分水线的本质特征，因此并非语言简洁通俗，就能让使用者明白其核心意思、获取相关知识。

　　全书大部分是关于中外著名的山系、河流、湖泊、运河、城市、名胜等的介绍，因此整体的叙述风格以罗列和陈述为主。在对自然现象进行介绍时，作者也是弱化了其成因部分的介绍，重在介绍该种自然现象的分布。例如，作者在介绍五带的划分标准时仅写道："譬如赤道左右，常受直射的日光，天气常热；两极附近，日光大概平射，天气常冷；介在热地冷地的中间的，日光保持斜度，天气温和，便是很明显的标准。"这种关于五带的介绍，既无明确的界限划分，又没有具体可以参照的划分标准，纯属介绍性的提及。此类模糊的表述在全书中出现颇多。

2. 图像系统

全书共包含景观素描图、地图、示意图、统计图表等图像219幅，图文比例为1∶1.4。如图7-20所示，该书景观素描图数量最多，占全书图像总数的75%，且主要集中在教科书后半部分，主要展现各个区域的地理景观。地图数量占全书图像总数的19%，主要包括世界性专题地图、大洲普通地图、城市或地区的区域性地形图三大类。其他图像的数量仅占图像总数的6%，其中示意图主要分布在自然地理部分，以天文和河流部分居多；统计图表仅有1幅，是各大洲面积和人口统计图，采用的是1910年的数据，距该书出版已有13年之久，可见数据的更新速度较慢。

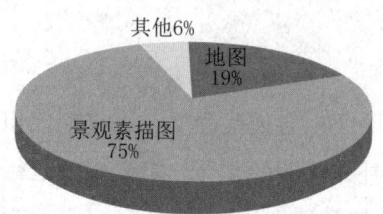

图7-20 新学制《地理教科书》各类图像比重统计

注：其他包括示意图和统计图表。

从图像大小来看，全书图幅占1/2页面的图像占50%以上，图幅占1/3页面的图像也相对偏多。其中，地图图幅以占1/2页面为主，展示各洲或地区的地图由于表现的区域和内容不同，图幅的大小稍有些差异；景观素描图图幅以占1/2页面和1/3页面为主；示意图和统计图表由于数量过少，所以图幅大小差异较大，如图7-21所示。

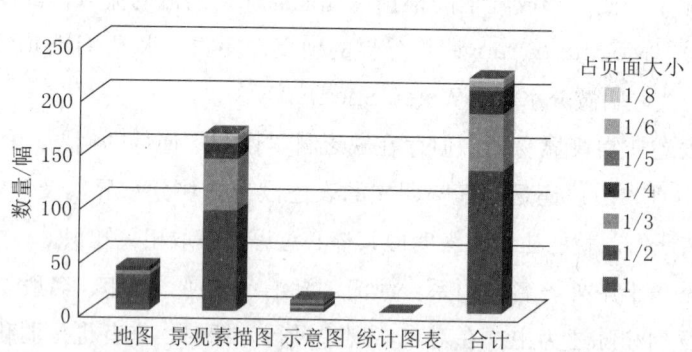

图7-21 新学制《地理教科书》各类图像占页面大小统计

该书图文比例大，图像数量多，且图像的质量也得到了较大地提高，特别是地图经过简化处理后，重点突出，对学生理解课文内容起到了很好的辅助作用。例如，课文第64页，在讲述亚细亚洲山系时，地图中涉及的要素较少，仅标注了主要的山脉，图像信息非常清晰，再结合文字部分的引导，起到了明确山脉分布和特征的作用，如图7-22所示。

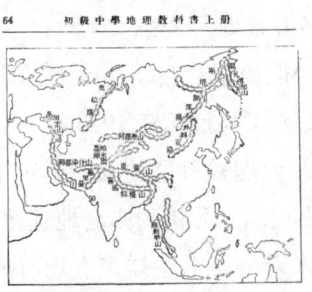

图 7-22　新学制《地理教科书》图像系统实例

三、教育功能

该书的"编辑大意"中提到"使学生注意人类全体的生活,容易得到统整的地理观念",由此全书分章节对主要的自然、人文地理要素进行了统整,特别体现在人文地理部分。该部分从人类的衣、食、住、行等方面着手,结合世界政治、经济、文化各方面的发展,对其分布及特点进行评述,试图使学生在学习地理要素时,不仅要关注国家,而且要关注整个世界。该做法体现了作者注重对学生国际视野的培养。

为了强调"地理与人生的关系",该书在课程大纲规定的课程结构框架基础上,特别加入了第十三章"地理与文化",以阐述人地关系、地势、气候、天产与文化的关系,以及环境的改变等方面的内容,从而将自然地理和人更加密切地联系起来,以体现地理与人生的关系。

这种混合编制的地理教科书也遭受了很多质疑。王锦福就认为"初中学生地理根基未稳固,地理印象不深切,不宜诸如范围较大之材料;中国地理与外国地理混合,易使青年对于本国之印象不深切;中国省份未能分析明白,外国地理部分亦未能分析明白,外国地理部分亦未划分清楚;分量薄而多寡要,与政治地理太忽略,易使学者所得之印象不深。"[①] 该书的内容编排是严格按照《初级中学地理课程纲要》的规定展开的,政治地理在课程纲要中并未提及,且地理教科书不可能是百科全书,教科书理所当然应该有所取舍,因此不能一概而论。从另一方面来看,王锦福对该书的评判也体现当时人们对地理课程的态度和观念,具有较强的历史意义。

第五节　北洋政府时期中学地理教科书的特点

1912年5月当时的教育部公布了《审定教科书暂行章程》,9月公布了《审定教科用图书

---

① 王锦福.最近三十年来中学地理课程概要及教科书之调查并批评(下)[J].师大月刊,1935(23):17-62.

规程》；1914 年教育部成立教科书编纂处，公布了《教科书编纂纲要审查会规程》；1915 年教育部教科书编纂处开始编订课本，但由于社会动荡不安，该编纂处于 1916 年停设，因此教科书依然是私家编撰①，教科书的发展基本上停滞。1923 年，《新学制课程标准纲要》的颁布为地理教育带来了新的转变契机，由此地理教科书的发展呈现了新的特点，地理教科书的基本结构和形式逐渐走向完善。这些变化在以上分析的四套地理教科书中已有所体现。

一、从地理教科书内容框架来看，各书中知识点均有所简化，且成套的教材有了统一的内容分工，教材之间的衔接更加紧密，但是不同内容单元之间缺乏引领性内容或适当的过渡，各章内容之间过于独立。例如，世界地理部分，各洲分别介绍，缺乏关于洲与洲之间联系的统一介绍。再如自然地理部分各章节的内容并非完全属于并列关系，但书中未做出说明；人文地理部分也存在此类问题。

二、从地理教科书的内容表述来看，叙述的形式有所简化，语言更加通俗易懂，同时在文章中增加了更多注释来说明新的概念和原理，增强了课文内容的可理解性。虽然编者力求实事求是，但由于当时地理科学、技术和相关信息传递等诸多方面的限制，教科书中相关概念的界定、知识点的阐述、数据的表述均存在很多的错误或待考究之处。图文之间的对应关系有了很大的改进，特别是地图与课文的对应关系有了很大的提高。图像大小以 1/2 页面左右为主，图像的质量得到了提高，但大部分图像依然沿用之前教科书的图像。此时的地理教科书依然没有涉及作业，所以本节并未对作业系统进行分析。

三、从地理教科书的教育功能来看，教科书依然关注学生的爱国情怀和民族气节，注重增强学生的民族危机意识；同时关注了经济的发展，对于关系经济发展的实业、军事、交通、贸易、城市等方面都给予了高度重视；注重传播科学进步的新成果，培养学生的科学知识和科学态度，前期"最新中学地理教科书"系列教材中体现不够明显，但是后来的新学制《地理教科书》对于科研成果的重视程度明显加大；另外教科书更加注重对学生国际视野的培养，注重引导学生关注全社会人类的生活；同时人地关系也开始被关注，并在课文中有所体现。

四、北洋政府时期是中国社会迅速变革的阶段，统计数据变化也很快。但是受到自然科学发展缓慢和社会信息传播手段落后等各方面的影响，教科书依然存在大量的相互抄袭问题，且书中数据相对陈旧，未能做到及时更新。

五、课程纲要以及教材编写人员开始提出提高学生的兴趣、培养学生探究能力的教材设计思想，但是在具体的落实和操作中体现得并不明显。

---

① 杨尧. 中国近现代中小学地理教育史（上、下册）[M]. 西安：陕西教育出版社，1991：37.

第八章

国民政府时期的中学地理教科书及其特点

第八章 国民政府时期的中学地理教科书及其特点

国民政府时期，中学地理教科书的编写日趋成熟，地理科学不断进步。此外，中学地理教育体制发生了新的变化，促使中学地理教科书的发展进入了相对盛期，如表8-1所示。此时，商务印书馆在众多出版社中脱颖而出，其出版的"复兴教科书系列"是当时中国自有教科书以来体系最庞大、科目最齐全的一套教科书，代表了当时地理教科书发展的水平。因此，本文以全套复兴中学地理教科书为研究对象，对国民政府时期的地理教科书进行分析。

表8-1 国民政府时期（1928—1949年）中学地理教科书书目

教科书	作者	册数	出版地、出版者及出版时间
复兴初级中学教科书本国地理	傅角今编纂；傅维平校订	全4册	上海，商务印书馆，民国二十二年至二十三年（1933—1934年）
复兴初级中学教科书外国地理	余俊生编著；苏继校订	全2册	上海，商务印书馆，民国二十二年（1933年）
复兴高级中学教科书本国地理	王成祖编著	全3册	上海，商务印书馆，民国二十五年至二十八年（1936—1939年）
复兴高级中学教科书外国地理	苏继顾编著	全2册	上海，商务印书馆，民国二十四年至二十五年（1935—1936年）
复兴高级中学教科书自然地理	王谟编著	全1册	上海，商务印书馆，民国二十四年（1935年）

第一节 复兴中学教科书《本国地理》

一、复兴初级中学教科书《本国地理》

1. 内容框架

该书由傅角今编纂，商务印书馆于1933年7月开始陆续出版，是针对初中阶段中国地理教学使用的教科书，共分4册。该书第二册封面及课本，如图8-1所示。全书的基本框架根据教育部当时颁布的课程标准确定为"概说—分论—总论"。概说包括"地球概说"和"中国概说"两部分；分论部分（地方志）将全国划分为了七大区域，遵循了"地球—中国—大区—省"的层次结构；总论部分主要包括"人口""交通""实业""国防"四个部分。

该书采用了"由总到分"的叙述方式，全书共计444页。如图8-2所示，从页数来看，分论部分（地方志）占比重最大，达65%；总论部分占22%；中国概说为9%；地球概说仅占4%。

第一节 复兴中学教科书《本国地理》

图 8-1 复兴初级中学教科书《本国地理》封面及课文

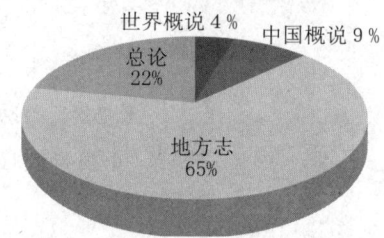

图 8-2 复兴初级中学教科书《本国地理》各编比重统计

复兴初级中学教科书《本国地理》第一、二、四册目录摘录如下：

第一册

第一编 概说

 第一章 地球概说

  第一节 地球的形状和大小

  第二节 地球的经纬

  第三节 地球的五带

  第四节 地球的方位

  第五节 地球的自转和昼夜的成因

  第六节 地球的公转和四季的循环

  第七节 地球水陆的分布

 第二章 中国概说

  第一节 中国的位置疆域和面积

  第二节 中国的山脉

  第三节 中国的河流

  第四节 中国的湖泊

  第五节 中国的自然区域

  第六节 中国的气候

第二编 地方志

 第一章 中国地方——长江流域

  第一节 南京市——首都

  第二节 江苏省

  第三节 上海市

  第四节 浙江省

  第五节 安徽省

  第六节 江西省

  第七节 湖北省

  第八节 湖南省

  第九节 四川省

  第十节 西康省

第二册

 第二章 南部地方——珠闽二江流域

  第一节 广东省

  ……

 第三章 北部地方——黄河流域

  第一节 河北省（附北平市）

  第二节 山东省（附青岛市及威海卫）

第三节 河南省　　　　　　　第三节 绥远省
第四节 山西省　　　　　　　第四节 蒙古地方
第五节 陕西省　　　　　　第六章 西部地方
第六节 甘肃省　　　　　　　第一节 新疆省
第七节 宁夏省　　　　　　　第二节 青海省
第四章 东北地方　　　　　　第三节 西藏地方
　　——辽河松花江黑龙江流域　第四册
第一节 辽宁省　　　　　　第三编 总论
第二节 吉林省（附东省特区）　第一章 人口
第三节 黑龙江省　　　　　　第二章 交通
第五章 大漠南北地方　　　　第三章 实业
第一节 热河省　　　　　　　第四章 国防
第二节 察哈尔省　　　　　　附录 全国行政区域简表

2．内容表述

（1）课文系统

从内容来看，本书并没有延续新学制《地理教科书》的编写形式，而是延续传统地方志式的编撰形式，课文的重点依然停留在地方志。总体而言，内容的容量变化较为明显，特别是"地球概说"部分的内容大幅度减少，"亚洲概说"被安排在"世界地理"部分，"地球概说"之后直接进入"中国概说"的叙述，从而避免了重复。本书已经使用了正规的标点符号，同时语言白话文程度较高，因此阅读更显流利通畅。

在内容选择方面，课文中加入了众多的科学发展史和探究过程的问题，尤其在"概说"部分最为明显。例如，在"地球的形状和大小"一节中，作者从人们对天地的传统观念出发，讲到15、16世纪的哥伦布、麦哲伦，讲到17、18世纪的牛顿以及19世纪伯塞尔等众人的研究成果，最终用海尔美脱1907年的探测数据来说明地球的形状和大小。在尊重地球科学史发展历程的同时，对读者探究精神也是一种启蒙。科学问题探究的实例，如关于经纬度的测定、地球自转和昼夜的成因、地球公转和四季的循环等，这些内容的表述并非只是单纯地给出定义或结论，而是展示了科学探索和发现的过程。

课文引用了当时地理科学的最新研究。例如，讲中国河流时，作者使用了"长江汉口到南京的纵剖面图"，图中出现了"最高水位""最低水位""航行深度"等多个概念，加之不同地区海底高度示意，使得图像的信息量很大。该图虽然和行文中有关长江水势的内容相辅，但却使得课文内容更难。因此，当时教科书中出现的未经妥善处理的最新科研成果的使用，虽然使得教科书的科学性有所提高，但因为这些内容的使用也使课文难度增大，最终产生适得其反的效果。

区域地理部分，本书依然延续"沿革—地势—气候—交通—实业—都市"的次序进行讲述，但具体区域的侧重点明显不同，区域特色更加突出。例如，南京重点讲述"沿革""政府和交通文化"，突出了首都特色；河北以"北平"为特例介绍其历史文化，而且图文甚多；蒙古地方则讨论了"外蒙问题"。

(2) 图像系统

全书共有图表294幅，图文比例为1：1.5。其中，如图8-3所示，景观素描图所占比重达73%，主要是传统人文和自然地理景观，包含了一些当时社会的地理新事物，例如"南京中央无线电台""广州中山纪念堂""广州黄花岗七十二烈士墓"等，从而为教科书增添了浓厚的时代政治气氛。地图占总图像数量的21%，且集中在第一册"概说"部分和第四册"总论"部分，主要以全国性专题地图为主，用以说明我国自然、军事、铁路、国土等要素的分布；地方志部分地图主要是各个区域、省市的地形图、专题地图等，便于学生建立相应的区域空间概念；书中开始出现较多的彩色地图，如"中国地形图""中国等温线图"等，虽然数量不多，但也暗示了未来地图发展的趋势，使教科书更有活力。全书中统计图表和示意图数量较少，特色并不明显。图像大小主要以占页面1/2和1/3为主（见图8-4），地图图幅相对偏小。

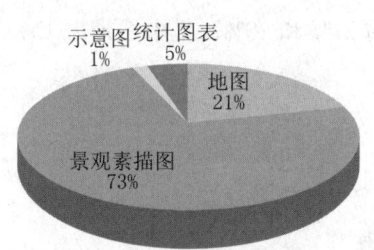

图8-3　复兴初级中学教科书
《本国地理》各类图像比重统计

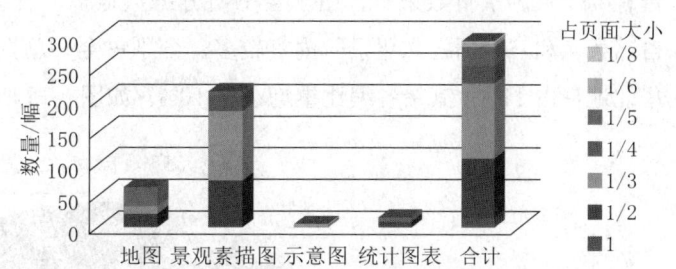

图8-4　复兴初级中学教科书《本国地理》
各类图像占页面大小

(3) 作业系统

从这一时期开始，地理教科书开始有作业的部分。复兴中学地理教科书整个系列在每个章节末尾都会有一些习题。

"地球概说"部分的习题：

① 地理学何以为人生必需研究的学科？

……

⑫ 试言山脉山系的分别。湖水何以有咸淡之分？岛屿以它们的成因，可分为几种？洋流何以有冷暖之分？试举出世界著名的冷热洋流。

"珠闽二江流域"部分的习题：

① 试述广东的地势，以何地人口最密？此人口稠聚部分的物产，除稻米外，以何物称重要？

……

④ 中山先生诞生地在广东何处？现该地设有何种县制？辟何种商埠？

这些习题的设置和课文内容紧密相关，习题答案其中一部分可以直接从课文中查找出来，另外一部分则需要学生经过对比分析方能得出。在教科书中，概说部分大量使用"何以"来引导学生掌握自然现象的基本原因；区域地理部分则更加注重地方和区域的经济发展，以及区域之间的联系等。问题的表述也透出强烈的时事政治色彩。

二、复兴高级中学教科书《本国地理》

1. 内容框架

该书是由王成祖编著，商务印书馆于 1936 年开始陆续出版的针对高中地理第一学年和第二学年第一学期使用的中国地理教科书。该书"由观察各种现象在全国的分布情形入手"，注重区域地理，"分别叙述了各区域的特征，以及他对于临近各区域的关系。"全书由"国境之鸟瞰""全国之自然景""全国之文化景""全国之地理区划""华南地带""华中地带""华北地带""东北地带""蒙新地带""康藏地带"十编内容组成。

该书采用"由总到分，由远及近"的编排方式，采用长 19 厘米的小开本，全书共 3 册，合计 487 页。从页数来看，由于全书所分编数很多，各编所占比重相对均匀，其中"全国之自然景"和"全国之文化景"内容较多，分别占全书总页数的 21% 和 19%，华中地带占 15%，华北地带占 11%，其余各编比重均小于 10%，如图 8-5 所示。

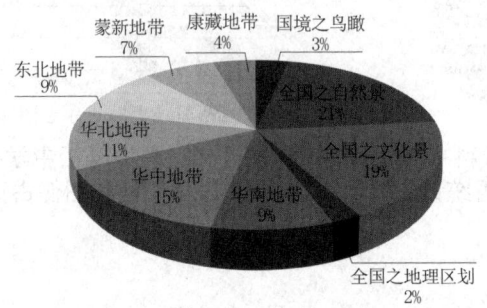

图 8-5 复兴高级中学教科书《本国地理》各编比重统计

复兴高级中学教科书《本国地理》目录摘录如下：

第一编　国境之鸟瞰
　　第一章　全国领土之一瞥
　　第二章　国境边界之现状
第二编　全国之自然景
　　第一章　地形
　　第二章　气候
　　第三章　土壤与天产植物
　　第四章　岩石与矿藏
　　第五章　水道与流域
　　第六章　海岸与海洋
第三编　全国之文化景
　　第一章　人口
　　第二章　生产
　　第三章　交通

第四章　防护
　　　第五章　居住
　第四编　全国之地理区划
　　　第一章　地理区域之特征
　　　第二章　中国之地理区划
　第五编　华南地带
　　　第一章　概况
　　　第二章　云贵高原区域
　　　……
　第六编　华中地带
　　　第一章　概况
　　　第二章　皖浙丘陵地区域
　　　第三章　江南丘陵地区域
　　　第四章　汉中山地区域
　　　第五章　长江中游盆地区域
　　　第六章　四川盆地区域
　　　第七章　江淮平原区域
　第七编　华北地带
　　　第一章　概况
　　　第二章　华北大平原
　　　第三章　山陕高原
　　　第四章　陇西盆地区域
　　　第五章　桑乾盆地区域
　　　第六章　山东丘陵地区域

　第八编　东北地带
　　　第一章　概况
　　　第二章　东北大平原区域
　　　第三章　辽东半岛区域
　　　第四章　长白丘陵地区域
　　　第五章　兴安岭区域
　　　第六章　热河侧坡区域
　第九编　蒙新地带
　　　第一章　概况
　　　第二章　察绥农垦区域
　　　第三章　内蒙草原沙漠区域
　　　第四章　外蒙沙漠草原区域
　　　第五章　唐努乌梁海区域
　　　第六章　科布多区域
　　　第七章　北疆区域
　　　第八章　南疆区域
　　　第九章　西甘区域
　第十编　康藏地带
　　　第一章　概况
　　　第二章　青海高原区域
　　　第三章　西藏台地区域
　　　第四章　藏南踪谷区域
　　　第五章　西康山地区域

2．内容表述

(1) 课文系统

　　该书先介绍中国自然地理，而后讲述中国区域地理。其中，中国区域地理部分的内容依据地理区划的思想，将全国分为六大主要地带，各地带内部不再强调省区界限，而是注重区域内部的共同点与联系，即区域的划分更加注重了自然条件的作用，而非行政区域的划分。正如该书的序言提到："由观察各种现象在全国的分布情形入手，以便学者明了普遍的大势，以及分区的根据。以后再分别叙述各区域的特征，以及他对于临近各区域的关系。前者分述各种景象的分布，而后者综述各种景象的联聚，互相印证而详略不同，循序渐进。分区的叙述，凡是情形相近的，合并与同一个地带以求清晰。"这种思想打破了传统的以行政区为界限的地方志式的叙述方式，从而更加符合地理环境特征，也为后期中国地理教科书的简化提供了参照。

鉴于此书是初中中国地理内容的延续，为了避免内容的重复，该书在内容的取舍中做出了诸多调整和改变，增加了更多有深度和探讨性的关乎国计民生的问题。在具体区域地理中也更加关注该区域的"天赋及其开发现状"等。课本内容不再是简单地陈述地理知识，而是引导学生用科学的思维、发展的眼光来看待社会现实问题。

课文表述过程中，语言白话程度不断提高，标点符号的使用使得课文内容的表述更加明晰。

区域地理部分主要按照"区域自然条件—人口与种族—物产及其开发—交通联络—城市及其发展"的顺序来编写，以突出地域特色。区域描述的内容因对象的不同差异较大，由此避免了重复，使得教科书的内容更加丰富和生动。

（2）图像系统

该书共包含图像145幅，图文比例为1∶3.4。其中，如图8-6所示，景观素描图的数量最多，占图像总数的61%，内容依然以我国著名的风景名胜、历史古迹、自然景观等为主；统计图表的数量占到总数的22%，以主要城市人口统计、区域气温降水、交通、贸易等自然人文要素为主要内容；地图占到17%，以全国性专题地图为主，例如"土壤区域图""小麦分布图""中国地理区域图"，以及各大地带分区图等。

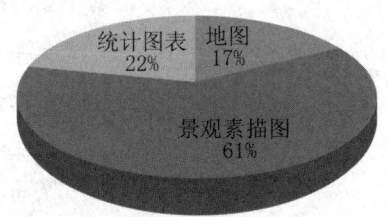

图8-6　复兴高级中学教科书《本国地理》各类图像比重统计

如图8-7所示，从图像大小来看，全书大部分图像图幅以整页和1/2页为主。其中，地图以整页图为主，主要表示专题性内容；景观素描图图幅以1/2页和1/3页为主。

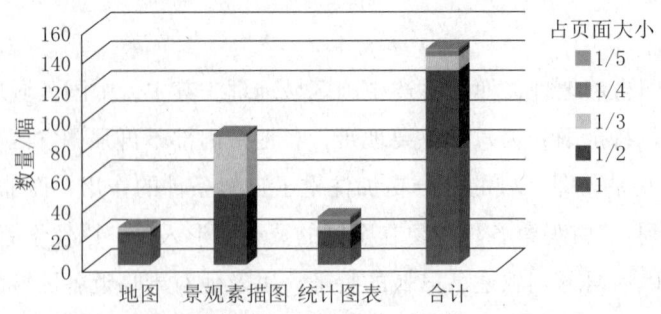

图8-7　复兴高级中学教科书《本国地理》各类图像占页面大小统计

该书的图像相对偏少，与文字的搭配也存在诸多待斟酌之处。例如，在介绍滇越铁路时，文字部分插入的是图五"昆明西山的一角"，而在铁路部分介绍完毕，开始介绍西南地区的驿道时，又在文字部分加入了图六"滇越铁路盘旋上山"的景观图。另外，文中大量的景观图依然停留在美化、装饰和吸引学生注意力等作用上，图像的信息量和教学辅助功能发挥不够。

图 8-8　复兴高级中学教科书《本国地理》课文实例

（3）作业系统

总体而言，该书中习题数量的设置相对合理，难易程度比较适中。如第一编第一章第二节"边疆地带之大势"有如下的习题：

① 我国全部疆域，根据自然形势，怎样可以分为三大区？

② 大高原地带的生活状况有何种显著的特色？

③ 在百年以前，我国边疆地带何以比现在安全？

该节内容共设有"边界广阔的高原""两大半岛之形成""游牧民族之影响""高原带自然归附于中国""现代形式之转变""高原带之特点"六个小标题。习题的三个问题中，第一个问题是对整章全国领土知识的总结；第二个问题为对本节高原地带自然知识的考察；第三个问题则是由我国当时的政治地理形势引发学生的思考，已达到更深层次的知识要求。作业的难度设置层层递进，比较合理。

再如第六编第三章江南丘陵地区"城市之发展"部分有如下的习题：

① 长沙、南昌城的地位，由交通方面着眼有何同异？

② 衡阳、赣县两城的地位，有何相仿之处？

这两个问题采用对比的方法，检查学生的学习情况，培养学生独立思考地理问题的能力，从而起到学以致用的效果。这种对比的方法已经逐渐演化成当今我国地理教科书中作业系统的重要形式，在当时也算是比较先进的尝试。

第二节　复兴中学教科书《外国地理》

一、复兴初级中学教科书《外国地理》

1. 内容框架

该书由余俊生编著，商务印书馆于1933年出版，是针对初中世界地理学习使用的教科书，该书上册封面，如图8-9所示。该书的编排依照课程标准的要求依次展开，正如作者在"编辑大意"中讲到"注重人生与环境相互关系，故在各章中对于各国之地形气候具有扼要的叙述，同时又将各国人地状况和国际关系加以相当的说明，俾学生对于世界大势和中国前途的关系，有一种认同"，作者将世界地理的学习作为学生认识世界的一个必要途径。该书将亚洲和欧洲合并，南美洲和北美洲合并，把全书分为"亚欧大陆""亚美利加洲""阿非利加洲""大洋洲"和"世界概要"五编。

全书总体采用了"先分后总"的叙述方式，采用长19厘米的小开本，分两册，共计271页。如图8-10所示，从页数上来看，亚欧大陆所占比重最大，为52%，其中亚洲占20%，欧洲占32%；其次为亚美利加洲，其比重占总页数的17%；世界概要部分占15%，大洋洲和阿非利加洲所占比重分别为6%和10%。

图8-9　复兴初级中学教科书《外国地理》封面

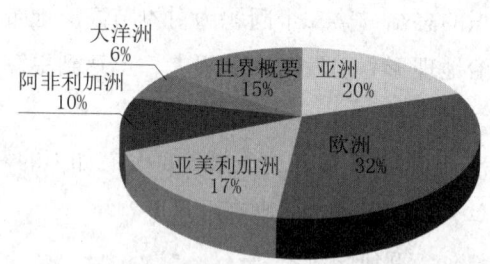

图8-10　复兴初级中学教科书《外国地理》各编比重统计

复兴初级中学教科书《外国地理》目录摘录如下：

第一编　亚欧大陆
　　第一章　日本
　　　　第一节　地形和气候
　　　　第二节　物产和都市
　　　　……

　　第二章　印度支那半岛和南洋群岛
　　　　第一节　印度支那半岛
　　　　第二节　南洋群岛
　　　　第三节　南洋华侨
　　第三章　印度及其附近

第一节 印度的自然地理
第二节 印度的政治地理
第三节 印度的近邻
第四章 五海之地
第一节 境内鸟瞰
第二节 波斯伊拉克和小亚细亚
第三节 阿剌伯半岛
第五章 苏联
第一节 苏联一瞥
第二节 高加索和中亚细亚
第三节 西伯利亚
第四节 苏联在欧洲的部分
第六章 波罗的东岸的新兴国和波兰
第一节 芬兰和三个小国
第二节 波兰
第七章 中欧诸国
第一节 德意志
第二节 瑞士
第三节 捷奥匈罗四国
第八章 地中海北岸的三半岛
第一节 巴尔干半岛
第二节 意大利半岛
第三节 依伯利半岛
第九章 西欧和北欧
第一节 法兰西
第二节 比利时和荷兰
第三节 斯康地三国

第四节 不列颠群岛
第二编 亚美利加洲
第一章 北亚美利加洲
第一节 新芬兰和坎拿大
第二节 北美合众国
第三节 中美洲及其附近
第二章 南亚美利加洲
第一节 西北沿海的环列国
第二节 巴西及其南邻
第三节 玻利维亚阿根廷和智利
第三编 阿非利加洲
第一章 列强的分领
第一节 "黑暗大陆"开发迟
第二节 英国的统治地
第三节 法属非洲
第四节 比意西葡的统治地
第二章 非洲的独立国家
第四编 大洋洲
第一节 澳大利亚联邦
第二节 新西兰
第三节 太平洋诸岛
第五编 世界概要
第一节 水陆两界
第二节 气候区分
第三节 动植矿物
第四节 人种语言和宗教
第五节 独立国和殖民地

2. 内容表述

(1) 课文系统

该书将欧亚大陆合为一编，将南、北美洲合为一编，但是在具体内容讲述中依然是分别叙述，对它们之间的联系并未强调。各编之下，各个大洲选择介绍的国家或地区数量大大减少，部分小国常常会被合并成一个区域进行讲述，体现了区域之间的差异性和区域内部的整体性，避免了部分内容的重复，例如"印度支那半岛和南洋群岛""太平洋诸岛"等的合并。

从具体文字表述来看，课文中标点符号的使用使阅读更加流畅；白话文的进一步普及使得课文的表述方式相对简单，更加通俗。例如，该书在介绍日本地形时，课文内容如下：

在亚洲大陆的东部沿海，有一大群从东北蜿蜒向西南的岛屿，这就是中国的东临日本。从第三页附图中你能够指出四个大岛的名字吗？其中面积最大的是哪一个？这一群岛都是地壳上陷落未尽的山脉；而这种陷落的工作，到现在还继续进行着，所以地震和火山爆发，在日本真是司空见惯……

这段文字的表述方式已经和现代地理教科书中的表述相当，同时表述过程中以询问的方式和学生展开对话，指导学生顺着课文叙述的思路来思考和挖掘知识内容；启发学生从地图上找出日本的岛屿，既是对学生读图能力的训练，也是加深学生记忆的过程。

国家或地区的介绍均围绕地形、政区、气候、物产、都市、经济等方面描述；在讲述中国周边国家时，如日本、苏联等，重点强调了其与中国的关系。

（2）图像系统

全书共包含200幅图像，图文比例为1∶1.35，相对偏高。其中，如图8-11所示，景观素描图占图像总数的60%，主要展示的内容包括世界各国主要的城市和地区、有代表性的风土人情、自然景观和人文景观等；地图占图像总数的31%，主要包括世界性的专题地图、各洲和主要地区、国家的地形地势图等，由于地图数据来源不一，书中地图的比例尺、计量单位等均有诸多不一致；统计图表占图像总数的6%，主要是关于世界各国的作物产量、面积、温度、降水量、海岸线长度等的统计数据，且统计图表的形式已经开始逐渐走向多样化，除了使用表格等常规统计形式以外，还开始采用饼图等来进行比较（如图8-12所示），使教科书图像展示较为新颖；书中示意图很少，仅占图像总数的3%，主要展示自然原理和地理相对位置关系等。从整体来看，书中的数据开始注重对国际数据的使用，例如课本第248页"世界主要的农产国"的统计数据就引用了1928年《商会地图集》的数据。

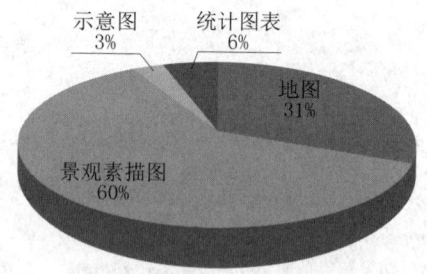

图8-11 复兴初级中学教科书《外国地理》各类图像比重统计

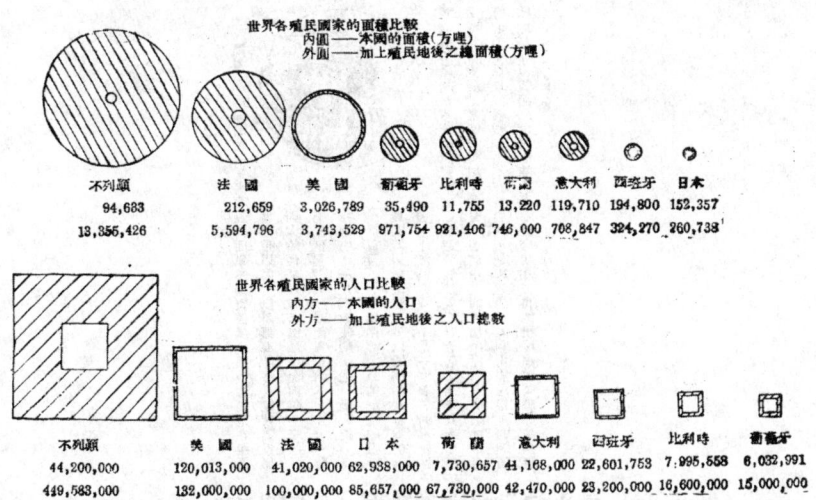

图 8-12 复兴初级中学教科书《外国地理》图像系统统计图表实例

如图 8-13 所示，从图像大小来看，该书图像总体以占 1/2 页面和 1/3 页面大小为主。其中，地图主要占 1/2 页面大小，具体根据内容的多少有大小的差异，最小的地图仅占 1/6 页面大小；景观素描图以占 1/2 页面和 1/3 页面大小的最多；示意图普遍偏小；统计图表普遍偏大。

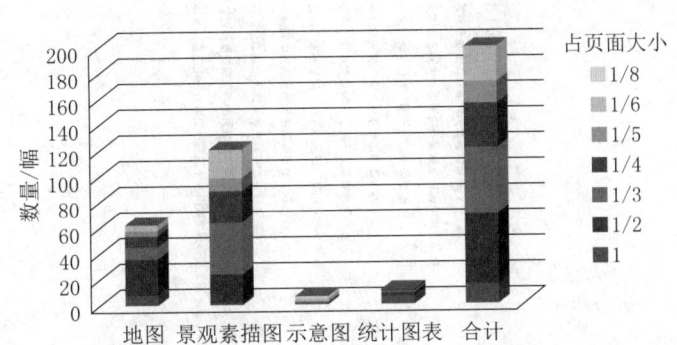

图 8-13 复兴初级中学教科书《外国地理》各类图像占页面大小统计

该阶段地理教科书中图像的质量明显提高，与课文部分的辅助关系愈见显著，但依然存在较多的问题。例如，课文每篇开头都会有该洲地形图，且能通过灰阶来体现地势的高低，信息传递的能力已经大大提升，但是这些地图并没有标出具体的经纬度，不利于学生确定该大洲在世界的位置。此外，大洲之间、国家之间的界线没有在地图上反映出来，课文文字部分缺乏相应的引导，从而使地图在日常教学中的阅读和使用功能大打折扣；景观图依然以素描图为主，图像与文字的对应程度仍需改进，例如"德国南部的风景"图（见图 8-14）是在德国气候一节中提到的，文字部分介绍的是德国东西部气候的差异，而文中出现的却仅有"德国南部的风景"一图，而此图反映的是东部的气候还是西部的气候却未说明，且此图与文字部分联系不大，图文相关性依然弱，此类问题在当时地理教科书中普遍存在。

图8-14 复兴初级中学教科书《外国地理》课文实例

(3) 作业系统

"北亚美利加洲"一章分为"新芬兰和坎拿大""北美合众国""中美洲及其附近"三部分内容,共27页。该章有如图8-15所示的习题:

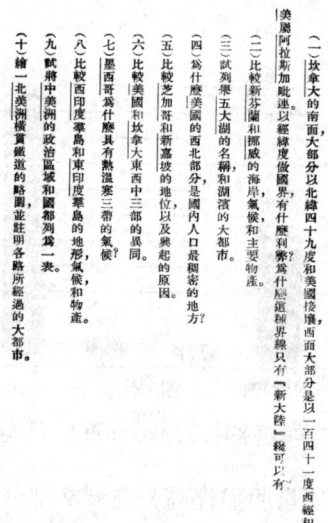

图8-15 复兴初级中学教科书《外国地理》作业系统实例

这些习题中大部分无法在课文中直接找到答案,需要学生进一步思考和综合;习题对学生使用地图的能力相当关注,且对国界、政区区域等政治地理问题也有所涉及。综合判断,这些习题的发散性较强,答案中定论的知识很少,涉及的方面非常广,对于初中生来说作答具有一定的难度。

二、复兴高级中学教科书《外国地理》

1. 内容框架

该书由苏继顗编著,商务印书馆于1935年开始陆续出版,供高中世界地理课程第二学年第二学期和第三学年第一学期使用。该书拟"借各区域所有主要事实,以表明其自然景与文化景之关系。"书中对各大洲和地区的命名,以及相应的分区已经根据国际统一的标准进行了整理,与现代世界地理中地名的说法基本一致。全书分为"亚洲""欧洲""北美洲""南美洲""非洲""大洋洲""两极区域"七篇内容。

该书采用"由近及远,由南向北"的编排方式。关于各大洲具体的叙述则采用"先总后分"的顺序来进行,采用长19厘米的小开本,全书共分为两册,近500页,上册封面如图8-16所示。从页数来看,如图8-17和表8-2所示,亚洲和欧洲部分所占的比重最大,合计占到了全书的59%;其他各洲所占比重为10%左右;两极区域仅为1%。每个洲单个国家或地区所占的篇幅差别很大,亚洲平均每个国家或地区所占页数最多,约23.7页;欧洲、北美洲、大洋洲和非洲平均每个国家或地区所占页数约10页;两极区域和南美洲平均每个国家或地区所占页数较少,分别为7页和6.7页。

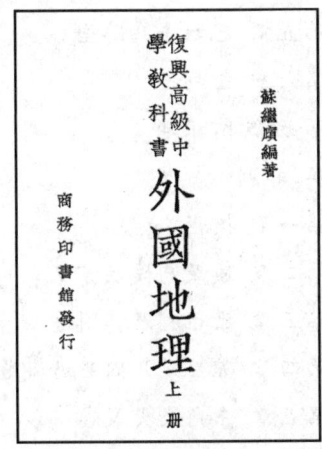

图8-16 复兴高级中学教科书《外国地理》封面

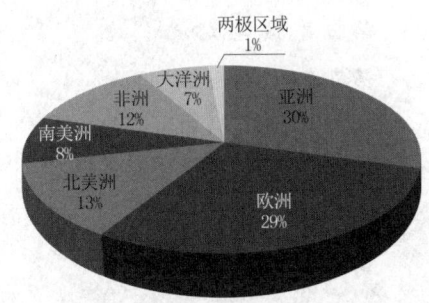

图8-17 复兴高级中学教科书《外国地理》各篇比重统计

表8-2 复兴高级中学教科书《外国地理》大洲和涉及国家或地区的统计

洲名	总页数	涉及国家或地区数量/个	涉及国家或地区平均页数
亚洲	142	6	23.7
欧洲	139	13	10.7
北美洲	60	5	12.0
南美洲	40	6	6.7
非洲	58	6	9.7

续上表

洲名	总页数	涉及国家或地区数量／个	涉及国家或地区平均页数
大洋洲	32	3	10.7
两极区域	7	1	7.0

复兴高级中学教科书《外国地理》目录如下：

第一篇 亚洲
    第一章 概说
    第二章 南洋
    第三章 印度
    第四章 伊兰高原国家
    第五章 五海地
    第六章 亚洲苏联
    第七章 日本

第二篇 欧洲
    第一章 概说
    第二章 欧洲苏联
    第三章 波罗的三国与芬兰
    第四章 波兰
    第五章 德意志
    第六章 斯干的那维亚国家
    第七章 英吉利
    第八章 低地国家
    第九章 法国
    第十章 瑞士
    第十一章 中部多脑河国家
    第十二章 巴尔干国家
    第十三章 意大利
    第十四章 依比利亚国家

第三篇 北美洲
    第一章 概说
    第二章 英属北美
    第三章 美国
    第四章 墨西哥
    第五章 中美国家
    第六章 西印度群岛

第四篇 南美洲
    第一章 概说
    第二章 北部沿海诸国
    第三章 中部安第斯山国家
    第四章 巴西
    第五章 巴拉圭乌路圭
    第六章 智利
    第七章 阿根廷

第五篇 非洲
    第一章 概说
    第二章 埃及与埃及苏旦
    第三章 巴巴利及其附近
    第四章 苏旦及几内亚沿海地
    第五章 东角及大裂谷
    第六章 刚果盆地及安哥拉高原
    第七章 南非洛谛西亚及东南非诸岛

第六篇 大洋洲
    第一章 概说
    第二章 澳大利亚
    第三章 新西兰
    第四章 新几内亚及太平洋诸岛

第七篇 两极区域

2. 内容表述

(1) 课文系统

该书开篇即进入了亚洲地理部分，叙述的顺序先为"概说"，具体包括大洲的面积、地势、气候、人口四项主要部分；其次是分区论述，包括区域的过去与现在、人民、语言与宗教、地形、气候、实业、水利与交通等方面的内容。各大洲的叙述顺序类似，但在具体描述中会针对各个地区的区域特色进行调整，比如在近现代文化和历史进程中有重大变革的区域则突出其历史沿革的部分，如印度的"过去与现在"、德意志"战前战后之德国"（如图 8-18 所示）。此外，教科书关注了政治问题突出的殖民地等区域，政治地理部分被置于非常显著的位置。

图 8-18　复兴高级中学教科书《外国地理》课文实例

该书内容以呈现各区域的事实为主，作者个人的观点在全文中并不多见。为力求内容的真实性，该书每章内容结束后，都会列出该章的参考书目，从而引导读者更加深入追寻内容的来源出处，进行进一步的学习。

(2) 图像系统

全书共包含图像 127 幅，图文比例为 1：3.8，图像类型，仅包含地图和示意图两种。其中，如图 8-19 所示，地图占图像总数的 93%，用于反映各洲的地势、地质条件、气候等专题内容，以及各个国家或地区的位置、地形、物产、植被等的分布等，地图的数量和种类较之前有了明显的增加；书中示意图占图像总数的 7%，主要是地形面剖图等。

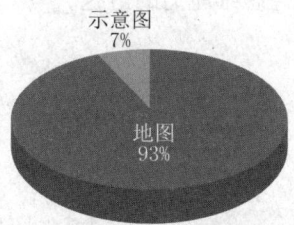

图 8-19　复兴高级中学教科书《外国地理》各类图像比重统计

该书图像的大小和丰富程度主要由地图决定，以占页面1/2和1/3大小的地图为主，如图 8-20 所示。这些图像在描述地理组成和分布，以及地理事物的历史变迁方面较其他教科书有明显的进步。例如，图 8-18 中呈现的图文对照对于学生的理解和记忆有很大的帮助。

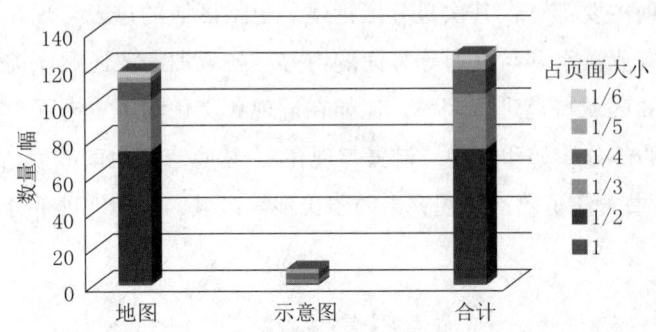

图8-20　复兴高级中学教科书《外国地理》各类图像占页面大小统计

（3）作业系统

"印度"一章有如下习题：

① 试言印度之种族、宗教及其政治状况。

② 印度之地势对于印度与本洲他部交通有何障碍？

③ 试叙印度之各地理区域之特质。

④ 印度主要物产为何？其工业发展之程度如何？

⑤ 锡兰之位置及地形如何？有何重要物产？

"法国"一章有如下习题：

① 试述法国之地理区域。

② 法国之位置如何？

③ 试言巴黎之形势。

④ 法国有何重要矿产及工业？

⑤ 法国何以须奖励增加人口？

通过两章作业的比较可以看出，这些习题基本都是对地理基本要素的询问，涉及的内容相对简单，且答案都可以在课本上找到。从问题对知识点的引导角度来看，编者希望学生掌握的知识重点集中在区域位置、区域划分、物产、工业、人口与民族等方面的内容，区域之间的联系偏少，缺少训练学生探究性思维能力的习题。

第三节 复兴高级中学教科书《自然地理》

一、内容框架

复兴高级中学教科书《自然地理》由王谟编纂，商务印书馆于1935年出版，是针对高中地理自然地理部分的教科书，使用时间为高中第三学年的第二学期，封面如图8-21所示。正如作者在序言中提到的"地理学研究的范围仅限于地表""教材的配置，在普通的教本，均侧重陆文一部，为防此弊，切为切实与吾人实际的生活起见，将天界、气界和生物界特加详述，盖影响于吾人生活的自然环境，以此三界为最显著故也。"由此，该书的基本框架包括"天界""气界""生物界""水界"和"陆界"五编。

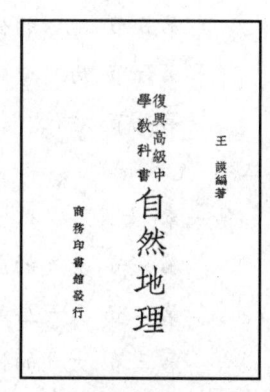

图8-21 复兴高级中学教科书《自然地理》封面

在五编的框架之下，课文具体的内容依据各个要素逐一进行讲述。该书的采用长19厘米的小开本，全书共计319页。如图8-21所示，从页数来看，"陆界"所占比重最大，占全书的35%；其次为"天界"，占全书的23%；"气界""水界"和"生物界"所占比重均在20%以下。

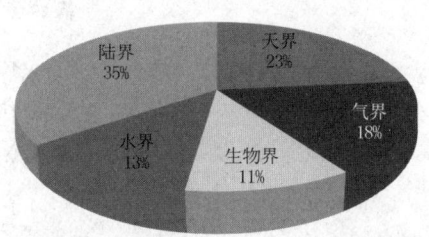

图8-22 复兴高级中学教科书《自然地理》各编比重统计

复兴高级中学地理教科书《自然地理》目录如下：

第一编 天界
 第一章 宇宙
 第二章 太阳系
  第一节 行星的轨道
  第二节 行星的位置及距离
  第三节 太阳
  第四节 太阳与人生

  第五节 太阳系成立的过程
 第三章 月
  第一节 月面的状况
  第二节 月的轨道
  第三节 日月食
  第四节 月的运动与盈虚
  第五节 月与人生

第四章　地
　　　第一节　地的形状
　　　第二节　地球的度量
　　　第三节　地球的轨道
　　　第四节　地球的自转与时刻
　　　第五节　地球的公转与季节
　　　第六节　历
　　　第七节　方位
　第二编　气界
　　第一章　大气
　　　第一节　大气的成分
　　　第二节　大气层的厚度及重量
　　　第三节　大气的性质
　　第二章　气温
　　　第一节　日射
　　　第二节　气温的变动
　　　第三节　等湿线
　　　第四节　太阳光热与人生
　　第三章　湿度及降水
　　　第一节　蒸发
　　　第二节　湿度
　　　第三节　湿度与人生
　　　第四节　降水
　　　第五节　降水量
　　　第六节　雨量的分布
　　　第七节　雨量与人生
　　第四章　气压及风
　　　第一节　气压
　　　第二节　风
　　第五章　气候
　　　第一节　各种气候
　　　第二节　气候带及气候
　　　第三节　上下气候带
　第三编　生物界

　　第一章　总说
　　　第一节　生物与人生
　　　第二节　生物界蔓延的界限
　　　第三节　地史时代的生物
　　　第四节　生物界的分布
　　第二章　植物
　　　第一节　植物生存的要素
　　　第二节　植物的分布
　　　第三节　植物的上下分布
　　　第四节　水生植物
　　第三章　动物
　　　第一节　陆生动物生存之要件
　　　第二节　陆生动物分布的要件
　　　第三节　陆生动物的分布现状
　　　第四节　水生动物的分布
　第四编　水界
　　第一章　海洋的区分
　　第二章　海洋的深度
　　第三章　海底地形
　　第四章　盐分
　　　第一节　盐分的分布
　　　第二节　盐的来源
　　第五章　海水的温度
　　　第一节　海面温度
　　　第二节　温度与深度的关系
　　第六章　波浪
　　　第一节　风浪
　　　第二节　簸浪
　　　第三节　津浪（海啸）
　　第七章　潮汐
　　　第一节　起潮力
　　　第二节　起潮的时刻
　　　第三节　钱塘潮
　　第八章　海流

第一节　海流的法则
　　第二节　各大洋的海流
　　第三节　海流的成因
　　第四节　海流与气候
第五编　陆界
　　第一章　地球内部的构造
　　第二章　地壳的构造
　　　第一节　构成地壳的主要元素
　　　第二节　构成地壳的主要矿物
　　　第三节　构成地壳的主要岩石
　　　第四节　地壳内部的构造
　　第三章　内力的变动与地形
　　　第一节　地壳的缓慢变动

　　　第二节　地壳的剧急变动
　　第四章　外力的变动与地形
　　　第一节　大气的作用与地形
　　　第二节　地下水的作用与地形
　　　第三节　流水的作用与地形
　　　第四节　湖泊的作用与地形
　　　第五节　海洋的作用与地形
　　　第六节　冰雪的作用与地形
　　　第七节　生物的作用
　　第五章　各种地形
　　　第一节　水平地形
　　　第二节　垂直地形

二、内容表述

1．课文系统

该书注重"陆界"的同时，突出了"天界""气界"和"生物界"在自然地理中的地位。这从内容安排的顺序和它们在全书中所占比重都可以看出。各章节在具体内容的取舍上，仍存在内容过多、过深的问题，具有鲜明的百科全书特征。该书仅有一个学期的学习时间，课文内容却有 319 页之多，且不论学生是否能够接受如此庞杂的内容，单从授课时间来说也是无法保障的。

在具体内容设置上，课文增加了更多有关原理探究的内容，通过原理产生过程中对众多历史的推测，为学生提供批判性接受和理性思考判断的情景。例如，课文第 210 页讲述地球内部构造时，作者给出了几个典型的历史推测：19 世纪以前，人们认为地球由地壳和地下的熔融状火球组成；德国人威什尔认为地球内部有金属铁球；奥地利地学家苏厄斯认为地球分为岩石圈、镍矽镁层和内部的镍镁层等。结合课文给出的各个阶段论点产生的主要证据，帮助学生逐步看到科学前进发展的过程，从而培养其科学探索的精神。

为了体现自然地理与人类生活之间的联系，该书在讲述每一个圈层时，都会加入专门的章节讨论自然要素与人生的关系，例如"太阳光热与人生""湿度与人生""雨量与人生""生物与人生"等内容。在"湿度与人生"一节中，课文写道："湿度与吾人的生活，直接间接均有至大的影响，惜乎其影响极隐微，吾人不能直接感知。彼燥热之日，吾人类感干渴，甚至呼吸器的粘膜肿胀，致成疾病，此盖以湿度减小之故。反之……"虽然这些文字并不属于狭义自然地理内容，但是作者想将自然地理学与生活联系起来的用心可见一斑。自然地理的教学常常因为其与现实的结合不够，造成学生理解和学习有难度，而这种通过学生切身生活来

125

2. 图像系统

全书共包含了 136 幅图像，图文比例为 1∶2.35。该书的图文比例并不大，且图像在章节中分布不均匀。其中，景观图在这一点上体现得最为明显，全书共有 36 幅景观图，但在课文第 231～302 页就有 29 幅，主要集中在第五编的第三章和第四章部分。

如图 8-23 所示，与北洋政府时期的地理教科书相比，该书示意图比重大大增加，所占比重达 48%，内容以解释地理事物的构造、原理、相互关系、地理过程等为主。例如"月球公转""厄氏测地球大小的方法""同一地方受河流侵蚀的地形""间歇泉成因""风的偏向法则"等，这些示意图的使用体现了该书更加重视自然现象成因的探究和解释的特点；景观图占图像总数的 26%，用以反映各种自然景观及其对人类生存条件的影响，如"川流蜿蜒的实况""峡谷""黄土穴居""地震时的破坏"等。此时的景观图依然以素描图为主，也开始出现了少量的照片；地图占图像总数的 18%，以世界性自然要素为内容的专题地图为主，其反映的要素如洋流、雨量、等温线等；统计图表仅占到 8%，主要反映不同地理事物数量特征的对比关系。

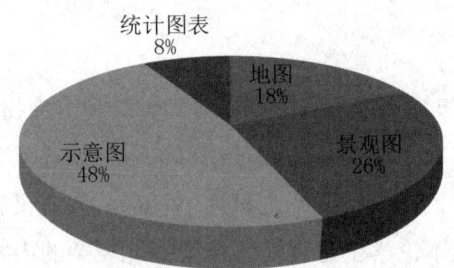

图 8-23 复兴高级中学教科书《自然地理》各类图像比重统计

从图像大小来看，如图 8-24 所示，该书图像的大小以占页面 1/2、1/3、1/4 为主。其中，地图以占 1/2 页面大小为主；景观图和示意图的图幅偏小；统计图表的大小根据统计数据的多少确定。

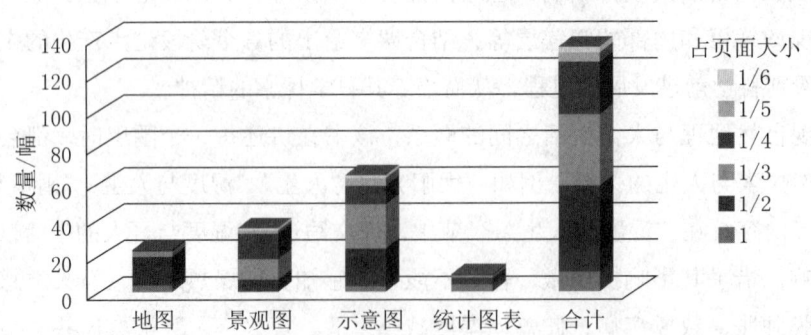

图 8-24 复兴高级中学教科书《自然地理》各类图像占页面大小统计

从对图像的分析中可以看出，该书图像的内容在不断地更新和完善，数据及其体现的原理与近代自然地理学的说法更加接近，且科学性大大增强。例如，在讲述全球雨量的分布时，作者通过将气压半球和雨量半球组合进行对比，从而清楚地演示了两者之间的关系，解释了雨量分布的气压原因；图8-25右图中，作者从平面和剖面两个角度来展示了地震的传播过程和特点，配以文字使得表达更加清晰。

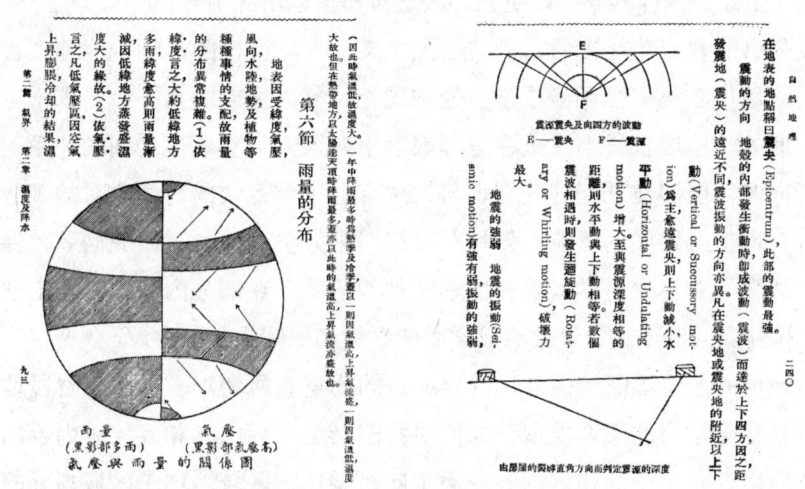

图8-25　复兴高级中学教科书《自然地理》课文实例

第四节　国民政府时期中学地理教科书的特点

在教科书审查制度日益完善的情况下，地理教科书的编写在国民政府时期迎来了其发展的相对盛期。诸多的地理教科书在总结30余年的编写经验的同时，大胆地改革和完善教科书的编写工作。"复兴中学教科书"中相关的五本地理教科书是当时发展最为成熟的系列教材之一。对其分析我们可以得到该阶段地理教科书发展的主要特点。

一、从教科书内容的框架来看，教科书中的内容编排更加科学，知识之间的衔接和内容顺序的安排更加合理，基本实现了初中和高中相互照应，中国地理、人文地理、自然地理三者连贯衔接。同时，删除了部分超出地理学内容的知识，开始摆脱了传统地方志编写方式的影响，改变了以往将教育、外交、军备等统统纳入地理教科书中的状况，这在本国地理部分表现得尤为突出。

二、从教科书的内容表述来看，就课文系统而言，教科书的语言已经接近白话文，加上标点符号的标注，以及各种脚注和尾注的使用，使得阅读速度提高，课文可读性大大增强；具体相关知识的表述更加科学，且表述形式不断地简化，更加贴近了学生的理解水平。就图像系统而言，地图的数量在增加，质量不断地提高，统计图表也不断出现多种表现形式，促进了图像系统的多样化发展；大量引入新的科研成果和新技术，使得图像系统特别是地图和图表更具深度，对内容的解释说明科学性和实用性明显增强，但难免也会出现部分图像过难，学生难以理解的情况。就作业系统而言，教科书除了高中自然地理部分以外，其他各书均在各章结束之时安排一定数量的习题。其中的部分习题注重培养学生的探究能力和独立思考精神，具有一定的发散性和思考性，对于引导学生辩证思考问题有很大的帮助；但总体而言，作业习题对记忆型知识内容的导向性更强，缺乏对知识运用的引导。

三、从教科书的教育功能来看，受"三民主义"教育目标的影响，地理教育目标具有很强的政治倾向，地理教科书强调养成学生爱护国土、复兴民族的精神，要求学生关注世界和国家的大事。此外，地理教科书注重在地理教学中融入人生与环境之间的关系，使学生在学习自然知识的同时，能够建立起这些知识与人生有着千丝万缕的密切联系的观念。由于受到地理科学、教育理论等发展的影响，教科书在编写中大量引入科学研究问题，课后设置了发散性练习题，加强了对学生科学兴趣和探索精神的培养。在部分内容中甚至出现了课本与学生之间对话、相互提问等形式，以此激发学生的兴趣和实际操作能力。

四、自然地理的地位不断地提升，内容所占的比重有所增加。随着该阶段地理科学特别是地质学和气候学等学科的飞速发展，人们对我国乃至世界山脉和气候等内容的研究不断深入，从而促使地理教科书中的相关内容逐渐走向科学化。区域地理中区域划分的思想日渐得到认可和使用，区域地理的讲授更加合理，符合学生需求。

五、由于科学知识的交流频繁，教科书的内容来源不断拓宽。比如教科书世界地理部分的撰写开始广泛引用外国文献，取百家之长进行论述，因此语言上更加客观。同时，对于国内外新数据和知识的引用也更加频繁，数据更新相对较快，突出了地理教科书的时效性。

第九章

清末、民国时期中学地理教科书的发展与演变

第一节　不同时期地理教科书的发展与演变

一、本国地理教科书的发展

1."地理总论"分量减小，内容细化

"地理总论"在各书中的名称并不一致，如"地理学总论""总论""地球的全体""地球概说"等。自从设立该内容以来，"地理总论"均置于《本国地理》教科书的开篇部分。

表 9-1 "地理总论"在各教科书中知识体系统计

新体中国地理 （1908 年）	共和国教科书本国地理 （1913 年）	新学制地理教科书 （1923 年）	复兴初级中学教科书本国地理 （1933 年）
地理学之发端 天文地理学 地文地理学 人文地理学	总论 数理地理 自然地理 政治地理 结论	鸟瞰中的地球 人为经界之下的地球 太阳系下的地球	地球的形状和大小 地球的经纬 地球的五带 地球的方位 地球的自转和昼夜的成因 地球的公转和四季的循环

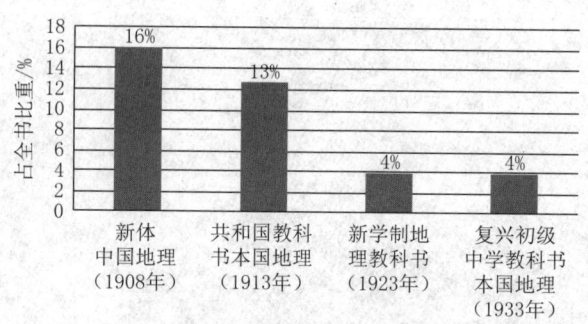

图 9-1 "地理总论"在各教科书中所占比重统计

如图 9-1 所示，地理总论比重大致呈不断减少的趋势，从 1908 年的 16%，减少到了 1933 年的 4%。此外，相关知识点各个时期偏差很大。1908 年《新体中国地理》中囊括了几乎所有地理学的概念和知识，之后的地理教科书中人文地理学内容不断减少，自然地理的内容不断增多。如地球的形状、大小、经纬线、自转、公转等经典内容最终积淀了下来，得以继承并沿用至今。而地球的方位、政治地理、人文地理学等知识则逐渐被简化。

2."本国地理"初高中阶段开始分化，区域思想加强

由于受到传统地方志的影响，地理教科书中"本国地理"绝大部分以地方志叙述方式为

主，基本的结构模式表现为中国概说（即中国自然地理）—区域分论—总结（即中国人文地理）三大块。具体而言，区域分论部分所占比重大于总论部分。在中学堂改为初中和高中两阶段以后，初中部分总论明显减少，高中则明显增多。即出现了我国初中以区域地理为主，高中以系统地理为主的分异雏形。地理教科书也从原来追求大而全的框架体系中逐渐挣脱出来，开始重点关注典型的地理事实问题，内容更加突出了时效性。

表 9-2 "中国地理"部分区域划分的统计

新体中国地理 （1908 年）	共和国教科书本国地理 （1913 年）	复兴初级中学教科书本国地理（1933 年）	复兴高级中学教科书本国地理（1936 年）
黄河流域	京兆等六区	长江流域	华南地带
扬子江流域	江苏等七区	珠闽二江流域	华中地带
珠江流域	山东等八区	黄河流域	华北地带
关东及新疆	四川川边	辽河松花江黑龙江流域	东北地带
蒙古青海西藏	广东等四区	大漠南北地方	蒙新地带
附录	蒙古	西部地方	康藏地带
	西藏青海	台湾等	

通过表 9-2 可以看出，"中国地理"中区域划分从传统的按行政边界划分逐渐向依据自然条件划分转变。1908 年的新体中国地理将完全不接壤的地区划为一章内容（如"关东及新疆"）；1913 年的本国地理以相邻省区作为一个单元，总体来说有一定的合理性，但区域之间自然特征区分并不明显，导致了章节自然特征的表述重复严重；1933 年的本国地理依据流域进行区域划分；1936 年的本国地理则开始采用了综合地理区划的原理，使得分区地理介绍逐渐合理和完善，也使得区域地理更加体系化、科学化。

3. 地理教科书的呈现形式日趋合理，图像显著增加

早期，受我国传统地方志写作大而全思想的影响，教科书内容偏多，且教科书均为文言文表述，同时缺乏标点符号的标注，使得内容生涩。国民政府时期后，教科书表述得到明显改善，一方面原因是白话文和标点符号的使用，另一方面则是由于新的教育思想的影响，分论的内容增加，区域地理内容增多，内容科学性增强。教科书的内容不断得以简化和精炼，表述方式也考虑了学生身心发展特点。

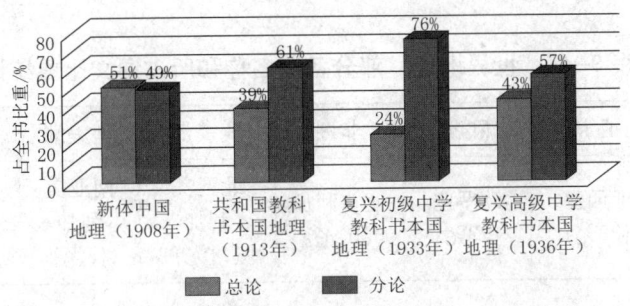

图 9-2 "中国地理"部分总论与分论比重统计

图像对于文字的理解有很大的帮助,图像数量的不断增加,使地理教科书的特色得以凸显。从各类图像所占的比重来看,早期地理教科书的图像以景观素描图和统计图表为主,在随后的发展中,地图的比重相对较大,彩色地图开始出现,大大提升了地理教科书的品质。

表9-3 "中国地理"部分课文呈现形式的统计

类别	内容	新体中国地理（1908年）	共和国教科书本国地理（1913年）	复兴初级中学教科书本国地理（1933年）	复兴高级中学教科书本国地理（1936年）
课文	页数	292	295	444	487
	图像幅数	69	133	294	145
图像种类及其比重	地图	3%	27%	21%	17%
	景观素描图	52%	57%	73%	61%
	统计图表	32%	11%	5%	22%
	示意图	13%	5%	1%	0
作业	有或无	无	无	有	有

4. 地理教科书作业系统开始出现，质量有待提升

作业在地理教科书中的出现相对较晚,在国民政府时期的地理教科书中才得到广泛地使用,实现了作业系统从无到有的突破。每一章或节之后均有一定数量的作业,在一定程度上对考查学生学习情况起到了积极作用。但这些作业中有些过于简单,还有些则超出了学生当时的认知水平。

二、世界地理教科书的发展

"世界地理"作为中学地理教学的重要内容之一,从我国开设地理课程以来,其地位一直仅次于"中国地理",其学时与"中国地理"相当,甚至更多。世界地理部分由于当时科学文化知识的发展和交流水平的巨大差异,以及世界局势的变化多端,使得教科书中地名的翻译、度量衡的采用、国家行政区域的呈现、国际形势等内容的更新都成为地理教科书编写中的重要问题。

表9-4 "世界地理"部分各洲名称和所占课文比重统计

教科书	亚洲	欧洲	非洲	北美洲	南美洲	大洋洲	其他模块
最新中学教科书瀛寰全志	亚西亚(38%)	欧罗巴(23%)	亚非利加(10%)	北亚美利加(11%)	南亚美利加(7%)	大洋洲(5%)	总论16%

续表

教科书	亚洲	欧洲	非洲	北美洲	南美洲	大洋洲	其他模块
共和国教科书外国地理	亚细亚 (29%)	欧罗巴 (30%)	阿非利加 (15%)	亚美利加 (20%)		海洋洲 (6%)	无
复兴初级中学教科书外国地理	亚洲 (20%)	欧洲 (32%)	阿非利加 (10%)	亚美利加 (17%)		大洋洲 (6%)	世界概要 15%
复兴高级中学教科书外国地理	亚洲 (30%)	欧洲 (29%)	非洲 (12%)	北美洲 (13%)	南美洲 (8%)	大洋洲 (7%)	两极地区 1%

从表9-4中可以看到，各大洲的译名在最初均为音译，国家无统一标准来规范。直至20世纪30年代以后，各大洲的名称才与现在的名称基本一致，但从教科书的行文中依然可以看到一些地方沿用原来的名称。从各大洲所占比重来看，亚洲和欧洲始终占据主要位置，但随后其比重有所下降；随着美国和澳大利亚等国家的日益强大，地理教科书对北美洲和大洋洲的重视程度不断增强，所用的篇幅开始增加。

在具体内容的表述中，地理教科书的编写一方面从地方志式的编写形式中摆脱出来，另一方面对世界上各个国家的介绍采用了合并的方式，从而简化了教科书的内容，且教科书设立的章节数明显减少。此外，教科书特别关注世界的政治格局及中国在世界的地位。政治地理内容在教科书中反映较为明显，例如对日本、德国、苏联等不同国家的描述差别很大，前文已有大量的分析，此处不再赘述。

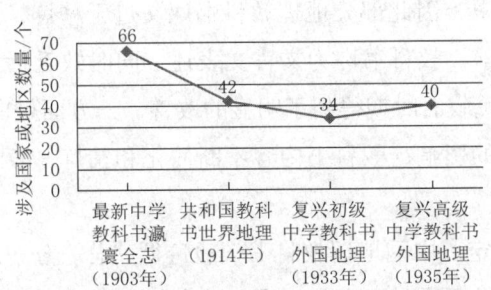

图9-3 "世界地理"部分涉及国家或地区数量统计

三、自然地理教科书的发展

自《奏定学堂章程》颁布以来，"自然地理"作为中学地理必修内容而存在；到国民政府时期仅存在于高中阶段学习，初中阶段不再要求。就课程安排来看，"自然地理"被安排在"中国地理"和"世界地理"之后，学时一般偏少，因而自然地理的内容不断调整和变化，以适应教学的具体需要。

表 9-5 "自然地理"部分课文内容统计

地文学 1904 年版各编比重	共和国教科书自然地理 1914 年版各编比重	复兴高级中学教科书自然地理 1935 年版各编比重
天然篇（19%） 陆圈篇（21%） 水圈篇（17%） 气圈篇（33%） 生物篇（5%） 人类篇（5%）	地球之表面（11%） 地壳之构造（10%） 地壳之变动（18%） 地面之变化（15%） 陆面之形态（19%） 海洋（11%） 气象（16%）	天界（23%） 气界（18%） 生物界（11%） 水界（13%） 陆界（35%）

从表 9-5 中可以看到，不同时期自然地理教科书基本上都包含了陆地圈、大气圈、水圈、生物圈以及地球概论五个方面的内容。其中，陆地圈所占比重较大，在三册教科书中依次占 21%、73% 和 35%。在具体的表述中，课文语言不断地精炼，且内容有了不同程度的压缩，科学性有所增强。

第二节 中学地理教科书表述方式的发展与演变

一、课文系统

1. 课文内容依然过于庞杂，制约了课文表述方式的选择和革新。受我国传统地方志大而全编写思想的影响，地理教科书内容的选择普遍表现追求全面、系统的编写思想。然而，教科书的容量有限、学时有限，因此部分地理教科书课文过于精炼，这并不利于学生理解。特别是在 20 世纪 30 年代以前，教科书均为文言文表述，同时缺乏标点符号的标注，使得内容更加生涩。这种状况在国民政府时期得到了明显的改善，一方面是白话文和标点符号的使用，另一方面受新的教育思想的影响，教科书内容不断简化和精炼，表述的方式也更加符合学生身心发展特点。

2. 编写的结构相对固定。中国地理教科书一般遵循"总—分—总"的结构，即先讲本国自然地理，再讲地方志，最后讲本国人文地理；地方志部分是地理教科书的重点，一般按照"区域的境域—山脉—河流—物产—城市"的顺序进行叙述。世界地理教科书中各大洲出现的顺序遵循"由近及远"的传统思路，各大洲所占比重的变化反映了该洲的国际影响力的变化等；在对各洲进行具体讲述时，普遍采用了"总—分"的结构，即先讲大洲的基本概况，再分述各个国家的具体情况。自然地理部分则通过并列的形式讲述地球的各个圈层，圈层顺序的调整按编者认为需要突出的部分而定，并没有严格的主次顺序之分。

二、图像系统

1. 图文比例

表9-6　地理教科书图文比例及优势图像大小统计

内容类别	教科书	图文比例	优势图像占页面大小
中国地理	新体中国地理（1908年）	1：4.2	1/2
	共和国教科书本国地理（1913年）	1：2.2	1/2
	复兴初级中学教科书本国地理（1933年）	1：1.5	1/2、1/3
	复兴高级中学教科书本国地理（1936年）	1：3.4	1、1/2
外国地理	最新中学教科书瀛寰全志（1903年）	1：1.4	1/4、1/3
	共和国教科书外国地理（1914年）	1：1.7	1/2、1/3
	复兴初级中学教科书外国地理（1933年）	1：1.4	1/2、1/3
	复兴高级中学教科书外国地理（1935年）	1：3.8	1/2
自然地理	中等地文学教科书（1904年）	1：1.9	1/3、1/6
	共和国教科书自然地理（1914年）	1：1.2	1/8
	复兴高级中学教科书自然地理（1935年）	1：2.4	1/2、1/3
人文地理	共和国教科书人文地理（1914年）	1：3.7	1/4
新学制地理	新学制地理教科书（1923年）	1：1.4	1/2、1/3

整体而言，自然地理图文比例大于世界地理，中国地理、人文地理图文比例最小。从不同历史时期对比来看，中国地理部分图文比例有所增加，即课文使用的图像数量不断增加；世界地理和自然地理部分无明显的变化，或者未表现出明显的趋势。复兴高级中学全套地理教科书中图文比例偏小。

2. 图像类型和大小

本书将图像系统分为地图、景观素描图、示意图和统计图表四个类型。从图9-4、图9-5和图9-6对比可以看出，中国地理和世界地理部分地图和景观素描图所占比重较大，图幅相对较大，占1/2页面大小的图像最多；地图的比重增加，景观素描图的比重有所减少，这在世界地理中表现更明显；中国地理中统计图表的比重也有所减小。自然地理中示意图所占比重最大，且以中小图幅最为普遍；图像中地图的比重有所下降，示意图的比重有所增加，究其原因当与自然地理内容的要求有关。

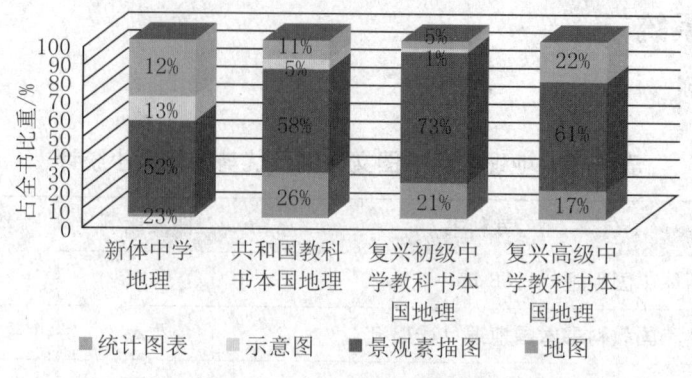

图 9-4 "中国地理"部分各教材图像系统构成

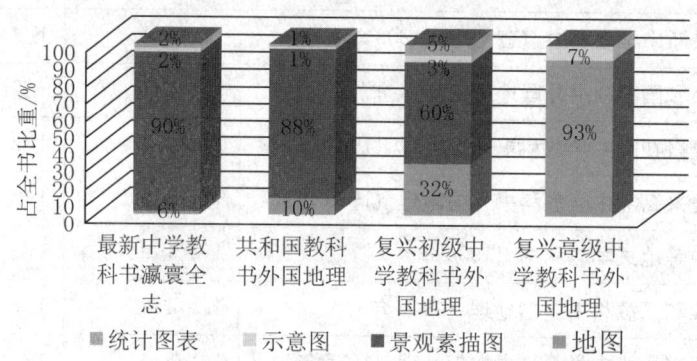

图 9-5 "世界地理"部分各教材图像系统构成

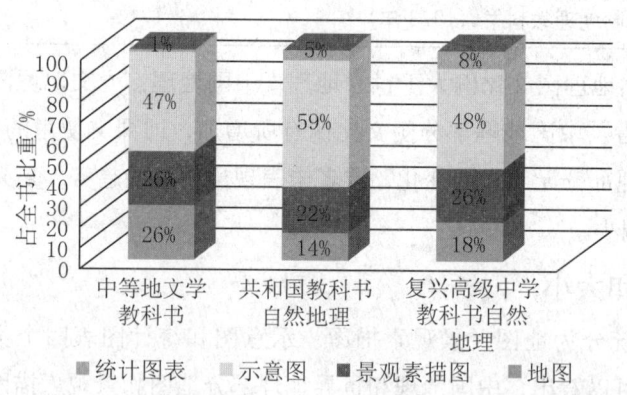

图 9-6 "自然地理"部分各教材图像系统构成

3. 图文辅助作用

图像系统作为地理教科书的重要组成部分,在帮助学生理解课文,特别是对生涩、抽象内容的理解和学习方面发挥了很大的作用。在对中华人民共和国成立前的地理教科书的分析中发现,由于当时教科书编写经验的不足,且受地方志编写形式的影响,图像系统对课文的作用并没有得到充分的认识,但也在不断改善。在不断完善的过程中,地图和示意图与课文文字部分联系最为密切,且对课文的解释力度最大,这在自然地理部分表现最为显著。图像系统中景观图片所占比重较大,但其作用仅仅在于美化和修饰课文,故在增加课文的可读性、增强图文的关联程度等方面仍有诸多改进之处。

4. 图像质量

由于受传统制图和印刷技术,以及经济条件等方面的制约,这一时期地理教科书主要以黑白图像为主,而且图像的更新速度很慢,图像的清晰度不高。国民政府时期的地理教科书中开始出现少量的彩色地图,在吸引学生学习兴趣,丰富地理信息表达形式等方面起到了一定的作用,但由于数量偏少,作用十分有限。

三、作业系统

直到 20 世纪 30 年代,地理教科书中才出现作业系统。作业通常是在一章或者一节结束之后,针对本章或者本节的课文内容所设计的练习题。题目注重考查地理现象的分布、成因等,对区域间的发展和联系也进行一定的考察。但是这些题目有的过于简单,有的则超出了学生当时的认知水平。一部分练习题学生可以根据课文内容直接查找到答案,另外一部分则需要学生经过对比、分析得出答案。虽然练习题的形式、质量等都有待提高,但这是我国地理教科书作业系统的发端,体现了先进的地理教育思想,是我国地理教科书发展的一大进步。

第三节　中学地理教科书教育功能的发展与演变

地理教科书的教育功能与当时的社会背景有着密切的联系。这种联系在各个阶段的地理教科书中都有所体现。

表 9-7　20 世纪上半叶中学地理教科书教育功能的体现

教育功能	评价指标	1902—1911 年	1912—1928 年	1928—1949 年
个体价值	生命教育			√
	生活教育	√	√	√
	生存教育			
社会价值	环境伦理教育	√		√
	国际理解教育	√	√	√
	公民教育	√	√	√
认知价值	地理视野	√	√	√
	地理能力			√
	地理知识	√	√	√

从表 9-7 中可以看到，地理教科书主要的教育功能在各个时期的地理教科书中几乎都有所体现，其中"地理知识"最为重要，对"生命教育"和"地理能力"的关注相对较晚。总体而言，不同时期地理教科书的教育功能存在不同的侧重点。

第十章

清末、民国时期中学地理教科书国情教育的体现

第十章 清末、民国时期中学地理教科书国情教育的体现

第一节 清末、民国时期中学地理教科书国情教育的主要阶段

本书根据我国中学地理课程的变革和我国地理教科书的发展,将清末、民国时期我国中学地理教科书国情教育的发展分为清朝末期(1902—1911)、北洋政府时期(1912—1928)和国民政府时期(1928—1949)三个阶段。这三个阶段由于不同的教育政策和历史背景,地理教科书乃至地理教育呈现出不同的国情教育特点。

清朝末期,地理教科书体现了浓厚的爱国情怀,要求学生思考国家复兴大事,同时注重历史教育的价值,开始将课程推向实用主义的方向,不断强调地理为现实、为生活服务的功能。

北洋政府时期,面对外敌入侵的民族危机,地理教科书更多关注了学生爱国情怀和民族气节的培养;同时也开始意识到经济发展对于民族振兴的重要作用,在地理教科书中则表现了对于实业、军事、城市发展等问题的高度关注;伴随着科学技术的不断发展,培养学生科学态度和探索精神成为地理教科书新的功能之一;此外,地理教科书开始注重对学生世界视野的培养,引导学生关注全社会的生活;对人地关系的关注开始显现。

国民政府时期,受"三民主义"思想的影响,地理教育目标具有很强的政治倾向,地理教科书的教育功能开始向养成学生爱护国土、复兴民族的精神,引导学生关注世界和国家大势等方向转变;同时进一步关注到了人生与环境之间的关系、关注学生科学兴趣和探索精神的培养等,从而开始注重教育学和心理学在地理教科书中的体现和反应,使得地理教科书在不断发展中得以完善。

第二节 清末、民国时期中学地理教科书"国土疆域"的变化

一、清朝末期(1902—1911)

我国现代意义的中学地理课程始于1902年《钦定学堂章程》颁布,1904年《奏定学堂章程》正式实施。自此,地理课程标准不断修订和完善,对中学地理教科书的编写和改进起到了重要的规范作用。早在中学地理教科书的编写之初,地理课程在整个国民教育体系中的重要地位和作用已经被广大的教科书编写者认同。正如贺尹东所言,"兵家云,知彼知己,百战百胜……凡生于竞争世界,居于一国之中而为之民者,亦罔不宜。然学校教科书地理居其一,盖此意耳。课本国以求知己,课外国以求知彼,所借以养成国民常识者,胥于是乎。在故地

理一科于普通教育中最重。特是吾国教育所行教科书概乏善本,而本国地理尤鲜佳编①。"

20世纪初期,地理课程的开设急需大批高质量的地理教科书作为配套,而当时教材的审定体系尚未完全形成,由此涌现了大批的出版社和地理教材编写者(如贺尹东、屠寄、臧励和等)开始了中国地理教科书编写的最初尝试。从当时编写的地理教科书来看,中国疆域的描述仅依靠文字说明,地图的使用较为匮乏,且形式较为单一。臧励和编写的《新体中国地理》一书对中国疆域的描述如下②:

经线起……纬线南起……北至五十三度五十分之萨彦岭脊。东西占经度……南北占纬度……面积三千二百六十五万二千三百六十九方里。约得亚洲四分之一,世界全陆十分之一,为本洲第一大国。

东临黄海、东海,遥对朝鲜、日本。东南临南海,遥对菲律宾群岛。南以……界法属安南,以……喜马拉耶山脉界英属缅甸、印度,及不丹、尼布尔、诸回部。西南以喀喇昆仑山脉界克什米尔。西以……界俄属中亚细亚。北以阿尔泰山脉及黑龙江界俄属西伯利亚。东北以乌苏里江与兴凯湖、图们江之一部界俄国之沿海州,有以图们江之大部及长白山、鸭绿江界朝鲜。由是观之,中国四界实介于英吉利、法兰西、俄罗斯、日本四强国势力之间。

本国境内因山川之形势,政治之区划包括了本部十八省、东北部三省、西北部新疆、北部内外蒙古及额鲁特蒙古、西部青海西藏……

本国海岸线自鸭绿江口起,西南及于……沿岸之形,略如半环。就地势观之应区为四部:渤海、黄海、东海、南海。

渤海……黄海……东海……

南海:台湾海峡迤西南,经福建南部,至雷州半岛与琼州大岛间一带之海岸是也。岸线缭曲甚多,湾之最要者,琼州海峡东北有广州湾。而诏安湾及珠江口湾,亦为濒岸要地。珠江口之东曰香港,西曰澳门,皆形胜之地。岛屿及琼州为最大。琼州海峡而西为东京湾,至钦州之明江口入安南境。

在对国土方位、范围等描述的基础上,大部分地理教科书对我国海岸线及周边海域也进行了描述。贺尹东在其编写的教科书中写道"我国西北二部,皆在大陆中央,惟东南六省临海,略成半圆形,故海岸线仅长……今分四区。"即渤海沿岸、黄海沿岸、东海沿岸、南海沿岸。其中,关于南海沿岸的表述如下③:

东京湾之东,台湾海峡之南为南海沿岸。凡福建南境至雷州半岛……皆属之。海岸线最为屈曲,港湾岛屿指不胜数。由台湾海峡迤而南……周六百余里,多停泊处;又西南为汕头港,韩江入海之口也,水量颇深,能容巨舰;又西为海门湾,练江入海口也;又西至广东湾之口,为香港,欧洲东来之冲途也,贸易极盛,为东亚巨埠,鸦片之役,给予英国。其对岸

---

① 贺尹东. 中国地理教科书[M]. 北平:求是中学堂,1909.
② 臧励和. 新体中国地理[M]. 上海:商务印书馆,1908.
③ 贺尹东. 中国地理教科书[M]. 北平:求是中学堂,1909.

为，咸丰十年以英法之役，画一千七百余方里给与英国，后又拓租界二千方里为彼东洋舰队重镇。西隔广东湾口一半岛，曰澳门。明时租界与葡萄牙。我国与欧人最初之通商埠也。又西为广州湾，光绪二十四年为法所据，湾之东南，有琼州岛。周一千三百余里……自台湾割于日本后，此岛为最巨矣，岛之北有雷州半岛，半出海中，直对琼州岛，曰琼州海峡，出此峡，即东京湾。

从以上的描述可以看到，中国疆域主要通过地理位置、陆地国界、领土、海岸线和领海等部分加以阐述。其中，地理位置以经纬位置为主，但经度的表述并非按照国际的经纬度划分形式进行描述，而是以北京为中心，分别以"北京以西"和"北京以东"的相对经度进行讲述，相较于使用绝对位置而言，这种表述并不利于教学中中国在世界整体位置的定位；陆地国界，则通过东、东南、南、西南、西、北各方位的相邻国家或区域来阐述；领土作为进一步讲述的内容，在疆域部分表述较为简略；海岸线和领海则为重点讲述的内容，以南海为例，藏励和编写的教科书侧重于对海湾和海峡的描述，贺尹东编写的教科书更多强调了海湾和海峡的地理区位、经贸发展和近代历史，更具有人文特点。

二、北洋政府时期（1912—1928）

随着国家教育政策、地理课程标准的不断改进，国家开始了新一轮地理教科书的编写，以适应当时国家和地理学科发展的需要。在讲述中国地理基本知识的同时，"对于国际关系、边防险要、土地损失特别说明，以期唤起国民之警惕，而振发其爱国之精神[①]"成为了当时出版的众多地理教科书的重要内容。

20世纪20年代，我国教科书已经开始接受国家学部的审阅，对于地理教科书的质量要求不断增高，且随着教科书编写经验的不断积累，地理教科书的表现形式和内容有了较大的变化。1913年谢观编写了共和国教科书《本国地理》，在具体国土境域描述中，对位置、名称、幅员、国界、区划等主要内容进行了详细介绍。在详细介绍之前，有以下一段文字作为我国疆域部分学习的前提：

我国旧时边界，如唐代则西包中亚，元代则囊括亚洲，兼及东欧。姑无论已即在清代盛时之地，东北……达鄂霍次克海。奄有黑龙江流域及库页岛之地。东南则朝鲜琉球尽为属国。台湾岛亦建设行省，有完全之内海权。西南则安南、缅甸、暹罗、尼泊尔均为附属国。西北则以巴尔喀什湖为界，又有帕米尔塔什干诸部落地。皆兵威之所及可谓盛已。厥后内政不纲。境土日蹙。东北与西北见削于俄罗斯。东南见削于日本。西南则为英吉利、法兰西所侵……遂成今日之界线。

通过简略提及我国疆界范围变化的历史，强调了我国古时领土之广泛，同时作者也表达了对当时我国国土疆域四面楚歌的局面心存担忧。教科书在知识呈现的过程中，在文字的描述的同时，结合了相应的地图加以巩固。书中《本国之位置图》[②]清晰地展现了我国在世界范

---

① 王郁文，谢丕阁. 本国地理[M]. 天津直隶书局. 1925.
② 谢观. 共和国教科书本国地理[M]. 上海：商务印书馆，1913.

第二节 清末、民国时期中学地理教科书"国土疆域"的变化

围内所处的半球位置、纬度位置、疆域形状等,这种表现形式在如今的地理教科书中依然存在;中国全图中则细致地标注了我国国土的基本情况,包括都市、山脉、河流、租借地、道路等。

当时对中国地理位置的描述,更加注重中国的绝对经纬位置。1914年史礼绶编写的地理教科书在描述中华民国的地理位置及境界写道①:

中华民国位于亚洲东南部,南起北纬……北迄北纬五十六度四十分,东起东经一百三十五度五十二分,西迄东经七十一度五十一分。自南至北,长约……余里,自东至西,广约……面积约……方里。有亚洲陆地四分之一。全世界陆地十二分之一,是亚洲第一大国,世界第三大国。

东隔东海、黄海,遥对日本、朝鲜。东南隔南海,遥对美属菲力宾群岛,东北与日属朝鲜、俄属西伯利亚接壤,西北与俄属中亚细亚接壤……南界法属印度支那、英领缅甸、印度。我国四界实居英、俄、法、美、日五强国之中,也其关系愿不重欤。

与臧励和编的地理教科书相比,这种地理疆界的描述去掉了各相邻国家或地区与我国边界划分中重要的地理分界线,仅以相邻国家或地区为界言简意赅地点出了当时中国疆域的范围。原文最后一句道出了作者对我国被五大强国包围局面的担忧。

清末以来,面对纷繁复杂的国内外局势,我国陆地、海洋主权丢失众多,出现了大量的租借地和割让地。史礼绶在其所编的地理教科书中写道:"清俄界东段以清康熙二十八年约划外兴安岭为界,咸丰八年约蹙至黑龙江,咸兴十年蹙至乌苏里江西段自沙滨达巴哈以南,清同治三年以来数次改约蹙地"②。足见当时我国领土疆域流失之迅速,短短几字也道出了当时国人的心痛。史礼绶编写的地理教科书中,曾用专门一编的课文内容讲述了当时我国主要的租借地和割让地。书中写道:

外人租我之地,于黄海海岸有日租之旅顺、大连,英租之威海,德租之胶州湾。于南海岸有法租之广州湾,个为彼国屯驻之军港,其租期旅顺、大连、威海卫各为二十五年,胶州、广州二湾各九十九年。

割让地,朝鲜、库页岛、东北三省、蒙新边界、台湾岛、香港岛、澳门半岛、缅甸、不丹等。介绍中均介绍了其割让的历史。

中华……也有世界第一之高原,第一之高湖,第一之工程,最大之沙漠、最长之河流……四百兆之同胞……盛哉,盛哉。吾侪生长其间,讵可不爱惜之?使亚洲之中华跃而为世界唯一之中华哉?

对于大量的割让地和租借地存在的现状,几乎所有的中国地理教科书编写者都在通过各种形式表达对这种国情的愤慨和担忧。王郁文等人在其所编写的地理教科书中使用了"中国境界图"和"中国沿海图",对于各类租借地和我国疆域的变化做出了极好的反应,其中明

---

① 史礼绶. 中国地理教科书 [M]. 上海:中华书局,1914.
② 李延翰. 新制本国地理教本 [M]. 上海:中华书局,1914.

确强调了"国土之割让"和"朝贡国之割让",且对我国领海的主要岛屿也进行了清晰的标注。这幅图在当时很多的地理教科书中都有出现,甚至有教科书将此类地图称为"中国国耻地图"。李廷翰在评论这些割地和租借地现状时道:"各省商埠之租界,虽无割地之名,实亦为外人所占有,民国成立,不过国内之改革。列强对我之状态,初未稍变。吾人宜注意于此,更宜亟谋收还,不当视为已弃之地焉。"①

当时的地理教科书中也出现了大量对我国东部沿海和东南海域的描述,"……海岸复有旅顺、大连湾、威海卫、广州湾等地之租借。澳门半岛及香港岛之割让,海权与日英法诸国相共。"②而且为了突出东南海域的使用权问题,谢观在地理教科书中还设立专门的一节课文以突出海洋的重要性。摘录如下:

我国之海,为太平洋内海之一部。自朝鲜半岛南端、循琉球群岛以西,直达我旧属之台湾岛,更自台湾海峡西南至印度支那半岛东岸……其位置适在我国奉天、直隶、山东、江苏、浙江、福建、广东七省之外……至于海上主权,昔时我所独有。自欧美诸邦通商以来,英割香港,复借威海卫,德借胶州湾,法借广州湾。日既占朝鲜,割台湾岛,复借旅顺、大连湾等处,于是沿海要地多位他人所握,而海权日蹙矣。

南海——在……自台湾海峡以西至印度支那半岛皆是。西有东京湾,我国与法国领安南以湾内之北仑河口为界,沿海皆南岭余脉,湾岬纷歧,岛屿罗列。西通欧洲南通澳洲,均称便利。以故通商最早,移殖海外亦最多。

海底——海底之有高下与陆地之山川原隰无异。我国海底都向东南倾斜,然自琉球群岛以内斜度甚缓,台湾海峡以西则斜度甚峻,峡北与峡西相较几如一。

摘录的课文清楚地反映了当时我国有关领海主权的核心观点:我国海岸线漫长,海洋领土面积很大,但海洋主权在各殖民国家的割据之下具有主权的海域寥寥无几,仅东南海域"海权与日、英、葡、法四国相共"③。相较于之前的地理教科书来说,该书对地理区位和自然条件描述均更为形象。

虽然当时大部分地理教科书编写者对我国疆域日益缩减的现状表示担忧,但也有作者对当时我国的国土疆域评价极为乐观。例如,王钟麟在梳理了我国疆域的历史沿革之后,对我国的国土疆域评价道④:

全国面积,约抵亚洲全部的四分之一;全世界陆地的十四分之一。欧洲全部的面积,还不能及他那样广阔……在亚洲本推他为第一个大国,即在世界的位置,也是有数的国家了。在欧战没有起来的时候,全球各国领土的广大首推英国,次俄国,次法国,又次我国。然英、法属地四散,破碎不联,俄又荒寒苦瘠,真有些像一片石田。大陆国的首位,我国已有此资

---

① 李廷翰. 中华中学地理教科书[M]. 上海:中华书局,1912.
② 谢观(清). 共和国教科书本国地理[M]. 上海:商务印书馆,1913.
③ 王郁文,谢丕阁. 本国地理[M]. 天津:直隶书局. 1925.
④ 王钟麟. 现代初中教科书本国地理[M]. 上海:商务印书馆,1923.

格了。等到欧战终了,俄国便四分五裂,不能统一;英法诸国,也岌岌乎维持属地……在今日只有我国和美国克当此任。

书中对当时我国疆域及其未来命运的乐观估计,虽然其中言辞不乏夸张的成分,但也许会给一些悲观和愤怒的国民带来一些希望。

三、国民政府时期(1928—1949)

国民政府时期,我国地理教科书的编写已经发展了近30年,国家地理课程的设置及其要求,使地理教科书的编写更加规范,但曾担任商务印书馆编辑的陈铎依然发出了如下的感慨:

余任史地编辑于商务印书馆时,当感坊间所出之地图,求其地位准确,繁简得当,印刷精良足与欧美各国所处之地图媲美者,殊未之见。窃欲弥此缺憾,特尽搜考之力,私订中国世界各地图之编制计划,拟促该馆之事实,而资学者之考察。

在经历了周、汉、元代等时期后,我国的疆界不断扩大,然"自嘉庆以后,政府当局,昏庸无识,列强伺不知抵御,内政日见腐化,外交着着失败,遂致藩篱尽撤,国土日蹙,奇耻大辱,莫此为甚。民国以来,内乱迭起,而外患因以日急保全,现有领土已属困难,遑论收复已时之地乎?吾辈国民,言念及此,当知奋起矣。兹以我国丧失之领土……读者渐觉之。"① 历年与外国勘界,每损失国土,先后丧失之地,不下五百万方里;尚有疆界未定之处……为英国所强占②。陈铎在回忆我国疆域变化的历史之后,使用了《中国疆界变迁图》,并与我国元代疆域进行比较,以重现我国疆域不断受到蚕食的悲痛历史,强调"如边疆形势、国防概况,被外人侵略的领土和主权也详细叙述,使养成爱护国土的观念"。①

国民政府时期,我国疆界在地理教科书中描述为:"至于境界,东以图们鸭绿两江和长白山与朝鲜分界,以图们江北的土字碑兴凯湖、松阿察河、乌苏里江界俄属东海滨省;以黑龙江额尔古纳河,境俄属阿穆尔者和外贝加尔;北部东面以……至东部和东南部,虽有海洋来做自然境界,但香港属英,澳门属葡,即广州湾、九龙及旅顺等地为英、法、日等国租界,迄今犹未归还。门户洞开,藩篱尽撤,危险实不堪设想,最近日本且强占东北四省,形势更属危急。此一千余万方公里国土的完整,不是我国民亟应从速奋起而维护的么?"③ 此时的地理教科书对于疆域的描述已经开始使用"四至点"的方式。从经纬位置和具体的地理位置两个方面对疆域的"四至点"进行描述的表述方式,在我国现代地理教科书中依然在使用。

随着地理学科知识的不断更新和进步,国民政府时期地理教科书中数据的使用量大大增加,加上白话文的推广,使关于我国疆域的描述更显清晰简练。如王均衡在其编写的地理教科书中,对中国的疆域描述为④:

地位与面积——我国位于欧亚大陆的东南部,太平洋的西岸,南起北纬……大部在气候

---

① 陈铎. 中等学校适用——解表说明中国模范地图[M]. 上海:舆地学社,1933.
② 李长傅. 新生活初中教科书本国地理[M]. 上海:大东书局,1934.
③ 王益,周立三. 初级中学本国地理[M]. 南京:正中书局,1935.
④ 王均衡. 初中本国地理教科书[M]. 北平:立达书局,1933.

优良的温带中。面积约占全球陆地的1/13，欧亚大陆的1/5……

　　面积＝11,173,558方公里……取其概数是一千一百万方公里。

　　以往的疆域——唐时包有中亚，元时包有欧亚大陆的大部，即在清初，其领土较今日尚大1/5，自鸦片战争以后，国土日削。失地如下：

　　1. 俄——割东北西北广大领土。
　　2. 日——割朝鲜台湾琉球澎湖诸岛。
　　3. 英——割缅甸香港并以不丹尼泊尔为保护国。
　　4. 法——割安南。
　　5. 暹罗——独立。

　　而对于这种疆域现状，外人得寸进尺，此犹以为未足，现日人实行侵略我东北四省，俄操纵我外蒙古新疆，英谋我西藏青海，法窥我云南广西，外患日迫，国势日危，吾国人不可不注意也。

　　在疆域描述中，作者使用了较多的阿拉伯数字和分数，使得中国疆域面积的表述更加生动形象。相比而言，此时的地理教科书在疆域图的绘制上有了较大的改进，在关注陆地国土的同时，对于海洋国土也开始有所关注。1937年葛绥成绘制的我国行政区划图中标注了渤海、黄海、东海、南海的具体位置，对南海的主要岛屿也进行了标注，且在阐述我国海岸时提到："我国现在的海岸……辽宁、河北、山东、江苏、浙江、福建、广东七省的沿海，东北从辽宁的鸭绿江口起，西南到东京湾的北仑河口止，统计大小港湾凹凸的海岸线……成一半圆形"[①]。其表述的形式与语言叙述的风格与当今我国地理教科书已相差无几。

第三节　清末、民国时期中学地理教科书中"国土疆域"呈现的特点及其启示

一、强调我国疆域的历史沿革

　　20世纪上半叶，我国政治、经济、文化等多个方面变化很大，疆域受多个国家的蚕食和占领。在这种情况下，我国中学地理教科书在阐述我国四面楚歌的艰难局面时，往往以我国疆域的历史沿革作为国土疆域的开篇内容，将我国历史时期疆域与今日之事态做对比，以表达作者的愤慨之情，激起读者爱国之心。我国现行的初中地理教科书大部分仅讲述了我国现行疆域的基本情况，对于历史时期的国土疆域则几乎并未提及。虽然这部分内容在历史教科书中随着不同历史朝代有所涉及，但以国土疆域作为核心内容来反映其时空演变的寥寥无几。我国国土疆域作为政治权利的象征，其扩大与缩小在一定程度上反映了我国兴衰荣辱的历史背景。国民的国土教育也不应该仅仅停留在当代的学习，适当的结合典型的历史疆域情况进

---

① 葛绥成．新中华本国地理[M]．上海：中华书局，1931．

行国土教育,不仅可以帮助学生理解国土与国家命运的关系,而且可以帮助学生感受我国的基本国情,激发学生的爱国之情,还可以加深学生对世界重要政治、经济等事件的理解。

二、侧重于陆地国土的描述,海洋意识逐渐增强

我国早期中学地理教科书中关于国土疆域的介绍仅局限于对陆地疆域的介绍,对于海岸线、海洋等的描述则是以海湾、海岛等作为描述的核心内容,重点讲述其所处的位置及其与邻国之间的关系。20世纪20年代以来,疆域的描述开始有了对海洋国土的描述,重点体现其在通商和租界方面的作用。中华人民共和国成立以前,中学地理教科书对于海洋国土的面积、边界等都没有清晰准确的表述,但从中国境域全图中可以看到,教科书中体现海洋国土的意识已经有所增强,出现了大比例尺的南海详图。随着我国国土疆域数据的不断完善,海洋国土疆域进一步确定,中学地理教科书中出现了现在的我国疆域地图,其中不仅包括了完整的陆地国界线,也包括了海上国界线。

三、课文和图像反映了不同的时代特点

我国现代意义的地理教科书编撰始于20世纪初期。在最初编写中学地理教科书的过程中,课程标准对地理教科书的内容、形式等几乎没有要求。虽然我国国土疆域在一定时期内具有相对的稳定性,但由于不同历史阶段作者所处的国情不同,他们对疆域的表述也不同,体现的情感也不同。有的体现作者对我国四面楚歌现状的担忧、有的体现了作者对我国众多租借地和割让地的无奈、有的体现了作者对我国疆域面积不断缩小的感叹、也有的体现了作者对我国国情未来变化的乐观态度等。这些内容一部分体现在了课文中,而另外一部分则在教科书为数不多的图像中也有体现,例如"中国国耻地图"等。这些内容在激发全民的爱国之情方面曾起到了重要的作用。

我国现行地理教科书中,对于国土疆域的描述多从经纬位置、海陆位置、相对位置、国土面积、领海等角度依次进行描述。这种客观的描述方式对于学生学习我国的疆域、国土起到了非常重要的作用。但是从世界背景来看,现今我国的国土安全问题并不乐观,钓鱼岛问题、南海争端等成为了新时代我国国土疆域出现的新问题,在教科书中对其进行重点的强化,以着重表述我国疆域,应成为我国中学地理"国土疆域"内容中不可或缺的内容。

四、表述方式不断革新,为后来地理教科书发展提供了宝贵经验

20世纪初期,中学地理教科书中"国土疆域"的表述主要通过文字的形式得以实现,之后随着地图的广泛使用,疆域的表述则更加清晰准确。20世纪30年代以后,文字、疆域图、四至点、沿海图等多种表述形式,使我国国土疆域越发清晰直观。从具体内容来看,随着经纬位置、相对位置、国土面积等内容的一步步完善,以及白话文的推广和普及、阿拉伯数字的使用,使得国土疆域的表述更加简单明确。长期的地理教科书编写实践,为地理教科书中国国土疆域内容的撰写积累了宝贵的经验。

第三部分

中华人民共和国成立以来中学地理教科书的发展

第十一章

地理课程设置与课程内容

第一节　改造旧课程时期（1949—1956）

中华人民共和国成立初期，适应当时政治、经济、文化需要的地理教学大纲和教材尚未编出，此时的核心任务是对旧课程进行全面改造。在此过程中，为了进一步明确中学教育的目标和任务，国家政府部门召开了各种会议，并颁布了相关文件加以规范。

1949年11月1日，中华人民共和国中央人民政府教育部成立。同年12月，第一次全国教育工作会议在北京召开，会议确定教育改革的方针为："以老解放区新教育经验为基础，吸收旧教育某些有用经验，特别要借助苏联经验，建设新民主主义教育"。

1951年3月，教育部在第一次全国中等教育会议中提出："普通中学的宗旨和培养目标是使青年一代在智育、德育、体育、美育各方面获得全面发展，使之成为新民主主义社会自觉的和积极的成员。"与此同时，"各科教材必须保持完整的科学性和贯彻爱国主义的精神；必须研究中国，参考苏联，以苏联的中学教科书为蓝本，编写完全适合中国需要的新教科书"。

1952年，教育部颁发的《中学暂行规程（草案）》中明确了中学的任务"用马克思列宁主义的理论与中国革命实践相结合的毛泽东思想和普通文化知识教育青年一代，使他们的身心获得全面的发展，以及为升入高等学校或参加建设工作打好基础"。

1953年，国家开始第一个五年计划。1954年，当时的政务院发布了《关于改进和发展中学教育的指示》，指出"中学教育不仅要供应高等学校以足够的合格的新生，并且还供应国家生产建设以具有一定政治觉悟、文化教养和健康体质的新生力量。"1955年《普通教育发展计划》提出了贯彻智育、德育、体育、美育全面发展的方针。

在中学教育目标和任务不断明确的同时，国家开始对中华人民共和国成立之前的课程体系进行修订和完善。选择较好的地理课程设置样例，选择内容更为贴切的地理教学内容成为这一阶段改革的核心。

1950年8月，教育部颁发《中学暂行教学计划（草案）》，规定初、高中各年级均设地理课，其中初、高中第一、第二学年均授本国地理，第三学年均授外国地理。每周均为2课时。

1952年9月，教育部发出《关于"中学暂行教学计划（草案）"部分科目调整办法及高中地理科分别讲授中外经济地理的通知》。通知中说："自1952年秋季起，初高中一年级一律按照《中学暂行规程（草案）》规定的教学计划执行。初高中二年级以上原按1950年8月所颁布的《中学暂行教学计划（草案）》执行的班级，部分科目做出调整；地理科调整如下：高中一、二、三年级本年度均授外国经济地理；1953年度高中一、二、三年度均授本国经济地理；1954年秋季起，高中一年级授本国经济地理，高中二年级授外国经济地理。《中学暂行教学计划（草案）》1953年8月停止执行"。

1953年7月，教育部颁发了《中学教学计划（修订草案）》及《1953年8月至1954年7

月试行中学教学计划（修订草案）的调整办法》，规定中学课程体系仿照苏联，初一开设自然地理，初二开设世界地理，初三开设中国地理，高一开设中国经济地理，高二开设世界经济地理。

1954年6月《关于制发1955—1956学年度中学授课时数表的通知》中，规定高中一年级中国经济地理改设外国经济地理，高中二年级外国经济地理改设中国经济地理，并说明之所以这样对调设置，是因为世界地理开设在初中二年级，而世界地理和外国经济地理关系密切，如果学习时间相隔太久，学生容易把世界地理知识忘了，这样对学习外国经济地理会增加困难。经过这次调整，我国中学地理体系就与苏联完全一致了。

表11-1　1949—1956年颁布的中学地理课程大纲及地理课程设置情况

年份	大纲或标准	初中一年级 内容 （周学时）	初中二年级 内容 （周学时）	初中三年级 内容 （周学时）	高中一年级 内容 （周学时）	高中二年级 内容 （周学时）	高中三年级 内容 （周学时）
1949		中国地理(2)	中国地理(2)	外国地理(2)	中国地理(2)	中国地理(2)	外国地理(2)
1950	中学暂行教学计划（草案）	中国地理(2)	中国地理(2)	外国地理(2)	中国地理(2)	中国地理(2)	外国地理(2)
1953	中学教学计划（修订草案）	自然地理(3)	世界地理(2/3)	中国地理(3/2)	中国经济地理(2)	世界经济地理(2)	
1954	关于制发1955—1956学年度中学授课时数表的通知	自然地理(3)	世界地理(2/3)	中国地理(3/2)	外国经济地理(2)	中国经济地理(2)	
1956	中学地理教学大纲	自然地理(3)	中国地理(3/2)	世界地理(2/3)	外国经济地理(2)	中国经济地理(2)	

1956年，教育部颁布了中华人民共和国成立以来第一部教学大纲《中学地理教学大纲（草案）》。大纲明确提出中学地理课程："要使学生认识伟大祖国的自然界，认识我国历代人民在地理探险、发明创造和改造自然等方面的卓越成就""要使学生从地理这门课程里，了解社会主义国家、人民民主国家同资本主义国家在经济上和政治制度上的根本差异，认识社会主义和人民民主制度比资本主义制度具有无比的优越性。"从目标的表述中就可以看到教学大纲对地理课程要求非常规范、整齐划一，具有很强的政治指令性色彩[①]。

1956年版《中学地理教学大纲（草案）》要求，初中三年均开设地理课程。初一安排如

---

① 樊笑英. 基础教育阶段地球科学教育目标与内容设计研究[D]. 北京：北京师范大学，2008.

"地球的面貌""陆地表面的形状""地壳的变动"等自然地理内容；初二世界地理以大洲作为框架，国别讲述带有强烈的政治色彩；初三中国地理部分改变了以往通篇地方志的风格，用1/3的篇幅描述了中国的自然地理概况，压缩了各大区的分区地理。高中开设两年地理课程。高一"外国经济地理"遵循之前一贯的世界分大洲方式编写；高二"中国经济地理"按照地理分区的形式编排；经济地理部分侧重于工业、农业、交通运输业等经济内容的讨论，对首都、重要城市和海港给予了高度的关注。

从大纲对教学内容的要求来看，教学主要以陈述地理事实为主，较少探讨规律性的内容，重在描述，而缺少解释，仍有地方志的特点。综合对比来看，世界地理和外国经济地理之间，中国地理和中国经济地理之间的重复普遍存在。这反映了当时教育求成心切，意欲通过教育振兴国家经济，培养后备人才，但是在内容的选择上却没能充分考虑教学的容量和学生的接受能力，过多、过全、过细，可谓面面俱到，加之受政治因素影响，阻碍了教学实施[1]。

1956年我国社会主义改造基本完成，当年秋季开学，大部分学科开始执行这部教学大纲，并使用相关的新编或改编的教科书和教学参考书。1953—1956年，高小和中学地理课程连续开设7年，各学年每周合计达16课时，是我国普通中小学地理教育学习年限较长、课时较多时期之一。

第二节　教育改革与探索时期（1957—1966）

在1956年版《中学地理教学大纲（草案）》的指导下，新编的地理教科书相继出现，并呈现出了诸多的优点，如"一般地注意了各学科的科学性、系统性；不同程度地加强了教科书的思想性；一般都有教学大纲，多半都有教学参考书，对教师的教学有一定帮助"[2]。但是在使用中存在很多问题，总结起来比较突出的问题是"要求高，分量重，内容深"[2]。为此，国家做出了减轻学生负担的决定。

1957年3月7日，毛泽东和七省市教育厅局同志等座谈中小学教育问题时指出："全国统一的教学计划和教材是否合适？江苏和湖南情况就不一样。""教材要减轻，课程要减少。教材要有地方性，应当增加一些地方乡土教材。""教材要包括各地方的情况，要允许各地方自编教材，如地理（如湖南省）、文学（如当地文学家的作品）、动物、植物"。从此，全国吹响了精简课程和教材的号角[3]。

1957年4月，华南师范学院地理系李华健在《人民日报》发表文章指出，中学地理课程的安排存在诸多的不恰当：（1）部分内容不合乎科学性和量力性原则，特别是初一自然地理，

---

① 樊笑英. 基础教育阶段地球科学教育目标与内容设计研究[D]. 北京：北京师范大学，2008.
② 教育部. 关于中学历史、地理、物理、生物等科教科书的精简办法，转载自《20世纪中国中小学课程标准·教学大纲汇编（地理卷）》. 北京：人民教育出版社，2001.
③ 杨尧. 中国的近现代中小学地理教育史[M]. 西安：陕西师范大学出版社，1990.

其地理内容也存在这样问题。(2) 高中经济地理没有必要。建议将地理课程调整为初二中国地理，初三世界地理，高一自然地理，高二中国自然地理，高三外国（或各洲）自然地理[①]。

1957年6月，教育部发出《关于1957—1958学年度中学教学计划的通知》，其中规定地理课程：初一自然地理，授课时数每周减去1课时变为2课时（未开外语的学校，仍维持每周3课时），减去的1课时用于外语课，教材内容由各地自行适当精简；停开外国经济地理，以减轻学生负担，提高学生学习质量；准备合编中外经济地理为经济地理，在高中二年级讲授。

1957年8月1日国家颁布了《关于中学历史、地理、物理、生物等科教科书的精简办法》。精简的基本原则是：不打乱学科系统；精简过难的、次要的、重复的、头绪过多的教材。同月9日，教育部发出通知，精简小学语文、历史、地理教材。

1958年5月，中共八届二中全会制定"鼓足干劲，力争上游，多快好省地建设社会主义"的总路线。会后，全国城乡迅速掀起"大跃进"的高潮。同年9月，中共中央、国务院发布《关于教育工作的指示》，该指示暴露出了比较明显的"左倾"思想，全国的教学改革运动也开始轰轰烈烈地展开。当时的教育改革形式有两种：一种是多数学校在保持十二年学制下，改革教学计划、教材和教学方法；一种是少数学校进行学制改革的试验[②]。各地开始了缩短中小学学制的改革试验。其中试验的新学制有：小学五年一贯制、中学五年一贯制；中小学七年、九年、十年一贯制；中小学九、二制；中小学三、四、二制；中学初高中四二制、三二制、二二制；中学四年制等。此外，有些地区还进行文理分科、半工半读等试验。在试验的过程中，各地制定了相应的教学计划和教学大纲，并根据学习要求，对通用教材进行了增、删、补等多种形式的修改。

1958年，北京师范大学附中教改小组撰写《北京师大附中四年一贯制地理学科教学改革的几个问题总结》一文，并刊登于1958年10月的《北京师范大学学报》办学经验总结专号。在四年一贯制教学计划中，地理开在一、二、三年级，每周2学时，总课时数为240学时，如图11-1所示。

据1960年9月统计，全国有27个省份进行了学制改革实验，参与实验的中学有3 000余所，占当时地方中学总数的18.4%[③]。1961年2月，教育部召开10省市普通教育新学制试点学校座谈会，指出当时对教改的理解过于片面，确定当前只试验十年制学制。同时，中央文教改革小组提出，今后不再进行九年一贯制的试验，之后学校分批改为中小学十年制。通过1961年对学制改革试验的总结和调整，学制试验的规模得到了控制。

---

① 李华健. 对目前中学地理课程的安排的意见[N]. 人民日报，1957.4.
② 杨尧. 中国的近现代中小学地理教育史[M]. 西安：陕西师范大学出版社，1990.
③ 杨尧. 中国的近现代中小学地理教育史[M]. 西安：陕西师范大学出版社，1990.

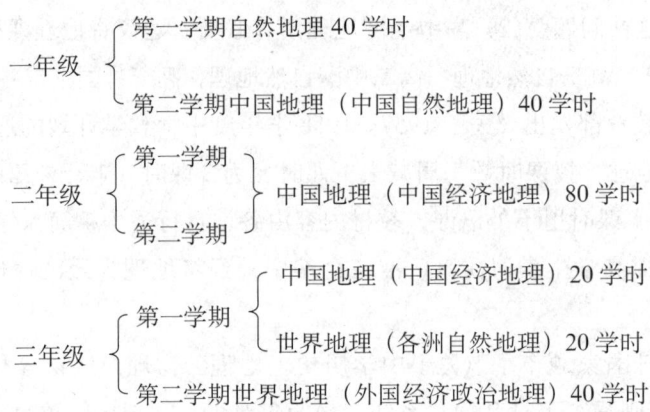

图 11-1　北京师范大学师附中四年一贯制地理学科课程设置

中华人民共和国成立之初到 1959 年，高等学校招生采取全国统考，地理、天文、地质、气象、农、林、水利等专业要考地理，但自 1960 年高考地理被取消，地理在中学课程中的地位和作用大大减弱，对地理教育的发展带了极大的冲击。1961 年 4 月，中共中央文教小组召开会议讨论中小学教材问题，会议决定逐步将现行十年制教材向十二年制教材转变。随后《中共中央关于讨论试行全日制中小学工作条例草案和对当前中小学教育工作的几个问题的认识》《全日制中学暂行工作条例》等陆续颁布。我国中学地理教育的发展逐步迈入正轨。

1963 年 5 月，教育部颁布了《全日制中学地理教学大纲（草案）》，明确地理教学内容安排的原则是：以自然地理知识为基本内容；必须是地理科学中的基础知识；既要有足够的事实材料，又要有学生能够接受的基本原理。内容的安排需要从整体到部分；国家和地区的顺序主要按地理方位排列；以自然地理知识的内在联系为线索，恰当地结合经济地理和其他地理知识；基本技能训练的安排要同基础知识密切配合。即认为学生必须掌握一定数量的地理事实材料才能够理解基本原理，所以分析原理规律的前提是要掌握大量事实材料；此外强调了关注学生技能训练等。这与当时国际上盛行的要素主义、结构主义思潮，注重学科知识体系的课程观相一致[1]。

在 1963 年颁布的教学大纲中，初中地理只涉及中国自然地理和区域地理两大部分，世界地理被安排在高中学习。其中，中国地理包括准备知识、全国地理、省（自治区、直辖市）地理和本省（自治区、直辖市）地理。世界地理包括全球概论、大洲地理和主要国家地理。依照教学大纲编写的教材只有《中国地理》面世且投入使用，高中地理教材因"文化大革命"而终止编写。

从 1957 年开始一直到"文化大革命"结束，地理课程基本上属于教学内容和教学时数削减的时期。通过对历年《中学教学计划的通知》的整理可以看到，地理课程从 1957 年每周 12 学时，削减到 1958 年每周 8 学时，再到 1959—1962 年的每周 5 学时。在"文化大革命"期间，全国大部分中学停开地理课。

---

[1] 樊笑英. 基础教育阶段地球科学教育目标与内容设计研究[D]. 北京：北京师范大学，2008.

表 11-2　1957—1966 年颁布的中学地理课程大纲及地理课程设置情况

年份	大纲或标准	初中一年级 内容（周学时）	初中二年级 内容（周学时）	初中三年级 内容（周学时）	高中一年级 内容（周学时）	高中二年级 内容（周学时）	高中三年级 内容（周学时）
1957	关于 1957—1958 学年度中学教学计划的通知	自然地理 (2/3)	中国地理 (3/2)	世界地理 (2/3)		经济地理 (3)	
1958	关于 1958—1959 学年度中学教学计划的通知	地球知识和中国地理 (3)	世界地理 (2)			经济地理 (3)	
1959	关于 1959—1960 学年度中学教学计划的通知					地理知识（下学期开设 1）	
1960	关于 1960—1961 学年度中学教学计划的通知					地理 (1)	
1961		地球科学、中国地理、世界地理。一学年或两学年学完					
1963	全日制中学地理教学大纲（草案）	中国地理 (3)	世界地理 (3)				
1966		地理 (0~2)					

第三节 "文化大革命"时期（1966—1976）

"文化大革命"期间，整个教育事业受到空前的破坏，处于"三无"状态：全国没有统一的学制；没有统一的教学计划，各省自己决定；没有统一的教材，各省自编、自印。地理教学处于可有可无的境地，即使有地理课，也多被非地理学科占据。

第四节 恢复发展时期（1977—1985）

"文化大革命"以后，地理教育逐渐开始振兴，地理课程得以恢复，学时增加。除初中开设地理外，小学和高中也相继开设地理课程。教学内容开始出现了初中以区域地理为主，高中以系统地理为主的分化；指导思想上，逐渐明确了以人地关系和可持续发展理论作为教学的核心。

1978年，教育部颁布了《全日制十年制学校中学地理教学大纲（试行草案）》，中学初一设中国地理、初二设世界地理。大纲规定地理教学的目的在于："使学生掌握中国、世界各大洲、大洋和主要国家的地理基本知识；使他们掌握运用地图的初步本领；培养辩证唯物主义观点，无产阶级爱国主义和国际主义的精神，把祖国建设为社会主义的现代化强国的雄心壮志。"此时的中学地理教育教学注重基础知识学习和基本技能培养，简称为"双基"教育。

该教学大纲中，初一中国地理加入了"利用自然改造自然"等内容，重点涉及了"土地资源的利用、森林资源和造林绿化、水资源的开发和利用、矿产资源的开发利用、因地制宜发展农业、改变工业布局加速内地建设、海洋资源和海洋事业"等内容；初二世界地理中对社会主义体制国家内容的安排明显减少，选择国家的标准不再是1956年所奉行的社会主义国家和资本主义国家的阵营差别，而是真正从区域影响力的角度来选择国家。

虽然初中课程以区域地理为基本内容，但大纲明确要求以自然地理知识为重点，并适当地将地理学的基本原理分散于区域地理中。且大纲强调教学将知识教育与思想教育相统一，强调学生运用地图和开展课外活动，强调通过地理技能来巩固地理知识，这是我国地理教学大纲中首次明确提出活动、技能、思想教育三者相互结合，并强调抓住区域地理特征和有关内容的内在联系，突出地理学的科学性[①]。

1979年4月，《人民日报》刊登了宫景隆等四人建议将现行十年制中小学学制恢复到十二年制的文章。之后，各地开始陆续发表了众多有关学制改革的文章。1980年，在中国科学技术协会第二次代表大会上，又有11个全国性的学会联名要求加强地学教育。1980年12月，教育部在天津召开全国教育工作会议，会议提出：要有计划、有步骤地进行教育体制的改革，逐步建立中国式的社会主义教育体系。

表11-3 1977—1985年教育部颁布的主要地理教学大纲

年份	名称	初中一年级 内容 （周学时）	初中二年级 内容 （周学时）	高中一年级 内容 （周学时）	高中二年级 内容 （周学时）	高中三年级 内容 （周学时）
1978	全日制十年制中学地理教学大纲（试行草案）	中国地理 (3)	世界地理 (2)			
1980	全日制十年制中学地理教学大纲（试行草案）	中国地理 (3)	世界地理 (2)			

---

① 樊笑英. 基础教育阶段地球科学教育目标与内容设计研究[D]. 北京：北京师范大学，2008.

1981年，教育部颁发了《中小学教学计划》，全日制重点中学恢复六年制，全日制小学和全日制一般中学虽仍各定为五年，但之后各地小学和一般中学纷纷自动恢复各为六年的学制，而且高中进行了文理分科。由此，中小学学制逐步恢复到12年制。同年，教育部颁布《全日制六年制重点中学教学计划（试行草案）》和《全日制五年制中学教学计划试行草案的修订意见》，其中规定在高中设置地理课，每周2课时，内容侧重于人类与地理环境及其相互关系的基本知识。

第五节 学科体系完善时期（1986—2000）

1985年，《中共中央关于教育体制改革的决定》公布，宣布分阶段、有步骤地实施九年制义务教育。不久，教育部撤销，成立国家教育委员会，简称"国家教委"。1986年，我国颁布了《中华人民共和国义务教育法》，这是中国教育发展史上的大事。随后，国家教委开始教育改革，组织编写新的中学地理教学大纲和教材。

1986年，国家教委颁布《全日制中学地理教学大纲》，与1978年之后颁布的历届教学大纲相比，该教学大纲对教学目标、内容等各方面的表述更加准确、合理。其确定中学地理教学的目的是："在小学地理教学的基础上，使学生获得比较系统的地理基础知识和基本技能，并积极发展学生的地理思维能力和智力，培养他们学习地理的兴趣、爱好和独立吸取地理新知识的能力。中学地理教学应使学生进一步受爱国主义、国际主义、辩证唯物主义、历史唯物主义的思想政治教育以及有关的政策教育，还要对学生进行科学的资源观、人口观和环境观的教育。此外，还应该结合乡土地理的教学，对学生进行热爱家乡的教育，使他们树立把祖国建设成为社会主义现代化国家的雄心壮志。"教学目标在使学生获得比较系统的地理知识和地理技能以外，还强调了地理思维能力、独立学习能力的培养，增强学生学习地理的兴趣、爱好和独立吸收新地理知识的能力[1]。虽然大纲提出了素质教育以及对科学的地理观念的培养，但是对具体能力获得的方法和措施并没有进行强调，即对学生"过程与方法"技能要求存在明显的缺失。

1986年，地理大纲对教学内容的要求是"正确阐明人地关系；贯彻'教育要面向现代化、面向世界，面向未来'的精神；根据教学计划对地理学科的要求和安排，以及地理学科的性质、特点，学生的年龄特征，精选教材内容。"课程内容较以前有了显著的变化，它明确提出了考虑教学、学科和学生的特点，同时在目的和内容上加入了环境教育的理念，强调了地理内容向科学和社会生活的转化。

20世纪80年代以后，人文地理开始复兴，带动了中学人文地理的教学。高中地理教学内容打破了传统的本国地理和外国地理的划分，形成了以"科学的资源观、人口观、环境

---

[1] 李家清，李文田. 30年中学地理教学改革之回顾与启示[J]. 中学地理教学参考，2009（4）：4-7.

观的教育"为指导思想的内容框架。自然地理采用四大圈层的结构模式,反应地理科学系统内部的划分原则,注重科学知识体系的系统性,学习内容的安排顺序也具有很强的内在逻辑性,组织非常严密;人文地理内容选择了与人类生产生活密切相关的资源、能源、农业、工业、人口城市、人类和环境等。在具体内容安排中,高中地理教学内容包括了"地球在宇宙中""地球上的大气""地球上的水""地壳和地壳变动""地球上的生物圈和自然带""自然资源和自然保护""能源和能源利用""农业生产和粮食问题""工业生产和工业布局""人口和城市""人类和环境"等11个主要方面。除了对教学内容的重新整合,许多新的地球科学的成果也被纳入了地理教学之中,如板块构造学说、大气环流形成的气压和风带及对气候的影响等。

地理教学大纲对知识点的要求详细且具体,虽然对教学起到了很好的引导作用,使得教学有章可循,但也束缚了创造性的教学活动,形成了典型的教师讲学生听的传授式教学模式[1]。

当时,中学地理课程设置分为三种模式:一是适合全国大多数地区的地理课程,国家教委委托地理教学大纲由人民教育出版社地理室(陈尔寿、徐岩等)、北京师范大学地理系(郭瑞涛、王民等)、北京教育学院(郭正权、李志媛等)编写,并在全国进行实验;二是上海市的地理课,由上海市编写试验的地理教学大纲,并在上海进行实验;三是综合课,由浙江省编写综合课的教学大纲(包括地理),并在浙江省进行实验。编写第一种地理教学大纲的三个单位在各自完成大纲初稿的基础上,共同讨论,形成了九年制义务教育《全日制初级中学地理教学大纲(初审稿)》,国家教委于1988年颁布。根据这个大纲,人民教育出版社、北京师范大学、广东省、四川省等开始编写教材,并陆续在全国进行实验[2]。

表11-4 1986—2000年颁布的中学地理教学大纲及地理课程设置情况

年份	名称	初中一年级 内容 (周学时)	初中二年级 内容 (周学时)	高中一年级 内容 (周学时)	高中二年级 内容 (周学时)	高中三年级 内容 (周学时)
1986	全日制中学地理教学大纲	中国地理(3)	世界地理(2)	高中地理(2)		
1988	九年制义务教育全日制初级中学地理教学大纲(初审稿)	中国地理(3)	世界地理(2)	高中地理(2)		
1990	全日制中学地理教学大纲(修订本)	中国地理(3)	世界地理(2)	高中地理必修课(3)		高中地理选修课(3)
1992	九年制义务教育全日制初级中学地理教学大纲	中国地理(3)	世界地理(2)	高中地理必修课(3)		高中地理选修课(3)

---

[1] 樊笑英. 基础教育阶段地球科学教育目标与内容设计研究[D]. 北京:北京师范大学,2008.
[2] 王民. 地理教学大纲与地理课程标准的比较[J]. 中学地理教学参考,2005(9):6-8.

续表

年份	名称	初中一年级 内容（周学时）	初中二年级 内容（周学时）	高中一年级 内容（周学时）	高中二年级 内容（周学时）	高中三年级 内容（周学时）
1996	全日制普通高级中学地理教学大纲（供试验用）			高中地理必修课（3）	人文地理（选修）（1）	中国地理区域研究（选修）（2）
2000	九年义务教育全日制初级中学地理教学大纲（试用修订版）	世界地理（3）中国地理（2）				
2000	全日制普通高级中学地理教学大纲（试验修订版）			高中地理（3）	人文地理（选修）（1）	中国地理区域研究（选修）（2）

1990年，《全日制中学地理教学大纲（修订本）》颁布，其规定中学地理的教学目的是"应使学生进一步受到……有关的国情、国策教育……资源观、人口观和环境观的教育……热爱家乡的教育，使他们树立把祖国建设成为社会主义现代化国家的雄心壮志"。根据教学大纲的要求，普通高中的地理课程分为了必修课和选修课两部分，课时有所增加。必修课主要介绍宇宙、自然地理环境、人文地理环境；选修课主要介绍人文地理专题、中国国土整治的内容。

1991年3月，江泽民总书记致信李铁映、何东昌，强调"进行中国近代史现代史及国情教育，使小学生、中学生、大学生认识人民政权来之不易，提高民族自尊心自信心。"为此，1991年国家教委颁布了《中小学加强中国近代、现代史及国情教育的总体纲要（初稿）》，要求地理学科加强人口、资源、环境、民族方面的教育，并逐一做出了具体要求。同年，《中小学地理学科国情教育纲要（试用）》颁布，对教育内容进行了进一步细化，按照这个纲要，编制出版了初中《地理国情教育图册》，在初一使用。图册分为七个专题：①领土辽阔，山川壮丽，自然灾害频繁多发；②资源比较丰富，但利用不尽合理；③人口众多，人均资源少；④中国是统一的多民族国家；⑤社会主义建设成就巨大，但还是一个发展中国家；⑥地区差异大；⑦中国在世界中。

1992年，《九年义务教育全日制初级中学地理教学大纲（试用）》颁布，这是对1988年《九年制义务教育全日制初级中学地理教学大纲（初审稿）》进行实验、修订后颁布的正式文件，从1993年开始，全国实施九年义务教育阶段的地理课程。与1988年颁布的初审稿相比，该大纲（试用）做出了几点修改：一是大纲的表述方式由原来的只列出内容要点，改为对知识要点和能力培养提出分层次的明确要求，知识要求分为三个层次，即识记（包括知道、记住）、理解、应用；能力要求分为初步学会、学会两个层次；也明确提出了思想教育要求。这是中国地理课程发展中，第一个提出明确教学目标要求的具有现代意义的大纲。二是调整了部分内容。世界地理因苏联解体，由"东欧和苏联"改为"欧洲的东部和北亚"，增加"中亚"部分；将"西亚和北非"拆开为"西亚"和"北非"两个部分。中国地理中将"中国的乡村与城市"删去，其内容分解在区域地理之中；增加"中国的农业""中国的工业"两个部分；将"中国的三大自然区域""中国的三个经济地带"合并为"中国的地理分区"。将国情教育的基本观点融入教学内容中，例如，将"合理开发保护土地资源，珍惜每一寸土地""保护森林资源和绿化祖国的重要意义"以及"合理开发利用矿产资源"等内容经过细化，融入教学大纲中。

1994年，《关于印发中小学语文等23个学科教学大纲调整意见的通知》对地理教学大纲中规定的内容进行了删减，删除了一些小国家和一些不需要学生重点掌握的内容，例如"地图与平面图的区别、地图的缩放、地球在宇宙中、大陆岛、生产力的发展使人类活动范围扩大"等；同时将"英国"和"新加坡"相关的内容由必修调为了选修。

1994年，国家教委开始组织与九年义务教育初中地理大纲相衔接的普通高中地理教学大纲的编制。国家教委制定的高中课程方案中，高中三个年级均开设地理课。其中，高一是必修课（每周3课时），面向全体学生，高二（每周1课时）、高三（每周2课时）是限定性选修课，即文科学生必修。

构建高中的地理课程体系，既要继承当时使用的高中地理教学大纲的优点，又要有所创新，还要减轻负担，联系中国的地理国情。高中地理大纲编制组比较研究了30多个国家的高中地理课程，提出了我国高中地理课程的构想。

1996年5月，国家教委颁布了历经两年多次修改完成的《全日制普通高级中学地理教学大纲（供试验用）》。这个大纲构建出一个新的课程体系：高一、高二为系统地理，高三为区域地理。高中地理教学大纲提出：普通高中地理教学的目的，是使学生获得比较系统的自然地理和人文地理基础知识，了解当代中国区域研究所面临的重要课题；培养学生的地理基本技能，发展学生的地理思维能力，以及独立学习地理知识的能力，能够运用地理科学理念、知识和技能对人类与环境的问题做出正确的判断和评价。

在具体课程设置中，高一地理为必修，旨在让学生获得比较系统的自然地理和人文地理知识。高二、高三为文科类限选，内容为中国区域研究所面临的重要课题。在先前的基础上，大纲对主要内容作了小范围调整，加入了"人类旅游活动""人类的生产活动和地域环境"，将"人类和环境"分解为"人类面临的全球性的问题"和"可持续发展问题"；对选修课程的内容作了大范围调整，变为了若干重要的研究专题，如"人口与环境、城市的地域结构、文化与文化景观、领土与国力"以及"地理区域研究、中国的区域差异、中国国土的整治与开发、乡土地理的调查研究"。此时，高中自然地理打破了原有四大圈层的结构，以突出人类与环境关系，强调环境对人类发展的重要意义。这一阶段，国际上环境教育开始向可持续发展教育转变，所以人地关系思想成为整个中学地理课程设计的基本理念。

依照1996年版《全日制普通高级中学地理教学大纲（供试验用）》新编的地理教材（人民教育出版社编），随后开始在天津、山西、江西进行试验，受到好评。北京市教委根据北京市高中的情况，在新大纲的基础上增加了一些内容，编写了北京市高级中学实验课本《地理》。从 1999 年秋季开始，课本在北京市的一些高中进行实验，也受到了好评。

在高中教材的编写和实验过程中，学者们逐渐发现教学大纲中"四大环境"的提法逻辑混乱，如水循环的内容到底放在海洋环境、陆地环境还是大气环境中，进而围绕"四大环境"的提法是否科学，展开了争论。人民教育出版社陈尔寿先生多次写信给大纲编制组和国家教委的领导，提出"四大环境"的提法有科学性错误，建议修改[1]。在高中地理教学大纲中采用的"四大环境"的提法，可以从《现代科学技术基础知识》一书中找到出处。据载在 1981 年召开的国际宇航联合会第 32 届大会上，陆地、海洋、大气层和外层空间分别被称为人类的第一、第二、第三、第四环境。由于对"四大环境"提法存在争议，大纲编制组为此进行了多次讨论，国家教委又邀请了陆大道、赵济、丁登山、向学禹等专家对此进行评议。专家们认为地球是圈层结构，"四大环境"不是地理学的分法，其划分标准存在矛盾，建议修改。大纲便将宇宙环境、大气环境、海洋环境和陆地环境改为宇宙、大气、海洋和陆地。

根据试验情况，教育部对大纲又做了适当的调整，并于 2000 年 2 月颁布了《全日制普通高级中学地理教学大纲（试验修订版）》，在全国使用。

至此，我国中学地理课程的建设以 2000 年 2 月教育部颁布《全日制普通高级中学地理教学大纲（试验修订版）》和 2000 年 8 月教育部颁布《九年义务教育全日制初级中学地理教学大纲（试用修订版）》为标志，完成了地理课程整体框架的建设。初中地理包括地球地图、世界地理、中国地理（含乡土地理）；高中地理必修课为系统地理，选修为人文地理及中国国土整治和区域开发，并加入了世界政治经济地理格局的内容。同时开始注重学生的探究性学习，在初中增加了"学生实践活动"，高中增加了"研究性课题"。

从 1986 年至 2000 年，我国用了 15 年时间，平稳地、正常地完成了从初中到高中、从课程教学大纲到教材的整体建设。这是我国地理教学走上正轨的具体体现，为我国后来的地理课程教学改革打下了扎实的基础。

王民在 2001 年出版的《地理课程论》[2]一书中，比较系统地分析了这一版本的初中、高中地理教学大纲的内容结构，得出一些基本的数量关系。

这一版本的初中、高中地理教学大纲的内容结构呈现以下特点：

1. 在新颁布的初中地理教学大纲中，课时与内容要点的比例是 1 : 2.6；在新颁布的高中地理教学大纲中，课时与内容要点的比例是 1 : 0.6。这反映了初中、高中不同的课时内容容量。

2. 不同年级的内容要点的层次要求表现为随着年级的升高，需要"了解"的层次逐渐降低，"理解"的层次逐渐增多。表现地理课程在初中、高中阶段的不同特点。

---

[1] 陈尔寿．对高中地理新大纲（试验修订本）自然地理部分"四个环境"知识结构的商榷[J]．中学地理教学参考，2002（5）：9-11．

[2] 王民．《地理课程论》[M]．南宁：广西教育出版社，2001．

3. 我国中学地理课程中，系统地理知识与区域地理知识的学时比例大体为 5.5 : 6.5；系统地理与区域地理内容要点的数量比例大体为 1 : 2.5。

4. 系统地理内容要点数量的比例为"了解：理解：应用 =35 : 15 : 1"；区域地理内容要点的层次比例为"了解：理解：应用 =170.5 : 24.5 : 1"。进一步比较"了解与理解"的关系，系统地理是 7 : 3，区域地理是 7 : 1。说明系统地理内容要点中"了解"的比例大于区域地理；区域地理内容要点中"了解"的比例大。这反映了系统地理与区域地理的知识特点和不同功能。

5. 中国地理的总论与分论的比例为 65 : 35。根据教学实践和中国与德国地理课程的比较，应该适当地提高中国地理分论的比例，适当的比例在 60 : 40 至 50 : 50 的幅度内。

6. 自然地理与人文地理的比例为 36 : 64，这个比例是经过 15 年地理课程改革的一个自然的结果。自然地理与人文地理合理的比例关系应该根据课程目标、使用对象与所在国的背景情况而定。自然地理的内容应不少于 30%，否则，会对地理课程的整体功能产生影响。

"初中地理内容安排先中国后世界好，还是先世界后中国好"的问题，是这次初中教学大纲修订中出现并引起关注的一个热点，也是地理教科书编写的一个基本问题。

地理课程内容的展开方式是指地理课程内容的安排顺序，一般分为两种：一是由近及远；二是由远及近。由近及远是从身边的地理事物开始，逐渐向远处、向外展开，直到世界，这对应课程论中的心理结构；而由远及近则是从世界开始，逐渐向近处、向内叙述，最后到达学生身边地理事物，也就是学生的家乡，这对应课程论中的逻辑结构。反对由近及远展开地理课程内容的理由主要有两个：一是这样展开容易使学生以偏概全，以先学小范围的区域现象和特征代替全球性的现象和特征，不利于教学。二是认为假如不先了解世界地理的特点，就无法深入地理解中国地理。有人以气候为例，认为不学习世界的气候类型，就无法理解中国亚热带季风气候的独特性。仔细分析这两个理由所反映的问题，都是可以解决的。对于所谓"以偏概全"的问题，恰恰相反，先学习小范围区域，再学习世界地理，更容易理解不同层次的区域特点。这与人类认识世界地理的途径是一致的。至于哪些是小尺度区域的特点，哪些是大尺度区域的特点，哪些是全球尺度的特性，应该说是明确的。而第二个理由只对一部分学生适用，对于那些原有地理知识有限，抽象思维能力较弱的初一学生则不适用，因为他们对世界地理知识本来就不容易理解，即使记忆，也是死记硬背，很难长久保持下去。所以，在学习中国地理时，先前所学的世界地理知识很难有效的提取出来，以帮助学生对新知识的理解和掌握。例如，初一学习世界气候，由于较为抽象和陌生，学生不易懂，到初二再学习有关内容时，大多数学生的头脑里只剩下一些零散的气候类型知识。即使教师提醒，唤起的也多半是学生关于区域气候形象性的知识。另外，初一学习世界地理还会遇到大量的外国地名，学生在记忆上有困难。掌握这些知识需要经验和表象，而很多地区的中学生缺乏的正是这一点。这就需要为学生建造认知的桥梁——"近"就是"远"的认知桥梁。

20 世纪 90 年代初，王民等翻译了 30 多个国家和地区的初中地理教学大纲，并进行比较分析发现，世界上多数国家的中学地理课程采用由近及远的展开方式[①]。具体来看，由近及远的展开方式有：家乡—乡土—本国—本洲—他洲；乡土—邻省、区—国家—次一级区域—本洲—他洲；国家—世界；家乡—世界地理专题—本洲—国家；所在的洲—较远的洲、地区；乡土—国家等多种。从上述不同的展开方式看，在由近及远的展开方式中，"近"是一个相对的概念。由于存在多个出发点，所以到达世界的路径也就没有一定之规。由家乡到世界严格地逐级展开的方式比较少见，往往跳跃式展开。跳跃的多少依所在地区的地理教学目标、小学地理教育状况、中学学制、课时等因素而定。从课程论来讲，一般的倾向性做法是在高年级采取逻辑结构的内容教学，而在低年级采取心理学结构的内容教学。

由远及近展开的方式有：从世界到国家，世界地理的安排是多样的，有从本洲到他洲，也有从他洲到本洲；从世界地理专题开始，由发展中国家到发达国家；由区域（具体选择根据需要而定）到家乡。考察由远及近展开中学地理课程内容的国家，发现它们的小学地理教育总体上要比由近及远展开中学地理课程内容的国家或地区更正规、完备、严谨。日本、芬兰、德国的小学地理都是从家庭、学校附近的地理要素开始，通过社区、乡土、邻近省区、国家直至世界地理，课程内容中也包括一些自然地理和人文地理。小学地理教育愈完备，初中地理的出发点就愈远，到达世界地理的"路径"就愈短。

由近及远认识事物，特别是地理事物，是最基本的方式，其结果必然会导致由远及近的应用。因为由近及远的认识地理事物，在知识储备、思维能力达到一定水平时，采用先从整体上把握再分而学之，无疑是一种更为快捷、有效的学习方式。我们讨论这个问题，一定要考虑学生的年龄和心理特征。例如，高中学生和成年人学习、认识地理较多采用由远及近的方式，因为他们有了一定的地理和相关知识的储备，抽象思维已经建立。所以，如果小学的地理课程设置完备，教学正常，学生的地理知识较为扎实，则中学的地理课程应采用由远及近的展开方式。这除了前述的好处外，还有利于学生把注意力集中于本国地理及其相关问题的学习上，因为随着年龄的增长，学生理解力提高，可以较为深入地分析和研究一些地理问题，特别是本国地理的内容。

由上述分析可知，两种展开方式的优劣并不是绝对的，而应该视具体条件而定。心理学的研究表明，学生获取概念依赖适当的经验，在对新内容进行感知和理解时，必然要与原有的认识结构发生联系，因此学生已有的经验和知识的多寡以及稳定性、清晰度（可利用性、可辨别性），在很大程度上影响学生对新内容的掌握水平以及所花费的时间、精力。所以，采用何种地理课程内容的展开方式，必须要与所在地区学生地理知识的贮备紧密配合，而不能仅凭一些理论想当然。对于我国大多数地区而言，由近及远的展开方式是适宜的。因为这些地区的学生在小学所获得的地理知识极为有限，再加之师资、课时、设备等条件的限制，课本上的知识又打了折扣。所以很有必要在中学地理课程中，由近及远地展开地理课程内容。随着地理课程内容的展开，学生拓宽了视野，在了解近处熟悉区域的基础上，一步步消化、

[①] 王民.《地理课程论》[M]. 南宁：广西教育出版社，2001.

吸收，逐渐超越自己所习惯的环境和思维方式，并建立起时空的概念。这种展开方式在小学地理课程不很完备的国家和地区被采用，也从另一个角度证明了它的合理性。另外，王民等研究了1902年《钦定学堂章程》颁布以来的近40个中学地理课程标准和教学大纲，几乎都是以先中国，后世界的方式安排区域地理内容[①]。

第六节 新世纪地理课程改革时期（2001—2019）

2001年，教育部印发《基础教育课程改革纲要（试行）》，我国开始了新一轮的中小学课程改革，随后教育部相继颁布了《全日制义务教育地理课程标准（实验稿）》（2001）和《全日制普通高中地理课程标准（实验稿）》（2003）。此次改革使用课程标准代替了教学大纲。

"课程标准"一词早在1912年《普通教育暂行课程标准》便得以应用，并延续至中华人民共和国成立初，由于学习苏联，才将"课程标准"改为"教学大纲"。"课程标准"和"教学大纲"的概念有所区别，主要表现在教学大纲容易同教师的教学提纲混淆，而课程标准这一名称则比较简洁、明确；其次，课程标准的内容比教学大纲涉及领域更广泛，它不仅包括教学目的、教学内容和要求等项目，还包括课程性质、基本理念、设计思路、课程目标、活动建议、教学建议、评价建议、课程资源的开发与利用、教材编写建议等项目；再次，课程标准对于教学内容和要求的陈述，不再像以前的教学大纲一样，基本上只是一个纲目，而是采用行为目标的方式进行陈述[②]。

此次颁布的地理课程标准在解决"对中学地理教学改革的指导思想及教学目标适应时代、社会及学生发展需求"这一基本问题时发生了根本性的变化，即由传统的注重双基的"客观反映论"向三维一体的"主体构建论"转变。

表 11-5 2001—2019 年颁布的中学地理课程标准及地理课程设置情况

年份	名称	初中一年级 内容 （周学时）	初中二年级 内容 （周学时）	高中一年级 内容 （周学时）	高中二年级 内容 （周学时）	高中三年级 内容 （周学时）
2001	全日制义务教育地理课程标准（实验稿）	世界地理（2） 中国地理（2）				
2003	全日制普通高中地理课程标准（实验稿）			高中地理（1、2）（2）	地理（3） 地理（选修）（2）	地理（选修）

[①] 王民著.《地理课程论》[M]. 南宁：广西教育出版社，2001.
[②] 贺新生，韩丽君. 地理课程标准的简介及评价[J]. 教学与管理，2001（10）：56.

续表

年份	名称	初中一年级 内容（周学时）	初中二年级 内容（周学时）	高中一年级 内容（周学时）	高中二年级 内容（周学时）	高中三年级 内容（周学时）
2011	义务教育地理课程标准（2011年版）	世界地理（2）中国地理（2）				
2017	《普通高中地理课程标准》（2017年版）			必修课程（4）	选择性必修课程（6）	

2001年颁布的《全日制义务教育地理课程（实验稿）》规定我国初中地理的课程目标："通过7—9年级地理课程的实施，使学生能够了解有关地球与地图、世界地理、中国地理和乡土地理的基本知识，了解环境和发展问题；获得基本的地理技能以及地理学习能力；使学生具有初步的地理科学素养和人文素养，养成爱国主义情感，形成初步的全球意识和可持续发展观念。"

该课程标准在继承之前教学大纲的核心元素外，试图改革以前课程内容繁、难、偏旧和偏重书本知识的现状，加强课程内容与学生生活以及现代社会科技发展的联系，关注学生的学习兴趣和经验，精选终身学习必备的基础知识和技能。为此，该课程标准完全跳出了地方志式的内容编排，通过对世界地理的学习来认识区域、认识大洲、认识地区、认识国家；通过对中国地理的学习认识区域的位置与分布、区域间的联系与差异和区域环境和发展的问题。该课程标准主要包括地球与地图、世界地理、中国地理和乡土地理四大部分。其中，世界地理分为海洋和陆地、气候、居民、地区发展差异、认识区域五个部分；中国地理分为疆域和人口、自然环境与自然资源、经济与文化、地理差异、认识区域五个部分。

2003年颁布的《全日制普通高中地理课程标准（实验稿）》以人地关系为主线，以当前人类面临的人口、资源、环境、发展等问题为重点，突出了可持续发展的观点。课程内容被分解为三个必修模块和七个选修模块。必修涵盖了现代地理学的基本内容，体现了自然地理、人文地理和区域地理的联系与融合，具有极强的基础性和时代性；选修由"宇宙与地球""海洋地理""自然灾害与防治""旅游地理""城乡规划""环境保护""地理信息技术应用"组成，这七大模块涉及地理学的理论、应用、技术各个层面，突显了地理学的学科特点与应用价值。

教育部经过大量的调研和反复论证，修订并颁布了《义务教育地理课程标准（2011年版）》，虽然总体的内容框架变化不大，但对于具体内容的处理和对教学要求等方面都有所变化，更加适应当时的教学实际。

2018年初，教育部颁布了《普通高中地理课程标准（2017年版）》。《普通高中地理课程标准（2017年版）》进一步明确了高中地理教育的定位，进一步优化了高中地理课程的结构，强化了课程有效实施的制度建设，凝练了地理学科的核心素养，更新了教学内容，研制了地理学业质量标准，增强了指导性。

从2003年颁布的《全日制普通高中地理课程标准（实验稿）》到《普通高中地理课程标准（2017年版）》，历经14年，各方面的情况都发生了很大的变化。

1．突出社会主流价值。2012年，党的十八大报告提出"把立德树人作为教育的根本任务"；2014年，教育部印发《关于全面深化课程改革落实立德树人根本任务的意见》，提出"组织研究提出各学段学生发展核心素养体系，明确学生应具备的适应终身发展和社会发展需要的必备品格和关键能力"；2016年9月，北京师范大学发布《中国学生发展核心素养研究报告》，核心素养以培养"全面发展的人"为核心，分为文化基础、自主发展、社会参与三个方面，综合表现为人文底蕴、科学精神、学会学习、健康生活、责任担当、实践创新等六大素养，具体细化为国家认同等18个基本要点。

2．发展核心素养是基础教育课程改革的国际潮流。

3．通过对2003年颁布的《全日制普通高中地理课程标准（实验稿）》以来的课程改革进行反思，发现三维课程目标在落实中存在一些问题，如怎样更好地突出课程本质，培养学生创新能力等。《普通高中地理课程标准（2017年版）》提出的学科核心素养是知识和技能、过程与方法、情感态度和价值观的整合，而不是简单的学科与技能。学科核心素养和学业质量标准的提出，使课程改革又迈上了一个新的、更高的台阶，从课程目标到课程内容、再到学业水平评价，有了实质性的变化。

纵观地理课程设置百余年的发展，中国中学地理课程标准（教学大纲）规定下的中学地理课程及其内容经历了从简单的地方志，逐步融入了自然地理、人文地理、地缘政治等内容。随着社会的逐渐稳定、经济的不断发展、人民生活水平的提高和人口数量的增加，诸多社会问题随之产生，经济地理学、旅游地理学、人口地理学的内容不断向地理教材中渗透。教科书从最初的关注本国及世界各国的人地状况及其异同，转变为关注人类与环境的关系问题、民生问题、公民的爱国情感和民族精神，进而发展为关注国民经济的建设，乃至公民基本素养和国情问题，直至今日发展为关注整个人类环境的可持续发展问题。

第十二章

地理教育的理论研究

第一节　改造旧课程时期（1949—1956）

中华人民共和国成立之初，国民经济的迅速恢复和发展，对地理教育事业的发展起了极大的推动作用①。当时地理教育理论的任务主要在于运用马克思主义的立场、观点和方法，对地理教学中的错误思想进行批判，基本上清除了地理环境决定论、人口决定论及崇洋媚外的错误思想，同时增加了爱国主义、国际主义及劳动观点的教育，使得中学地理教育为巩固人民政权起到应有作用②。但从历史的角度来看，当时的批判否定过多，长期影响我国对西方地理学发展的注意和研究，以致扩大了我国地理教育与国外的差距①。此时初、高中依然沿用旧中国的教学计划，教科书也是由教育部推荐使用的几本旧中国的教材。

1949 年 11 月 29 日，人民日报发表一篇题为《人民地理教师怎样贯彻思想政治教育》的文章。1950 年，陈从天对当时地理教师及地理教育现状进行了分析，认为对置身在大都市且有丰富图书设备的学校中的优秀地理教师而言，可不用教本讲授地理课；但是对于大多数穷乡僻壤毫无设备的学校中的地理师生而言，只能选用现有的教本，学生也不得不使用现有的、编制不好的教本，必定会造成学生学习困难，使其丧失学习的兴趣③。因此，在中华人民共和国成立之后师生迫切需要地理课本。

从 1953 年起，我国地理教育进入了全面学习苏联阶段，学习苏联课程的设置，并依照苏联中学地理教科书的蓝本编写我国的地理教科书。苏联中学地理教学理论和实践指导有关的书籍大量传入中国，比较全面、系统地介绍了苏联中学地理教育的课程设置、教材和教学法理论。其中以学习凯洛夫教育思想为基础的中学地理教学法理论影响最大，相应的书籍如巴朗斯基的《经济地理教学法》、包洛文金的《自然地理教学法》、库拉佐夫的《地理教学法》、卡尔加洛娃的《中学外国经济地理教学法》等，为我国中学地理教学系统理论奠定了基础，促进了我国中学地理教育的正规化和科学化。

1956 年，教育部颁布了《师范学院地理系地理教学法试行教学大纲》，我国高等师范院校正式开设了中学地理教学法的课程，从而大大加强了我国中学地理教学的建设。在学习苏联理论的基础上，我国学者也开始系统撰写地理教学法的书籍，例如杨清波《小学地理教学法》、陈桥驿《小学地理教学法讲话》等，这是中华人民共和国成立以来我国有关地理教学法的有效尝试。

从区域地理划分的角度看，20 世纪 50 年代，《中国地理》教科书依然沿用了 1932 年以后

---

① 李春芬，王恩涌，张同铸，武吉华，刘树人，陈尔寿. 我国地理教育三十年（1949–1979）[J]. 地理学报，1980. v35（2）：97–107.

② 刁传芳，高如珊. 中学地理教学法[M]. 北京：北京师范大学出版社，1998：28.

③ 陈从天. 对提高中学地理教学效率的两个要求[J]. 地理知识 1950 年合订本：5.

教学大纲中的划分标准编写教材。但是随着国家政治格局的变化，国家行政中心不再是南京所在的中部地区，而改为了北京所在的北部地区，且国家行政区域和疆界变化明显，因此亟待需要对六大区域的划分进行调整，如 1949 年出版的开明新编初级《本国地理》延续了中部地方、南部地方、北部地方、东北地方、漠南北地方、西部地方的六大区域的划分，但 1950 年修订版则改为了华北地方、华东地方、中部地方、南部地方、北部地方[①]五大区域。

  1950 年开始，国家提出了全国中小学教材必须全国统一的方针，并开始组建了人民教育出版社统一编写全国教材。从此"一纲一本"的中国中小学教材格局形成，直到 20 世纪末才有所改变。人民教育出版社成立初期，《中国地理》教科书中的区域划分变化很大。1950 年，地理教科书将中国划分为 7 个大区：华北、内蒙古自治区、东北、华东、中南、西南、西藏[②]；1953 年，又将中国划分为 12 个大区：东北区、黄河下游区、长江下游区、长江中游区、东南沿海区、两广区、云贵区、四川区、西藏区、陕甘青区、新疆区、内蒙古区[③]。各区均讲述位置和地形、河流及其利用、气候、土壤和植物、居民和经济发展、交通和城市。

  1956 年，《中学地理教学大纲（草案）（1956 年）》颁布，规定中国区域划分以 12 大区作为标准。在教科书编写过程中，编写者对内容进行了一定的合并。1958 年，人民教育出版社出版初级中学课本《地理》，将"两广区"和"东南沿海"统一合并为了"华南区"。

  客观地看，学习苏联在总体上促进了中国地理教育的发展。但是，苏联中学地理教育中存在一些不正确或不适合我国国情的方面，例如"五段教学法"的推行，以及自然地理和人文地理的截然区分等，对我国后来地理教育的研究和实践产生了重要的影响。此外，当时的地理教科书比较注意学科系统性，但初中先教世界地理，后教中国地理，与中小学生由近及远的认知方式发生了极大的偏差，同时高中不设自然地理，仍反映地理学科系统的残缺不全对我国中学地理教学分科的影响[④]。

第二节　教育改革与探索时期（1957—1966）

  1958 年以后，国家进行教育改革，以贯彻"为无产阶级专政服务，与生产劳动相结合"的教育方针。这个探索是为了纠正我国地理教育盲目学习外国，没有考虑实际情况所带来的消极影响，但结果证明方向走偏了。为了突出政治与生产相结合，地理课变成了时事课、劳动技术课，降低了地理课的科学性[⑤]。此时强调人对环境控制能力与作用的"唯生产关系论"，

---

① 田世英. 开明新版初级中学地理（修订版）[M]. 上海：开明书店，1950.
② 田世英，曾次亮. 初级中学本国地理课本 [M]. 北京：新华书店，1950.
③ 王钧衡，田世英，陈尔寿，郭敬辉. 初级中学课本中国地理 [M]. 北京：人民教育出版社，1953.
④ 王祥珩. 现代地理学与地理教学 [M]. 广州：广东科技出版社，1991.
⑤ 王民. 地理课程论 [M]. 南宁：广西教育出版社，2001：41.

在地理教育中占了主导作用[1]。

但是，我们也应该看到地理教育界的努力。王钧衡先生在当时参与人民教育出版社编订地理教学大纲和编写中学地理课本之后，在《地理》杂志1962年第1期发表《中学地理教学中的矛盾及其解决途径的探讨》一文，认为在我国清末实施新教育以来的60年中，中学地理教学存在的主要矛盾有四个[2]：(1) 轮回设科同内容重复的矛盾。(2) 普通自然地理（简称普自）同年龄特点的矛盾。(3) 科学体系同教学体系之间的矛盾。(4) 中外地理总论与分论间的矛盾。

如何解决这些矛盾？文章指出："我国十二年制中小学校，从1963年暑期后，开始逐渐向这样的教学计划过渡：小学地理在五年级开设，初中中国地理和高中世界地理分别在初高中一年级开设。这种安排正是抓住了问题的症结来考虑解决所有矛盾的。"文章认为："由于我国十二年制中小学校的地理课程设置，从小学到中学采取螺旋上升，从而基本避免了教学内容上的重复。由于将自然地理知识和经济地理知识有机地结合起来，减少了门类。再加上由于技能训练和复习课有计划地安排在课堂教学中，尽量减少学生的课外负担。适当压缩地理课时而且减少学生的课外负担，这就使我们能够保证中小学教育的根本目的任务的完成，加强三门工具课程的教学"。

文章最后提出解决矛盾的途径："掌握新教材的基本精神，发挥教师的主导作用"，阐明"教学包括教材处理和教学方法两个方面。新编地理课本对教学内容的要求高。新课本能否发挥最大的作用，教学质量能否大大提高，关键在于教师。在教学中教师是能动的因素，是最活跃的因素。地理教师必须千方百计地提高自己的专业水平和教学方法水平，在教学中充分发挥主观能动作用。只有这样才能真正解决矛盾，才能多快好省地把地理教学质量大大提高一步"。

1958年以后，中小学课程压缩，虽然初中地理课程保留，但课时明显减少。为此，1960年，初级中学课本《地理》[3]和九年一贯制适用课本《地理》[4]等教科书，对课程内容进行了大范围简化。中国地理分区开始采用两套系统，即工业区以行政区位和工业发展情况为划分原则，划分为华北区、东北区、华东区、中南区、西南区、西北区；农业区以不同地区的自然条件和农业耕作情况为依据，划分为季风强烈的东部地区（包括西江流域、长江中下游、黄河中下游、大兴安岭及以东地区）；蒙新地区（包括内蒙古、宁夏、甘肃的一部分及新疆）；青藏地区（包括青海、西藏、云南西部、四川西部）。随后，一些地区的乡土地理教材也陆续效仿这种分区方法，如1972年广西壮族自治区中学试用课本《中国地理》、1974年吉林省中学试用课本《地理》、北京市中学课本《地理》等。

---

① 刁传芳，高如珊. 中学地理教学法 [M]. 北京：北京师范大学出版社，1998：30.
② 王钧衡. 中学地理教学中的矛盾及其解决途径的探讨 [J]. 地理，1962（1）.
③ 人民教育出版社. 初级中学课本地理 [M]. 北京：人民教育出版社，1960.
④ 北京师范大学地理系. 九年一贯制使用课本地理 [M]. 北京：北京师范大学出版社，1960.

1963年，国家颁布的《全日制中学地理教学大纲（草案）》中明确了中国地理的分区原则，即一般是把位置相邻、自然条件相近的省、直辖市、自治区分别组合，以便讲述共性，阐明区域特征。区域的排列顺序是从季风区到非季风区、从沿海到内陆，以便阐明全国自然条件分布的一些规律。由此，中国被分为七大区域：黑吉辽三省、黄河中下游五省一市、长江中下游六省一市、闽台粤桂三省一区、川黔滇三省、蒙宁甘新三区一省、青海省和西藏自治区。这种分区方式在我国地理课程标准中一直延续了近30年，如1962年北京市教育局中小学教材编审处编写，北京出版社出版了北京市初级中学试用课本《地理》、1963年人民教育出版社出版的初级中学课本《地理》、1974年北京市教育局教材编写组编写北京中学试用课本《地理》、1978年人民教育出版社出版十年制学校初中课本《中国地理》、1985年人民教育出版社出版初级中学课本《中国地理》都采用了这种分区方式。直至1986年以后，这种分区方式才逐渐被替代。

第三节 "文化大革命"时期（1966—1976）

1966年"文化大革命"爆发以后，地理课程在各学校基本上被取消，"地理无用论"盛行，师范院校的地理教育也出现了问题。李春芬等人认为，高等师范地理教育在前期发展中体制过分划一，培养目标和课程设置仅仅以中学现行课程为核心内容，当中小学地理课程在改革中受到冲击的时候，高等师范的地理教育也遭到了破坏；同时师范院校不需要搞科研，这在一定程度上影响了高等师范院校地理教学和科研水平的提高[1]。因此，当时的高等师范院校面临提高师资水平，教学和科研一起抓，通过自己组织编写教材和学术交流等活动以提高教学质量等诸多的改革要求。

综合而言，我国地理教育理论研究经历了从全面学习苏联，到不断开始反思，再到建设中国特色的地理教育的转变，教育改革势在必行。但是"文化大革命"的爆发，使得地理教育事业未得到发展便再次陷入了停滞甚至倒退的阶段，这一情况直到1977年才得以改善。

第四节 恢复发展时期（1977—1985）

1977年，全国高等学校统一招生考试恢复，地理被列为文科统考科目，这是我国中学甚至高等院校地理教育恢复和发展的一个重要转折点。1978年中小学地理课程得到初步恢复，1981年高中也恢复了地理课程，但地理课程的整体规模已经无法和1958年时相比。这一时期国家提出了地理教育要为社会主义现代化建设服务，提高全民族文化素质，造就有理想、有

---

[1] 李春芬，王恩涌，张同铸，武吉华，刘树人．陈尔寿．我国地理教育三十年（1949–1979）[J]．地理学报，1980．v35（2）：97–107．

道德、有文化、有纪律的"四有"新人。地理教育一方面在结合教育科学和地理科学的发展，为中学地理教育寻找理论基础，并且开始了教学方法、教材与教具等局部的改革试验，另一方面也在探讨中学地理教育整体发展的重大问题和改革，例如对课程设置、教材编写、地理能力的结构和思想教育体系的探讨，突出了整体改革的思想①。

1978年4月9日，北京地理学会召开了代表大会和地理教育学术年会，来自各科研单位、高校、出版机构和中学的109位代表参加了会议。在会议上，陈尔寿、吴履平发表了《从国内经验中探索我国中小学地理教育的途径》一文。文中统计和分析了世界主要国家的中学地理教学计划和课程设置，采用了大量的有说服力的材料论证了当时我国中学地理教学计划和课程设置的一些问题②。由此展开了对当时地理教育的大讨论，主要议题有：学制从12年改为10年以后，地理课时剧减的问题；地理被设在中学一、二年级，教学内容与学生年龄特征和接受能力之间的矛盾问题；地理教材过度地压缩和跳跃给教师的教学与学生的学习造成困难的问题等。随后，1979年地理教育学术年会围绕地理教育在社会中的地位和作用展开讨论，集中讨论了改变传统轻视地理教育思想的具体措施和做法等，以尽快使地理教育走出"文化大革命"时期所处的困境。

20世纪80年代，我国培养了陈澄等数十位硕士研究生，他们是我国自己培养出来的地理教育教学理论研究的专门人才③。褚亚平整理了当时的7篇硕士论文编写成了《80年代地理教育硕文》，这7篇论文主要涉及课程、教材、学习、教育技术四个方面的内容。课程方面，如学校地理课程结构的研究；教材方面，如教材现代化研究、教材智力结构研究和教材表述研究；学习心理学方面，如中学生地理概念学习心理变量及指导策略研究和中学生地理学习心理的研究；教育技术方面，如计算机辅助地理教学在英国的发展。正如本书前言所述"这本学术著作，是记载我国一个历史时代（迈进改革开放之路的年代）地理教育理论发展的里程碑，形成了80年代我国地理教育教学理论水平的重要标志"③。

"文化大革命"结束以后，我国相继出版了许多有关地理教学法的著作。例如，褚亚平等编著的《中学地理教学法》（人民教育出版社，1981年）、褚绍唐等编著的《地理教学法》（华东师范大学出版社，1982年）、张恒渤等编著的《小学地理教学法》（河南人民出版社，1983年）、刁传芳和高如珊等编著的《中学地理教学法》（北京师范大学出版社，1988年）、曹琦主编的《中学地理教学法》（高等教育出版社，1989年）、喻成炳等编著的《地理教学法》（西南师大出版社，1989年）等。

自从1977年高考恢复地理学科以后，教育部分别于1978年、1981年、1986年三次修改了《全日制六年制中学地理教学计划》来指导地理教学。各类教学实验、地理教育专题研讨活动开展得非常广泛。地理教育相关杂志，如上海华东师范大学主办的《地理教学》、重庆师

---

① 刁传芳，高如珊.中学地理教学法[M].北京：北京师范大学出版社，1998：31.
② 王永昌.北京地理学会召开的代表大会和地理教育学术年会[J].地理知识，1979（6）：29.
③ 褚亚平.80年代地理教育硕文[M].北京：测绘出版社，1991：I.

范大学主办的《地理教育》、陕西师范大学主办的《中学地理教学参考》等相继恢复出版，为交流地理教育经验、传播地理教育思想、介绍国内外先进经验和技术起到了很大作用。

1983年9月，中国教育学会地理教学研究会编著的《地理教学研究》第一辑发行，之后连续三年每年发行一辑。期刊主编张子桢提到，本刊的责任在于"促使地理教学的全面更新，掀起地理教学的现代化运动，以开创地理教学的新局面。"刊物刊登了当时我国著名的地理教育大家的著作。从前三辑的研究主题可以看到，期刊除突出了当时比较热点的话题，如"爱国主义教育""智能发展"，更包括了"地理教学一般理论""教材"和"教学"等三个教育理论研究的核心内容。

表 12-1　《地理教学研究》前三辑内容主题汇总

	第一辑	第二辑	第三辑
主题	1. 加强爱国主义教育的讨论 2. 一般理论和方法的讨论 3. 关于发展学生智力问题 4. 教学手段与经验 5. 学术动态	1. 地理教学与智能发展 2. 地理教学一般原理的探讨 3. 中学地理教材的研究 4. 中学地理教学方法的探讨	1. 地理教学的一般理论的论介 2. 地理教材的论介 3. 地理教学方法的探讨 4. 第二课堂教学的讨论与经验

有关地理教学一般理论的探讨更加深入。一方面，更加注重地理教育与我国当时国情的紧密联系，如讨论有关地理教学的"三个面向"、如何贯彻党的教育方针等；另一方面，开始关注国外先进教学理念的引入，如教学控制论和综合程序教学法的联系、地理教学中智能转化、地理教学的方法论基础、巩固地理教学法和现代教学论的联系（苏联）、从赞可夫的教学实验看地理课对发展学生智力的作用、日本中小学地理教学中的智能教育等。

有关地理教材的研究，出现了多个方向的研究分化。一方面，加深了对教材本身的研究，重点从内容、图像等表层结构开始向深层结构转化。例如，教材对学生智能的培养、变革中教材的特点、爱国主义教育因素的体现、教材的智能结构、教材的文字表述等内容；另一方面，开始关注和引进国外先进的教科书经验。例如，对美国中学教材《世界地理》的评述，外国中学地理教科书中本国区域地理的分区简介等，但对国外教材的研究尚处在一个简单的评价介绍阶段。

有关地理教学的研究取得了新的进展。结合当时社会要求，地理教育对智能、创造性思维能力、自学能力培养的作用受到了关注。就具体教学方法而言，一方面注重了新的教学模式的运用和探索，如"纲要信号"法、地理课引导教学方法、综合程序教学法、范例法、电化教学等；另一方面，注重了教学资源和教学手段的使用研究，例如地图、板书、练习册、自学等方面的讨论。

从这些研究可以看到，地理教学虽然在"文化大革命"期间遭到了破坏，但是我国地理教育研究者并没有停止脚步。在"文化大革命"结束之后，20世纪80年代初各类积淀的思想便迅速爆发。这时候的理论研究一方面结合我国的具体国情，不断完善和发展已有的教育理论和教育思想；另一方面开始关注国外先进的课程理念、教育思想和教学方法，并尝试在具体教学中的实践。通过这一时期的积累，地理教学研究逐渐形成体系，为20世纪90年代我国地理教育学的出现奠定了基础。

第五节　学科体系完善时期（1986—2000）

这个时期，地理教育的学科体系及理论建设是在不断总结、不断反思、不断开创的过程中努力进行的。

一、地理教育学的构建

1986年10月，首次全国高师教学法学科教学建设研讨会在山东济南召开，会上讨论了我国学科教育学的建设问题。1986年12月12日，国家教委负责同志在全国高师师资培训会上的讲话中指出："我们不仅要建立自己的教育学，还要建立自己的学科教育学。"由此开启了地理教育学的构建之路。

1988年，我国第一届学科教育学研讨会在北京召开，随后相继在大连、长沙、福州、烟台、上海等地召开，期间大量有关地理学科教育学的文章和论著出版。1992年6月，褚亚平等编著的我国第一部《地理教育学》正式出版。该书包括"导言""地理教育的本质""地理教育的现代化过程""学校地理课程和教材研究""学校地理教学方法论""学校地理教育质量评估""乡土地理教育""地理教师素质""地理学习心理""地理教育前景"等十章内容，系统地构建了一个现代形态的、科学的地理教育学体系。该书遵从了"传统地理教育与现代地理教育贯通、中国地理教育经验与国际地理教育经验交融、地理教育学与诸多相邻学科渗透、地理教育学理论与地理教育应用并进"四个原则，对当时地理教育基本问题以及相关的研究成果进行了一次大的整合[①]。

1992年9月，孙大文主编的《地理教育学》出版发行。全书包括"绪论""地理课程教材的理念与实践""地理教学方法""地理学习过程中的学生心理""地理教育与智力发展""地理课堂教学""地理教育中的课外活动""地理学科考试的命题研究""乡土地理教育""地理教育科学研究""地理教育论著的撰写与编辑""地理教师的素养"等十二章。该书介绍了地理教育研究和论著撰写的基本内容和要求，同时将马克思主义哲学、教育学、地理学、教育心理学、系统科学、计算机科学等多个学科整合起来，探寻地理教育学理论基础。作者将地理教育学分解为地理教学论、地理课程论和地理学习论，并认为地理教育评价对其起到监督和反馈的作用。

---

① 褚亚平，王肇和，陈胜庆，林培英，袁书琪. 地理教育学[M]. 上海：上海教育出版社，1992.

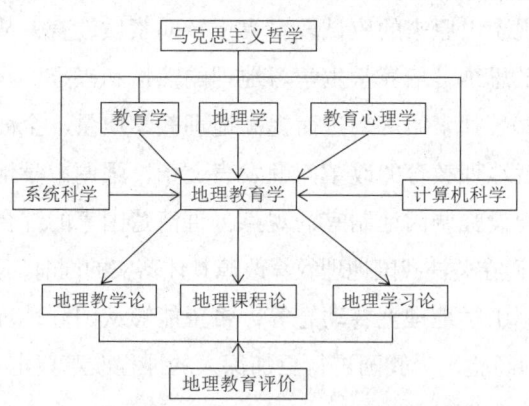

图 12-1 孙大文主编的《地理教育学》理论基础与体系结构[1]

随后相继出版了诸多版本的地理教育学及其相关著作。我国中学地理教育从最初的研究地理教学方法和过程,逐渐走向了地理教育的系统研究,地理教育内容也由关注地理教育活动,扩展到了关注地理教育理念、课程、教材、教法、教师、学生、教学评价等各个方面。相较而言,地理教育学比教学法更重视人的素质教育,更注重地理教育的社会价值[2]。

二、对取消地理高考的反思

1990 年,国家教委正式确定推行《高中毕业会考并相应逐步减少高考科目设置的整体改革方案》。受片面追求升学率和形式主义的影响,地理学科成了中学教育减轻学生负担、精简课程数目的重点精简对象,整个中学阶段的地理教育受到了极大的影响。

1992 年,国家教委推出了高考改革方案,宣布 1993 年以北京等 6 省市为试点,率先取消地理高考。1993 年高考改革正式开始,1994 年在全国范围内将地理正式从高考科目中取消,地理教育界一片哗然。这是对改革开放以来中学地理教育发展的一次巨大冲击。自此,中学地理变成了"副科"中的"副科",地理课程在学校得不到重视,部分学校随意减少地理课时,高中地理选修和课外活动都无法开展,部分农村学校甚至连初中地理都不开或者少开。课时的大量减少使得教师工作量普遍不足,甚至有学校发生裁减地理教师的事件,地理教师的工作热情和积极性降低,人员开始大量流失,地理师范专业的招生和毕业生工作分配都面临严峻的困难。学生不愿意学习地理,认为学而无用,地理知识极度匮乏,中学地理教育进入了一个异常窘迫的时期。由此全国范围内开始从理论和实践等多种角度对地理教育进行回顾和反思,在不断完善地理教育理论的同时,地理教育的研究开始呈现许多新的特征。

1. 对地理课程改革的探索

20 世纪 80 年代以来,各个国家纷纷进行了课程改革,从而形成一股教改热浪,这股热浪也深入到中国中学地理教育之中。于是就有许多教育研究者开始针对中学地理教育改革进行

---

[1] 孙大文. 地理教育学[M]. 杭州:浙江教育出版社,1992:3.
[2] 孙大文. 地理教育学[M]. 杭州:浙江教育出版社,1992:9.

研究,希望能够将教学观念由原来的应试教育真正转向素质教育、从培养学生的定式思维逐渐转变为重视学生的发散思维、培养学生学习地理的热情和兴趣、积极开发多种教学手段和教学资源辅助教学、提高教师素质等,进而提高地理教学质量,全面应对中学地理教学的改革需要。吴传钧先生曾就地理教育的改革问题发表文章,强调中学地理教育应当强调和清楚地理差异性观点、生产建设强调因地制宜的观点、讲清楚国家的综合力量与发展潜力和协调人地关系[①]。教育研究者们在关注我国地理教育改革具体落实的同时,开始关注国际中学地理课程的编制特点,以及国际中学地理竞赛动态等,希望能够从国际地理教育改革中获取更多有益于中学地理教育发展的经验,为我国进行更加深入的课程改革奠定基础。

2. 对促进素质教育的研究

素质教育要求未来的公民要具有坚强的人格与自我发展的意识、能够不断地学习与实践、善于想象与创新,因此在教与学的过程中要求充分尊重学生主体性和主动精神,注重培养学生健全的个性。素质教育中可持续发展教育的思想一经提出便得到地理教育界的极大关注,它使得中学地理教育在日渐低迷的处境中重新找到了新的契机,成为实施中学素质教育的重要话题。这一时期的研究主要集中于:一方面通过深入挖掘地理教学资源,如地理知识中的国情因素、地理对于培养学生技能的作用、地理野外活动对学生创造和动手能力的培养,来寻找素质教育的基本素材,并试图通过改进教学结构和提升教师素质、注重农村和城市地理环境差异等来完成素质教育;另一方面则是在讨论可持续发展战略的意义和中学开展可持续发展的必要性的同时,倡导在地理教学内容中渗透可持续发展内容和议题,确定相应的教学目标和教学模式,以确保可持续发展在中学地理教学中的顺利开展。在研究中,素质教育的内涵在不断被细化,环境教育、道德教育等成为中学地理教学研究的核心内容之一。进入21世纪,素质教育更是成了教育始终的话题。

3. 对地理教育价值的重新思考

高考取消地理科目,对于中学地理教育的打击很大,同时给中学地理教学研究也蒙上了一层阴影。全国范围内引发了地理教育界众多学者重温地理教育历史,重新思考中学地理教育的价值和意义等的热潮,来寻求中学地理教育存在的理论根基[②]。大量的学术研究强调地理教育在世界观的形成、国情教育和爱国主义教育、素质教育、科学态度和科学方法等方面培养人的全面发展所起的重大作用。甚至有学者强调中学地理教育在磨炼坚强意志,消除中学文理科分裂等方面的意义,希望能从地理教育本质出发使国家教育部门和政府决策者能够重新认识地理学科的重要性,进一步考虑在高考中恢复地理科目。经过广泛呼吁,1999年广东省高考试行"3+x"改革方案,"3"为语文、数学、外语必修科目,"x"为选考科目,地理被列入可选考科目。

---

① 吴传钧.谈地理教育的改革问题[J].中学地理教学参考,1997(6):4-5.
② 褚亚平,邹羽光,孙大文,陈尔寿,王树声,吕佩兰.高考取消地理、生物科目不符国家意志,不利于中学教学[J].中学地理教学参考,1995(9):6-7.

4. 关注中学地理教学的具体实施

高考取消地理科目使得中学地理课程的实施更加缺乏制度保障和动力支持，学校少开甚至不开地理课，由此引起一些教育工作者的关注。他们对部分学校地理课程的开设、地理教材的使用情况、地理教学实施情况、学生对地理课程的兴趣和对地理知识的应用情况进行研究。王丽云等老师就北京工业大学附中的调查发现地理课并没有成为中学生的负担，当时的教材和课堂教学方式影响了学生的兴趣，但学生的生活中需要地理[①]。李典友对安徽部分中学地理教育现状进行了调查，发现中学地理教育存在严重的滑坡现象，主要表现在地理教师数量少、素质低，地理教学在初中部已经名存实亡……地理教师队伍开始动摇，人员流失大。这种现象在当时的农村比城市表现得更甚[②]。虽然这些调查仅仅是在我国部分地区展开，但是从一个侧面反映了当时我国中学地理教学令人担忧的现状。

5. 关注新的科学技术对地理教学的促进

中学地理只作为会考科目，不参与高考，中学地理教学缺乏了高考指挥棒的引导，一方面使教师和学生的积极性大大受挫；另一方面客观上也是对中学地理老师松绑，使他们能够积极地转变教学观念、改进教学技能，以提高学生的学习热情，落实对学生素质教育的要求。在这一时期，地理教师重新开始思考如何提升自身素质，涌现了新式的地理教学方法。计算机辅助教学、添加辅助线法、比较法、地图的使用、范式方式教学、幻灯片的使用、遥感图像、愉快教学、心理地图构建法、图示教学法、电教引探法、行动研究等关键词在一些研究论文中开始出现。

三、中学地理教学大纲中关于中国地理分区的探讨研究

1988 年《九年义务教育全日制初级中学地理教学大纲（初审稿）》和 1991 年《中小学地理学科国情教育纲要（试用）》将中国的地理分区分为两个系统，即中国的三大自然区域（东部季风区，西北干旱、半干旱区，青藏高寒区）和中国的三大经济地带（东部沿海地带，中部地带，西部地带）。这一设计的思路是从自然地理和经济地理两个方面介绍中国的区域地理。让学生先了解中国自然地理（中国的地形—中国的气候—中国的河流和湖泊），再学习中国的三大自然区域，既在区域上印证了自然地理要素，又了解了自然地理要素相互作用，产生区域分异，形成了不同的自然地理区域。在这个基础上，学习中国的经济地理（中国的自然资源—中国的人口民族—中国的乡村城市—中国的交通、贸易和旅游），再学习中国的三个经济地带，形成中国区域地理的完整印象，使学生深入地了解人与环境的关系。1989 年北京师范大学地理系冯嘉萍等人主编的四年制初级中学课本《地理》等教科书，正式采用了这一分区方法。

1992 年，《九年义务教育全日制初级中学地理教学大纲（试用）》正式颁布，中国地理分

[①] 王丽云，宋波，田学和. 初中学生心目中的地理[J]. 地理教学，1997（4）.
[②] 李典友. 安徽省部分中学地理教育状况调查[J]. 六安师专学报，1995（1）：66-67 + 9.

区由中国三个自然区和三个经济地带改为中国四大地理区域（北方地区、南方地区、西北地区、青藏地区），即在中国三大自然区域基础上，将东部季风区以秦岭—淮河为界，分为南北两个地区。这种修改主要考虑减少层次，而且经济区划经常变动，也希望少受到影响。大纲对中国地理分区的设计思路改为"中国的自然环境—中国的自然资源—人类的利用—地理分区"。

现在看来，以上两种中国区域的分法均有道理。在2000年教育部颁布的《全日制普通高级中学地理教学大纲（试验修订版）》中，高中中国地理中"区域差异"内容又采用了"中国的自然区域分异（即三大自然区）"和"中国的经济区域分异（即三个地带）"的分法。对这个问题的争论，引出了我国中学地理课程内容理论与实践的问题，即区域地理在地理课程中的地位和作用是什么，如何划分区域，划分区域的标准是什么等。由此也开始了我国地理课程论、地理教材论的深入讨论和建设。

在九年义务教育初中地理教学大纲的编制过程中，还提出了一些地理课程设置的重要问题，如"确定地理课程内容的标准是什么？确定地理课程内容目标层次的标准又是什么？如何组织地理课程内容，初中地理内容安排先中国后世界好，还是先世界后中国好？地理技能和能力结构是怎样的？地理课程中德育目标到底应该怎么设立？"围绕这些问题的讨论，推进了我国中学地理课程论、教材论、教学论的研究与建设，为2000年开始的新一轮地理课程改革做了必要的准备。

四、地理教科书的国际合作

随着时间的推移，我国地理教育界与国际的合作交往越来越多。1990年，北京师范大学张兰生教授被选为国际地理学会地理教育委员会执行委员，参与1992年国际地理教育宪章的工作。地理教科书领域的国际交流也开展了起来，如人民教育出版社与韩国教育部门的教科书合作、北京师范大学与德国科研机构的教科书合作研究等。1991年11月，当时的国家教委有关部门与德国乔治—埃格特国际教科书研究所签署了两国《关于教学计划、教科书交流与合作的议定书》，同时制订了《中国、德国关于历史、地理教科书的评审办法》。根据协议，双方交换了教科书。从那时起，王民教授开始参加了这个项目，负责对德国地理教科书中有关中国地理内容的评审。1993年6月，王民教授作为中国教科书代表团地理学科的代表，参加了在德国布伦瑞克举行的第一次中国—德国教科书评审会议，并就德国中学地理教科书中有关中国地理的内容进行了评议。1994年9月，两国在北京召开了第二次中国—德国教科书会议，双方就对方地理教科书中介绍本国的内容进行了评审，并指出地理教科书中介绍不准确甚至错误的地方。经协商，双方在尊重历史、尊重科学的原则下，对审查出来的问题进行修订。

从1994年开始，王民教授与德国维尔茨堡大学地理系博恩教授进行深入合作，双方合作研究两国的地理教学大纲，经过充分讨论，尝试并开辟一个新的思路，即由一国的地理学家为另一国的学生编写本国的地理，以此作为另外一国编写相关内容的基础资料。这是国际地理教科书研究中的一个新发展，被乔治—埃格特国际教科书研究所所长贝歇尔教授称为国际上此类研究的首创。

经过3年的合作，博恩教授和王民教授合作编写完成了《中国—德国——地理教科书视野的扩展》一书。该书分别于1997年10月由德国汉诺威雄鸡出版社以德文出版，1998年8月由中国地图出版社以中文出版。该书分为三大部分，第一部分是欧洲地理，主要内容有八章：欧洲概况、欧洲的划分、欧洲在合作的道路上、欧盟的经济结构、欧洲的社会结构、欧洲的农村、欧洲的城市、欧洲的交通；第二部分是德国地理，主要内容有八章：德国的位置、德国自然地理与区域划分、德国的人口、德国的农业、德国的工业、德国的城市、德国的空间规划、被危害的环境；第三部分是中国地理，主要内容有十二章：中国概况、中国的地形和地势、中国的气候——受季风强烈影响的气候、中国自然地理三分区、中国的河流、中国的自然灾害及中国人民与自然的斗争、中国的人口和民族、中国的农业、中国的工业、中国的交通运输、中国的城市、中国的现代化与改革开放。

该书的编写思想可以概括为：重视国家区域地理结构，重视该结构发展变化的过程；重视人的生活，补充日常生活案例，中心是教给学生活生生的地理。如"中国的城市"这章包括14节："城"和"市"到"城市"、中国古代的城市、古代城市的布局、中国近代的城市（工业布局变化、对外交通引起的城市布局变化、城市的建筑面貌）、中国现代的城市、不同功能的城市、城市的主要职能区、中国城市的分布、中国城市发展方针、北京、上海、城市居民的生活、家庭中"三大件"的变化、住房是居民关注的焦点。

该书目前已经成为德国各州编写地理教科书中"中国地理"内容的重要参考书，一些德国中学地理教科书引用了书中的材料，如德国康乃馨出版社2001年出版的德国文理中学高中地理教材中使用了该书的内容。中国地图出版社出版的"中图版"新课程初中地理、高中地理教科书也多处采用了该书中的材料。

第六节 新世纪地理课程改革时期（2001—2019）

一、地理课程改革

教育部在2001年颁布了《全日制义务教育地理课程标准（实验稿）》。2002年5月，基础教育司组织出版了走进新课程丛书《全日制义务教育地理课程标准（实验稿）解读》。该书系统阐述了地理课程改革的背景与理念、初中地理课程的基本内容及其实施建议，提出了地理课程的基本理念在于学习有用的地理、改变地理学习方式与评价机制、构建新型的地理课程[①]。2003年《全日制普通高中地理课程标准（实验）》颁布后，2004年3月同一系列的《普通高中地理课程标准（实验）解读》正式出版，将地理课程的基本理念定义为培养现代公民必备

---

① 地理课程标准研制组编写. 全日制义务教育地理课程标准（实验稿）解读[M]. 武汉：湖北教育出版社，2002.

的地理素养、满足学生不同的地理学习需要、重视对地理问题的探究、强调信息技术在地理学习中的应用、重视学习过程评价和学习结果评价的结合[1]。这两本书的相继出版,对本轮新课程改革进行了系统的解读,帮助广大地理教师、教研人员、地理教育研究者更好地熟悉和快速把握新课程改革的内容和结构,领会其改革的思想,并为教学的实施和研究提供了有效地指导。

随着实验不断深入,很多学者开始思考和反思新课程改革的理念,并做出相应的论述。钟启泉认为本次新课程改革秉承的理念在于,它关注学生作为"整体的人"的发展、回归学生的生活世界、寻求个人理解的知识构建、创建富有个性的学校文化[2]。

经历了十多年的发展,人们在实践中对于地理新课改的认识不断加深,我国地理教育理论结合新课程的基本理念,为每一个环节都赋予了新的含义。

(1) 地理教育价值

新课改以来,地理教育的价值和功能被不断地挖掘,地理教育成为适应于学生甚至全民全面发展的全新教育。地理教育从关注课程的工具性价值转向促进人的全面发展的终极性价值。由此学习对生活有用的地理、学习对终身发展有用的地理、素质教育、教育现代化、教育可持续发展、教育公平、教育创新、国际理解、公民教育、地理知识与技能价值等的教育理念为建设开放式、综合式、基于现代信息技术的地理教育做出了重要而合理的诠释。

学习对生活有用的地理,是一个相对的概念。一方面是相对于传统的学习对考试有用的地理来说,它范围更加宽泛,学习的内容从考试中脱离出来,是面向生活的;另一方面,相对于那些未被选做课程内容的地理知识而言,它在社会生活中应该是作用更大一些。对生活有用的地理,要能够包括在社会生活中有用的地理知识(如对地理信息、地理事物和地理现象的理解)和地理技能(如地图、图表和表格等的运用能力),重在发展学生理论联系实际的能力,从而对地理形成正确认识。

学习对终身发展有用的地理,暗示了地理课程有着丰富的内涵和广阔的外延,它应该关注并能够影响学生的生命历程,体现学习社会化的过程,应该说它是学习对生活有用的地理的进一步扩展。地理课程隐含对学生终身发展及对学生生命价值的实现职责,让其学习富有生长性的地理知识,获得充满智慧的策略性知识与地理自学能力[3]。在终身教育思想的指导下,教育应该注重学生的个性培养,建立有机联系的和协调的学习化社会,使得教育场所、机构和组织不仅仅是学校,而且是由全社会构成的教育和学习的整体[4]。由此衍生出地理教育的可持续发展,即地理教育的规模、布局、结构等能促进学生可持续发展能力的终身教育。

教育现代化,这一名词早在 20 世纪 80 年代就已经被人们关注。进入 21 世纪以来,地理

---

[1] 地理课程标准研制组编写.普通高中地理课程标准(实验)解读[M].南京:江苏教育出版社,2004.
[2] 王民.地理新课程教学论[M].北京:高等教育出版社,2003.
[3] 王民.地理新课程教学论[M].北京:高等教育出版社,2003.
[4] 黄济,王策三.现代教育学[M].北京:人民教育出版社,2000:599—600.

教育科学理论和信息技术的快速发展，要求必须培养出能够适应现代化国际竞争的新型高素质人才，由此地理现代化的进程不断得到推广和发展。多媒体教学、数字星球、网络课程、远程教学等的教育行为从理论逐步走向了实践，为地理教育观念、内容、装备、管理的现代化奠定了基础，逐步发展成为地理教育价值发挥的重要途径。

(2) 地理课程建设

建设开放式的地理课程。新课程标准强调对校外课程资源的开发，注重学校与社会、家庭共同构建教学资源共享的开放性课程，以拓展学习空间，满足多样化的学习需求。因此，地理教育必须确立开放的教育观念，使地理课程从封闭式走向开放式。教学内容方面，要求掌握学习方法而非死记硬背，教学素材不仅来自课本，更来自学生所生活的自然和社会环境。教学目标方面，注重终极性目标，更注重过程性目标。课堂形式方面，必修课程和选修课程兼顾，国家课程和乡土课程、校本课程兼顾，分科课程与综合课程兼顾。不仅注重教室课堂，同时也注重社会课堂。课程实施方面，能够解放学生的脑，让其自由思考；解放学生的口，让其自由地讲；解放学生的手，让其自由地做①。课程资源方面，促进学生、教师、家长之间的合作，形成强大的课程推动力，共同形成课程文化氛围；充分发挥家庭、学校、社会各类物质和场地资源；充分利用网络、书籍等信息资源。

建设综合式的地理课程。课程综合化的实质是把分割过细、缺乏联系的学科知识进行整合重组，强调知识的基础性、联系性及综合性。综合的过程主要体现在三个方面：一是地理学科内部的综合，特别是自然地理和人文地理之间、区域地理和部门地理之间的整合；二是地理学科与相关学科之间的整合，如环境科学、信息技术、社会科学等学科的相互综合；三是地理课程与活动课程的综合，积极引导学生从现实生活的经历和体验出发，自己动手，主动探究，从而培养学生的地理技能、创新意识和动手能力。

建设基于现代信息技术的地理课程。现代信息技术支持的教学，一方面可以在同一教学环境中为学生提供不同进度和不同内容的学习，使得水平各异的学生都能得到有效的学习，例如多媒体教学；另一方面极大突破了地理课程开展的时空限制，通过录音、录像、计算机、电视、网络扩大了教育的受众范围，同时加强了教育交流。此外，现代信息技术使得地理教学和学习更加多元化，通过形象、生动和直观的画面和声音，把讲授、地理演示、地图、图表、地理教具、模型、考察、实习等结合起来，实现地理教学的事实呈现和动态演示。因此，基于现代信息技术的地理课程理所当然是现代地理课程发展的必然。

(3) 地理教育的师生观

关注学生作为"整体的人"的发展，就是要关注学生在整个教育过程中主体和客体地位，必须树立学生和谐发展的整体观、个性发展的主题观和师生沟通的平等观；而与此相对应，要求教师应有改革开放的意识，更高的科学文化水平和教学能力，较强的适应能力、科研能力、创新能力，以及自我更新和自我发展能力。现代教育评价观，要求对教师和学生进行全面、准确、客观、公正的评价[1]。

(4) 地理教育内容与教材

新课程标准以明确的行为动词描述需要学生完成的三维目标，以及需要学生学习知识的程度和数量，但就具体知识本身并没有做过多的规定，即具体内容的划分和选择由教材编写者和教师决定。同以往地理教育内容相比开放性和弹性大大增强。初中地理课程注重区域地理，淡化了学科体系，增加了课程弹性，同时对世界地理和中国地理的区域划分不再做硬性要求。高中首次采用了"模块"制，各模块之间既相互独立，又按照一定的顺序编排，以反映地理学科内在的逻辑联系，不同层次的模块按照螺旋式设计；同时课程由必修和选修课程组成，必修课的主导价值在于培养和发展学生的共性，选修课的主导价值在于满足和发展学生兴趣爱好和个性[2]。在课程内容设计过程中，以当前人类所面临的人口、资源、环境、发展等问题为终点，以人地关系和可持续发展为核心论题。

在这种教育内容的安排之下，我国地理教材真正打破了"一纲一本"的局面，实现了"一纲多本"。各个版本的教材都在体现新课程改革的理念上做出了许多创新，国内掀起了介绍和评述国内地理课程设置、乡土地理教材、新教材的内容及进展，介绍和对比国内外地理教材研究的浪潮，从而加深了我国地理教材的理论和实践基础。

(5) 地理教学设计

一个完整的地理教学设计过程包括分析、设计、评价三大环节。分析环节包括地理课程标准的分析、地理教科书的分析、学习者的分析，是进行课堂教学设计的起点；设计环节主要由地理教学目标设计、课堂教学内容设计、课堂教学策略设计、课堂教学过程设计组成；评价环节主要是指对教学设计过程、成果和教学实际效果的综合评价进行反馈。通过这三方面的组织，使得教学设计过程成为一个可控的系统，使得教学过程达到最优化，从而取得最佳的教学效果。目前，使用最为广泛的如探究式教学和自主合作式教学等都很好地体现了新课程理念与当代地理教学的结合。

有效教学，教师遵循教学活动的客观规律，以尽量少的时间、精力和物力投入，实现既定的教学目标，满足社会和个人的教育价值需求的教学[3]。有效教学的"有效性"主要表现在有效果、有效益、有效率，是现代教学研究的一个重要的方面。

此外，地理教学媒体越来越丰富，从最早的挂图、模型、投影仪、幻灯机到电视机、录像机、电子投影仪、多媒体计算机等，大大促进了地理教学设计的过程，计算机辅助教学成为研究的一个非常重要的方面。

(6) 地理课程评价

"建立学习结果与学习过程并重的评价机制"是地理课程标准的基本理念之一，也是这次

---

[1] 杜晓初. 我国地理课程与教学论发展研究 [D]. 武汉：华中师范大学，2002.
[2] 赵传兵，陈海霞. 高中地理新课程理念与实施 [M]. 长沙：湖南出版社，2004.
[3] 韩磊，杨红，宋波，党为民，赵卿. 高中地理新课程有效教学创新设计 [M]. 北京：中国文史出版社，2010.

地理课程改革力求有所突破的地方。传统的教学评价过分强调了甄别和选拔功能，忽视评价在促进学生发展、教师提高和改进教学实践的功能。随着新课程的改进，地理课程的评价和反思逐渐开始被接受并进行落实。教师通过设计个性化的教学，选择有利于学生发展的教学和学习方式，将评价和教学方式加以整合，确定明确的地理课程评价原则、评价方法、评价内容、评价类型，再设定合适的情境完成评价过程。这种评价主要是以过程性评价为主，具体采用多种评价形式，如学生档案袋、成长记录袋、综合性地理实践活动，同时也强调学生和教师的自评。

(7) 教学资源开发与利用

建设、开发地理课程资源的目的是实现国家所规定的地理课程目标，为地理教师提供各种教学素材、案例、条件和手段，为学生提供更广阔的学习空间，不断开拓学生的知识视野，扩展学科知识的深度和广度[①]。在具体教学资源开发过程中，一方面要开发校内地理课程资源，包括了地图和地图集、地理模型和地理标本资料等常规课程资源的深度开发，也包括了学校计算机辅助教学软件、网络教学、地理教室等辅助教学资源的广度开发；另一方面要大力开发校外地理课程资源，结合家庭、政府、社会团体等组织调查、观察和观测等，使得地理教学的范围得到进一步扩大。将校内地理课程资源和校外课程资源有机整合，对于地理教学的视野扩展起到了至关重要的作用，同时为乡土地理和校本课程的开发提供了广泛的素材。

通过对以上七个方面的分析可以看到，我国地理教育的理论体系得以完善的同时，也具有特殊的时代意义，对教学起到了非常重要的作用。

二、人才培养

进入 21 世纪之后，在新一轮课程改革的推动下，随着地理教育研究的深入，我国终于有了第一批地理课程教学论专业的博士生导师，开始招收本专业的博士研究生，这标志着地理课程教学论的学科发展进入了新的时期。北京师范大学 2002 年设立了地理课程与教学论方向博士点，2003 年开始招收博士研究生，第一批博士研究生于 2006 年 7 月毕业。截至 2019 年，北京师范大学地理课程教学论专业毕业的博士研究生一共 19 位，他们的论文集中在三个研究方向，即地理课程与教学论、环境与可持续发展教育、环境与遗产解说。华东师范大学、东北师范大学、华中师范大学等也相继招收了地理教育方向的博士研究生，培养了一批地理教育的高级人才。

三、国际交流

这一时期的国际交流与合作更加广泛。2002 年 10 月，北京师范大学与德国乔治—埃格特教科书研究所在北京师范大学举办了中国—德国地理教科书合作十年回顾研讨会。2012 年 11 月，北京师范大学基础教育课程研究中心、北京师范大学地理与可持续发展教育中心、中国地图出版社合作举办"中国—德国地理教科书合作二十年回顾研讨会暨 2012 年国际地理教科

---

① 王民，仲小敏. 地理教学论 [M]. 北京：高等教育出版社，2010.

第十二章
地理教育的理论研究

书研究与比较交流会"。此次会议特别邀请了德国维尔茨堡大学地理系博恩教授、德国维尔茨堡大学地理系学术主任贝塔·哈门斯博士,回顾了中国—德国地理教科书合作二十年的发展历程,介绍了德国新的地理课程标准和教科书,同时也介绍了中图版地理教科书最新修订并进行教学案例的评比。参加此次会议的有来自全国24个省份的200多名地理教研员和教师。中国—德国地理教科书合作研究历时20多年,取得了丰硕的成果,大大扩展了地理教科书研究的领域,引起了国际地理教育界的关注,加速了地理教科书研究国际化的进程。

至今中国与德国地理教科书合作项目已经出版了《中国—德国——地理教科书视野的扩展》(王民、Dieter Boehn编著,中国地图出版社,1998)、*Die Volksrepublik China and Die Bunderrepublik Deutschand--Erweiter Ungen Schulbuchbezogener Wahnehungshorizonze* (Dieter Boehn、Wang Min,Verlag Hahnsche Buchhandlung,Hannover,1997)、《地理教学法——概念》(博恩著,王民等译,北京师范大学出版社,1996)、《德国中小学地理教学大纲和教科书》(王民,海南出版社,1999)、《鲁尔区》(德国鲁尔工业联合会编,王民等译,德国鲁尔出版社,2008)、《地理比较教育》(王民主编,广西教育出版社,2006)、《可持续发展教育案例研究》(主要介绍中国－德国可持续发展教育培训案例)(王民主编,地质出版社,2006)等著作,发表中文、英文研究报告和文章20多篇。

2004年,经国际地理联合会副主席刘昌明院士的举荐,王民教授被选为国际地理学会地理教育委员会执行委员。2007年,王民教授参加了《卢塞恩可持续发展地理教育宣言》的修改,并将其翻译成中文在《地理学报》《地理教育》上发表。2008年,王民教授连任国际地理学会地理教育委员会执行委员,同时担任国际地理联合会奥林匹克竞赛委员会委员,以及International Research on Geography and Environmental Education杂志编委。

2007年7月,国际地理联合会地理教育委员会借助联合国2005—2014年可持续发展教育十年计划的时机,确认其对可持续发展教育的承诺和责任,宣布了《卢塞恩可持续发展地理教育宣言》。该宣言是1992年国际地理教育宪章的扩展,主要主题包括地理对可持续发展教育的贡献、开发可持续发展的地理课程的标准、信息通信技术对可持续发展地理教育的重要性等。

可持续发展是面向未来的,是一种人与自然和谐的理念,是一种不同国家、文化、地区和不同代人公平公正的理念。可持续发展与社会、环境和经济有关。目前,可持续发展的理念已扩展成为全球性的责任和政治的参与。地理教育能够提供可持续发展教育相关的知识、技能、价值观和态度,通过地理教育与其他学科的合作可以使我们获得相应的行动能力。

全球性的课程会忽略甚至否认地区和国家要求的不同。因此,全球课程是不切合实际的,《卢塞恩可持续发展地理教育宣传》提出在制定、更新或评估国家地理课程的时候应该考虑以下基本准则。1.确定地理教育目标的标准:国家课程的教育目标在知识层面、过程层面、应用层面和态度、价值观层面应该有一个平衡的尺度。2.确定地理教育主题的标准:现在世界的主要问题;空间、地方和环境的地理视角;看待空间组织的地理学方式;典型案例;学生的经历、兴趣和先入之见；对个人、人群、文化和环境的重要意义；平衡性选择多种多样、对立和多层面的话题。3.确定地理区域的标准：典型性，学生的经历和兴趣，重要性，特殊范围的变化，地形覆盖率。4.确定学习方法的标准：参考不同年龄组的兴趣，学习需要的程度，学习一系列的相关事实，复杂性，抽象性，看事情的方法，在相关的背景下的案例研究，地区序列，范围层次。

宣言表示，持续的地理学习是可持续发展的先决条件，信息和通信技术是学习地理学的重要方法之一，注重用电子媒体进行学科教学和电子知识是地理教育的附加值。信息通信技术能够帮助实现地理教学中的可持续发展教育目标，可以帮助学生获得终身学习和积极公民所需的知识和技能。

第十三章

中学地理教科书的编写和出版

第一节 改造旧课程时期（1949—1956）

1949年10月19日，中宣部部长陆定一在全国新华书店出版工作会议闭幕词中说："教科书要由国家办，因为必须如此，教科书的内容才能符合国家政策，而且技术上可能印刷得好些，价格也便宜些，发行也免得浪费……教科书对于国计民生，影响特别巨大，所以非国营不可。"同年10月，中央人民政府出版总署（简称"出版总署"）设编审局，集中人力开始编制中学文史地教材。

1950年9月，教育部、出版总署联合发出《1950年秋季中小学教科用书表》，以解决各地中小学教科书版本不一，供应混乱等问题[1]。自此至1958年，国家每年都下发中小学春秋两季教科用书表，直至各地自编教材出现。

这期间，中学地理教育既无统一的教学目的，也无统一的教材，所使用的中学地理课本相当庞杂，大致分为三类：中华人民共和国成立前编印的旧地理教科书、中华人民共和国成立后部分自编的地理教科书和人民教育出版社编写出版的教科书。

1950年9月，全国出版会议提出中小学教材必须全国统一供应的方针，由此出版总署和教育部共同组建了人民教育出版社，简称"人教社"，并于1950年12月8日正式成立。之后，人教社开始重编和修订课本，并于1951年秋季起陆续供应。

表13-1　中华人民共和国成立前编印的部分旧版地理教科书

教科书	主编或编著者	出版者	出版时间
初级外国地理	韦息予	开明书局	1949年
高中适用本国地理	王成祖	商务印书馆	1949年
初中本国地理	陈光祖、蔡迪	新华书店	1949年
初中世界地理	华东教育研究室地理组	新华书店	1949年
高中适用新世界地理	卢村禾、陈尔寿	上海新中国联行出版社	上册1949年，下册1950年
初级本国地理	田世英	开明书局	1950年修订
高中外国地理	苏继顾	商务印书馆	1950年修订
高中外国地理	盛叙功	中华书局	1950年

---

[1] 杨尧. 中国的近现代中小学地理教育史[M]. 西安：陕西师范大学出版社，1990.

第一节 改造旧课程时期（1949—1956）

 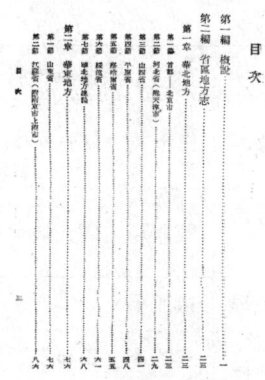

图 13-1　开明书局新编《初级本国地理》第一册封面及目次

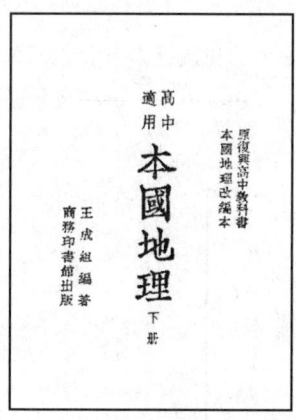 

图 13-2　商务印书馆出版的高中适用《本国地理》下册封面及课文

表 13-2　中华人民共和国成立初期自编的部分地理教科书

教科书	主编或编著者	出版者	出版时间
初级中学本国地理课本	曾次亮（一、二册），田世英（三、四册）	新华书店 人民教育出版社	1950 年 1952 年
初级中学外国地理课本	陈原	新华书店 人民教育出版社	1950 年 1952 年
高级中学自然地理课本	田世英	新华书店 人民教育出版社	1950 年 1951 年
人民民主国家地理*	周光岐	人民教育出版社	1951 年
高中本国地理	褚绍唐	大中国图书馆	1951 年
高中适用新中国地理	徐俊鸣	广州正大书店	1951 年

*《人民民主国家地理》可以看作是高中外国地理的参考资料，暂时作为世界地理的代用教材。

续上表

教科书	主编或编著者	出版者	出版时间
高级中学本国地理课本	田世英、邓启东	人民教育出版社	1951 年 1956 年
高级中学课本外国经济地理	颜迺卿、周光岐	人民教育出版社	1952 年
初级中学课本自然地理	褚亚平	人民教育出版社	1952 年
初级中学课本中国地理	王钧衡、田世英、陈尔寿、郭敬辉	人民教育出版社	1953 年
初级中学课本世界地理	颜迺卿、周光岐	人民教育出版社	1953 年
高级中学课本中国经济地理	中国人民大学经济地理教研室	人民教育出版社	1953 年

图 13-3　高级中学《本国地理课本》封面

　　有关教科书的分析和研究自中华人民共和国成立初就已经开始。1949 年 10 月 3 日，中国科学技术协会南京分会地理组举行了一次中学地理座谈会，南京市中学地理教师和地理组会员等 60 多人参会，会议由李旭旦主持，会上审议了田世英、王成祖、华东教育研究室地理组、苏继顾编写的地理教科书。最终得出以下两点结论：第一，几种教科书中，除了华东教育研究室地理组编写的初中世界地理较简约外，其他均显庞杂，而且材料不丰富，一般都不能把握重点，区域的特性也无法表述；在自然地理方面科学的解释不足或不正确，各种地理因素缺乏关联；材料陈旧，没有新时代的观点。第二，使用这些教科书时，教师要能够自编纲要，采用重点注意或比较法，使学生有清楚深刻的认识，以树立地理因素的相关观念，还要强调新时代的人地关系，了解人类向自然界作生产斗争的意义，给学生描绘前途美好的远景[1]。

对于中华人民共和国成立前编写的地理教科书，中国地理学会北京分会人民大学地理小组曾撰写专文进行评价，认为当时的地理教材存在诸多的反爱国主义的思想[2]，诸如客观主义、世界主义和崇美主义等，并认为这些思想在教科书及其相关出版物中的出现大大影响了青年的进步，所以必须要加以澄清。

1950年4月30日，出版总署编审局颁布了编写说明："现在中学地理教本大半是旧时在国民党统治区内各家私营书店所出版的。过去老解放区虽出过几种中学地理教本，但分量太少，内容也与全国解放后的形势不很符合，不再适用了。因此，前华北人民政府教育部教科书编审委员会在去年秋天，中央人民政府出版总署编审局在今年春天，提出供各方参考选用的教科书书目时，在中学地理科目中，就列入商务、开明的这几本本子。但是事实上，这几本本子虽然有在解放后由出版者自行修订过的，却仍旧包含着许多原则性的重大缺点……希望各地采用这三种地理教本或采用其他旧地理教本的教师，在教学时注意这篇文章所提出的地理观点，批判地使用旧课本。"[3]

1950年5月3日，《人民日报》发表了中央人民政府出版总署金灿然写的《中学地理教本中的几个政治思想问题》一文。该文分别就王成祖的《高中适用本国地理》（1949年12月改编本）、田世英《初级本国地理》（1950年2月二、四册修订本）、韦息予《初级外国地理》（1949年8月版本）三种教本在政治思想观点上加以分析和评判。同年《新华日报》（1950年6月2日、3日）、《河北教育》（1950年第2期）、《云南文教》（1951年第4期）等纷纷转载，足见其所谈内容的重要性。该文的观点可以总结为以下几点：(1)关于两个阵营，即以苏联为首的和平民主阵营和以美帝国主义为首的侵略阵营。在世界地理教学中，必须要把这两个阵营分开，绝不能不分青红皂白，把世界各个国家并列起来，一国一国的叙述它们的地势、气候、产业等，更不能把世界的资源及物产混合起来，无立场地加以说明和比较。(2)关于中苏关系，即中国人民必须倒向苏联一边，已昭若日月。(3)关于民族平等，即中国是一个多民族的国家，地理教学中，应该培养学生对少数民族的正确认识，消除国民党反动派统治者灌输给他们思想中的大汉族主义的余毒，养成他们尊重少数民族的思想观点。(4)关于地理环境与人口问题，所有的地理教本都摆脱不了地理环境决定论与人口决定论的影响，目前的教本往往离开了一定的社会制度来看地理环境与人口发展，把它们看成绝对的。(5)关于经济建设，本国地理教学中，应该把我们丰富的物质资源，及我们应如何利用这些资源从事生产建设，加以恰当而生动的叙述，以提高我们对生产建设的认识，并鼓励我们的建设热忱。(6)关于选用材料，选用材料需要严谨，批判性地采用旧材料，随着形势的发展改用新

---

[1] 中国科学技术协会南京分会地理组. 关于中学地理教科书的讨论[J]. 地理知识合订本，1950：7.
[2] 中国地理学会北京分会人民大学地理小组. 关于地理教材和地理出版物中的反爱国主义思想[J]. 地理知识，1951 第二卷合订本：253-254.
[3] 杨尧. 中国的近现代中小学地理教育史（下）[M]. 西安：陕西师范大学出版社，1990.

材料。可见，在当时特殊的历史时期，教科书带有特殊的政治色彩①。

不少地理教育人士和中学地理教师发表文章阐述自己的观点并对教科书进行评价。他们一方面充分肯定了教科书的优点，另一方面也指出了教科书的缺点，如编写内容的错误和不足。其中，陈尔寿认为教科书译名前后不统一，课文不够精细，错字很多；内容太多，高中两学期教不完；中学地理教材也存在客观主义、世界主义、崇美主义等反爱国主义的思想①。

1953年1月，中国地理学会召开了第一届全国代表大会，大会期间，教育部教学指导司邀请代表举行了"中小学地理课本编辑问题座谈会"②，以商讨当时地理教科书改进的问题。

在进行中小学地理教材批判的同时，地理学界的专家们也拿起新的理论武器，对资产阶级地理学的旧思想展开猛烈的抨击，发表于《地理知识》杂志的主要有吴传钧的《对于旧地理思想的批评》(1950年2期)、邓静中的《论地理学上的几种错误思想》(1950年6期)、李旭旦等的《美帝侵略的地理思想》(1951年2期)、巴达邵夫的《对资产阶级地理学理论的批判》(1952年4期)。总之，各种资产阶级地理观点和唯心观点，不同程度地充斥在中华人民共和国成立初期一些中小学地理教材中。在这种情况下，当时地理教育界组织了对资产阶级地理观点的批判，是完全必要的，取得了不少的成绩。但是，之后看来，这些批判有的不免存在一些简单化、绝对化的倾向③。

1953年，教育部开始准备起草中小学各科教学大纲。与之相对应，人民教育出版社编写了我国第一套供全国统一使用的社会主义地理教材，是较为成熟的地理课本。

表13-3 1953年人民教育出版社出版的中学地理教科书

教科书	主编或编著者	出版者	出版时间
初级中学世界地理	颜迺卿、周光岐	人民教育出版社	1953年新编
初级中学本国地理	上册（王钧衡、田世英）下册（陈尔寿、郭敬晖）	人民教育出版社	1953年新编
高级中学外国经济地理	颜迺卿、周光岐	人民教育出版社	1953年修订
高级中学中国经济地理	人民大学经济地理教研室	人民教育出版社	1953年新编
初级中学自然地理	褚亚平	人民教育出版社	1954年修订

经过四年的反复论证和尝试，随着1953年人民教育出版社统一版本的出现，我国中学地理教科书多个版本的多样化使用局面宣告终结。之后，虽然有少数其他类型的地方性教科书出现，但人民教育出版社出版的地理教科书始终处于主导地位，直到1993年以后，国家开始实行"一纲多本"的教科书使用制度，这种局面才有所改变。

---

① 中国地理学会北京分会人民大学地理小组. 关于地理教材和地理出版物中的反爱国主义思想[J]. 地理知识，1951第二卷合订本：253-254.

② 鞠继武. 中小学地理课本编辑问题座谈会总结[J]. 地理知识，1953（2）.

③ 杨尧. 中国的近现代中小学地理教育史（下）[M]. 西安：陕西师范大学出版社，1990.

第二节 教育改革与探索时期（1957—1966）

自 1957 年起，国家开始逐渐精简地理课程，教学时数大大缩减。1957 年 8 月，教育部发出通知，精简小学语文、历史、地理教材，以解决课时锐减之下教科书内容数量多，难度大而造成的教与学过分紧张的矛盾。1958 年 8 月，中共中央、国务院发布的《关于教育事业管理权力下放问题的规定》中指出："今后教育部和中央各主管部门应该组织编写通用的基本教材教科书，各地方根据因地制宜的原则，可以对教育部和中央主管部门颁布的各级各类学校指导性教学计划、教学大纲和通用的教材、教科书进行修订、补充，也可以自编教材和教科书。"由此，教科书开始由中央和地方各自编写，地理教科书出现了多样化的局面。1958 年 9 月，中共中央、国务院发布《关于教育工作的指示》，规定了两种不同形式的教育改革，即大多数学校实行十二年学制，少数地区开始进行学制改革。由此，当时中学地理教科书开始分为十二年学制使用的地理教科书和学制改革区使用的地理教科书两种基本类型。

表 13-4 十二年学制使用的部分中学地理教科书

教科书	出版者	出版时间	备注
初中自然地理	人民教育出版社	1958 年	
初中中国地理	人民教育出版社	1958 年	
初中世界地理	人民教育出版社	1958 年	
高中经济地理	人民教育出版社	上册：1958 年 下册：未出版	
高级中学试用课本经济地理（浙江）	浙江教育出版社	1958 年	地方教材
湖南省初中地理课本		1958 年	地方教材
湖南省高中经济地理课本		1958 年	地方教材
初级中学试用课本地理（北京）	北京出版社	1961 年	地方教材
初级中学课本地理补充教材	人民教育出版社	1961 年	

自 1958 年开始，人民教育出版社每一学年都会对教科书进行重新修订，在内容和编排形式上都做出了很大的调整。叶立群通过对地理教科书内容进行对比，认为改编后的课本内容有较大的变动，主要是删去过去课本中空泛的议论和过于艰深的内容，增加了中国各省（自治区、直辖市）、世界主要国家以及中外城市的基本地理知识，加强了运用地图基本技能的培养，并分别阐明了删去部分内容和增加、加强部分内容的理由，充分体现了编者的地理教育思想[①]。

---

① 林依. 修改后的十二年制初级中学地理课本[J]. 人民教育，1961（8）：38-42.

20世纪60年代初期,许多地方已经自己编印了地理教材。湖南在1958—1959学年就已经编印了湖南省初中地理课本和高中经济地理课本,前者重版较多,后者随着高中经济地理课程的停开,宣告结束。浙江的高级中学试用课本经济地理,是由浙江省中小学教材编委会编写,浙江省教育出版社1958年12月出版的高中教材。北京出版社出版的初级中学试用课本地理四册,由北京市教育局中小学教材编审处编写,供十二年制初中一二年级使用。

从1958年的学制改革开始,为适应不同学制的需求,各地纷纷出版了众多的地理教科书。其中,人民教育出版社出版的地理教科书使用范围最广。

表13-5 学制改革地区使用的地理教科书

教科书	主编或编著者	出版者和出版时间	对应学制	备注
中国自然地理	北京师范大学地理系中学地理教学研究组	科学技术出版社,1959年	普通中学四年一贯制	
地理	北京师范大学地理系普通教育改革组	人民教育出版社,1960年	九年一贯制	
地理	江西省中小学幼儿园编审会	江西人民出版社,1960年	全日制三二制	用于初中一年级,每周3课时
地理	甘肃师范大学地理系	甘肃人民出版社,1960年	十年分段制	用于初中第一学年,每周4课时
中国经济地理	昆明师范学院地理教材编写小组	云南人民出版社,1960年	九年一贯制	用于初中一年级下学期过渡班
地理	人民教育出版社	人民教育出版社,1960年	十年制	与十二年制教材内容大体相同,人民教育出版社第三套教材
地理	人民教育出版社	人民教育出版社,1963年	十二年制	人民教育出版社第四套教材

第三节 "文化大革命"时期(1966—1976)

从1966年"文化大革命"开始,地理课程的开设程度更加参差不齐,甚至有地方停止开设地理课程。但大部分省市还是在努力编写自己的地理课本,如北京、上海、湖南、广东四省市分别编写了中学地理课本,统称《地理》。初中地理都由地球和地图、中国地理、世界地理三部分组成。高中中国地理讲分区,世界地理讲分国①。

---

① 杨尧. 中国的近现代中小学地理教育史(下)[M]. 西安:陕西师范大学出版社,1990.

表 13-6　1966—1976 期间地理教科书

教科书	主编或编著者	出版者和出版时间
地理	湖南省中小学教材编写组	湖南人民出版社，1970 年
地理	上海市中小学教材编写组	上海人民出版社，1973 年
地理	广东省中小学教材编写组	广东人民出版社，1973 年
地理	北京市教育局教材编写组	北京人民出版社，1974 年

第四节　恢复发展时期（1977—1985）

在经历了1958年精简课程和1966年开始的"文化大革命"之后，1977年我国地理教育开始逐步恢复。1977年9月，人民教育出版社组织成立了"中小学通用教材地理编写组"，开始全国通用地理教材的编写工作。

为了尽快编写出质量较高的中小学教材，全国中小学教材编写工作会议上各科教材编写组重新研究了1963年出版的十二年制中小学教材，并总结其经验和教训，着手编写十年制全国通用教材。在编写工作中力求做到：正确处理思想政治教育与地理知识教育的关系；正确处理地理基本理论与实践的关系；妥善处理传统地理教学内容与先进地理科学成果的关系；重视地理基础知识和地理基本技能，注重启发学生的智力，培养学生的智力[1]。确定了通用教材编写的指导思想为：贯彻执行党的路线、方针、政策，为实现我国四个现代化培养又红又专的人才打好基础[2]。

在这一思想的指导之下，依据《中学地理教学大纲》，人民教育出版社编写了初中《本国地理》和《世界地理》，并于1978年春季和秋季出版，随后还配套出版了相应的教学参考书、地图册和填充图册。《中学地理教学大纲》指出，本省（直辖市、自治区）和本县地理教学时间共7课时，本县地理可考虑占用2课时左右，因此北京、上海、浙江、湖南、云南等省市相继出现了配套的地方乡土教材。

1978年，初中地理教科书出版，在全国推广使用，师生普遍反映内容难、学习任务重。为此，人民教育出版社对初中地理教科书进行了多次改版，增强了教科书内容中地理知识的科学性与系统性；去除了教科书中与地理知识无关的以粗体黑字醒目标示的毛主席语录；进一步对教科书中较难内容进行了精简，使教科书分量相对减轻[3]。例如，在《世界地理》中，改

---

[1] 课程教材研究所. 新中国中小学教材建设史 1949-2000 研究丛书（地理卷）[M]. 北京：人民教育出版社，2010：210.
[2] 课程教材研究所. 教材制度沿革（上册）[M]. 北京：人民教育出版社，2004：13-14.
[3] 人民教育出版社地理编辑室. 中国地理和世界地理第 3 版课本的修改说明[J]. 地理教学，1980（2）：33-37.

变了美洲的区域划分法；增加了关于人口地理和环境保护方面的内容；对大气环流和地球自转偏向力问题进行修订；对大陆漂移、海底扩张和板块学说进行修改①。

1981年，高中恢复开设地理课程。北京师范大学地理系、华东师范大学地理系分别编写了高中《地学》实验教材，于1981年出版。1982年，人民教育出版社地理室编写的全国通用高级中学课本《地理》上下册先后出版，主编为陈尔寿。这套教材是我国使用时间最长、影响范围最广、对高中地理教育产生过重要影响的一套教材。教学内容为系统地理体系，讲述自然地理环境基础知识和人类活动所产生的相关问题。

1984年，人民教育出版社对初中试用版地理教科书进行了修订并出版了正式本。目的是为了协调小学、初中、高中三个不同阶段地理教科书内容的分工和联系，使之更好地衔接和配套，并解决以前初中地理各试用版本中出现的问题，如知识点偏多偏深，学生不易接受；内容编排难点分散，教师不便教学；重视知识传授，忽视智能培养；自然地理比重大，人文地理比重小；内容呈现方式单一，难以激发学习兴趣等②。

正式本主要的修订之处体现在：一是针对地理知识偏多偏深问题，删减相关内容。如减少《世界地理》中必须学习的国家个数，减少自然地理知识、删除地质力学原理、昆明准静止锋、第四纪冰川等内容。二是根据形势发展需要，增加有关内容。如增加人文地理知识比重，增加香港回归、社会主义建设新成就等内容。三是做好小学、初中、高中的衔接与配套，调整相关内容。如将地壳运动、地转偏向力、地带性与非地带性、地理环境的整体性与差异性等内容上调至高中，将地球仪、大洲和大洋等内容下调至小学。四是知识与技能并重，加强有关培养学生智能的材料。如重视地理学习方法的培养，变单一的问答题为多样的练习题，改变部分"课堂练习"。五是重新整合相关内容，设立新的章节。如初一地理取消第十四章"自然资源及其利用"，新设"区域特征和区域差异"、第十五章"交通和贸易"、第十六章"利用资源 保护环境"；初二地理将第十一章"世界的大陆"和第十二章"世界的海洋"合并为"世界陆地自然带、海洋和交通"。六是对原有教材中一些不正确和不妥当的提法进行了改正。如将"内、外营力"改为"内力作用和外力作用"，"大洋洲和太平洋岛屿"改为"大洋洲"等③。

改革开放之初，全国统一使用人民教育出版社出版的教材，这对已经停滞十余年之久的中小学地理教育起到了非常积极的推动作用。但随着教育的发展和改革的深入，一套通用教材已经很难完全适应全国不同地区的教学需要，也不利于课程教材质量和教学质量的提高④。

---

① 人民教育出版社地理编辑室. 世界地理第三版课本的修改说明[J]. 宁夏教育，1981（4）：24-26.
② 李文田. 改革开放30年我国中学地理教科书变革研究[D]. 武汉：华中师范大学，2011：61.
③ 杨尧. 中国近现代中小学地理教育史[M]. 西安：陕西人民教育出版社，1991：610-611.
④ 李文田. 改革开放30年我国中学地理教科书变革研究[D]. 武汉：华中师范大学，2011：45.

表 13-7　1977—1985 年出版的主要中学地理教科书

教科书	主编或编著者	出版者和出版时间
全日制十年制学校初中课本（试用本）中国地理（上下两册）	中小学通用教材地理编写组	人民教育出版社，1978 年初版，1983 年第四版
全日制十年制学校初中课本（试用本）世界地理（上下两册）	中小学通用教材地理编写组	人民教育出版社，1978 年初版，1983 年第四版
初级中学课本中国地理（上下两册）	人民教育出版社地理室	人民教育出版社，1984 年初版
初级中学课本世界地理（上下两册）	人民教育出版社地理室	人民教育出版社，1984 年初版
高中地学（上下两册）	北京师范大学地理系	北京师范大学出版社，1981 年
地学（上下两册）	华东师范大学地理系，金祖孟、褚绍唐、刘树人、孙大文等	上海教育出版社，1981 年
高级中学地理课本（上下两册）	陈尔寿、吴履平、巴克良、刘淑梅等	人民教育出版社，1982 年

第五节　学科体系完善时期（1986—2000）

1986 年，《全日制中学地理教学大纲》颁布，随后人民教育出版社对其编写的中学地理教科书进行了修订再版。这套教材从 1982 年开始到 1995 年，先后经过八次修订再版（四次为试用本，四次为正式本）。总体而言，教科书在内容上稍有变化，结构上没有变化。具体的变动包括：数字方面的更改、表述更加严密、科学性增强、增加了时代性的内容、删去晦涩难懂的自然地理内容、练习题适当调整等。该套教科书对这一时期我国中学地理教育做出了积极的贡献。

1986 年 7 月 1 日，我国颁布实施《中华人民共和国义务教育法》，对提高民族素质和促进国家兴旺，具有重大的意义。同年，我国成立了中小学教材审定委员会和各学科教材审查委员会，教材编写由"国定制"转向"审定制"，教科书制度发生了巨大的变革，制定的中小学教材审定标准为后来我国教材多样化发展提供了条件。此时国家教委提出：1990 年之前，对原有的教材内容和体系不做大的变动，主要是修订完善现行教材，作为过渡试用；同时组织编写新的九年义务教育教材，并进行试验，根据试验情况供 1990 年以后试用；在此基础上，争取用五至十年的时间，编出几套符合我国国情，适应社会主义建设需要，能较好体现我国基础教育要求的中小学教材[1]。

在教科书编审的实际工作中也体现了这种新的编审制度。1988年，国家教委颁发了《九年制全日制小学和初级中学各科教学大纲》的初审稿，作为编写教科书的"一纲"使用；同年还颁发了《九年制义务教育教材编写规划方案》，要求根据不同的学制、地区和学校形成"多本"的义务教育教科书。于是，人民教育出版社编写了面向大多数地区和学校的"六三"制和"五四"制两套教材，上海市编写了面向发达城市地区的"六三"制教材，浙江省编写了面向发达农村地区的"六三"制教材，四川省编写了面向内地的"六三"制教材，广东省编写了"六三"制沿海版教材，北京师范大学编写了"五四"制教材，八所高师编写了"六三"制教材，河北省编写了复式小学课程教材，通称"八套半"教材[2]；此外，全国各地还自编了许多实验教材和乡土教材。这些教材经过审定后，在1993年秋季逐步正式供各地方和学校选用。

1991年，人民教育出版社出版了义务教育三年制、四年制初级中学教科书（实验本）《地理》，共四册，其中一、二册为世界地理，三、四册是中国地理。在此基础上编写出义务教育三年制初级中学教科书《地理》和义务教育四年制初级中学教科书《地理》，1992年5月经国家审定通过，1993年开始正式使用，并于1995年出版了第二版。

受国家教委委托，北京师范大学组织编写了义务教育"五四"学制教材。北京师范大学地理系组织编写了初中地理教科书，共计四册。此外，广东省教育厅和华南师范大学共同组织编写了"六三"学制沿海版初中地理教科书。四川省教委和西南师范大学合编了内地版地理教科书。与人民教育出版社相应教材一样，这些教科书均为1992年审定通过，并于1993年秋开始正式使用。

表13-8 "一纲多本"义务教育部分初中地理教科书

版本	教科书	主编或编著者	出版者	出版时间	对应学制
人教版	地理（共四册）	人民教育出版社	人民教育出版社	1992年	三年制、四年制
北师大版	地理（共四册）	北京师范大学地理系	北京师范大学出版社	1992年	五四学制
沿海版	地理（共四册）	广东省教育厅、华南师范大学	中国地图出版社	1992年	六三学制，面向经济和教育发达地区
内地版	地理（共四册）	四川省教委、西南师范大学	中国地图出版社	1992年	六三学制，面向经济和教育欠发达地区

---

① 李文田．改革开放30年我国中学地理教科书变革研究[D]．武汉：华中师范大学，2011：45．
② 曾天山．教材论[M]．南昌：江西教育出版社，1997：220．

除了表 13-8 统计的教科书之外，北京市教育局、浙江省教委、上海市教育局等编写了面向本省市使用的初中地理教材。当时初中地理教材已经逐渐出现了多样化的局面。

1986 年《全日制中学地理教学大纲》正式颁布，1987 年人民教育出版社对高级中学课本《地理》正式本进行了修订，出版到了第四版。其中教科书整体结构未做变动，仅对其中个别问题及一些数据进行了修改和补充。随着 1990 年《现行普通高中教学计划的调整意见》和《全日制中学地理教学大纲（修订本）》的颁布，1991 年高中地理课分为必修课和选修课两部分。新编的高中地理选修课教材，从 1992 年秋季开始，由人民教育出版社出版发行。

1996 年，教育部颁布了与九年义务教育相衔接的《全日制普通高级中学地理教学大纲（供试验用）》。据此，徐岩、韦志榕主编了全日制普通高级中学课本（试验本）《地理》教材。这套教材于 1997 年开始在江西、山西、天津两省一市进行试验。2000 年试点范围扩大到 10 个省区。2002 年该教材又根据《全日制普通高级中学地理教学大纲（试验修订版）》修订后，在全国绝大部分地区推广使用。

在人教版地理教科书大范围使用的同时，上海和北京也相继出版地方性高中地理教材。上海中小学课程教材改革委员会编写的高级中学课本《地理》（以下简称上海版），由褚绍唐、陈澄主编，华东师范大学出版社出版，该教科书于 1992 年开始在上海地区使用。北京市高级中学实验课本《地理》，由王民主编，中国地图出版社出版。这套课本是北京市教委以"为了迎接 21 世纪国际竞争的挑战，为高等学校培养品德优秀、体魄健康、基础扎实、素质水平较高、有创造意识的新生"的思想为指导，面向学有余力的高中生编写的课本，从 1999 年秋季起在北京市的一些重点高中进行试验，取得了良好的效果。

表 13-9　1986—2000 年出版的主要高中地理教科书

教科书	主编或编著者	出版者和出版时间
高级中学课本地理（必修）（上下两册）	人民教育出版社	人民教育出版社，1991 年
高级中学课本地理（选修）（全一册）	人民教育出版社	人民教育出版社，1991 年
高级中学课本地理	褚绍唐、陈澄	华东师范大学出版社，1992 年
全日制普通高级中学课本（试验本）地理	徐岩、韦志榕	人民教育出版社，1996 年
北京市高级中学实验课本地理	王民	中国地图出版社，1999 年

第六节　新世纪地理课程改革时期（2001—2019）

21世纪以来，我国先后于2001颁布了《义务教育地理课程标准（实验）》、2003年颁布了《普通高中地理课程标准（实验）》，自此我国正式开始全面的课程改革，教科书全面进入"一纲多本"的时代。课程标准对教科书编写的建议中明确指出：地理教科书的编写，应以地理课程标准为依据。为了充分体现地理课程的基本理念，实现教科书的多样化，使教科书成为教师创造性教学和学生主动学习的重要资源，可以考虑从以下几方面入手：一是建立合理的内容结构；二是选择联系学生实际、反映时代特征的素材；三是教学内容的组织要为教学提供必要的空间；四是内容的呈现方式要符合学生的身心特点和接受能力；五是引导学生的地理理性思维；六是重视教科书的系列化建设。

在此之后，除人民教育出版社以外，多家单位进行了义务教育和高中阶段实验地理教科书的编写，最终经过国家审定共计出版并使用了七套初中地理教科书，四套高中地理教科书。

表13-10　2001—2005年依据新课改出版的初中地理教科书

版本	主编或编著者	出版者	出版时间
人教版地理（共四册）	人民教育出版社课程教材研究所 地理课程教材研究开发中心	人民教育出版社	2001年6月
湘教版地理（共四册）	湖南教育出版社、湖南师范大学	湖南教育出版社	2001年8月
中图版地理（共四册）	北京师范大学国家基础教育课程标准实验教材地理编写组	中国地图出版社	2003年6月
大象版地理（共四册）	北京仁爱教育研究所	大象出版社	2004年7月
粤教版地理（共四册）	广东省教育厅教研室	广东人民出版社	2004年7月
商务星球版地理（共四册）	北京大学蔡运龙、北京师范大学周尚意	商务印书馆、星球出版社	2005年3月
晋教版地理（共四册）	山西教育出版社	山西教育出版社	2005年5月

2012年初，教育部颁布了《义务教育地理课程标准（2011年版）》。依据《义务教育地理课程标准（2011年版）》修订的初中地理教科书，于2012年和2013年分批审查，审查通过后在全国使用。

表 13-11　依据《义务教育地理课程标准（2011 年版）》修订的初中地理教科书

版本	主编或编著者	出版者	出版时间
人教版地理（共四册）	人民教育出版社课程教材研究所地理课程教材研究开发中心	人民教育出版社	2012 年、2013 年
中图版地理（共四册）	北京师范大学国家基础教育课程标准实验教材地理编写组	中国地图出版社	2012 年、2013 年
湘教版地理（共四册）	湖南教育出版社、湖南师范大学	湖南教育出版社	2012 年、2013 年
粤教版地理（共四册）	广东省教育厅教研室	广东人民出版社	2012 年、2013 年
商务星球版地理（共四册）	北京大学蔡运龙、北京师范大学周尚意	商务印书馆、星球出版社	2012 年、2013 年
大象版地理（共四册）	北京仁爱教育研究所	大象出版社	2012 年、2013 年
晋教版地理（共四册）	山西教育出版社	山西教育出版社	2012 年、2013 年
北京版地理（共四册）	北京教育科学研究院	中国地图出版社	2012 年、2013 年

表 13-12　2004—2006 年依据新课改出版的高中地理教科书

版本	主编或编著者	出版社	出版时间
人教版地理	人民教育出版社课程教材研究所地理课程教材研究开发中心	人民教育出版社	2004 年 6 月
中图版地理	北京师范大学国家基础教育课程标准实验教材地理编写组	中国地图出版社	2004 年 5 月
湘教版地理	湖南教育出版社	湖南教育出版社	2004 年 6 月
鲁教版地理	山东省教研室、南京师范大学地理科学学院课程与教材研究中心	山东教育出版社	2004 年 6 月
全日制普通高级中学教科书地理正式本	人民教育出版社地理社会室	人民教育出版社	2006 年再版

2018 年 1 月 16 日，教育部正式颁布了《普通高中地理课程标准（2017 年版）》。依据《普通高中地理课程标准（2017 年版）》修订的高中地理教科书，于 2019 年审查通过，并在全国使用。

表13-13 依据《普通高中地理课程标准（2017年版）》修订的高中地理教科书

版本	主编	出版者	出版时间
人教版地理（共五册）	樊杰、高俊昌	人民教育出版社	2019年、2020年
中图版地理（共五册）	王民	中国地图出版社	2019年、2020年
湘教版地理（共五册）	朱翔	湖南教育出版社	2019年、2020年
鲁教版地理（共五册）	王建	山东教育出版社	2019年、2020年

第十四章

20世纪后半叶的中学地理教科书及其发展特点

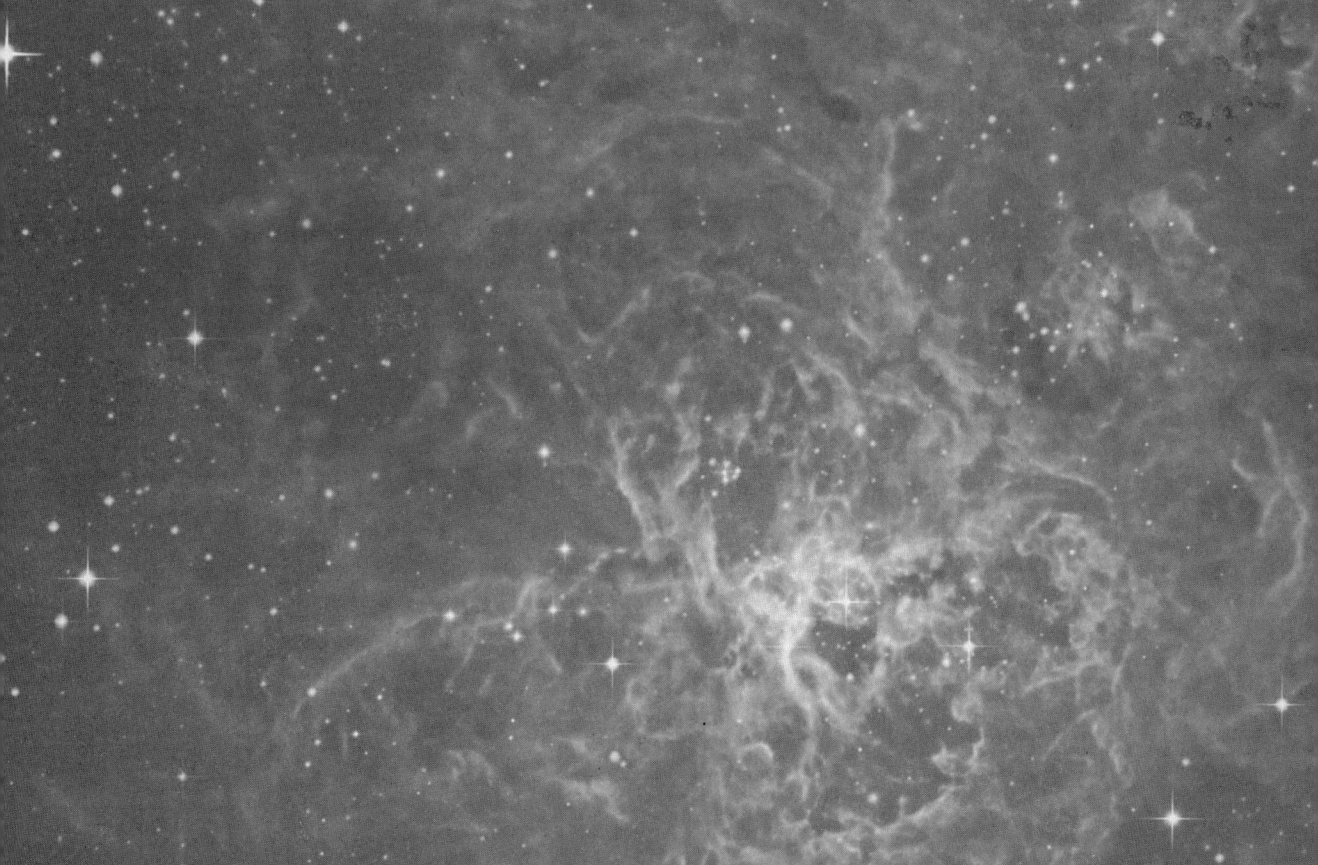

第一节　改革旧课程时期（1949—1956）

一、初中地理教科书

1. 初级中学课本《自然地理》

初级中学课本《自然地理》由褚亚平主编，1952年由人民教育出版社出版。全书分上下两册，上册88页，下册93页，供初级中学一年级两个学期使用。这套教材根据苏联巴尔克夫、包洛文金二氏合著的供七年制中学和完全中学五年级用的《自然地理》课本（苏联国立教育出版社出版的1951年修订本）和东北人民政府教育部1951年11月修订的《初中自然地理》编译本（东北人民出版社）改编而成[①]。

该书在学习具体内容之前，突出了对学生"定向和测绘"技能的培养，进而从地球的宏观要素出发，扩展到了对自然地理各个要素的学习。最后又以"人类"和"人类和自然"两章结束，突出了地理技能，以及自然地理与人类生活之间的关系，较之前的教科书有了较大的改进。

图14-1　初级中学课本《自然地理》封面

初级中学课本《自然地理》目录（1952年版）如下：

上册	下册
绪论	第一章　大气
第一章　定向和测绘	第二章　地壳的变动
第二章　地球的面貌	第三章　关于地球构造的基本概念
第三章　陆地表面的形状	第四章　陆地上的植物带和动物界
第四章　陆地上的水	第五章　人类
第五章　海洋	第六章　人类和自然
第六章　地球的运动和经纬网	

初级中学课本《自然地理》上册在具体的行文中，注重学以致用的思想，第一章安排"定向和测绘"的技能培养，在教科书中以活动的形式安排了较多的"观察""实验"和"练习"，从而大大改善了中华人民共和国成立前教科书形式单一的缺点。此外，课文文字表述在注重语言客观性的同时，非常注重原理和事实的联系。

---

① 课程教材研究所. 新中国中小学教材建设史（地理卷）[M]. 北京：人民教育出版社，2010：16.

初级中学课本《自然地理》图像系统的形式和呈现方式更加多样化,其中地图、景观素描图、示意图的数量有所增加。上册包含了图像79幅,图文比例几乎达到了1∶1;下册包含了图像74幅,图文比例约为4∶5。

该书出版以后,当时不少地理教育工作者对其进行了分析和评价,认为它的主要优点有:一是在教材结构方面,废除了资产阶级地理学对自然地理固定不变的"四分法"或"五分法"的体系。采用了与生产斗争密切结合,又为初中一年级学生易于领会的体系[①]。二是在思想路线方面,课本对于自然现象的说明,自始至终贯彻唯物辩证法的精神[②]。

从1953年到1956年,人民教育出版社根据各界的评论不断地对教科书进行了修订和调整,根据苏联俄罗斯联邦教育部关于精简教学大纲和精简教材的基本精神,以及两年来我国各地教师使用本书的经验,着重精简了一些初中一年级学生难于理解和解释的问题,将一部分教材进行了重新改编[③]。

人民教育出版社在总结和评价修订之后的该本教科书时,认为其优点为:第一,系统性强,突出了组成自然地理环境要素之间的联系。第二,应用性强,把自然地理的一些原理性的知识,结合人们生产生活的实际情况加以应用。第三,操作性强,课本中有很多地理技能训练方面的内容,还设计了很多"观察"和"实验"等[④]。但该书也存在一些问题,例如教材的内容过多、科学性值得商榷、图文搭配不合理等。

2. 初级中学《本国地理课本》和初级中学课本《中国地理》

1951年,人民教育出版社出版了由曾次亮、田世英合编的初级中学《本国地理课本》,供初中二年级学生使用。其中,第一、二册为曾次亮编写,第三、四册为田世英编写。该书的编写目的是:纠正反动统治时期地理教科书中流行的诸如地理环境决定论、大民族主义等的错误理论,同时注重中华人民共和国成立前后的各项比较。

图14-2 初级中学《本国地理课本》第四册封面

---

① 中小学地理课本编辑问题座谈会总结[J]. 地理知识,1953(2).
② 李观方. 对初中自然地理材料的研究[J]. 人民教育,1954.11.
③ 褚亚平,芮乔松. 对初中自然地理课本的说明[J]. 地理知识,1954.8.
④ 课程教材研究所. 新中国中小学教材建设史(地理卷)[M]. 北京:人民教育出版社,2010:88-89.

初级中学《本国地理课本》教科书目录（1951年版）如下：

第一册	第二册	第三册	第四册
绪论 我们的祖国	第四章 华东	第五章 中南（续）	第八章 西北
第一章 华北	第五章 中南	第六章 西南	第九章 全国总论
第二章 内蒙古自治区		第七章 西藏	
第三章 东北			

全书按照"总—分—总"的形式安排内容，首先介绍中国的自然地理区位和行政区划等；其次按照六大行政区分章讲述；再次讲省区地理，多采用游记体，介绍城市及其位置、物产、交通等；最后进行人文总结。总体而言，该书人文地理的比重远远高于自然地理的比重。

1953年，人民教育出版社王钧衡、田世英、陈尔寿、郭敬辉等成员组成了初级中学课本《中国地理》编写组，对之前出版的教科书内容进行了大量的删减和改编，并于1953年正式出版。全书分上下两册，供初中二年级学生使用。该书的编写主要借鉴了苏联车夫兰诺夫编写的供七年级学生用的《苏联地理》课本的思路，具体考虑我国地理和学生情况，确定编写的原则如下：

（1）在教学目标和取材方面，使学生获得自然地理的基本知识，作为升入高级中学学习中国经济地理，或升入技术学校学习土木、工矿、交通等科目的基础。为照顾一部分学生不再升入高中而没有机会学习中国经济地理，教科书在区域分论里有一部分中国经济地理的材料。

（2）在教材的排列和结构方面，先是总论，后是分论（区域）。区域的确定以自然地理特征为主，将自然条件相似的省合并为一个区域，最终将全国划分为了13个地区①。

初级中学课本《中国地理》目录（1953年版）如下：

上册	第二章 黄河下游地区
第一编 中国自然地理概况	第三章 长江下游地区
第一章 中国的地理位置和疆域	第四章 长江中游地区
第二章 中国的海	第五章 东南沿海地区
第三章 中国的地形	第六章 两广地区
第四章 中国的矿藏	第七章 云贵地区
第五章 中国的气候	第八章 四川地区
第六章 中国的河流和湖泊	第九章 康藏地区
第七章 中国的土壤和植物	第十章 陕甘青地区
第八章 中国的人口和民族	第十一章 新疆地区
下册	第十二章 绥宁地区
第二编 区域分论	第十三章 内蒙古地区
第一章 东北地区	伟大的中华人民共和国

---

① 杨尧. 中国近现代中小学地理教育史[M]. 西安：陕西师范大学出版社．1991.

该书总论约占全书 1/3，分论约占 2/3。总论的叙述顺序依次为：位置和疆域、海、地形、矿藏、气候、河流和湖泊、土壤和植物、人口和民族。分论部分对区域的描述大体上按照位置和地形，河流和湖泊，气候、土壤和植物，居民和经济发展，交通和城市的顺序进行叙述，并依据各地区情况进行适当的删减。最后以"伟大的中华人民共和国"做总结，以体现鲜明的政治立场。

该书特点可以概括为：第一，以自然地理为重点，讲述在不同环境中人们的生活和生产活动；第二，注重反映中华人民共和国成立后改造自然和发展经济等的成就；第三，教科书内容的表述注意到初中学生的可接受性，例如题目更加醒目、知识讲述更加注重"情境设计"、图像更多且更直观[1]。

1954 年到 1957 年，该教科书在内容上有所调整，但其基本框架未做大的变动。

3. 初级中学《外国地理课本》和初级中学课本《世界地理》

1951 年人民教育出版社出版了由陈原主编，供初中三年级学生使用的《外国地理课本》。1952 年以前该书的版本分上、下两册，1953 年 4 月人民教育出版社第六次修订时将其合为全一册。该教科书在编写过程中，力图让学生明了世界各国的概况，培养他们对国际问题的正确看法，使他们在具体的世界地理知识叙述中，认识两个阵营的情况，接受国际主义和爱国主义的教育[2]。该教科书中渗透着浓厚的政治地理思想。

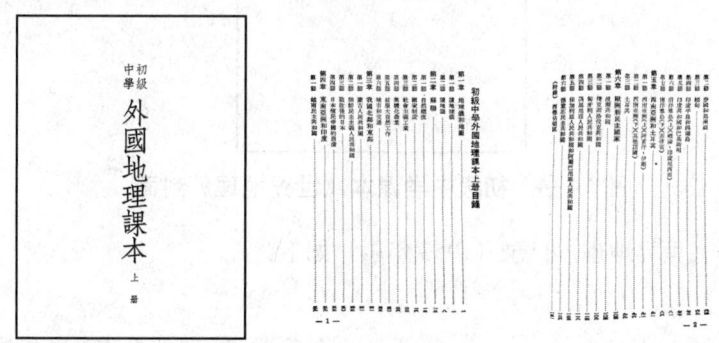

图 14-3　初级中学《外国地理课本》上册封面及目录

初级中学《外国地理课本》目录（1951 年版）如下：

上册	下册
第一章　地球仪和地图	第六章　欧洲新民主国家
第二章　苏联	第一章　欧洲资本主义国家
第三章　我国的北临和东临	第二章　被分割的大陆
第四章　东南亚洲和印度	第三章　美国和南北美洲
第五章　西南亚洲和土耳其	第四章　人类和国家

---

[1] 课程教材研究所. 新中国中小学教材建设史（地理卷）[M]. 北京：人民教育出版社，2010：98-102.
[2] 课程教材研究所. 新中国中小学教材建设史（地理卷）[M]. 北京：人民教育出版社，2011：31.

从内容安排来看，该书内容并没有依照传统的按大洲顺序进行安排，而是更加注重世界各个国家和地区与中国的政治联系，即关注了国家的性质和殖民属性。这些从课文的三级标题中就可以明显地体现出来。

陈桥驿认为该书从观点、内容、编排等各方面来讲，都是中华人民共和国成立后最使人满意的地理教科书；但也存在不妥和错误之处，如讲英国人口部分的标题是"地少人多""爱尔兰有英国'盲肠'之称""实际的权力握在内阁手里，皇帝已没有什么作用了"。又如在讲国际形势时，课文很多地方偏重叙述和揭发帝国主义的侵略野心，而忽略了人民力量的壮大。

1953年，人民教育出版社出版了由颜迺卿、周光岐合编的初级中学课本《世界地理》，分上、下两册，供初中三年级学生使用。该书根据苏联伊万诺夫和多布罗夫合著的供六年级学生用的《世界地理》编写而成。

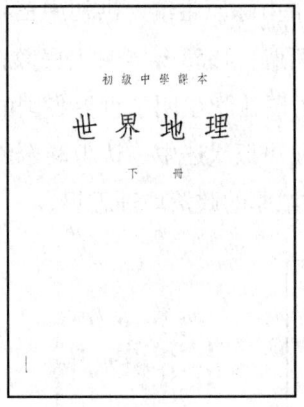

图14—4　初级中学课本《世界地理》封面

初级中学课本《世界地理》目录（1953年版）如下：

上册
我们的世界
第一章　亚洲概观
第二章　欧洲概观
第三章　苏维埃社会主义共和国联盟
第四章　亚洲人民民主国家
第五章　亚洲半殖民地和殖民地国家

下册
第六章　欧洲人民民主国家
第七章　欧洲资本主义国家
第八章　非洲概观
第九章　美洲概观
第十章　美国
第十一章　澳洲概观
第十二章　南极洲概观

在具体编写过程中，各大洲的自然地理按照位置和疆域、地形和矿藏、气候、河流和湖泊、土壤、植被和动物界的顺序依次展开，具有一定的连贯性，同时体现了地理环境的整体性和差异性。

与之前的版本相比，虽然该书依然有严格的政治阵营划分，但其内容在一定程度上体现了向追求科学性地理的方向发展。例如，该书在讲述苏联之前，加入了亚洲概观和欧洲概观两节，以对自然地理的陈述为主。此外，该书加入了"南极洲"的内容，并从位置、俄罗斯探险家的贡献、地形和气候、植物和矿物以及帝国主义的阴谋五个角度对其进行了阐述，虽然其描述具有强烈的政治色彩，但其内容具有较强的科学性。

教科书使用了大量的地图、景观素描图、示意图等图像，两册共计127幅。在编排时，作者给图片设置了相应的思考问题，在启发学生思考、培养读图能力等方面有较大的帮助。

1954年7月，人民教育出版社对《世界地理》教科书作了进一步修订，将上、下两册合并为一册，供初中二年级学生使用。该次修订对教科书内容的逻辑顺序、表述等方面进行了一定的调整。

二、高中地理教科书

1. 高级中学《自然地理课本》

高级中学《自然地理课本》一书由田世英主编，1950年新华书店出版，1951年人民教育出版社再版，供高中一年级第一学期使用。作者在编辑大意中指出：在高级小学和初级中学学习了一般地理知识及区域地理之后，综合地学习一些自然地理的基本知识，以便在这个基础上，把中国及外国地理的学习提高一步。因此，地理要素之间的综合性在内容安排上有了较好的体现。

高级中学《自然地理课本》目录（1950年版）如下：

第一章 地球
  第一节 地球在宇宙中的地位
  第二节 太阳与月亮
  第三节 地球的发展史
  第四节 地球的形状
  第五节 地球的运动（上）
  第六节 地球的运动（下）

第二章 大陆
  第一节 陆地的分布和边缘
  第二节 大陆的水平形势
  第三节 大陆的垂直形势
  第四节 大陆上的水面——"河流"和"湖泊"
  第五节 外动力与地形的变动
  第六节 内动力与地形的变动

第三章 海洋
  第一节 海洋的重要和区划
  第二节 海底地形
  第三节 海水的运动
  第四节 海水的温度和盐分

第四章 大气
  第一节 大气的重要与组成
  第二节 气温的变化和分布
  第三节 降雨
  第四节 气压和风

第五章 自然生物
  第一节 自然生物的发展与人的作用
  第二节 生物的分布

从内容的选择来看，该书选取的内容和初中阶段的内容有明显的差异，其内容更加科学，且具有一定的难度。例如，在讲述地球的运动时，作者用了两节篇幅对其进行陈述，与以前仅用几句话进行简单介绍相比，这种方式更加关注了学生的理解。此外，潮汐的生成、内力作用和外力作用等内容在目前高中地理教科书中依然存在。

另外，该书贯彻了苏联生物学家米丘林的思想观点："人类的最高任务，不仅是了解自然，而且是如何利用自然和改造自然"①。在教科书中最直观的体现就在于几乎每一节内容最后，都有专门的内容来论述人与自然的关系，例如"自转与人生""洋流与人生""人类对生物的利用"等，以此作为人类利用和改造自然的例证。此外，在编制上，斟酌取材，不蔓不枝，说理通畅，行文简洁；课文中有插问，注解多①。

对于该书的评价，华东师范大学教授金祖孟在《地理知识》（1951年1月）中撰文指出："在解放以后，一般中学地理教师在教学上有一个很大的困难，就是没有新编的合适的课本。因此，这一册课本的出版，很是可兴奋的。而且，这一册书的内容，确是崭新的，因为编辑者已经运用新的宇宙观来处理教材了。"该书的缺点在这篇文章中也有所表述。

1953年《中学暂行教学计划（草案）》颁布以后，高级中学《自然地理课本》课程正式取消，教科书也相继停止出版。

2. 高级中学课本《中国经济地理》

高级中学课本《中国经济地理》一书由中国人民大学经济地理教研室编写，人民教育出版社于1953年出版，分上、下两册，供高中一年级（1956年以后供高中二年级）学生使用。该书仿照苏联巴朗斯基编写的供八年级学生使用的《苏联经济地理》课本编写而成。

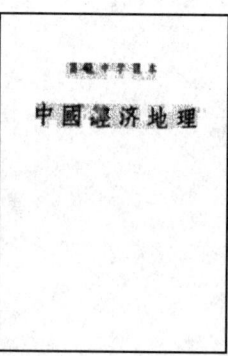

图 14-5　高级中学课本《中国经济地理》封面

高级中学课本《中国经济地理》目录（1953年版）如下：

上册
第一章　中国自然条件的经济评价
第二章　中国的人口和民族
第三章　中国国民经济一般特征
第四章　中国工业地理
第五章　中国农业地理

---

① 杨尧. 中国近现代地理教育史[M]. 西安：陕西师范大学出版社，1991.

第六章 中国运输地理	第十章 华东区
下册	第十一章 中南区
第七章 华北区	第十二章 西南区
第八章 东北区	第十三章 西藏区
第九章 内蒙古自治区	第十四章 西北区

该书编写于中华人民共和国成立之初。在当时特殊的条件下，该书的教学目的被表述为：第一，使学生从经济发展和生产配置方面明了旧中国经济的落后性，以及中华人民共和国成立三年来经济工作的伟大成就和将来的美丽远景，深切体会人民民主制度的优越性，进而培养学生热爱祖国、热爱劳动的精神；第二，使学生掌握中国经济地理的基本事实，具备毕业后升入大学或技术学校学习时的基本知识[1]。

该套教科书在表现形式上非常单一。上、下两册分别有112页和150页，但其图像总数仅为55幅，其中地图52幅、图表2幅、示意图1幅，且地图的形式相对固定。全书每一节末都安排有一定量的习题，但均以问答题的形式呈现，要求学生掌握的内容以简单的背诵记忆为主。

从内容来看，该书上册为经济地理专题，重点讲述了工业地理、农业地理和运输地理，突出了经济地理的核心内容，也反映了地理教育与当时社会经济发展现状的密切联系；下册为分区地理。

关于经济区域的划分，在我国的东北、华北、华东、中南、西南和西北六大行政区和内蒙古、新疆的划分基础上，根据其内部的联系程度，把每个区域分为三四个小区，一般而言是把几个省合并为一个小区，内容的具体介绍以小区为重点。如华北划分为河北区（包括河北省、北京市、天津市）、山西区和绥远区；华东区划分为山东区、苏浙皖区（包括江苏、浙江、安徽三省和上海市）、福建区和台湾区等。在对区域进行讲述时，重点按自然条件、居民、经济、城市四大要素展开，所有的地区一致，变化不大，对突出区域特色不利。全书内容渗透了新旧社会的对比，以反映中华人民共和国成立以来社会主义建设的伟大成就。

中国人民大学经济地理教研室分别从区域的划分、自然条件、居民的讲授、经济的讲授、城市的讲授、教材分量等方面对该书进行过讨论说明[2]。张荣在其具体实践中，总结出了一些对该教科书的使用体会，即该书虽然在某种程度上存在缺陷，但是在科学知识、思想内容等方面都具有很多优点，它可以满足当时的教学要求，因此在教学中首先要以实事求是的精神，充分地利用课本[3]。

1954年，在结合教科书的具体使用情况和教师意见的基础上，编写组对该教科书进行了

---

[1] 中国人民大学经济地理教研室. 高级中学课本·中国经济地理（上册）[M]. 北京：人民教育出版社，1953：出版者的话.
[2] 中国人民大学经济地理教研室. 关于高中课本《本国经济地理》下册的几点说明[J]. 地理知识，1954（3）.
[3] 张荣. 我在《中国经济地理》教学中的一些体会[J]. 地理知识，1954（2）.

较大范围的修改。首先，增加了经济区域分论的比重；其次，将初版的第一章"中国自然条件的经济评价"和第二章"中国的人口和民族"两章进行精简，合并为"国民经济概述"一章；此外，还将原来的六大行政区改为了 10 个经济区，弱化了区内差异，重点讲述区域经济发展的共性[①]。

3. 高级中学课本《外国经济地理》

高级中学课本《外国经济地理》一书由颜迺卿、周光岐合编，人民教育出版社于 1952 年出版，全书分上、下两册，供高中三年级学生使用。

图 14—6　高级中学课本《外国经济地理》上册封面

高级中学课本《外国经济地理》目录（1952 年版）如下：

上册	下册
第一编　苏维埃社会主义共和国联盟	第四编　欧洲人民民主国家
第二编　亚洲人民民主国家	第五编　美国和欧洲资本主义国家
第三编　亚洲民族解放运动高涨的国家	第六编　美、非、澳殖民地和半殖民地

该书总体为分区地理，范围涉及了除南极洲以外的各个大洲。各编并不是以洲来划分，而是以政治体系来划分。如亚洲人民民主国家和亚洲民族解放运动高涨的国家各为一编，欧洲人民民主国家和欧洲资本主义国家也是各为一编，这样的安排突出了国家性质，且根据每个国家阵营的不同，内容的分配也非常不均衡，具有浓厚的政治教育色彩。

表 14—1　高级中学课本《外国经济地理》中各洲或政治阵营内容所占数量比较

洲的章数数量／章			洲的页数数量／页			不同政治制度数量／章			
亚洲	欧洲	其他	亚洲	欧洲	其他	社会主义国家	资本主义国家	亚洲民族解放运动高涨的国家	其他洲殖民地、半殖民地国家
20	17	5	150	101	56	17	9	10	4

具体国家的介绍一般包括：国家地理位置、国家政治形势、自然地理和人文地理。各个国

[①]　课程教材研究所. 新中国中小学教材建设史（地理卷）[M]. 北京：人民教育出版社，2011：127.

家详略差别很大，且内容的政治性强，包含了大量政治形势方面的内容（属于什么阵营、过去情况、现在情况等），甚至有这样的标题：人民民主力量的壮大、蒙古的新生和发展、独立后的菲律宾、争夺真正独立的印尼、帝国主义的殖民地——日本、帝国主义的魁首——美国等。

在内容描述过程中，课文对人民民主国家的介绍用历史线索贯穿，突出其独立以前社会经济的发展状况，以及独立以后发生的巨大变化，彰显民主改革的意义；对于资本主义国家的政治、经济进行了分析和批判，关注这些国家劳动人民生活条件的恶劣和生活上的困苦；对殖民地和半殖民地国家力求揭示帝国主义奴役下经济发展的片面性、帝国主义国家在殖民地争夺原料和市场过程中彼此之间的矛盾，颂扬当地人民为争取民族独立、经济自主进行的斗争。这些内容极大地迎合了当时政治教育的诉求，对培养学生的国际主义精神起到了相当大的作用，但与地理无关的政治内容明显太多，且政治色彩过浓[1]。

这套教科书在叙述每个国家时都配有相应的图像，且每个章节都有对应的练习题，结构较为完整。

1954年，人民教育出版社对高级中学课本《外国经济地理》进行了修订，主要解决以下几个问题：全书的编排系统问题、处理自然条件的问题、处理居民的问题、处理经济区域的问题[2]。修订后的教科书目录如下：

上册
第一编　苏维埃社会主义共和国联盟
第二编　亚洲人民民主国家
第三编　欧洲人民民主国家
第四编　美国和欧洲资本主义国家

下册
第四编　美国和欧洲资本主义国家（续）
第五编　亚洲民族解放运动高涨中的国家
第六编　美、非、澳洲的半殖民地和殖民地国家

可以看到，其内容依然按照1952年版本根据国家政治格局的形式进行安排，但是对具体细节进行了较多的调整。1954年到1956年，经过反复论证，编写者和地理教育专家普遍认为地理教科书将国家按照政治类型进行编排极为不妥，一方面国际形势在不断发生变化，各个国家的性质必须依据各个国家的经济、政治、历史、文化多方面的情况来进行分析，不是简单的分类可以解决的[3]。这一想法得到认同之后，1956年《外国经济地理》教科书再次修改，除了苏联依然作为独立一章出现以外，其余内容恢复了国家按照大洲划分的体系，内容做了适当调整[4]。但是在大洲内部却分两大阵营，先讲社会主义阵营，后讲资本主义阵营。

---

[1] 课程教材研究所. 新中国中小学教材建设史（地理卷）[M]. 北京：人民教育出版社，2011：53-54.
[2] 颜迺卿. 关于修改高中《外国经济地理》课本中的几个主要问题[J]. 地理知识，1954（4）.
[3] 杨尧. 中国的近现代中小学地理教育史（下）[M]. 西安：陕西师范大学出版社，1990.
[4] 关于1956年秋季使用的中学地理课本修订情况的说明[J]. 地理知识，1956（8）.

第二节 教育改革与探索时期（1957—1966）

1958年，按照精简课本内容、减轻学生负担的原则，中小学开始精简课程，初中三个年级的地理课程缩减到初一、初二两个年级；在课程设置和教材方面，取消了初中一年级的自然地理，缩减原有内容，改为地球篇，并同原初中三年级的中国地理合并，集中在初中一年级讲授，每周3课时；初中二年级的世界地理保持不变，课时减少到每周2课时。高中则将中国经济地理和外国经济地理合并为经济地理，经济地理课程使用的教科书为人民教育出版社出版的《高中经济地理》，该书分为上、下两册，但上册出版以后教育部便通知取消了高中地理课程，因此下册并未出版。1958年以后，人民教育出版社地理编辑室又多次对地理教科书进行了较大的调整和删减。

1960年，为了适应不同学制的需求，人民教育出版社对初、高中地理教科书进行了修订，内容的压缩、删减、修改是修订的核心任务。其中，初中地理变动很大，具体表现在以下几点：第一，将原教科书的体系由"地球—中国地理—世界地理"三大篇改成"中国地理—世界地理—宇宙知识"三大篇；将自然地理和经济地理融成一体，结合论述，打破自然地理与经济地理各成系统，偏重现象描述的旧体系。第二，删除了原教科书中陈旧、烦琐、重复的部分，着重讲授有关规律、原理和具有生产实践意义的地理知识。第三，增加了现代生产所需要的和最新的科学知识。第四，加强了对学生阅读和运用地图的能力的培养等[1]。1961年，人民教育出版社出版了初级中学《地理》补充教材，对该套教材课程体系中"宇宙知识"部分进行了补充，最终形成了供1961—1962学年使用的初中《地理》教科书（人民教育出版社，1961年版）。

初中《地理》教科书（人民教育出版社，1961年版）的目录如下：

第一册（六年级上）

第一部分 地球知识

  第一章 地球在宇宙中的位置

  第二章 地球的运动

  第三章 地图的基本知识

第二部分 中国地理

  第一篇 中国地理概述

  第一章 国土和人民

  第二章 地形

  第三章 矿产资源

  第四章 气候

  第五章 河流、湖泊和地下水

  第六章 海洋

  第七章 农业、工业和交通的分布概况

  第二篇 中国分省（自治区、直辖市）地理

  第一章 北京市

  第二章 河北省

  第三章 山东省

第二册（六年级下）

  第二篇 中国分省（自治区、直辖市）地理

  第四章 河南省

  第五章 内蒙古自治区

---

[1] 教育厅. 现行学制中学地理教材新版本简介[J]. 安徽教育，1960(8): 53-55.

第六章 山西省	第二十四章 西藏自治区
第七章 黑龙江省	第二十五章 陕西省
第八章 吉林省	第二十六章 甘肃省
第九章 辽宁省	第二十七章 宁夏回族自治区
第十章 上海市	第二十八章 青海省
第十一章 江苏省	第二十九章 新疆维吾尔自治区
第十二章 浙江省	第三册（七年级上）
第十三章 安徽省	第三部分 世界地理
第十四章 湖北省	第一章 世界地理概述
第十五章 湖南省	第二章 亚洲的国家
第十六章 江西省	第三章 欧洲的国家
第十七章 广东省	第四册（七年级下）
第十八章 广西壮族自治区	第三章 欧洲的国家（续）
第十九章 福建省	第四章 非洲的国家
第二十章 台湾省	第五章 北美洲和南美洲的国家
第二十一章 四川省	第六章 澳洲的国家
第二十二章 云南省	第七章 南极洲
第二十三章 贵州省	

这套教科书第一册和第二册讲中国地理，第三册和第四册讲世界地理，两大部分都是先讲自然地理，再讲人文地理。自然地理部分所选的内容已经非常接近我国现代中学地理教科书的内容，但这些内容通常在初中和高中反复提及，且中国自然地理和世界自然地理仅各占一学期学习时间，对于初中生而言内容偏难、偏多。人文地理部分中，中国地理和世界地理分别采用了分省和分国家介绍的方式，中国地理分六个大区讲述29个省（直辖市、自治区）。世界地理讲述55个国家和地区，其中有37个国家是重点讲授的内容，数量非常庞大，其确定的原则包括：一是对当前国际生活中有重大影响的国家和地区，特别是有利于提升学生对国际共产主义运动、民族独立运动和反帝斗争理解的内容，分章、节或段，介绍得比较详细；二是对面积大、人口多或地理位置很重要的国家和地区，作了较多的介绍；三是其他的国家和地区，或是按所在位置分地区综合叙述，或是在分洲、分地区讲述时指出它们所在的位置，以便对它们的地理状况有一个概括的认识或印象[①]。

此外，高中地理虽然由1958年版本修订而成，但在篇章结构、内容等方面有不少改动，依照当时的说法有以下特点：第一，突出了我国社会主义建设时期三大法宝的伟大作用，阐明了党的有关经济建设的重大方针政策。第二，通过中华人民共和国成立前后的对比和我国与资本主义国家的对比，运用数据和事实进一步阐明了"东风"压倒"西风"，社会主义制度

---

① 林依. 修改后的十二年制初级中学地理课本[J]. 人民教育，1961（8）：38-42.

优于资本主义制度，中华人民共和国后十多年的建设成就胜过中华人民共和国成立前的几十、几百甚至几千年。第三，删除了陈旧的资料，补充了新的资料，充分反映了我国社会主义建设的最新成就。第四，对原教科书中某些论述不够明确不够妥善的地方进行改写，以及修改补充了某些概念。第五，简化了烦琐的材料[1]。

从总体内容设计来看，教科书的图像和作业系统已经相当完善，更加关注学生基本技能的训练。例如，教科书中使用了大量的地图和素描图来解释各种地理现象。

1963年7月，教育部发布《关于实行全日制中小学新教材计划（草案）的通知》，指出了当前地理课等有不必要的循环重复，设置办法也过于分散。为此开启了新一轮针对十二年制中小学一体化地理教科书的编写，其开设的年级分别是高小五年级、初中一年级和高中一年级。地理教科书编写的基本原则可以概括为：节省教学时间，避免不同学段课本的重复；以自然地理知识为基本内容；三个学段的地理课本在内容上既有联系又有区别；中国地理的区域地理改为分省地理。下面选取十二年制初级中学地理教科书进行介绍[2]。

1963年9月人民教育出版社出版的初级中学《中国地理》，是由叶立群、王钧衡、徐俊鸣、芮乔松编写的，全书分上、下两册，上册讲授准备知识、全国地理概述、部分省区地理知识，下册继续讲授其余部分省区地理知识。

十二年制初级中学《中国地理》教科书目录（1963年版）如下：

上册
一 准备知识
　第一章 地图
　第二章 地形
　第三章 大气
二 全国地理
　第一章 国土和人民
　第二章 地形和矿产
　第三章 海洋、海岸和岛屿
　第四章 气候
　第五章 河流
　第六章 植被和土壤
　第七章 农业、工业和交通
三 分省（自治区、直辖市）地理
　第一章 黑吉辽三省
　第二章 黄河中下游五省一市
下册
四 分省（自治区、直辖市）地理（续）
　第三章 长江中下游六省一市
　第四章 闽台粤桂三省一区
　第五章 川黔滇三省
　第六章 蒙宁甘新三区一省
　第七章 青海省和西藏自治区

从内容上来看，初中地理的内容在向自然地理转变，特别是分省区介绍中，自然地理内容占据了非常大的比重，包括地形、气候、自然资源等。人文地理则侧重于重点城市、交通、乡土地理知识等内容。每个省的内容各有侧重点，开始逐渐摆脱学习苏联时期呆板的教科书内容框架的束缚。

---

[1] 教育厅. 现行学制中学地理教材新版本简介[J]. 安徽教育，1960（8）：53-55.
[2] 课程教材研究所. 新中国中小学教材建设史（地理卷）[M]. 北京：人民教育出版社，2011：180-181.

从图像系统来看，地图和地形剖面图占主导地位，其次是各种地理事物的示意图，且地理课本中开始出现了黑白照片，如表 14-2 所示。

表 14-2　十二年制初级中学《中国地理》教科书各类图像统计

地图和地形剖面图/幅	景观素描图/幅	示意图/幅	地理统计表/个	自然或经济数据表/个	黑白照片/幅
108	12	23	12	11	23

这套教科书 1963 年出版，1964 年再版时进行了大量的删减，删去了"准备知识"（地图、地形、大气）的内容，总体内容减少到了原来的 2/3 左右。

第三节　"文化大革命"时期（1966—1976）

"文化大革命"期间的教科书由各省组织编写。1974 年，北京市教育局教材编写组邀请辽宁、安徽、山西、河北、天津五省市教材组的有关人员，共同编写了北京市中学试用课本《地理》，供初中一年级学生使用。以下册为例，该书为 32 开本，共计 162 页。

图 14-7　1974 年北京市中学试用课本《地理》下册封面

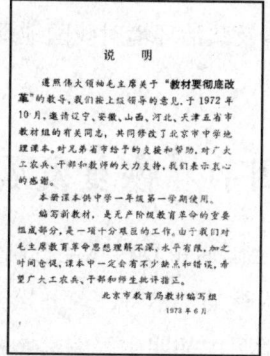

图 14-8　1974 年北京市中学试用课本《地理》下册卷首和卷尾语

北京市中学试用课本《地理》下册的部分目录如下：

第三部分	第三节 西非的国家
……	第四节 中非的国家
第二章 亚洲	第五节 东非
第一节 概述	第六节 非洲南部的国家
第二节 东亚的国家	第四章 欧洲
第三节 东南亚的国家	第五章 拉丁美洲
第四节 南亚的国家	第六章 北美洲
第五节 西亚的国家	第七章 大洋洲及太平洋岛屿
第三章 非洲	第八章 南极洲
第一节 概述	附表 世界各国家和地区面积、人口、
第二节 北非的国家	首都（或首府）

该书的表述采用"总—分"的形式加以展开，首先讲世界概况，其次讲各大洲的分区地理。在描述大洲时，通常先综述本洲的位置与范围、地形、人口和国家，再将大洲分为若干个区域，例如非洲分为北非、西非、中非、东非、非洲南部，进而分析各个区域的不同国家。对于各个国家的介绍主要从地理位置、自然状况、社会经济等方面进行，但对大部分国家的介绍相对简单，仅用1～2页篇幅介绍一个国家，罗列陈述的特征十分明显。

从各章所占页数的比重来看，亚洲所占比重最大，占总页数的1/4左右；其次为欧洲，占总页数的1/3左右；再次为非洲、拉丁美洲、北美洲；大洋洲和南极洲所占的页数最少。全书共包括了91幅图像，其中地图67幅、景观图17幅、图表6幅、示意图1幅，图文比例为1∶2。地图的使用非常频繁，几乎每幅图都配有相应的文字说明。

鉴于当时处于"文化大革命"的特殊时期，地理教科书带有非常明显的政治色彩。20世纪50年代末到60世纪初期，中苏关系每况愈下，教科书中有关苏联的描述变化非常显著。例如，在课本第4页写道：

苏修社会帝国主义和美帝国主义到处修建海军基地，派军舰横冲直撞，极力争霸海洋，加紧扩张势力范围，企图控制全世界。美苏两霸争夺和侵略是当今世界不安宁的根源……

可见当时政治局势及政治环境对我国地理教科书内容的选择与表述具有很大的影响。

第四节　恢复发展时期（1977—1985）

1978年，开始了全国通用教材《全日制十年制学校初中课本（试用本）》的编写。《中国地理》由人民教育出版社的陈尔寿、芮乔松、巴克良、刘淑梅，北京师范大学地理系张兰生、高如珊，华东师范大学附中胡明生等编写；《世界地理》由北京师范大学地理系邬翊光、辽宁师范大学地理系的李涵畅、华东师范大学地理系的金鼎馨、河南师范大学地理系的王建堂和人民教育出版社的李明等[①]编写。全书共计四册，供初中一年级和二年级学生使用。

初中一年级《中国地理》目录如下：

地球和地图
  第一章 地球
  第二章 地图
中国地理
  第一章 疆域和行政区划
  第二章 人口和民族
  第三章 地形
  第四章 气候
  第五章 河流
  第六章 东北三省
  第七章 黄河中下游五省二市
  第八章 长江中下游六省一市
  第九章 南部沿海三省一区
  第十章 西南三省
  第十一章 青海和西藏
  第十二章 新疆
  第十三章 北部内陆两区一省
  第十四章 区域特征和区域差异
  第十五章 交通运输和贸易
  第十六章 利用自然改造自然

初中二年级《世界地理》目录如下：

第一章 世界地理概况
第二章 亚洲
第三章 大洋洲及太平洋岛屿
第四章 太平洋和印度洋
第五章 非洲
第六章 大西洋和北冰洋
第七章 欧洲
第八章 北美洲
第九章 拉丁美洲
第十章 南极洲
第十一章 世界的陆地自然带、海洋和交通

图14-9　全日制十年制学校初中课本《中国地理》上、下两册封面（1978年版）

[①] 课程教材研究所. 新中国中小学教材建设史（地理卷）[M]. 北京：人民教育出版社，2011：180-181.

图 14-10　全日制十年制学校初中课本《世界地理》上、下两册封面（1980 年版）

从内容上来看，初中地理开始由大而全的地理知识体系发展为以介绍区域地理为主。讲授顺序为先中国地理，再世界地理。1978 年版《中国地理》上、下两册的页数分别为 119 页和 138 页；1980 年版《世界地理》上、下两册的页数分别为 127 页和 138 页。总体而言，教科书的内容相对较多，对单个知识点的介绍相对偏少，因而存在一定的学习难度。

从图像系统来看，与以前的初中地理教科书相比，该套教科书对于图像的应用更加成熟。《中国地理》上、下两册共计 257 页，共包括了 207 幅图像，其中地图 90 幅；示意图和景观图分别为 56 幅和 44 幅；图表数量较少，且信息量相对较少，共计 17 幅。《世界地理》上、下两册共计 265 页，共包含了 217 幅图像，其中地图 106 幅、景观图 70 幅、图表和示意图分别为 19 幅和 22 幅，地图在四册书中占了非常重要的位置。《中国地理》中，区域在中国的位置、区域的行政区划、区域的自然条件等都会用地图加以展示；《世界地理》中，区域在世界的位置、区域的普通地图、区域的自然条件等，也均是借助地图加以展示的。此外，每个区域都配备了相应的景观素描图或图片，使该套教科书内容更加生动形象。图表的内容主要是各个省份或者各个大洲的统计数据等。

从作业系统来看，该套教科书在每一节末尾都安排了一定量的作业，构成了教科书的作业系统。但作业的类型非常单一，以问答题为主，对学生的要求停留在背诵和记忆上。

从 1981 年开始，人民教育出版社对该套初中地理教科书进行了修订，以满足十二年学制学生的使用需要，该次修订在正确阐明人地关系的同时，降低了教科书的难度，增加了人文地理的相关内容，在提升学生地理学习方法方面做了较大的改进。

1981 年春天，高中开始恢复地理课程，北京师范大学地理系成立了《地学》编写组，于 1982 年出版了《地学》上册和下册，供国内中学教学选择试用。全书的编写思想是：力求建立新的教学内容体系，在初中的中国地理和世界地理基础上，侧重讲授有关地球的最重要的基础知识，并介绍人和环境关系中的一些重大问题。

《地学》上册包括第一篇地球在宇宙中，第二篇地壳和第三篇的大气圈部分；《地学》下册包括第三篇水圈和生物圈，第四篇人类和环境，以及附录。教材按照 96 课时编写。主编有宋春青、武吉华、李之保，参加编写工作的有彭望琭、李振春、郭瑞涛、汪家兴、刘逸浓、邬翊光、彭庆祥、高如珊等[①]。

《地学》上、下两册共计400多页，内容过多，给一学年每周2课时的实际教学带来了困难。经过初步实践，使用此书的学校师生认为，这些知识是有意义的、需要学习的，但分量偏重，内容偏难[②]。1982年，北京师范大学地理系编写组对该书内容进行了较多地删减，对部分进行了改写，并新增了一些章节的内容，按照每周2课时，一学年64课时安排内容，上、下两册合成了一册。

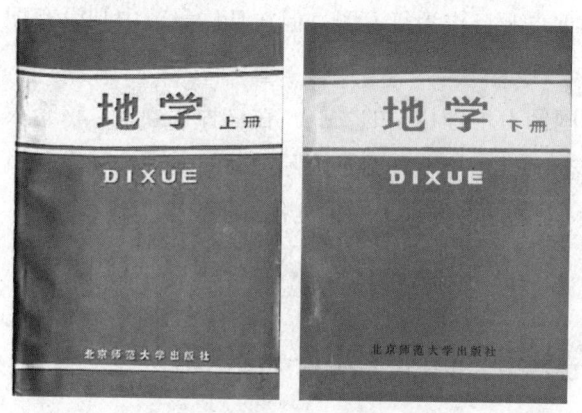

图 14-11　北京师范大学出版的《地学》上、下册封面（1981年版）

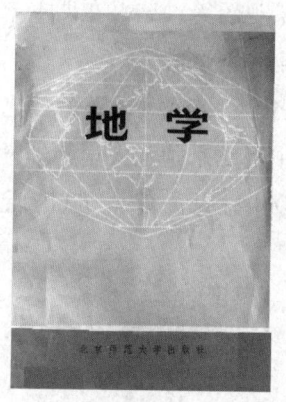

图 14-12　北京师范大学出版的《地学》封面（1982年版）

北京师范大学出版的《地学》目录如下：

绪言

第一篇　地球的宇宙环境

　　第一章　太阳系

　　第二章　太阳系以外的世界

　　第三章　空间探测和空间开发

第二篇　地壳

　　第四章　地球的结构

　　第五章　地壳的结构及组成物质

　　第六章　地壳中的矿产资源

　　第七章　地球的内能及其释放形式

　　第八章　地壳的地质年代

　　第九章　地壳的变动

　　第十章　全球构造理论——板块构造

第三篇　气圈、水圈和生物圈

　　第十一章　地球上的大气

　　第十二章　大气的运动

　　第十三章　气候

　　第十四章　地球上的水

　　第十五章　生物圈

第四篇　人类和环境

　　第十六章　人口和粮食

　　第十七章　自然资源和能源

　　第十八章　环境污染和环境保护

　　第十九章　我国国土整治和人类环境的未来

---

① 北京师范大学地理系《地学》编写组．地学[M]．北京师范大学出版社，1981，编者说明．
② 北京师范大学地理系《地学》编写组．地学[M]．北京师范大学出版社，1982，绪言．

《地学》一书包括了地球许多方面的基本知识，如地球本身、地球的宇宙环境、人类的自然环境，并着重阐明了控制地球整体运动变化的一些基本规律（如全球构造理论、物质与水分循环、生态系统与生态平衡等）和人地关系的科学知识。

该书对知识的具体表述逐渐摆脱了政治因素的困扰，更多追求科学性和准确性。全书共275页，作者试图讲述地球科学知识最基础的内容，但由于知识点繁多庞杂，学生掌握这些知识依然存在着障碍。

该书共包括图像144幅，其中示意图74幅，约占总数的50%，其余依次分别是图表、地图和景观图等。该书在课本末尾设置了一些重点题目作为复习题，但在具体章节中却没有配备相应的作业系统。

当时正值我国改革开放之初，急需了解国际上地理科学的发展。在这种背景下，该套教材集中了北京师范大学地理学的专家，比较全面、系统地介绍了国际上新的地理学观点和概念，令人耳目一新，为我国后来高中地理教科书的编写提供了知识准备、积累了宝贵经验。

第五节　学科体系完善时期（1986—2000）

一、初中地理教科书

《中华人民共和国义务教育法》颁布以后，我国中小学教材呈现多样化发展趋势。此时出现了人教版、北师大版、沿海版、内地版为代表的四种面向全国的初中地理教科书。

1. 人教版初中地理教科书

人教版义务教育三年制、四年制初级中学教科书（实验本）《地理》由陈尔寿、吴履平主编。该书1986年开始编写，第一册于1989年出版，至1991年四册全部出版发行。

图14-13　人教版初级中学教科书《地理》第一册封面

图14-14　人教版初级中学教科书《地理》第二册封面

图 14-15　人教版初级中学
教科书《地理》第三册封面

图 14-16　人教版初级中学
教科书《地理》第四册封面

人教版初级中学教科书（实验本）《地理》目录如下：

第一册
  第一章　地球
  第二章　地图
  第三章　世界的陆地和海洋
  第四章　世界的气候和自然带
  第五章　地球上的自然资源
  第六章　世界的人口
  第七章　世界政区地图和分区
  第八章　东亚
  第九章　东南亚
  第十章　南亚
  第十一章　西亚和北非
第二册
  第十二章　撒哈拉以南的非洲
  第十三章　西半部欧洲
  第十四章　苏联
  第十五章　加拿大和美国
  第十六章　拉丁美洲
  第十七章　大洋洲
  第十八章　南极洲
  第十九章　人类共同生存在一个地球上
第三册
  第一章　中国的疆域和行政区划
  第二章　中国的地形
  第三章　中国的天气和气候
  第四章　中国的河流和湖泊
  第五章　中国的自然资源及其利用
第四册
  第六章　中国的人口和民族
  第七章　中国的乡村和城市
  第八章　中国的交通、贸易和旅游业
  第九章　中国区域地理
  第十章　中国在世界中

该套地理教科书前两册为世界地理，后两册为中国地理，其描述完全摆脱了传统地方志式的描述方式，并对教学内容进行了较大的精简和革新，增加了自然科学知识内容。该书以"环境—资源—人类活动"为线索，阐述不同地理要素的发展变化规律，体现人类活动与地理环境之间的对立统一关系。此外，区域地理的内容得到大幅度压缩。这次地理教科书改革，从内容框架来看，打破了区域地理分洲列国志式的传统框架；从表达方式来看，摒弃了区域地理"八股"式的写法,给当时比较死板、沉闷的初中地理教育带来很大生机[1]。

教科书的表述更加生动,通过漫画、最新科学发展的示意图、照片等形式增加了教科书的直观性、可读性和趣味性。教科书的封面增加了更多色彩丰富的照片,特别是采用区域卫星照片,使教科书的面貌焕然一新。

在具体编写过程中,作者力求从初中学生的心理、生理特征出发,加强教科书的直观性和实用性,注重学生读图、运用图表等技能的训练,并在课文中设了三个小栏目:"想一想"可以积极地发展学生的思维;"做一做"可以给学生创造动手动脑的机会,有利于学生生动活泼地学习;"读一读"目的在于扩大学生的知识面,提高学生的学习兴趣[2]。

教科书开始关注学生的心理发展特点,注重教学难度的分散。例如,将初一地球自转中难度较大的"时区"部分内容调整到了最后一章"人类共同生存在一个地球上";再如将世界的主要气候类型分散到了各个区域中分别学习;此外,为了满足不同学生的需求,课文还设有选学内容[3],供部分有条件的学校和学生使用。

该套教科书经过多次修订,1992年开始陆续出版了试用本,2001年修订为试用修订本,2003年因新课改此教科书全面终止使用。

2. 北师大版初中地理教科书

为了更好地落实《中华人民共和国义务教育法》的要求,普及九年义务教育,提高我国人民的知识文化水平,必须有适合我国国情的高质量的教材。我国人口众多,地域广大,情况各异,仅有一套教材和一种学制是不适宜的,为此国家教委规划了几套不同学制,不同层次的教材。1983年国家教委委托北京师范大学编写并试验"五四"学制教材,试验取得了较好的效果。1987年国家教委又将这套教材作为全国规划教材之一。为此,北京师范大学成立了总编辑委员会,负责全套系列教材的编写和试验工作,全套系列教材由北京师范大学出版社编辑出版。

九年义务教育四年制初级中学试用课本《地理》全套教材自1989年秋季起,在山东、湖北、黑龙江等省份的部分中学进行试验,1992年经国家教委中小学教材审定委员会审查通过,1993年秋在全国推广使用。全书的主编是冯嘉萍、金陵、王民,副主编是李志瑗,主要编者是王厚本、王民、冯嘉萍、杨涵、瞿瑛、金陵、李志瑗。由山东省教学研究室主持内审的审稿人有:宋春青、李允直、王锡铸、马国璠、米扬声、王金龙、刘来芳、易光弟、郑成可、杨恺伦、王克。

本套地理教科书共四册(初中一年级两册,初中二年级两册)。教科书的总体设计为先中国地理,后世界地理。这种安排是为了适应学生的年龄、心理和阅读习惯等特点。"五四"学

---

[1] 韦志榕. 新地理教材(人教版)的理论与实践探索[J]. 地理教育,2002(6):6-8.
[2] 人民教育出版社地理室. 义务教育三年制四年制初级中学教科书(试用本)第1册[M]. 北京:人民教育出版社,1989:说明.
[3] 陈尔寿. 对义务教育初中地理课程及其教学大纲的体会和认识[J]. 课程·教材·教法.1993(11):22-24.

制初一的学生，比"六三"学制初一的学生小一岁，教学内容需从他们身边具体的、熟悉的事物开始，由近及远，由浅入深，使他们易于接受，有利教学①。

九年义务教育"五四"学制初中地理的总课时为170课时。其中初中一年级为102课时，占60%；初中二年级为68课时，占40%。把中国地理放在初一，使学生有较多的时间了解中国的国情，在对中国国情有一定认识的基础上，进一步学习世界地理②。此外，九年义务教育作为一个整体，与各学科之间的联系和配合不可缺少。在初一学习中国地理可使学生了解中国的地理环境、自然资源、人口、民族、经济建设等知识，与初一学习的中国历史内容相互配合，有利于学习。另外，对中国地理知识的学习也为学生学习政治、语文等科目做知识储备。

图14-17　北师大版五四制初级中学试用课本《地理》第一、二、三、四册封面

北师大版初中一年级《地理》教科书目录如下：

一、地球

二、地图的语言

三、世界的陆地和海洋

四、中国在世界上

五、中国的行政区划

六、中国的地形

七、中国的气候

八、中国的河流和湖泊

九、中国三大自然区

十、中国的人口和民族

十一、中国的水资源及其开发利用

十二、中国的土地资源和农业

十三、中国矿产资源和工业

十四、中国的乡村和城市

十五、中国的交通运输业

十六、中国的商业和旅游业

十七、中国的三个经济地带

十八、台湾省和香港、澳门

北师大版初中二年级《地理》教科书目录如下：

一、世界的地貌

二、世界的气候和自然带

三、世界上的居民

四、东亚

---

① 北京师范大学组织编写的九年义务教育"五·四"学制教材[J]. 学科教育, 1992 (6): 23-36.

② 王民. 九年义务教育"五四"学制地理教材介绍[J]. 中学地理教学参考. 1990 (5): 12-13.

五、东南亚

六、南亚

七、西亚

八、北非

九、撒哈拉以南的非洲

十、西欧和中欧

十一、南欧和北欧

十二、苏联

十三、美国和加拿大

十四、拉丁美洲

十五、大洋洲

十六、南极洲

十七、人类只有一个地球

在全文展开之前，作者在第一册绪论部分，从"地理课是学习什么的""为什么要学习地理""怎样学习地理"三个角度，系统地向学生介绍了地理学习的内容和方法，对于刚上初中初次接触地理课程的学生具有一定的启发作用。

教科书在具体内容的安排上，先是以"世界的陆地与海洋"一章建立全球概念，进而安排"中国在世界上"一章，承上启下，使得学生对中国的地理位置有全面的了解。在基础知识的学习之后，全书设置了最后一章"人类只有一个地球"，用意在于使学生对当前我国和世界面临的资源、环境、人口等问题有足够的认识，并明确提出学生应该为保护人类生存环境做出贡献。该套教科书在编写过程中体现了以下几个重要的特点：

（1）关注素质教育，教育目标从培养专门人才转变为培养合格公民。编制教科书的中心从原来的以地理科学知识为中心变为以有利学生学习活动、满足社会需要、传授地理基础知识三者的结合为中心，不强调地理科学的系统性，不追求较强的学术性，避免中学教科书变成大学教材的"压缩饼干"。教科书强调有趣、新颖、喜闻乐见，突出动手能力，使学习成为一件乐事。

（2）加强基础知识，突出为社会主义建设服务[①]的思想。在中国地理中，突出地貌、气候、河流和湖泊、三大自然区、人口、自然资源的开发利用，以及反映我国经济面貌的工业、农业、交通运输业生产布局和三个经济地带；在世界地理中，减少层次，突出世界主要区域和国家的地理特征；为了让学生能将学到的地理基础知识与生产、生活实践结合起来，该套教科书注重加强实际操作技能的训练，如培养学生初步掌握用地图量算距离、面积、绘制简单地图的能力，要求学生掌握观测气温、降水和风速的简单方法等。

（3）展示过程，教给方法[②]。该套教科书试图将以往教科书的结论式叙述改为过程式叙述，在讲授知识的过程中，教给学生学习方法。地域性和综合性是地理学的两个基本特征，在展示认识地理事物的过程中，教科书注重培养学生运用区域和综合的观点观察、分析问题的能力。例如，在讲述上海市的地理位置时，教科书从自然和经济综合的角度进行分析，说明上海市是在江海交汇的位置上形成的，并说明不是所有的大江（河）与大海交汇的地方都能形成大城市。

---

① 北京师范大学组织编写的九年义务教育"五·四"学制教材[J]. 学科教育, 1992 (6): 23-36.

② 王民. 九年制义务教育"五四"学制教材简介[J]. 中学地理教学参考, 1990 (5): 12-13.

（4）形式新颖，激发学生学习兴趣。该套教科书在章、节或段落之前，设计了"想一想""找一找""你知道吗"等有趣的小问题和引语，使学生在学习课文之前，提升学习的兴趣。教科书在课文的正文之外，还有选读、阅读等辅助性材料，如"麦哲伦环球航行丢失一天的故事""宏伟的南水北调工程""高速铁路""2000年中国城市人口的预测""人类面临着水的危机""日本的和服"等，这些内容是对课文的进一步说明和补充。

3．沿海版初中地理教科书

沿海版"六三"学制义务教育三年制初级中学教科书《地理》是由广东省教育厅和华南师范大学共同编写，供我国经济和教育比较发达的沿海开放地区初中学生使用。该套教科书主编是黄德芬，副主编有郑粤飞、袁书琪、韩延。全书共四册，供初中一年级和二年级学生使用，一、二册为世界地理，三、四册为中国地理。该书于1992年经国家教委中小学教材审定委员会审查通过，1993年秋在我国东南沿海地区使用。正如编委会在教材说明中提到的，该套教科书以环境、自然资源、人类活动为线索，以问题为中心，采用自然要素与人文要素相结合的编写体例。

该教科书将课文、图像、作业三大系统的编排组合进行了灵活处理[①]。课文通俗易懂，并采用第一人称和第二人称讲述的方法，增强学生的自主意识和亲切感；课文中安排有大量的图像（包括地图、各类示意图、照片、插图等），其中许多图像本身就是地理知识和技能的重要组成部分，有些则用于阐述有关知识，树立直观形象、激发兴趣、帮助理解记忆；多种多样的作业练习，分设"想一想""活动""思考与练习"三个栏目穿插在教学过程中，通过引导学生动手、动脑、动口，参与教学过程而获得、理解知识，并及时强化巩固。课本后附有"地理趣题"和"地理小制作"，可供课外活动用。由此，课文、图像、作业三大系统相互协助，对于改变传统的"注入式"教学起到了积极的推动作用。

该套教科书在编写过程中体现了以下特点：

（1）调查和分析沿海经济发达地区初中学生的学习心理和心智特点，使所编教科书尽可能满足学生的心理需要、符合其心智发展水平，让他们对地理课程爱学、易学。

（2）把握义务教育的性质和目标，贯彻联合国教科文组织提出的"科学为大众"的教育宗旨，广泛联系社会生活实际，体现地理科学的应用和教育价值，充分发挥地理课程在促进人的全面发展和提高民族素质中的作用。

（3）教科书体系的设计采用了褚亚平"地理课本系统结构一体化"的观点，谋求课文、图像、作业三系统的优化组合，使其融为一体，发挥教科书的整体功能。在教法上，教科书根据不同的课题特点和学生认识规律，设计了多种多样的教法。现代教学提倡的"发现法""范例法""游戏法""图像信号法"等在教科书中均有反映。

（4）采用了以"环境—自然资源—人类活动"为线索，以问题为中心，自然要素与人文

---

① 九年义务教育教材（沿海地区）编写委员会地理科编委会．九年义务教育三年制初级中学使用课本·地理（第三册）[M]．北京：中国地图出版社，2000：说明．

要素相结合的知识体系编写，一改过去地理教科书要素罗列、地方志式的编写方式。

（5）沿海版地理教科书采用16开本，彩色封面，内文双色套印，首末加插彩页（照片），编排双栏与通栏结合，图文并茂，生动活泼，大大加强了教科书的美观性。①

4．内地版初中地理教科书

与沿海版相对应，四川省教委与西南师范大学合作编写了内地版"六三"学制义务教育三年制初级中学教科书《地理》，主要供我国经济文化基础比较薄弱的边远地区、农牧地区和山区，以及教学设备较差的学校使用②。该书编写采用了"边编写、边试验、边修改"的方法，先后在四川、云南、贵州等地进行试验，并于1992年经国家教委中小学教材审定委员会审查通过，1993年秋正式推广发行使用。该套教科书切合广大农村中小学校的实际情况和需要，在学生思想教育、体系编排、内容编写、难易程度把控等方面做了大量的工作。

该套教科书有以下特点：

（1）该套教科书根据地理学科特点，在结合知识教育和能力训练对学生进行思想教育方面取得了丰富的成果。该套教科书不仅内容丰富，而且其语言表述流畅、富有感染力。

（2）该套教科书的编写形式和编排体系独特，颇有创新，并且运用了学科教育学原则将教科书的课文、图像、作业等三系统进行总体设计和加工，取其最优组合形式，建立起文、图、知识信息与基本训练活动、思想情感体验活动有机结合的新的地理教科书结构。这种新的地理教科书结构有利于调动学生主动参与学习的积极性、促进学生各种素质的同步、全面发展，同时也有利于教师教法和学生学法的改革。

（3）该套教科书注重学生能力的培养，各章、节都结合知识内容设计安排了"读图""阅读""想一想""小实验""小制作"等让学生动脑、动手的活动内容，对培养学生的地理形象思维、地理逻辑思维，以及学生运用地图、理论联系实际等方面的能力有很大帮助。

（4）该套教科书引入了富有地理内容和感染力的诗、词、歌、图画以及可读性和趣味性强的材料，既突破了传统教科书比较单调的编写形式，又符合初中一年级学生的年龄特征和接受能力，可以激发学生的学习兴趣，使学生得到意志、情感的锻炼和美的熏陶。

5．北京版初中《地理》教科书

根据《中国教育改革和发展纲要》中指出的"中小学教材要在统一基本要求的前提下实现多样化"的方针，经过广泛征求意见和调查研究，北京市教育局以国家教委颁布的九年义务教育全日制中小学教学大纲为依据，组织编写了适合北京市中小学使用的九年义务教育教材，以促进教育质量的进一步提高，使北京市的普通教育更好地适应首都经济建设和社会发展的需要③。为此，1995年北京市教育局委托北京教育学院宣武分院二部和北京市教育局教学

---

① 黄德芬．我国中学地理课程的改革及沿海版地理教材之特点[J]．中学地理教学参考，1994（6）：15-17．
② 李文田．改革开放30年我国中学地理教科书变革研究[D]．武汉：华中师范大学，2011：68．
③ 北京市义务教育初中地理教材编写组．九年义务教育三年制初级中学教科书（实验本）地理第一册[M]．北京：中国地图出版社．1995；前言．

研究部，联合组织编写了九年义务教育三年制初级中学教科书（实验本）《地理》，共计四册。该书的主编是秘际韩，副主编是李志瑗、郭正权，编者有张凯、杨焕庭、李大庆等。该书于1995年6月出版。

图14-18　北京版初级中学教科书（实验本）《地理》第一、二、三、四册封面

北京版初级中学教科书（实验本）《地理》目录如下：

第一册

绪论

第一章　地球和地球仪

第二章　地图

第三章　中国的国土和居民

第四章　中国的地形

第五章　中国的气候

第六章　中国的河流、湖泊和水资源

第七章　中国的农业

第八章　中国的工业

第二册

第九章　中国的运输业

第十章　中国的商业和旅游业

第十一章　中国的北方地区

第十二章　中国的南方地区

第十三章　中国的青藏地区

第十四章　中国的西北地区

第十五章　中国的首都——北京

第三册

第十六章　世界的国家和区域划分

第十七章　东亚

第十八章　东南亚

第十九章　南亚

第二十章　中亚

第二十一章　西亚

第二十二章　北非

第二十三章　撒哈拉以南的非洲

第三十四章　欧洲西部

第二十五章　欧洲东部和北亚

第四册

第二十六章　北美

第二十七章　拉丁美洲

第二十八章　大洋洲

第二十九章　南极洲

第三十章　世界的地形、气候和自然景观

第三十一章　世界的人口、资源和环境

该套书以区域地理内容为主，先讲中国地理，后讲世界地理。中国地理部分先讲述中国的专题地理，例如地形、气候等；第二册后半部分，围绕四大区域讲述了中国区域地理，先讲述四大地理区域的自然环境，再讲述其特色经济；鉴于该教科书是面向北京学生编写，因此教科书最后一章专门用大量的篇幅来描述北京地理。世界地理部分，先学习区域地理，再学习世界的地形、气候等专题地理内容。

该书全彩色印刷，其中配备了大量的景观照片、地图等，对生动表现地理事物起到了很好的辅助作用。在课文展开过程中，配有大量的思考和练习、阅读、读图等活动，并采用不同的颜色进行了典型标注，大大增强了教科书辅助教学的作用。但是这套教材的使用范围仅限于北京市的部分地区，并未得以在全国推广。

二、高中地理教科书

学科体系完善时期（1986—2000年），我国出版发行的高中地理教科书主要有高级中学课本《地理》（必修）、高级中学课本《地理》（选修）、全日制普通高级中学课本（试验本）《地理》、北京市高级中学实验课本《地理》和上海版高级中学课本《地理》。

1．高级中学课本《地理》（必修）、高级中学课本《地理》（选修）

高级中学课本《地理》（必修）和高级中学课本《地理》（选修）都是由人民教育出版社出版的高级中学课本《地理》多次修订而成。

1982年，由陈尔寿主编，人民教育出版社出版的高级中学课本《地理》正式发行，全书分上、下两册。上册各章的执笔人分别是：第一章陈尔寿、第二章刘淑梅、第三章巴克良、第四章吴履平。下册各章的执笔人分别是：第五章李明、韦志榕，第六章郭正权，第七章巴克良，第八章李明、徐岩，第九章陈尔寿，第十章吴履平，第十一章陈尔寿。上、下两册由叶立群审订完成。该教科书属于全国通用的高中地理教材，供六年制高中一年级和五年制高中二年级使用。全书按照64课时编写，上册共161页，下册共191页，上、下两册共十一章。

图14-19　人教版高级中学课本《地理》上、下两册封面（1982年版）

人教版高级中学课本《地理》（1982年版）目录如下：

上册

第一章　地球在宇宙中

第二章　地球上的大气

第三章　地球上的水

第四章　地壳和地壳的变动

下册

第五章　地球上的生物、土壤和自然带

第六章　自然资源和资源保护

第七章 能源和能源的利用　　　　　第十章 人口与城市
第八章 农业生产和粮食问题　　　　第十一章 人类和环境
第九章 工业生产和工业布局

这套教材以人地关系为内容主线。《地理》上册以地球四大圈层结构为基础阐述自然地理内容，使学生对地理环境的基本面貌、地理环境各组成要素及其之间的关系有初步的认识，对自然界与人类生产与生活之间的关系有所了解；《地理》下册通过资源、能源、农业、工业、人口、环境等专题，突出了自然环境与人的关系，同时也反映了当代突出的社会问题，使学生对人类活动同地理环境的关系有进一步的理解，能够初步树立比较科学的资源观、人口观和环境观，并注重对学生综合分析问题能力的培养[1]。该教科书不同于中华人民共和国成立前"有地无理"、包罗万象的"百科全书式的区域描述"，又突破中华人民共和国成立初期否认人文地理并将自然地理与经济地理相互割裂的"苏联模式"，给当时的高中地理教育注入了生机[2]。

为了使教材有一定的灵活性，以适应不同学校和不同班级的需要，课文中安排了一部分"楷体字"的内容，供一部分对地理有爱好的学生学习，教师一般可以不讲[3]。在考核学生是否掌握本门学科的基础知识时，"楷体字"部分不作为考核的内容。此外，课文"问题和联系"部分提出了星空观察、野外实习、社会调查等，帮助学生利用课余时间进行实践，或者组织课外小组展开活动。

由于受当时的印刷条件等限制，全书仅在开始部分插入一部分彩图，其余正文部分均以黑白图片为主。上册共包括160幅图像，其中彩色图像共9幅，黑白图像共计151幅。从图像类型来看，上册包括94幅示意图，36幅景观图，18幅图表和12幅地图。下册共包括87幅图像，其中彩色图像共14幅，黑白图像共计73幅。从图像类型来看，下册包括地图28幅，图表21幅，示意图20幅，景观图4幅。可以看到，上册更加注重地球科学原理的学习，因此使用了较多原理示范作用显著的示意图；而下册以介绍地球地理环境的分布为主，多采用地图、图表等图像来体现地理环境的区域分布特征。

与之前的教科书有所区别，本套教材在每节结束之后，都配有相应的习题，供学生巩固和复习。例如，第七章"能源和能源的利用"中第二节"常规能源"部分列出了以下习题：

1. 煤和石油作为能源各有什么特点？它们在世界上为何分布不均？
2. 我国煤、石油、水能在地区分布上各有什么差异？在利用上如何取长补短，发挥各地区的优势？
3. 本地的能源主要是哪些？有无利用不当的情况？应如何改进？

从以上罗列的习题可以看到，教科书对学生掌握知识的要求依然停留在传统地理基础知

---

[1] 陈尔寿.高等中学地理课本（试用本）地理[M].北京：人民教育出版社，1982：1-3.
[2] 王传兵，杨代虎.30年来我国高中地理教材的历史演变及其启示[J].中学地理教学参考，2010（1-2）：21-24.
[3] 陈尔寿等.地理（上册）[M].北京：人民教育出版社，1983：说明.

识上，对于知识的运用、学生能力的提升等方面的引导作用有限。

该套教材是我国使用时间最长、影响范围最广、对高中地理教育产生过重要影响的一套教材，深深影响着我国现今高中地理教科书的编写。该教材的主要特点可以总结为：紧扣人类活动与地理环境的关系这个中心论题；注重阐明地理基本概念、基本理论和基本规律；注重传统地理知识与现代地理科学新成果的整合；知识的内在联系紧密、逻辑性强；既注意面向世界，又注意联系我国实际；政治思想教育与地理知识教育融为一体；注意发展学生智力，培养学生能力[①]。

这套教材编写出版以后，许多地理教师和地理教育研究者给予了多方面的评价，主要有：（1）努力反映了现代地理学的发展以及心理学、教育学和教学论的新成果；（2）教材突出了辩证唯物主义观点，增强了学生对国情和基本国策的理解，培养了学生实事求是的态度和正确的世界观；（3）教材难度的定位，既考虑我国历史上高中地理课本的难易程度以及当时《地理》（或《地学》）课本试用的经验，又大致与国外同类教材难度接近，并从实际出发，适当增强选择性和灵活性[②]。

教科书出版以后，1983年又进行了修订，在保持原来的指导思想和体系不变的基础上，适当减轻了教科书的分量并降低了难度，精简部分主要是与人地关系主题不很密切的内容；将部分正文改为小字，供学生自学或教师选讲；修正了教科书中有关文字、图像、数据方面的错误；适当增补了新的地理知识和资料；适当修改与调整了教科书中的插图、问题和练习以及部分章节的逻辑结构[③]。1984年该套教科书修订成了正式本。

图14-20　人教版高级中学课本《地理》下册封面（1987年版）

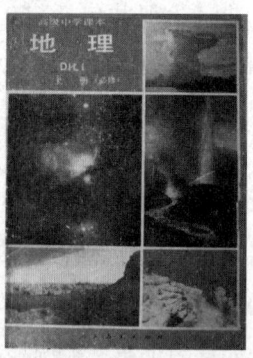

图14-21　人教版高级中学课本《地理》上册封面（1990年版）

1987年到1999年，该套教科书又经历了多次修订。1990年，《现行普通高中教学计划的调整意见》和《全日制中学地理教学大纲（修订本）》颁布以后，高中地理被分为了必修课和选修课。这套教材经过重新修订删改，形成了高级中学课本《地理》（必修）和高级中学课本

---

① 课程教材研究所.新中国中小学教材建设史（地理卷）[M].北京：人民教育出版社，2011：180-181.
② 王传兵，杨代虎.30年来我国高中地理教材的历史演变及其启示[J].中学地理教学参考，2010（1-2）：21-24.
③ 杨尧.中国近现代中小学地理教育史[M].西安：陕西人民教育出版社，1991：616-617.

《地理》(选修)。必修课本依然以系统地理知识为主,选修课本着重讲述中国的基本国情和地区差异。

2．全日制普通高级中学课本（试验本）《地理》

1996年,教育部颁布了与九年义务教育衔接的《全日制普通高级中学地理教学大纲（供试验用）》,为此人民教育出版社出版了由徐岩、韦志榕主编的全日制普通高级中学课本（试验本）《地理》教科书,全书包括必修两册,选修两册。这套教科书1997年开始在江西、山西、天津两省一市进行试验,受到好评。2001年该套教科书试点范围扩大到10个省区。2002年该套教科书又根据《全日制普通高级中学地理教学大纲（试验修订版）》修订后,经全国中小学教材审定委员会审查通过,并在全国绝大部分地区推广使用。

图14-22　人教版全日制普通高级中学课本（试验本）《地理》必修上、下册封面

人教版全日制普通高级中学课本（试验本）《地理》必修目录如下：

必修 上册
致同学们
第一单元 宇宙环境
第二单元 大气环境
第三单元 海洋环境
第四单元 陆地环境
第五单元 人类的生产活动

必修 下册
第六单元 人类的居住地——聚落
第七单元 人类活动的地域联系
第八单元 旅游活动
第九单元 人类面临的全球性问题
第十单元 可持续发展问题

该套地理教科书的编写以人地关系为主线,自然地理、人文地理和区域地理知识较少作为系统的知识体系出现,更多的是作为人地关系的基础知识或典型区域分散出现在有关内容中[①],其中以选修部分最为典型。

人民教育出版社对该教科书特点的评价为：突出了素质教育目标；将课文系统、图像系统和作业系统有机统一,拓展了地理教材课文的内涵；为教学留下较大空间,促进教学改革；系统运用案例；关注地理过程。作业系统、图像系统、案例等的优化,使得教科书功能由传

[①] 李文田. 改革开放30年我国中学地理教科书变革研究[D]. 武汉：华中师范大学,2011：71.

授知识转变为培养学生的综合发展。同时必修课程和选修课程分工不同，必修课本以综合的视角讲述自然地理知识，关注了地理过程和自然规律，有利于学生基础知识的巩固。选修课本则以人文地理内容和全球热点环境问题为主，对于扩展学生知识起到了积极的作用[①]。

但是，该套教科书仍有一些需要改进的地方。第一，必修教材中，"宇宙环境""大气环境""海洋环境"和"陆地环境"四大自然环境划分值得商榷，四者逻辑关系混乱；另外，"海洋环境"和"陆地环境"中所涵盖的内容量差距太大。第二，就选材内容来看，与陈尔寿主编的教科书相比，自然地理内容大大削弱，不利于对学生理性思维能力的培养。第三，就知识点的处理来看，课本中对某些知识点描述过多、过细。如"鲁尔工业区发展条件分析"和"京九铁路对沿线经济的影响"等课文内容过于具体，留给师生的思考空间十分有限[②]。

该套教科书自1996年开始使用以来，先后经过了数次修订。修订过程中，降低了对难度较大内容的要求，如宇宙环境单元、地转偏向力等；提高了对地理基本理论的教学要求，如大气环境中高压、低压规律等；取消了一些不符合高中地理课程总体目标的教学内容，如与初中重复的内容、学科发展更新中被取代的内容、课程性质改变不再需要的内容等；对内容体系进行了合并和调整，如人口问题和粮食、资源问题的合并等；增补了高中地理课程所需要的内容；拓展了高中地理课程内容的深度和广度[③]。

随着新课程实验教科书试验区的陆续增多，截至2010年，全国已经全部改用了新课程实验教科书，该套教科书停用。

3. 北京市高级中学实验课本《地理》

20世纪90年代后期，北京市教委提出"为了迎接21世纪国际竞争的挑战，为高等学校培养品德优秀、体魄健康、基础扎实、素质水平较高、有创造意识的新生"的教育思想，开始面向学有余力的高中生编写课本。北京市高级中学实验课本《地理》（以下简称北京版）由王民等主编，中国地图出版社出版，自1999年秋季起在北京市部分高中进行试验。

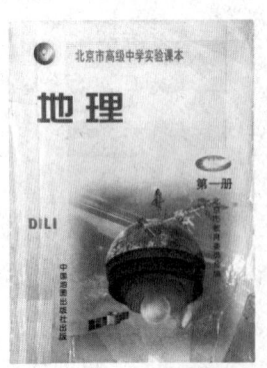
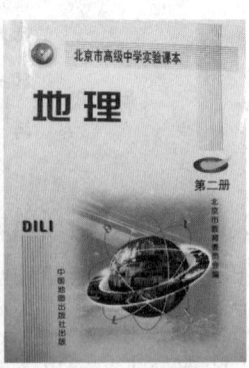

图14-23 北京市高级中学实验课本《地理》第一、二、三册封面（1999年版）

---

① 课程教材研究所. 新中国中小学教材建设史（地理卷）[M]. 北京：人民教育出版社，2011：180-181.
② 王传兵，杨代虎. 30年来我国高中地理教材的历史演变及其启示[J]. 中学地理教学参考，2010（1-2）：21-24.
③ 袁书琪. 高中地理新课程方案的修订意图[J]. 中学地理教学参考，2000（11）：4-5.

北京市高级中学实验课本《地理》目录如下：

第一册
    第一篇　了解地理环境形成的背景
        第一章　地球的宇宙环境
        第二章　地理环境形成的行星条件
        第三章　地理环境的形成
    第二篇　认识自然地理环境
        第四章　自然地理环境中的物质组成
        第五章　自然地理环境中的物质运动
        第六章　自然地理要素及其空间差异

第二册
    第三篇　认识人文理环境
        第七章　人口与地理环境
        第八章　人类的居住地与地理环境
        第九章　生产活动与地理环境
        第十章　人类活动的地域联系
    第四篇　人类面临的全球性环境问题及其解决途径
        第十一章　人类面临的全球性环境问题
        第十二章　人类寻求可持续发展

第三册
        第十三章　城市地域结构与规划
        第十四章　文化景观
        第十五章　世界政治经济地理格局
        第十六章　旅游活动与环境

2002年，王民任主编，林培英、钟作慈、张亚南任副主编，邱维理、杨德军、班武奇、刘继忠、田忠等人参与，对该套地理教科书进行了修订。最终该套教科书于2002年经全国中小学教材审定委员会审查通过，并开始面向全国发行。修订后的教科书共四册，包括必修上、下两册，选修第一、第二两册，如图14-24所示。

图14-24　全日制普通高级中学教科书《地理》必修上、下册，选修第一、二册封面（2003年版）

北京版高级中学实验课本《地理》（2003年版）目录如下：

必修上册
    第一篇　地理环境形成的背景
        第一章　宇宙中的地球
    第二篇　自然地理环境
        第二章　自然地理环境中的物质组成
        第三章　自然地理环境中的物质运动
        第四章　地理环境的整体性和差异性
        第五章　人类与自然环境

必修下册
    第三篇　人文地理环境
        第六章　人类的居住地
        第七章　生产活动与地理环境

　　　　第八章　人类活动的地域联系
　　第四篇　人类面临的环境问题及其解
　　　　　　决途径
　　　　第九章　人类面临的环境问题
　　　　第十章　人类寻求可持续发展
选修第一册
　　　　第一章　人口与环境
　　　　第二章　城市的地域结构与规划
　　　　第三章　文化景观
　　　　第四章　世界政治经济地理格局
　　　　第五章　旅游活动与环境
选修第二册
　　　　第一章　中国的区域差异
　　　　第二章　中国的国土整治
　　　　第三章　中国国土整治与区域发展
　　　　　　的案例研究

北京版地理教科书是为就读在办学条件较好的学校里的学有余力的学生编写的[①]。该书以现代地理课程论为指导，以实现素质教育为根本目的，全面、综合地分析社会人才需要、学生身心发展规律以及地理学科发展水平和特点选择内容，并形成以下特点。

（1）体现地理教学的时代性。该教科书在遵循国家颁布的教学大纲以外，还适当补充了若干现代科学知识与学科发展历史的知识，目的是希望学生能够运用辩证的、发展的观点去认识科学、认识世界，希望学生能从过去、现在、未来科学嬗变的轨迹中领悟科学思维方法的精髓，以激发学生学习科学、探索未知的勇气与信心。

（2）给教师和学生留下了较大的选择余地。由于增加了很多大纲以外的知识，教科书的容量扩大，而这些内容并不要求学生全部掌握，只是希望他们能够在学科之间与学科内部增加选择机会。在选择中学习，通过多次选择确定个人的发展方向。

（3）围绕"获取、分析地理信息，进行地理评价、决策"来组织技能和能力的培养。为了突出图像系统的作用，该教科书中使用了大量的地理图像来扩展学生的空间想象能力。为了联系生活实际，该教科书中加入了许多案例和阅读材料。一方面，紧密结合北京城市发展、建设，使学生感到课本是"活"的、"动"的、"新"的，讲述的是自己身边的事；另一方面，考虑高中学生的认知特点，介绍一些地理学动手操作的方法和实验，让学生在"学中做"，并促使其在知识、技能、情感、态度和价值观等方面得到均衡发展。

此外，教科书在体现教师主导作用方面思路清晰，要求明确，便于操作。这套教科书还尝试建立有利于学生发展、鼓励创新的评价和考核方法，要求学生完成的研究报告和小论文占一定比例，以此提高学生的学习能力和探究能力。

该教科书在编写体例上做了精心安排：每章都设引言，以明确本章的框架结构和主要内容，并通过这个窗口来激发学生的学习兴趣。课文内容由学习提要、活动思考、正文、选学内容、阅读材料、思考练习、实践活动等几部分组成，既涵盖丰富的知识内容，又可以指导学生如何学习，并使他们通过进一步练习得到巩固提高。

这套教科书将学习对象定位于北京市"学有余力的高中生"，因而内容难度较大，要求比较高。值得一提的是，该套教科书在"自然地理环境"部分的编写，提出了一个新的认识角

---

① 北京市教育委员会．北京市高级中学实验教科书·地理[M]．北京：中国地图出版社，1999：前言．

度,即物质—运动—结果—影响的角度,其具体内容有"自然地理环境中的物质组成""自然地理环境中的物质运动""地理环境的整体性和差异性""人类与自然环境"等方面。

由于1996年的《全日制普通高级中学地理教学大纲(供试验用)》在认识自然地理环境时,提出了宇宙环境、大气环境、海洋环境和陆地环境的分法,因为这种分法逻辑混乱,引发了地理教育界的争论,如表14-3所示。所以,该套教科书的编者在写自然地理环境部分时采用了新的角度,并由此提出教科书内容不仅要求地理知识具有基础性和科学性,还要对学生有发展性[①]。

表14-3 不同地理环境划分方法比较

分类	内容体系	特点	发展性
第一种	地球的圈层结构,包括大气圈、水圈、生物圈、地壳等	科学性强,体系严谨。由于知识量大,有时产生分支过多的现象	一般
第二种	宇宙环境、大气环境、海洋环境和陆地环境	内容简化,但因有在多个分类标准,(大气环境是按圈层划分,海洋环境和陆地环境以地表物质形态划分),因此逻辑关系混乱,难以自圆其说	有争议,难以解释地理环境的很多内容
第三种	自然地理环境中的物质组成、自然地理环境中的物质运动、地理环境的整体性和差异性、人类与自然环境	采用物质与运动的观点来观察地理环境,将地球的圈层与地理要素结合起来,对不同物质(大气、水、岩石、生物)的运动进行比较,可加深学生认识,进而实现知识迁移;可以让学生深入了解地理环境的整体性和差异性,以及自然环境对人类的影响	较好地解决了科学性与学生认知特点的关系,有发展性

2003年颁布的《普通高中地理课程标准(实验)》中的必修地理1部分也采用了该套教科书提出的物质—运动—结果—影响的角度来编写,课标中的小标题是:1.宇宙中的地球;2.自然环境中物质运动与能量交换;3.自然环境的整体性和差异性;4.自然环境对人类活动的影响。

4.上海版高级中学课本《地理》

上海中小学课程教材改革委员会编写的高级中学课本《地理》(以下简称上海版),由褚绍唐、陈澄主编,华东师范大学出版社出版。该课本的编写目的和指导思想是:以人地关系的可持续发展思想为指导,以辩证唯物主义的观点为基础,注重培养学生正确的人口观、资源观、环境观和实践能力;根据"两个文明"建设需要和学生身心发展特点来选择内容,并吸纳遥感技术和地理信息系统等科技新成果的内容。

[①] 王民.地理课程论[M].南宁:广西教育出版社,2001.8.

上海版高中地理教科书有如下主要特色：一是运用辩证唯物主义观点阐明地理环境各要素间的关系，以及人类与环境对立统一的关系。选材以学科经典内容为主，适当介绍地理科学的新成果以及有待进一步论证的新观点。二是以人地关系为线索，充分考虑到基础知识与应用知识、自然地理与人文地理、中国地理与外国地理、区域地理与部门地理之间的结合，以及高中地理课本与初中地理课本的衔接，并且还考虑到与相关学科及相邻学科的横向联系，注意学生的知识基础和接受能力，做到难易适度。三是构思巧妙。课文内容丰富，并配有大量的阅读和选学材料，乡土气息浓厚；图像系统中图像的类型、数量都比较多，图文并茂；作业系统中既有课后复习和思考，又有与图表相关的提问。四是安排合理、恰当。课程从高中二年级开设，学习必修课本，高三文科学习选修课本，学生可借助高中一年级所学的物理、化学、生物等相关基础知识作为铺垫，避免了跨学年开课的各种弊端。五是切实加强了地理实践和应用方法的指导①。

由于上海版高中地理课本的使用对象是我国经济发展和文化、教育水平很高的城市地区的学生，其内容偏深，涉及面广；对于欠发达地区，尤其是农村及边远地区一般学校的教师和学生来说，适应性可能受到限制。

第六节 20 世纪后半叶中学地理教科书发展的特点

一、内容的变化

20 世纪后半叶，我国中学地理教科书的内容发生了显著变化，秦淑慧在研究 1949 年后我国高中地理教科书内容及表达方式时，认为教科书内容的变化具体表现如下。

1. 特定时期的内容具有鲜明的时代烙印，政治色彩浓厚

政治色彩主要集中体现在中华人民共和国成立初期的地理教科书中。当时，中华人民共和国刚刚成立，中国社会百废待兴，整个教育事业的建设都在向苏联学习，在课程设置、教育目标、教科书内容等诸多方面都表现了明显的政治倾向。例如，高中外国经济地理中社会主义民主阵营和资本主义侵略阵营划分明确，对社会主义国家讲述得多且详细，对资本主义国家却只介绍几个主要国家，在语言上有明显的倾向性。20 世纪 50 年代末、60 年代初，中苏关系不断恶化，教科书语言的政治倾向亦随之发生转变。

2. 教科书内容由主观向客观转变

在特定的、全民讲政治的年代，不可避免地使教科书内容具有主观色彩。我国在打破早期苏联教育体制影响之后，地理学科逐渐走向了追求客观性和科学性的方向。教科书开始将政治和地理科学加以区分，从客观的角度表示地理内容，这一点在 20 世纪 60 和 70 年代表现

---

① 王传兵，杨代虎.30 年来我国高中地理教材的历史演变及其启示[J]. 中学地理教学参考，2010 (1-2)：21-24.

得尤为突出。

3. 教科书内容由部门地理向系统地理再向逐步打破系统地理的方向发展

中华人民共和国成立初期，初、高中的地理教科书内容设置体现了明显的部门地理的痕迹，特别是以工业和农业相关的部门地理为主。改革开放以后，地理教科书的内容安排开始向经典的系统地理模式发展，大而全的系统地理知识，使得教科书的难度明显增大。20世纪后期，随着全球教育改革浪潮对我国的影响，地理教科书开始试图打破原来的框架，某些内容强化了，某些内容弱化了，某些内容增加了，某些内容减少了。虽然系统地理的框架依然存在，但是地理教科书更多地关注了对学生有用的地理。

4. 内容由重知识本位、学科本位向选择性的方向发展

20世纪90年代以前，我国编写的地理教科书内容框架以系统地理为主，科学性强，知识面面俱到。这种模式下编写的地理教科书知识体系严谨、逻辑性强、语言表达精炼，使学生能够较扎实地掌握地理基础知识，形成基本的地理素养。这对当时全民地理素养的提高起到了非常重要的作用，但存在知识偏难、学起来枯燥、学生兴趣不大等问题。20世纪90年代以后，国家通过颁布地理课程标准对教科书的内容进行了改革。学习有用的地理，剔除那些与现实联系不紧密、纯知识性的地理知识。如删减了天文学、气候学、地学一些与现实联系不大且有一定难度的知识内容；加大生产活动、地域联系、人类与环境相互作用等方面的知识容量。让学生在学习地理基本知识的同时，学会运用地理学的原理、规律判断现实生活中的问题，加深对人地关系、可持续发展等先进思想的理解。

5. 在教科书具体内容的阐述中，越来越重视联系实际和举例说明

20世纪80年代以前的地理教科书中举例很少，且相对简单。20世纪80年代后期地理教科书例证明显增多，且篇幅较长，特别是对于特定的内容甚至通篇都是用典型案例来讲解地理事物或现象，展示地理学知识在现实生活中的运用。此外，地理教科书更加注重让学生在思考和分析中学习知识，改变传统的灌输式的地理知识学习方式。

6. 越来越重视地理规律、原理的学习

中学地理教科书更加关注地理规律、原理的发现过程。这种转变体现在三个方面：一是文字量的增加；二是内容方面质的变化，即从注重具体知识性描述到注重理性的提升；三是组织形式的变化。中学阶段讲授的地理规律和原理均为本学科最经典的内容，内容本身是固定的，可通过文字的修订、呈现形式的变化等方式使学生真正理解地理规律和原理，而非简单的背诵、记忆。

7. 人地关系主线由暗到明

中华人民共和国成立初期，中学地理教科书中所体现的人地关系中渗入了大量特殊时期的政治内容，对于科学的人地关系的理解和体现都非常隐晦，甚至是错误的。改革开放初期，地理教科书中的人地关系更多体现在人类赖以生存的地理环境和人类活动对地理环境所产生

的影响。20世纪90年代以后出版的地理教科书，更多地看到人类与环境之间紧密相连的关系，人地和谐相处的观念和科学的人地关系更加明朗。在这个过程中，可持续发展的思想逐渐加强，其内涵也逐渐丰富起来，人地关系的主线实现了从暗到明的转变。

二、表现形式的变化

1. 课文系统

中华人民共和国成立初期的地理教科书，自然地理部分依次按照地形、湖泊、气候、土壤植被、矿物来介绍；人文地理部分一般依次按照人口和民族、农业、工业、交通运输与对外贸易来介绍；部门地理先概述、后分述；区域地理从位置、自然条件、居民、经济特征、城市几方面来叙述。总体来说，地理教科书内容的逻辑关系是清楚的；但从小的范围看，由于篇幅冗长，语言不精炼，没有概括性或标识性的句子、标题，也没有标识性的符号，因此知识点的内在逻辑关系并不是十分清晰，学生阅读理解的难度较大。

改革开放以后，地理教科书内容在不断精简和调整过程中，总体思路日渐清晰，语言更加简洁、精炼，层次分明，内在逻辑关系更加清楚。到20世纪末，地理教科书继承了改革开放之初地理教科书的优点，无论是总体还是局部，层次分明、逻辑关系清晰，且章节内容组合比原来更加科学。但教科书的叙述方式几乎均为顺向陈述式，缺乏先提出问题、引导学生思考，然后再解决问题的课文陈述思路；而且其陈述均为由上位到下位演绎式，缺乏归纳式。教科书知识结构、联系框架图从无到有、从少到多。这种表达方式比纯文字表述更简洁、更形象，也更容易让学生在头脑中构建内容的知识结构或相互联系。

此外，中华人民共和国成立初期地理教科书课文文字均为正文，无其他形式。改革开放初期，除了正文以外，出现了字号小于正文的内容，作为对正文的补充，不要求学生掌握，只作为了解。这部分内容多为相关内容的历史介绍、相关内容事例或知识拓展，其中以知识拓展居多。20世纪末地理教科书增加了大量的阅读材料，包括课文中的阅读材料和"自学园地"中的阅读篇。可见辅助材料逐渐由单一化向多样化转变，由以知识拓展为主向开始重视事例转化，并关注材料的趣味性、时代性。与此同时，必修和选修的区分，增加了学生自主学习的选择性。

2. 图像系统

秦淑惠曾对这段时期地理教科书的图像系统进行了对比分析①，她选择了1949年后我国使用较为普遍的高中地理教科书，主要有1952年至1958年使用的《外国经济地理》和《中国经济地理》（人教版）、1982年至1997年使用的高级中学课本《地理》上下册（人教版，旧版）、2000年后使用的全日制普通高级中学教科书（必修）《地理》上下册（人教版，新版）、全日制普通高级中学教科书《地理》上下册（中图版，2003年版），如表14-4所示。

---

① 秦淑惠.1949年后我国高中地理教科书图像系统变化特点[J].地理教育，2004（5）：64.

表14-4　不同时期高中地理教科书图像数量、种类统计

单位：幅

地理教科书及其版本	示意图	地图	照片和景观图	混合图	漫画	合计
《外国经济地理》（人教版）	10	105	0	1	0	116
《中国经济地理》（人教版）	2	51	0	0	0	53
高级中学课本《地理》（人教版，旧版）	121	42	21	8	0	192
全日制普通高级中学教科书（必修）《地理》（人教版，新版）	133	45	90	6	1	275
全日制普通高级中学教科书《地理》（中图版）	89	56	168	5	0	318

通过对比发现，随着时间的推移，地理教科书中图像的总数量大幅度增加，图像的种类不断丰富。其中，地图数量相对稳定，《外国经济地理》一书中地图数量最多，之后的教科书中地图数量略有减少；示意图数量从1982年人教版高级中学课本《地理》略显增加。中华人民共和国成立初期，地理教科书中的示意图以饼状和柱状等统计图为主，到改革开放以后地理教科书中的示意图形式更加丰富，包括过程图、循环图、相关图、分布图等；照片和景观图数量也有较大幅度的增加，最初教科书中的照片非常少，且为黑白照片，但到20世纪末，随着彩色印刷的广泛运用，地理教科书中的彩色照片也随之增多。

图像的注释也发生了变化。中华人民共和国成立之初，我国地理教科书中各种图像下面仅标有图名；20世纪80年代出版的地理教科书中，有一小部分的图像开始有注释，且多是对自然地理部分图像的解释；20世纪末出版的教科书中较多的图像都有解释，且人文地理部分相对较多。

此外，早期的地理教科书都没有对图像设置相关的问题，用来启发学生的思考，直到20世纪90年代以后，地理教科书才针对一部分图像设置了相关问题。读图思考、读图填空等多种形式在地理教科书中呈现，促进了学生对地理图像的理解和学习。

通过对地理教科书中图像系统变化特点的总结，可以看出图像系统的变化符合学生的认知规律，有利于促进学生主动积极高效地学习。

3. 作业系统

中华人民共和国成立初期，地理教科书中的作业绝大多数都是知识性问题，且均能从课文中找到答案，绘图、思考等技能型问题很少。

改革开放初期，地理教科书中作业的类型明显增加，有实践题、读图分析题、填图题、绘图题、举例说明题、材料搜集题和解释现象题等，其中读图分析题、举例说明题数量较多。

这些问题注重理论联系实际,重视学生地理基本技能的培养,也注重学生分析解决问题能力的培养。

20世纪末,地理教科书中的作业变化很大,在对之前地理教科书加以继承的基础上,又有了突破和创新,增加了新的题型,如填空题、选择题、计算题、分析讨论题、框图题或几种题型的融合,虽然数量不多,但其所占篇幅明显增加。此时的作业系统开始注重活动,即在作业中学习、领会和理解,培养相应的情感态度、技能;注重结合实际,包括当地实际和事例;注重实践活动,即调查当地相关地理事物;以各种图表辅以文字阐明问题,以大量的事例、资料提供分析问题的素材。学生学习不是从课本到课本,从知识到知识,而是从课内到课外、从理论到实际、从实际到理论。作业系统越来越多地体现了学习的开放性、趣味性、灵活性。地理教科书的作业题类别逐渐增多、形式逐渐多样化,并开始由枯燥的纯知识性的问题向理论联系实际、注重知识应用的问题转变。

三、中国地理区域划分的特点

1. 区域地理是初中地理教学的重要内容

中国中学地理课程的设置通常分为系统地理和区域地理。纵观20世纪初至今的初中地理课程标准或教学大纲,区域地理一直是初中地理课程的基本内容。这些区域地理的内容,讲述不同地区的地理事实材料,反映不同地区的地理特征,都是中学生需要掌握的主要基础知识[①]。通过对2000年教育部颁布的《九年义务教育全日制初级中学地理教学大纲(试用修订本)》和《全日制普通高级中学地理教学大纲(试验修订本)》中规定的各年级不同知识点的分布进行统计(如表14-5所示),可以看出中学阶段(初中和高中)系统地理和区域地理知识点的比例约为1∶2.6;如果仅看初中阶段,系统地理与区域地理的比例约为1∶8.6[②]。中学区域地理课程内容主要包括中国地理和世界地理两大部分,历届教学大纲中中国地理的授课时间普遍多于世界地理的时间。

表14-5 中学地理课程内容知识点统计(王民,2000年)

单位:个

类别	初一	初二	高一	高二	高三	合计
系统地理	43		73	37		153
区域地理	204	167			22	393
合计	247	167	73	37	22	546

通过对山西、内蒙古、河南、山东、北京、青海六个省份800名中学生进行进一步调查发现,中国中学生对区域地理知识感兴趣程度的总体趋势都是一致的,各省份调查的结果都

---

① 中华人民共和国教育部. 全日制十年制学校中学地理教学大纲(试行草案)[M]. 北京:人民教育出版社,1980.
② 王民. 地理课程论[M]. 南宁:广西教育出版社,2001:48.

是感兴趣的学生占多数，其次是一般，纯粹不感兴趣的学生只占极少数①。这种调查结果比较令人欣慰，也证明了区域地理在中学地理课程中的重要性。

表14-6 对中国区域地理知识的感兴趣程度统计（申大魁，2000年）

单位：人

内容		感兴趣	一般	不感兴趣
省份	山西	52	32	7
	内蒙古	71	38	1
	河南	91	92	18
	山东	113	56	6
	北京	17	26	1
	青海	17	19	1
合计		361	263	34
所占比重%		54.86	39.97	5.17

2．中国地理区域划分经历了一个长期的过程

区域是空间的一部分，在地球表面是客观存在的；区划是对客观存在的区域的主观反映，是地理学研究地球表层的重要理论和方法论。因此，分区是中国地理课程发展的必然，但分区的方案并不是一蹴而就的，我国中学地理课程中中国地理区域的划分经历了一个"不划区、分省讲述→将位置邻近的省区简单合并进行讲述→依据一定的标准进行分区→采用综合的标准进行分区"的非常复杂而又漫长的过程。

省级行政区在我国的建制历史悠久，它既是行政区，又是经济区、文化区；有些省区的自然特征也很鲜明；省区地理知识在生产、生活中经常用到；国家的经济建设规划，省区又是重要单位②。因此，省级行政区成为20世纪初期中国地理教科书编写最基本的形式。但是这种编写的主要问题集中在相邻省区的内容重复，以及某些统一的地理事物（如山川、河流等）被人为割裂，加之当时中国地理科学水平较低，且没有相应的地图作为参照，使得学生头脑中很难形成完整的印象。

随后，教材编写者开始尝试将相邻的若干省份进行合并，或根据不同的自然条件、经济条件进行划分，但当时缺乏相关的地理学科研究成果，因此划分标准差别很大，所划分的区域也各不相同。但是在具体行文中，所划分的区域之下，依然按照省级行政区分别讲述，与之前的分省叙述差别并不明显。

---

① 申大魁．中国中学地理课程中中国区域划分的变化与内容研究[D]．北京：北京师范大学，2001．
② 陈尔寿．地理教育与地理国情[M]．北京：人民教育出版社．1998．

自1932年《初级中学地理教学大纲》颁布以后，中国的区域规划才开始逐步走向统一。编写者依照教学大纲的规定编写教科书，经由教材审查部门的审定，进而加以推广使用。这种做法改变了当时中国地理教科书中区域划分种类繁多、科学性差的现状，首次出现了国家规范化的六大区域：中部地方、南部地方、北部地方、东北地方、漠南北地方、西部地方。

1949年以后，六大区域的划分得以发展，一直使用到了20世纪90年代。期间依照行政区进行中国区域划分的教科书较为普遍。这两种划分方案比较符合我国国土辽阔，各地自然地理和人文地理差异较大的特点。但由于每一个大区所讲述的特征数目偏多，如1978年出版的全日制十年制学校初中课本（试用本）《中国地理》一书中"长江中下游六省一市"区域中共讲了十四个特征，其他区域的特征也达数十条，这种区划下的教材体系依然非常庞大，给教学造成了一定的困难。

20世纪60年代开始，在精简课程内容的背景下，中国地理教科书中以自然和工业特征进行区域划分，是体现中国区域特征及其差异较为简化的划分方式。在现实地理环境中，自然条件和人文经济发展存在密切的联系，将两者加以融合就形成了目前初中《中国地理》的区划形式，即在中国三大自然区的基础上，把全国分为北方地区、南方地区、西北地区和青藏地区四个大区。这种划分方法分区依据明确，区域数目较少，便于学生学习和教师授课，突出了我国最主要的地区差异性，因此得到了多数师生的认同。下表统计了800多名来自全国各地的中学生对中国四大地理区域特征所描述的关键词，这些关键词既包括了自然的因素，也包括了人文的环境，极好地体现了中国最为典型的自然环境条件。

表14-7 学生对中国四大地理区域特征的描述（申大魁，2001年）

区域名称	主要特征
北方地区	少雨、干燥、寒冷、青岛啤酒、河南嵩山少林寺、平原多、水资源缺乏、内蒙古的草原、黄河、种植小麦、河流水量较小、房子平顶
南方地区	多雨、潮湿、热、水多、经济比北方发达、苏州园林、风景好、鱼米之乡、长江、种植水稻、河流多、椰子等水果、房子尖顶
西北地区	干旱、沙漠多、荒凉、风沙大、新疆羊肉串、歌舞、饮食、人口少、经济不发达、生活习惯特别、少数民族多、沙尘暴、新疆哈密瓜、吐鲁番盆地、新疆葡萄干、长绒棉、贫困、多内流河
青藏地区	世界屋脊、海拔高、空气稀薄、寒冷、缺氧、少数民族、人烟稀少、草原、以畜牧业为主要产业、青稞、宗教、布达拉宫、藏族舞蹈、青海湖、西藏的雪山、牦牛、交通不发达、经济落后、多咸水湖、风光独特、气候恶劣、日照长、太阳能资源丰富、雪山连绵、蓝天白云、粗犷的歌声、珠穆朗玛峰

3. 地理区域的描述发生了较大的转变

地理区域的内容描述重点一方面体现在地理区域的排列顺序上，另一方面则体现在地理区域内容描述的详细程度上。

虽然不同时期初中地理教科书中区域的划分标准和划分结果差异较大，但各区域的叙述通常是依照从北向南，从东部向西部的顺序展开。但是这种排列顺序在具体的地理教科书撰写中有差异。清末时期，中国的首都在北京，很多地理教科书以"北方六省"或"黄河中下游地区"等作为区域之首；民国时期，南京国民政府建都南京，当时出版的很多地理教科书则以"华中地区"或"长江中下游地区"等作为区域之首；中华人民共和国成立后，中国首都为北京，以"华北地区"作为区域之首的教科书再次出现。随着地理教科书的编写思想不断成熟，依照自然顺序安排区域的编写顺序的诉求日渐强烈，"自北向南，自东向西"成为了20世纪80年代以后区域编排顺序的主流。这种编排顺序使得教科书更能体现地理学科的特点，体现中国的地域特征，同时也符合学生的认知习惯。

　　中国有关区域地理内容的记载始于地方志。地方志是记载一定地区（或行政区划）自然和社会各个方面的历史和现状的综合性著述和资料性文献[1]，既是概括一地自然、社会和人文发展过程的地方史书，又是汇集一方基本知识和系统资料的地方百科全书[2]。20世纪初期现代地理课程设立之初，中国地理教科书的编写多采用"地理志"和"地方志"的形式，内容主要以记述我国的疆域、气候、物产、人口、交通、山川、风土人情、名胜古迹等为主，同时论及我国的政体、教育、军备、管制、财政、外交、邮政等，突出了"百科全书"的特征。

　　随着教学经验的不断丰富，以及中国地理课时的减少，中国区域地理内容才得以精简，开始突出中国最典型的区域特征，教给学生分析和理解区域特征的方法，而非大而全的全面灌输。由此，中国区域划分的数目减少的同时，开始大范围的删减具体的内容。例如，1955年人民教育出版社出版的《中国地理》中关于华北地区一节，选择了位置和自然条件、居民、经济发展的特征、工业、农业、运输业、区域差别和主要城市七个方面进行讲述，而在2000年初中地理教科书中，华北地区归入了北方地区进行讲述，不再分别讲述。2001年《全日制义务教育地理课程标准（实验稿）》和2012年修订版中，对区域的要求只需要学生掌握必要的技能，如"在地形图上识别某区域的主要地形类型，并描述区域的地形特征""举例说出河流在区域发展中的作用"两项技能，虽然这些技能在各个区域中都有涉及，但以人教版地理教科书为例，这些技能重点体现在西北地区的新疆和南方地区的长江沿江地带学习中。

4．未来四大地理区域教学中亟待解决的问题

　　在中国中学地理课程中，中国地理区域的划分经历了一个漫长而又复杂的过程。随着中国地理教科书编写理论和实践经验的不断积累，区域的划分更加符合教育学的规律和中国地理的教学实践。目前，中国普遍采用四大地理区域的划分方式，得到了普遍的认可，但也存在诸多亟待解决的问题。

　　（1）中国是一个国土面积辽阔、区域之间差异性显著的国家，四大地理区域的划分很难

---

[1] 来新夏．方志学概论[M]．福州：福建人民出版社，1984：1．
[2] 王晖．四论方志性质与特征[J]．中国地方志，2005（1）：5—13．

体现我国地理环境的多样性[①]。调查显示，北京市 22.6% 的地理教师认为目前中国地理区域划分数量偏少[②]。以北方地区内部为例，东北地区和华北地区无论是自然环境还是人文特点，都存在较大的差异，而将其合并为同一个大区，很难体现其独特性。《中国地理》课程是初中学生唯一系统学习中国地理环境的机会，如此划分过于粗化中国地理的内容，不利于学生对国情的理解。

（2）目前，我国初中中国地理教科书在四大地理区域划分之后，会选择区域内部的一定地理单元进行介绍。中国地理教科书中对这些地理单元的选择基本趋同，课标中要求至少有五个不同空间尺度的区域，除了北京、台湾、香港、澳门为必学以外，大部分地理教科书会另外增加 1~2 个自选区域，而这 1~2 个自选区域基本趋同，主要是珠江三角洲、黄土高原、长江沿江地带等。虽然教材的版本体现了多样化，但内容的多样化依然不足。进一步统计显示，地理教科书自选的区域并非学生和教师最感兴趣的区域。以北京市东城区教师为例，他们最喜欢讲授青藏地区，因该地区自然和文化特征既具整体性，又有地方特色；最不喜欢讲授的是南方地区，因为南方地区南北跨度大，地区差异太大，内容过于分散[③]。

四大地理区域的细化以及区域内部地理单元的多样化选择是中国区域地理非常重要的方面，也是目前中国地理教科书尚须改进和处理的关键问题。这一问题产生的根源在于目前的中国地理教科书追求内容的精简与中国地理环境异常复杂的矛盾。这一矛盾是未来中国地理教科书亟待解决的关键问题。

[①] 申大魁. 中国中学地理课程中中国区域划分的变化与内容研究[D]. 北京：北京师范大学，2001.
[②] 陈红. 中学区域地理课程内容与教学研究[D]. 北京：北京师范大学，2008：223.
[③] 陈红. 中学区域地理课程内容与教学研究[D]. 北京：北京师范大学，2008：230.

第十五章

21 世纪以来的中学地理教科书及其发展特点

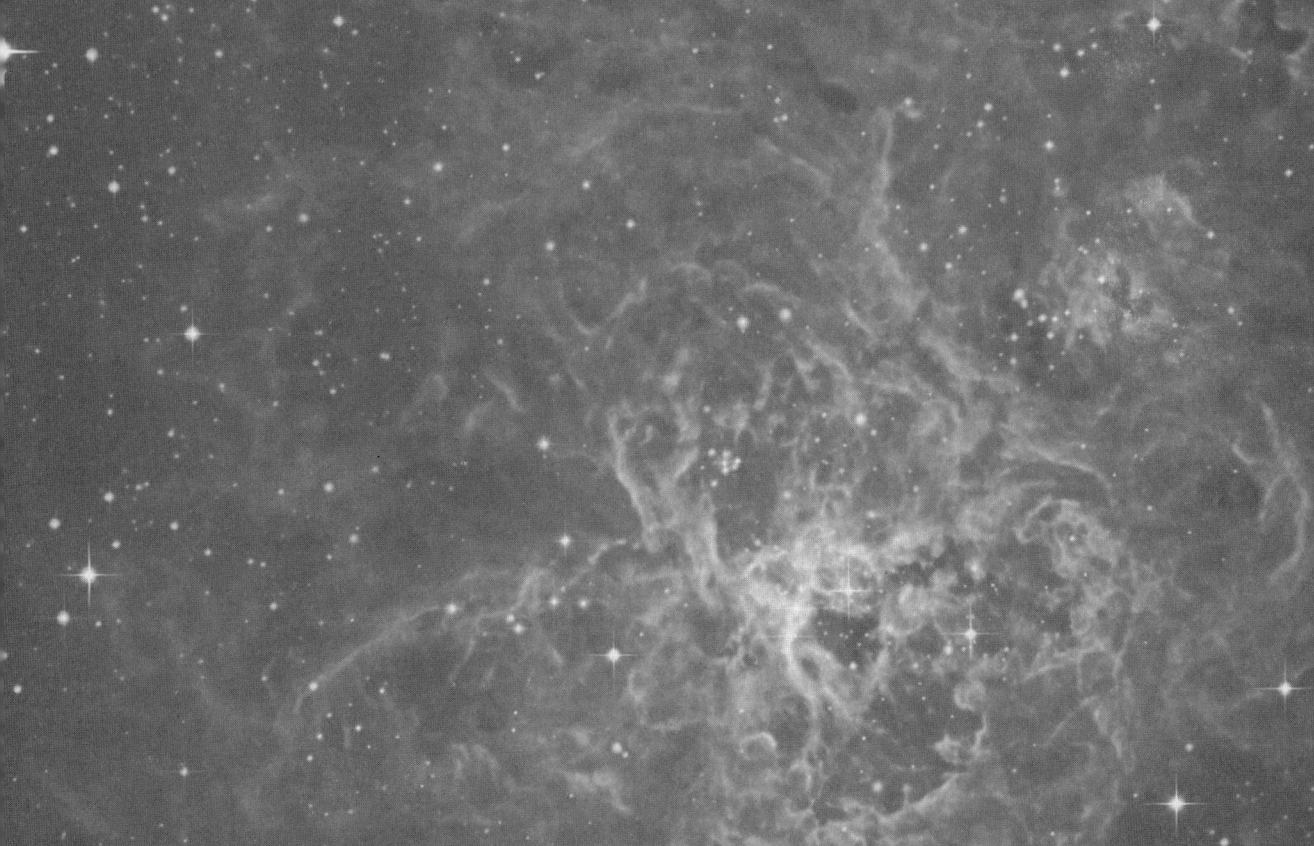

第一节 初中地理教科书

一、人教版义务教育课程标准实验教科书《地理》

人教版义务教育课程标准实验教科书《地理》由人民教育出版社课程教材研究所地理课程教材研究开发中心组织编写，2001年5月经国家中小学教材审定委员会审查通过，2001年秋季开始推广使用。

2011年底，教育部颁布了《全日制义务教育地理课程标准（2011年版）》。根据这个课程标准，人民教育出版社对地理教科书进行了进一步的修改，通过审定后的地理教科书于2012年秋季开始使用。教科书共四册，总体按照先总述、后分述；先世界地理，后中国地理；先自然地理，后人文地理和区域地理的顺序进行编写。

图15-1　人教版初中《地理》七年级上、下册封面

图15-2　人教版初中《地理》八年级上、下册封面

人教版初中《地理》教科书目录如下：

七年级上册
  第一章 地球和地图
  第二章 陆地和海洋
  第三章 天气和气候
  第四章 居民与聚落
  第五章 发展与合作

七年级下册
  第六章 我们生活的大洲——亚洲
  第七章 我们邻近的国家和地区
  第八章 东半球其他的国家和地区
  第九章 西半球的国家
  第十章 极地地区

八年级上册
  第一章 从世界看中国
  第二章 中国的自然环境
  第三章 中国的自然资源
  第四章 中国的经济发展

八年级下册
  第五章 中国的地理差异
  第六章 认识省级区域
  第七章 认识省内区域
  第八章 认识跨省区域
  第九章 走向世界的中国

该教科书渗透了人民教育出版社对我国新课改以来教育改革要求和现实地理教育存在问题的思考，进而确定将"改变学生的学习方式"作为核心突破口，通过教学内容编排的探究性、教科书内容表达的多样化、教学内容选择的有用性和教材语言的通俗化四个方面，努力实现学生的"自主学习"[①]。该教科书的编写特点体现在以下几个方面。

(1) 从直白地表达概念、观点、结论等各种信息，到注重表达形成概念、观点、结论和事实的过程。

(2) 从活动与案例同概念、观点、结论的陈述相分离，过程与方法、知识与技能的呈现与情境无关，到采取案例分析的方法，在特定的情境中，把引发思考、鼓励动手和体验探究的设计在课文中一并呈现。

(3) 从把知识的习得和活动的展开安排或限定在一定课时内，到把获取知识信息的渠道延伸到课外。

(4) 从在没有对问题的产生进行解释，就给出有关答案，到展示对问题的解释，运用证据和共同探究的策略，以提供讨论、阐述观点的机会。

从具体内容的容量来看，该教科书严格按照我国《义务教育地理课程标准（实验稿）》的要求，不再追求大而全的知识体系、注重知识的"量"，而是更加关注地理学习方法。特别是在区域地理学习中，世界地理部分仅选取了 1 个大洲、5 个地区、6 个国家；中国地理共选择 8 个省区。所选择的区域往往是具有重要意义的、典型的、开放的区域，更加体现了举一反三的学习理念。

教科书对内容的表达方式较为多样化，因内容的不同采用了多种思路并举的形式[②]：基于问题的思路——关注问题、引发问题、围绕问题展开叙述，针对问题进行讨论，例如"活动

[①] 韦志榕. 新地理教材（人教版）的理论与实践探索[J]. 地理教育，2002（6）：6-8.
[②] 王民. 地理新课程教学论[M]. 北京：高等教育出版社，2003：79-81.

课文"；基于视角的思路——确定一定的视角，使得教材能够达到"形散神聚"的效果；基于案例的思路，选择代表性和典型性的案例，强调内容的主体化，突出区域特色，并注重知识的迁移；基于情景的思路——或作为某一主题的引入，或是课文不同内容之间的承接，或是引发讨论，起到穿针引线的作用。

随着经济的发展，教科书实现了全彩色印刷，其中照片的数量越来越多，逐渐代替了素描图。电脑技术的运用，使得整个图像系统和课文系统可读性和趣味性更强。这一特点在同时期出版的其他版本教科书中也都有很好的体现。综合而言，该教科书的总体特点体现在以下几个方面。

（1）在结构设计中加大了活动的力度，增强了教学内容的探究性；在课文叙述中，教科书尽可能避免平铺直叙，采用了不同的呈现方式；在活动中，注意题目的设计及问题的梯度，比如多角度地分析某一个地理问题。

（2）教科书中尝试用不同的呈现方式，比如一些地理概念的图释、说明地理问题的对话、展示地理过程的组照或组画等，不断给学生新鲜感，激发他们的学习兴趣。

（3）密切联系生活和生产实际，尤其注意挖掘学生的生活经历和体验，尽可能让学生感到地理就在自己身边。

（4）平实、生动的语言风格，使教科书更具亲切感。该教科书从初中学生的语言习惯和审美情趣出发，尽可能避开生涩的地理专业术语，而是采用通俗易懂、朗朗上口的语言。

（5）从文字到图像的整体设计。教科书中的正文、活动、阅读材料各有统一的设计，不同的图像也有各自统一的风格，教科书版面设计活泼却不凌乱。

二、中图版义务教育课程标准实验教科书《地理》

中图版义务教育课程标准实验教科书《地理》最初被称为"新世纪版"，由北京师范大学国家基础教育课程标准实验教材总编委会组编，北京师范大学王民教授主编，中国地图出版社出版。该教科书于 2003 年开始经全国中小学教材审定委员会审查通过，2003 年秋季开始推广使用。

图 15-3　中图版初中《地理》七年级上、下册封面

2011年底，教育部颁布了《全日制义务教育地理课程标准（2011年版）》，根据这个课程标准，中国地图出版社对教科书进行了全面的修改，通过教育部审定后，该教科书于2012年秋季开始在全国使用。

这套教科书体系结构的设计以新地理课程标准为依据，充分考虑学生的认知特点和中国广大地区的具体情况，采用先中国地理后世界地理的编排顺序，并且在课文中设计了探究栏目，形成了与内容双系列的结构体系和呈现方式。

图15-4　中图版初中《地理》八年级上、下册封面

中图版初中《地理》教科书目录如下：

七年级上册
　　第1章　地球和地球仪
　　第2章　中国的疆域与人口
　　第3章　复杂多样的自然环境
七年级下册
　　第4章　自然资源与经济发展
　　第5章　地方文化特色与旅游
　　第6章　认识区域特征
　　第7章　比较区域差异

八年级上册
　　第1章　陆地和海洋
　　第2章　多样的世界气候
　　第3章　居民与聚落
　　第4章　发展与合作
八年级下册
　　第5章　认识亚洲
　　第6章　认识区域
　　第7章　认识国家

该套教科书在编写过程中，参考了2002年前后出版的德国、英国、美国的地理教科书和国内出版的各套地理教科书，用全新观点来设计该书的体系和结构，从而形成了该套教科书的特色[①]。

（1）密切结合学生的生活实际，按照由近及远，先中国地理后世界地理的顺序展开地理课程内容。

中图版初中地理教科书采用先中国地理后世界地理的编排顺序，一方面是借鉴国外的经

[①] 王民. 地理新课程教学论[M]. 北京：高等教育出版社，2003：90-104.

验，作者通过对32个国家初中地理教学大纲的分析，发现有30个国家都是由近及远展开区域地理内容；另一方面，由浅入深的编排方式符合我国初中学生的年龄特点和认知方式。

（2）对新地理课程标准内容的重新整合，体现了教科书的多样性。对课程标准"中国地理"部分的自然环境与自然资源、经济与文化中的具体标准进行重新整合，以加强其相互联系，将四条课程标准整合为三章内容，分别为"复杂多样的自然环境""自然资源与经济发展""地方文化特色与旅游"，更有利于学生对相关概念及其关系的认识和理解[①]。

（3）设计课文系统与探究系统并行的体例结构，突出探究过程。探究系统的体例为每章的章首设计一个"课题"，每个课题具体包括四个标题：目标、准备、进度、总结；配合章首的"课题"，在章下面的各节结尾处设置"检查进度"，落实课题。每节开头设立"探索"，引发学生的兴趣和探究。课文系统包括正文、阅读和活动，阅读包括学习指南、阅读提示、阅读内容等；活动包括探索、读图、思考、实验、制作等。每节之后的复习题联系生活，强调思考。

（4）教科书内容的选择强调联系学生的实际，从学生可以感受的角度出发。设计与学生生活相关的案例和阅读材料，使学生感到教科书是"活""动""新"的，是他们身边的事。此外，介绍一些地理学的动手操作的方法和实验，让学生了解地理学是可以"做"的。

（5）注意加强教科书各个系统之间的联系。教科书在编写过程中考虑学生的年龄特征和认知特点，注意的加强课文系统、图像系统和作业系统的联系，强调图像系统的作用，选择的图片力求主题突出、视觉效果强烈，以此加深教科书的含义，扩展学生的想象空间，有助于学生的理解。

该套教科书配套的《地理图册》全套共10册，由中国地图出版社出版，在中国测绘学会2010年科学技术奖授奖大会上，该套图册荣获了优秀地图作品"裴秀奖"银奖。（"裴秀奖"是我国地图学界的最高奖项，每两年评选一次）

三、湘教版义务教育课程标准实验教科书《地理》

湘教版义务教育课程标准实验教科书《地理》由湖南教育出版社及湖南师范大学组织编写，该套教科书的主编是朱翔和刘新民。2001年5月开始，该套教科书经国家中小学教材审定委员会初审通过，2001年8月由湖南教育出版社出版发行，2001年秋季开始推广使用。

2011年底，教育部颁布了《全日制义务教育地理课程标准（2011年版）》，根据这个课程标准，湖南教育出版社对教科书进行了进一步的修改，通过审定后的教科书于2012年秋季开始陆续使用。

[①] 李文田. 改革开放30年我国中学地理教科书变革研究[D]. 武汉：华中师范大学，2011：75.

图 15-5　湘教版初中《地理》七年级上、下册封面

图 15-6　湘教版初中《地理》八年级上、下册封面

湘教版初中《地理》教科书目录如下：

七年级上册
  第一章　让我们走进地理
  第二章　地球的面貌
  第三章　世界的居民
  第四章　世界的气候
  第五章　世界的发展差异
七年级下册
  第一章　认识大洲
  第二章　了解地区
  第三章　走进国家

八年级上册
  第一章　中国的疆域与人口
  第二章　中国的自然环境
  第三章　中国的自然资源
  第四章　中国的区域差异
八年级下册
  第一章　中国的主要产业
  第二章　沿海万里行
  第三章　陆疆万里行
  第四章　黄河万里行
  第五章　长江万里行
  第六章　走向世界的中国

这套教科书广泛涉及了全球变化形势，突出了人口、资源、环境以及区域差异、国土整治、全球变化、可持续发展等内容，以全新的课程理念和专业视角展示了初中地理内容。杨

代虎等人对该套教科书进行细致分析以后，认为该套教科书体现了以下特点。

（1）富有新意的教材结构[①]。该套教科书一反传统先自然地理后人文地理的编排结构，将人文地理与自然地理有机地融合起来，适当地增加了人文地理的比重，将难点分散到相关章节中讲述。整套书采用了先世界、后中国的顺序，将地球与地图的知识穿插在世界地理中学习。在具体的章节上做了精心的安排，例如在世界地理的学习中，学生了解地球的面貌后，直接介绍世界的居民，以求使学生认识到我们生活的地球是一个相互联系的整体，而非直接进入世界气候的学习；在中国区域地理部分力求突出重点，减少层次，并独创性选择沿海、沿陆疆以及长江、黄河来介绍各省区，标题通俗，突出了各省区的特色，方便教学。

（2）教科书内容强调了对学生生活有用的地理和对学生终身发展有用的地理[②]。知识的讲述不再是从概念、原理出发，而是从学生的生活体验和问题出发（例如"天气"）；增加了人类所面临的人口、资源和环境问题以及可持续发展等方面的内容；反映了国内外地理科学的发展动态，有利于学生危机意识的建立和社会责任感的培养。

（3）新颖的呈现方式提高了教科书的可读性和趣味性，调动了学生学习的积极性[③]。教科书文字叙述详尽、通俗易懂、贴切自然，通过趣闻轶事、现象描述、科学家介绍来讲清基本的地理事物和方法，提高了教科书的可读性和趣味性，调动了学生学习的积极性。书中每页都配有图片且与各种比例尺的地图相互配合，分布图、等值线图、统计图、原理图、过程图等交替使用，并穿插大量彩色景观照片，以及卡通画、简要的文字介绍和提示、设问等，图像占据了该书总版面的一大半。"活动"包括读图、计算、填空、想一想、讨论等。活动设计循序渐进，注重知识的迁移、发散，发挥学生主观能动性，强化方法和技能的运用，渗透了较强的德育功能。

（4）注重学生多元智能的培养[④]。教科书注重从抽象的纯粹地理科学的"客观世界"中走出来，从说教走出来，构建真实的、本源的地理生活世界。通过有效地组织地理活动、创设富有教育意义的地理案例，通过讨论活动使学生知道地理知识是一个动态的发展过程，培养学生多元智能，最终使学生形成协调人地关系、合理利用资源、保护环境的意识。

四、商务星球版义务教育课程标准实验教科书《地理》

商务星球版义务教育课程标准实验教科书《地理》由北京大学蔡运龙和北京师范大学周尚意主编，商务印书馆和星球地图出版社出版。2001年5月开始，该套教科书经国家中小学教材审定委员会审查通过，2001年秋季开始推广使用。

2011年底，教育部颁布了《全日制义务教育地理课程标准（2011年版）》，根据这个课程标准，商务印书馆和星球地图出版社对教科书进行了进一步的修改，通过审定后的教科书2012年秋季开始陆续使用。

[①] 杨代虎，仇奔波. 湘教版地理实验教科书编写特点评述[J]. 中学地理教学参考，2004（1-2）：50-52.
[②] 王民. 地理新课程教学论[M]. 北京：高等教育出版社，2003：90-104.
[③] 杨代虎，仇奔波. 湘教版地理实验教科书编写特点评述[J]. 中学地理教学参考，2004（1-2）：50-52.
[④] 杨代虎，仇奔波. 湘教版地理实验教科书编写特点评述[J]. 中学地理教学参考，2004（1-2）：50-52.

图 15–7　商务星球版初中《地理》七年级上、下册封面

图 15–8　商务星球版初中《地理》八年级上、下册封面

商务星球版《地理》教科书目录如下：

七年级上册
　　第一单元　地球
　　第二单元　地图
　　第三单元　海洋与陆地
　　第四单元　天气与气候
　　第五单元　世界的居民
　　第六单元　地区发展与国际合作
七年级下册
　　第七单元　我们所在的大洲——亚洲
　　第八单元　各具特色的地区
　　第九单元　不同发展类型的国家

八年级上册
　　第一单元　国土与居民
　　第二单元　自然环境
　　第三单元　自然资源
　　第四单元　经济与文化
八年级下册
　　第五单元　我国的地理差异
　　第六单元　首都——北京
　　第七单元　黄土高原
　　第八单元　珠江三角洲和香港、澳门特别行政区
　　第九单元　台湾省
　　第十单元　走进西部

该套教科书内容构成注重生活性、发展性、有用性及开放性。教科书框架结构进行了创新性的尝试和探索。整体结构采用先世界地理后中国地理的形式。教科书结构没有采用"章—节—目"的体例，而是采用"单元—课—主题"的体例，每册包括若干单元，单元下分课，课下分主题。每个单元具体内容的选择与编排，很好地将自然地理知识与人文地理知识进行了融合与渗透。教科书语言简练、通俗易懂，且呈现方式鲜明，图文并茂。

五、大象版义务教育课程标准实验教科书《地理》

大象版义务教育课程标准实验教科书《地理》由北京市仁爱教育研究所编著，2004年开始经全国中小学教材审定委员会初审通过，2004年7月开始由大象出版社出版发行。

2011年底，教育部颁布了《全日制义务教育地理课程标准（2011年版）》，根据这个课程标准，仁爱教育研究所对教科书进行了进一步的修改，通过审查后的教科书于2012年秋季开始陆续使用，由科学普及出版社出版发行。

大象版初中《地理》教科书目录如下：

七年级上册
  第一章 打开地理知识之门
  第二章 揭开地球神秘的面纱
  第三章 探究天气与气候
  第四章 了解世界的居民
  第五章 认识人类的居住地
  第六章 关爱和平与发展

七年级下册
  第七章 走进世界第一大洲
  第八章 察看我们的近邻
  第九章 游览其他国家和地区
  第十章 关注人类共同拥有的极地

八年级上册
  第一章 中国的领土和行政区划
  第二章 中国的人口和民族
  第三章 中国的自然环境
  第四章 中国的自然资源
  第五章 中国的农业和工业
  第六章 中国的交通运输和旅游

八年级下册
  第七章 中国的区域差异
  第八章 各具特征的地理区域
  第九章 西部开发和东北振兴
  第十章 北京和港澳台

大象版初中《地理》教科书具有以下特点。

（1）富有特色的框架结构安排。全书内容依照先世界地理后中国地理，先自然地理后人文地理，先宏观后微观的顺序进行编排。这些安排将学科知识逻辑和学生认知发展相结合，更符合学生的心智特征。此外，教科书每章标题的表述都运用不同的动词，不仅生动活泼地表达了本章的主题，而且充满了人文精神。如七年级上册：打开—揭开—探究—了解—认识—关爱；七年级下册：走进—察看—游览—关注。

（2）教科书以学生自身的经验为背景，构建了主体性和主导性双重的教材体系。教科书的编写主线是"问题—情境—素材"，这一主线贯穿于每节的正文、图像、阅读和学习行动中。教科书给学生的学习空间是"思考—活动—结论"；给教师教的空间是"启发—指导—评价"，由此构成了两条基线。这两条基线的延伸和交织使该教科书充分体现了在学习和掌握知识中人的主体精神，体现了"社会"与"人"的价值取向的统一。

（3）教科书呈现形式多样，图文配合，生动形象，直观易懂；图像类型多样，如景观图、地图、漫画等；对教科书中常用的重要地理名词及主要国家名称，除在教科书后统一附有英汉对照表外，还在正文中配以相应的英文单词，以活跃的教科书表现形式，深化教科书内涵[①]。

六、晋教版义务教育课程标准实验教科书《地理》

晋教版义务教育课程标准实验教科书《地理》由山西教育出版社组织编写，2001年5月经国家中小学教材审定委员会审查通过，2001年秋季开始推广使用。

2011年底，教育部颁布了《全日制义务教育地理课程标准（2011年版）》，根据这个课程标准，山西教育出版社对教科书进行了进一步的修改，通过审定后的教科书于2012年秋季开始陆续使用。

晋教版初中《地理》教科书目录如下：

七年级上册
　　第一章　地球——我们的家园
　　第二章　地图——传输地理信息的工具
　　第三章　世界的陆地和海洋——人类生存的基本空间
　　第四章　世界的气候——地球大气的风云变化
　　第五章　世界的居民——"地球村"的主人
　　第六章　聚落——人类的聚居地
　　第七章　发展与合作——经济全球化
七年级下册
　　第八章　认识亚洲
　　第九章　认识地区
　　第十章　认识国家

八年级上册
　　第一章　疆域和人口——从世界看中国
　　第二章　自然环境——我们赖以生存的基本条件
　　第三章　自然资源——我们生存和发展的物质基础
　　第四章　经济发展——强国富民之路
八年级下册
　　第五章　认识我国的地理差异
　　第六章　认识跨省际区域
　　第七章　认识省级区域
　　第八章　认识省内区域

七、粤教版义务教育课程标准实验教科书《地理》

粤教版义务教育课程标准实验教科书《地理》由广东省教育厅教研室组织编写，广东教育出版社出版，2001年5月经国家中小学教材审定委员会审查通过，2001年秋季开始推广使用。

2011年底，教育部颁布了《全日制义务教育地理课程标准（2011年版）》。根据这个课程

[①] 李文田．改革开放30年我国中学地理教科书变革研究[D]．武汉：华中师范大学，2011：76．

标准，广东省教育厅教研室对教科书进行了进一步的修改，通过审定后的教科书于2012年秋季开始陆续使用，由广东人民出版社出版发行。

粤教版初中《地理》教科书目录如下：

七年级上册
  第一章 认识地球
  第二章 学用地图
  第三章 陆地与海洋
  第四章 天气与气候
  第五章 居民与聚落
  第六章 发展差异与国际合作
七年级下册
  第七章 亚洲
  第八章 欧洲
  第九章 美洲
  第十章 非洲与大洋洲
  第十一章 极地地区
八年级上册
  第一章 中国的疆域和人口
  第二章 中国的自然环境
  第三章 中国的自然资源
  第四章 中国的经济和文化
八年级下册
  第五章 各具特色的四大地理单元
  第六章 认识不同的区域
  第七章 改革开放的前沿——珠江三角洲
  第八章 走向世界

从2001年国家教育部颁布了《全日制义务教育地理课程标准（实验稿）》，到2011年底教育部颁布了《全日制义务教育地理课程标准（2011年版）》，上述各个版本的教科书进行了全面的修改和审查，2012年秋季在全国初中起始年级使用。这也标志着这一轮初中地理课程改革实验完成，进入到实施阶段。

第二节 高中地理教科书

一、人教版普通高中课程标准实验教科书《地理》

人教版普通高中课程标准实验教科书《地理》由人民教育出版社课程教材研究所地理课程教材研究开发中心编写。2004年5月开始经全国中小学教材审定委员会初审通过，2004年6月开始由人民教育出版社出版发行。

图 15-9　人教版高中《地理》必修 1、2、3 封面

图 15-10　人教版高中《地理》选修 1、2、3 封面

图 15-11　人教版高中《地理》选修 4、5、6、7 封面

人教版高中《地理》必修 1—3 册教科书目录如下：

必修 1 册

　　第一章　行星地球

第二章　地球上的大气

第三章　地球上的水

第四章 地表形态的塑造	第五章 交通运输布局及其影响
第五章 自然地理环境的整体性与差异性	第六章 人类与地理环境的协调发展
必修 2 册	必修 3 册
第一章 人口的变化	第一章 地理环境与区域发展
第二章 城市与城市化	第二章 区域生态环境建设
第三章 农业地域的形成与发展	第三章 区域自然资源综合开发利用
第四章 工业地域的形成与发展	第四章 区域经济发展
	第五章 区际联系与区域协调发展

该套教科书的整体设计，体现了培养公民地理素养的基本理念，突出了四个"注重"：注重地理观念和地理视角，注重反映地理价值的实用性，注重学生自主学习能力的培养，注重体现知识的基础性和时代性①。因循研究性学习思想和方法，教科书内容由原先的以叙述为主转变为逐步探究为主，突出教学与探究的结合，使学生学习新知识的过程也是情感态度价值观培养和能力提高的过程。为了利于教师根据实际采取灵活的教学方法，教科书采取了将部分内容留给教学处理，不直接给出结论，注重地理分析过程的编写方法。为方便教师个性化教学，教科书鼓励教师可以打破教科书的知识结构或内容顺序，更换教科书事例、活动、图片等。为满足学生不同的地理学习需要，教科书注重内容的层次性和可选择性，体现课程标准上不封顶的精神。

教科书编写注重理论与实际的结合，紧密联系社会实际和学生体验。既注重学生地理学习兴趣的培养，又注重使学生体验地理学习的有用性。教科书编写整体采用"章—节"式的编写体例；注重改革图像系统的编排模式，减少单幅图信息载负量，增加图幅数量，丰富图像类型，美化图像设计，变图像的辅助地位为主导地位，图文互补，甚至以图代文，使图像成为课文的有机组成部分；注重呈现方式的活泼多样，采用联系实际引入、运用实例论证、典型案例分析、强化过程阐述、结合实际设计活动等编写方法，突出学生对学习内容的再现和学以致用，给学生提供必要的检验和展示学习成果的机会；教科书中单一形式的复习巩固练习题已不再出现，取而代之的是与课文结合紧密、分工合理、联系实际，便于引导学生主动参与的各类活动等；教科书的装帧质量和印刷水平明显提高；考虑到必修课程与选修课程的差异，教科书在保持内容基本一致的前提下，具体编排又有所区别。

二、中图版普通高中课程标准实验教科书《地理》

中图版普通高中课程标准实验教科书《地理》由北京师范大学国家基础教育课程标准实验教材总编委会组编，国家基础教育课程标准实验教材地理编写组编写，主编为北京师范大学王民教授。该套教科书2004年5月开始经全国中小学教材审定委员会初审通过，2004年6月开始由中国地图出版社出版。

---

① 课程教材研究所地理课程教材研究开发中心. 普通高中课程标准实验教科书地理（人教版）编写说明[J]. 地理教育, 2005 (2): 7-8.

图 15-12　中图版高中《地理》必修第 1、2、3 册封面

图 15-13　中图版高中《地理》选修 1、2、3 封面

图 15-14　中图版高中《地理》选修 4、5、6、7 封面

中图版高中地理必修第 1—3 册教科书目录如下：

必修第 1 册
　第一章　宇宙中的地球
　第二章　自然地理环境中的物质运动和能量交换
　第三章　地理环境的整体性和区域差异
　第四章　自然环境对人类活动的影响

必修第 2 册
　第一章　人口的增长、迁移与合理容量
　第二章　城市的空间结构与城市化
　第三章　生产活动与地域联系

第四章 人类与地理环境的协调发展	第二章 区域可持续发展
必修第3册	第三章 地理信息技术的应用
第一章 区域地理环境和人类活动	

该套教科书遵循"教育要面向现代化，面向世界，面向未来"的战略思想，以全面推进素质教育为宗旨，全面贯彻教育部2003年制订的《普通高中地理课程标准（实验稿）》精神，将协调人地关系和可持续发展作为编写的理念，以促进学生全面发展。

该套教科书的指导思想是：培养和发展学生的地理思维能力、地理探究能力、合作交往能力和创新能力；培养学生运用地理科学观念、知识和技能对人地关系问题进行独立判断和评价的能力；教育学生关心并谋求人类的可持续发展，树立科学的人口观、资源观、环境观和可持续发展观念，正确认识和评价人类面临的重大发展问题，并形成对这些问题采取正确行为方式的健康情感、积极态度和正确的地理价值观念，从而具备21世纪所需要的、活跃而有能力的、负责的未来公民的基本素质；以学生发展为中心、社会需要为方向、地理学科发展为基础进行设计，构建内容体系；体现新的学习理念和方法；贯彻新的学业评价体系。[①] 编者在认真学习《普通高中地理课程标准（实验稿）》的基础上，研究参考了我国香港、台湾最新出版的高中地理教科书，以及德国、英国的高中地理教科书和美国的研究性学习教材，注意吸收国内外地理教科书的研究成果和新观点，以此来设计该套教科书的体系和结构，从而形成了该套教科书的如下特色。

（1）设计双系列的呈现方式，贯彻探究性学习的观念和方法

该套教科书力求体现《普通高中地理课程标准（实验稿）》的理念，将"重视对地理问题的探究。倡导自主学习、合作学习和探究学习，将开展地理观测、地理考察、地理实验、地理调查和地理专题研究等实践活动"的理念落在实处。设计双系列的体系，也就是在课文内容系列的同时，设计了一个探究系列。将探究式学习的观念和方法贯彻教科书的始终，使教学过程成为探究过程；同时也是培养学生能力，养成正确情感态度价值观的过程。

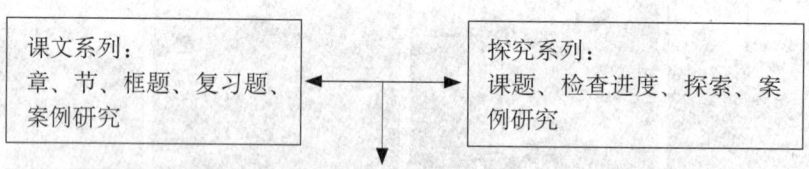

图15-15 中图版高中《地理》教科书的双系列结构呈现方式

---

① 王民.突出特色 落实理念 方便教学——北京师范大学编写、中国地图出版社出版的高中地理教材介绍[J].地理教育，2005（1）：8-9.

探究系列的体例为每章的章首设计一个"课题",具体写法包括四个标题:课题目标、课题准备、检查进度、总结。配合章首的"课题",在章下面的相关节后设置一个栏目"检查进度"。课题是贯穿全章的探索活动。在每节的开头有"探索",用于引发学生兴趣和探究。每节结尾有"案例研究",它既是探究系列的一部分,也是课文系列的内容。"案例研究"的具体内容有的是对所学内容的应用,如宇宙早期是什么颜色的内容;有的是对所学内容的深化,如寒潮的"功"与"过"的内容;有的是对所学内容的补充,如中国古代城市。

课文系列的体例为正文。正文中有活动(包括探索、读图、思考、实验、计算、讨论、观察等具体提示)、阅读、链接等栏目。

(2)紧密联系社会和学生的实际,突出"新"和"活"

该套教科书力求突出紧密联系社会与学生的生活,结合学生身边的发展和国家建设的情况,使学生感到教科书是"活"的、"动"的、"新"的,是他们身边的事;另一方面,考虑高中学生的特点,该套教科书介绍了一些地理学动手操作的方法和实验,让学生了解地理学是可以"做"的。这样既培养了学生学习地理的兴趣,又使学生感到学习地理对自己的终身发展有用。

(3)方便教师教学,促进地理教学改革

教科书教学参考书的编写力求提供更多的教学资源,方便教师教学,促进地理教学改革。为方便广大教师的教学,该套教科书必修和主要选修模块的教学参考书后附有《多媒体备课系统》的光盘,里面有各册每一节的电子演示教案和其他材料,非常实用。

(4)教学、科研、高考全盘考虑,课程改革与教师成长一起进行

在该套教科书试验的过程中,编者积极推进教学、科研、高考一体化的建设,借助北京师范大学雄厚的科研力量和与国际地理教育界的广泛联系,将科研融入教学中,使课程改革与教师成长一起进行,培养科研型的教师。从实验过程看,各实验区做了很好的尝试,一批科研型的教师正在成长。

有的教师把中图版普通高中课程标准实验教科书《地理》的特点概括为"落实课标、方便教学、有利高考",实验工作力求"出成果、出经验、出人才",对实验区"搭平台、给机会、促发展。"

中图版普通高中课程标准实验教科书《地理》(共10册),2013年获得第四届北京市基础教育教学成果二等奖。

三、湘教版普通高中课程标准实验教科书《地理》

湘教版普通高中课程标准实验教科书《地理》由湖南教育出版社组织编写,2004年5月开始经全国中小学教材审定委员会初审通过,2004年6月开始由湖南教育出版社出版。该书的主编为朱翔和陈民众。

图 15-16　湘教版高中《地理》必修Ⅰ、Ⅱ、Ⅲ 封面

图 15-17　湘教版高中《地理》选修Ⅰ、Ⅱ、Ⅲ 封面

图 15-18　湘教版高中《地理》选修Ⅳ、Ⅴ、Ⅵ、Ⅶ 封面

湘教版高中地理必修Ⅰ—Ⅲ册教科书目录如下：

必修Ⅰ
  第一章　宇宙中的地球
  第二章　自然环境中的物质运动和能量
  第三章　自然地理环境的整体性和差异
  第四章　自然环境对人类活动的影响

必修Ⅱ
  第一章　人口与环境
  第二章　城市与环境
  第三章　区域产业活动
  第四章　人类与地理环境的协调发展

必修Ⅲ
第一章 区域地理环境与人类活动
第二章 区域可持续发展
第三章 地理信息技术运用

该套教科书有以下特点。

（1）依据地理课程标准对教科书相关内容进行了优化组合。必修模块注重相互之间的联系和递进性，选修模块强调各自的相对独立性，注重初、高中地理的分工与衔接，初中侧重说"地"，原则上不涉及深层次的地理成因问题，高中侧重讲"理"，在初中地理的基础上，逐步探究地理过程、地理成因、地理规律等问题，确保地理课程体系的渐进性和完整性。

（2）以人地关系为主线，以可持续发展为核心，强化不同地理知识之间的相互联系与渗透。如《地理》必修Ⅰ以自然地理内容为主，在突出自然地理内容的同时，注重与人文地理及区域地理之间的联系；《地理》必修Ⅱ以人文地理为主，同样注重不同地理知识之间的渗透及融合；《地理》必修Ⅲ以区域为载体，在不过分追求学科体系严密性的基础上，对不同地理知识进行综合阐述。

（3）注重理论联系实际及地理素养的培养。力求适应社会发展对多样化人才的需求，重视教科书内容的基础性、应用性、选择性和时代性，理论联系实际，精选有利于学生终身发展的地理知识，注意培养和提高学生的地理素养。如通过对生态、城市、环境等现代地理学实际问题的阐述，培养学生人地协调发展的意识等。

（4）教科书内容简明，表现形式灵活。教科书内容章节清晰，每一节包括正文与非正文两大部分，正文主要是文字描述，非正文包括地理景观图、地理示意图、地图、阅读和活动等部分，各部分形式多样。如借助照片、表格、地图、景观图、示意图、人物自述等形式，增强教科书内容的可读性和趣味性。[①]

四、鲁教版普通高中课程标准实验教科书《地理》

鲁教版普通高中课程标准实验教科书《地理》由山东省教研室与南京师范大学地理科学学院课程与教材研究发展中心合编。2004年5月开始经全国中小学教材审定委员会初审通过，2004年6月开始由山东教育出版社出版。

图15-19 鲁教版高中《地理》必修第一、二、三册封面

---

① 刘新民．提升地理素养 彰显个性发展——论湘教版高中地理课标教材主要特色[J]．地理教育，2005（1）：6-7．

图 15-20　鲁版高中《地理》选修 1、2、3 封面

图 15-21　鲁教版高中《地理》选修 4、5、6、7 封面

鲁教版高中《地理》必修第一、二、三册教科书目录如下：

必修第一册

　　第一单元　从宇宙看地球

　　第二单元　从地球圈层看地理环境

　　第三单元　从圈层作用看地理环境内在规律

　　第四单元　从人地关系看资源与环境

必修第二册

　　第一单元　人口与地理环境

　　第二单元　城市与地理环境

　　第三单元　产业活动与地理环境

　　第四单元　人类活动的地域联系

必修第三册

　　第一单元　区域地理环境与人类活动

　　第二单元　走可持续发展之路

　　第三单元　区域资源、环境与可持续发展

　　第四单元　区域综合开发与可持续发展

该套教科书的编写特点如下。

教科书的编写思想体现了素质教育和可持续发展观念，以课程改革新理念为指导，突出教科书内容的生活性、文化性、科学性及有用性，使学生学习"生活的地理""文化的地理""科学的地理"和"终身发展的地理"，注重体现地理新课程的三维目标，培养现代公民必备的地理素养，满足学生对地理科学的求知欲[①]。

在结构体系方面，教科书注重探讨地球圈层之间的相互作用、要素之间的相互影响和区域之间的相互联系；探求地理环境空间分异规律、时间变化规律以及人与环境的相互关系等问题；探讨资源、环境、人口与发展的关系，突出地理学的综合性和区域性；强调尝试从学生熟悉的问题出发，探索与人类生存发展休戚相关的地理过程及分布规律。在此基础之上，该套教科书还展现了"一"主线、"两"互动、"三"有利、"四"单元、"五"模式的基本特点。

"一"主线，即以"协调人地关系和区域可持续发展"为主线，按照"自然环境—人类活动与人文环境—环境与发展"的顺序编写教科书。必修模块分别由"我们生存的环境""我们创造的文明"和"我们肩负的使命"三篇组成，分别侧重于自然地理、人文地理、区域地理内容。每一模块内部围绕这一主线加以展开。

"两"互动，即基础地理教育与高等地理教育交流、互动。其主要表现在地理学科专家和地理教学专家对于教科书的编写、修订和完善，从科学性和适用性两个维度综合把关。

"三"有利，即要求教科书有利于学生学、有利于教师教、有利于质量评估。

"四"单元，即每个模块（分册）由四个单元（章）构成，每个单元分为四节，便于教师的教学安排。

"五"模式，即每个章节中都按照"设计一些情景""引发一些问题""提供一些信息""编排一些活动""获得一些启示"的设计模式。其主要表现在教科书每一节开始安排一些小材料，引起学生兴趣；课文进行中，除了正文以外，还会安排多种小栏目，便于学生学习的拓展和教师教学设计；每个章节末，安排活动帮助学生进一步思考。[②]

五、依据《普通高中地理课程标准（2017年版）》修订的地理教科书的特点

2018年初，教育部颁布了《普通高中地理课程标准（2017年版）》，它较之2003年颁布的《普通高中地理课程标准（实验稿）》有很大的变化。主要反映在：把立德树人作为教育的根本任务，提出各学段学生发展核心素养体系，明确学生应具备的适应终身发展和社会发展需要的必备品格和关键能力，提出学科核心素养和学业质量标准。从课程目标到课程内容，到教学方法，再到学业质量水平评价，形成内在联系紧密的整体。

根据《普通高中地理课程标准（2017年版）》，人教版、中图版、湘教版、鲁教版四个版本的教科书进行了全面的修订，必修1、2，选择性必修1、2、3共五册，于2019年通过了国家教材委员会专家委员会的审核通过，并分别于2019年、2020年出版。

[①] 李文田. 改革开放30年我国中学地理教科书变革研究[D]. 武汉：华中师范大学，2011：82.
[②] 姜建春. 鲁教版（新教材）高中地理教材特色分析[J]. 地理教育，2004（5）：15–16.

表 15-1 依据《普通高中地理课程标准（2017 年版）》修订审核通过的教科书

版本	主编	出版社	出版时间
人教版高中《地理》（共五册）	樊杰，高俊昌	人民教育出版社	2019 年、2020 年
中图版高中《地理》（共五册）	王民	中国地图出版社	2019 年、2020 年
湘教版高中《地理》（共五册）	朱翔	湖南教育出版社	2019 年、2020 年
鲁教版高中《地理》（共五册）	王健	山东教育出版社	2019 年、2020 年

按照教育部的统一部署，从 2019 年秋季开始，已参加高考综合改革的部分省市使用依据《普通高中地理课程标准（2017 年版）》编写的高中地理教科书。《中学地理教学参考》在 2019 年第 9 期的《专题策划》栏目邀请了人教版、中图版、湘教版和鲁教版四个版本教科书的部分主编介绍了不同版本新教科书的修订情况。

1．人教版高中《地理》教科书修订情况

人民教育出版社课程教材研究所地理课程教材研究开发中心的高俊昌是本次人教版高中教材修编过程中全套教材的总主编之一，他从五方面对人教版高中地理新教材的修订内容进行了介绍。人教版新教材以社会主义核心价值观为统领，以培养高中学生地理核心素养为宗旨，遵循学生身心发展规律，在继承和借鉴的基础上有所创新。

（1）根据《普通高中地理课程标准（2017 年版）》，重新编写教科书。具体内容包括：重新构建教科书知识结构；全面落实课标的内容要求，适当扩展部分内容；注意内容的纵向分工和衔接。

（2）落实地理核心素养的培养。四个地理核心素养的具体落实情况如表 15-2 所示。

表 15-2 人教版高中《地理》教科书四个地理核心素养的具体落实情况

核心素养	必修1	必修2	选择性必修1	选择性必修2	选择性必修3
人地协调观	通过生动现象（案例），使学生从认知表象出发，通过辨识、理解逐渐形成相关的观念		在必修教材的基础上，要求学生通过影响机制分析、比较分析、综合分析和评价等过程，深化人地协调的观念		
综合思维	侧重于地理要素相互关系的分析和时空变化		侧重于系统性、综合性的地域性分析		
区域认知	在讲述基本知识的过程中，注意区域的差异			按照课标区域认知水平 3 和水平 4 的要求，通过设置复杂地理现象的区域表现，或者现实区域地理问题，引导学生对区域应对决策（措施）进行评价，并提出合理意见或建议，以此不断提高区域认知素养	

续表

核心素养	必修1	必修2	选择性必修1	选择性必修2	选择性必修3
地理实践力	在"活动"和"问题研究"的设置方面加入大量有关地理实践力的内容。每项实践活动，教科书都给出了较为详细的程序或步骤，以供教学参考				
	设计了单要素或单现象的观察、调查等活动		设计了较为综合的观察、调查和绘图等活动，并通过信息获取、处理、分析以及提出解决办法等过程，提高学生的地理实践能力		

（3）降低难度，方便教学。具体内容包括：课文讲清楚基本知识，控制活动题难度，给予教学更多的引导。

（4）把握政治方向，增加提升民族自豪感的内容。具体内容包括：体现国家意志，增加反映中华优秀传统文化的内容，增加反映我国发展成就的内容。

（5）调整体例结构。本次教科书修订在维持原教科书基本风格和体例设计的基础上，顺应课程改革要求，并根据多年的教学反馈，对体例结构进行了必要的调整，并统一每个栏目的编写原则或基本思路。人教版高中《地理》教科书的体例结构如图 15-22 所示。

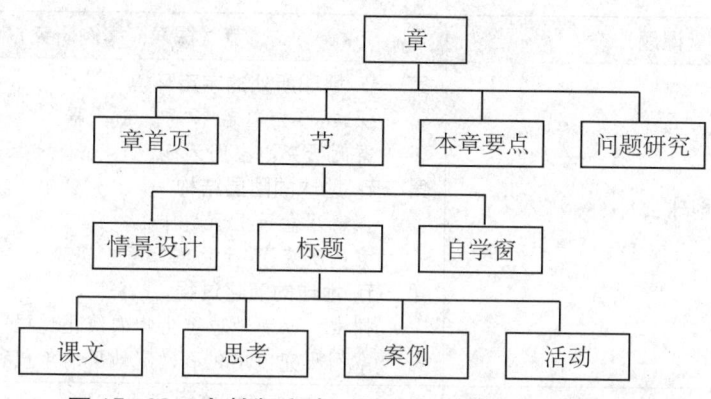

图 15-22 人教版高中《地理》教科书的体例结构

体例结构调整具体内容包括：继承了"章首页""案例""活动""问题探究"四个栏目；调整了两个栏目，将"思考"与"读图思考"统一为"思考"，将"阅读"调整为"自学窗"；新设了"情境设计""蓝色圆点标识""本章要点"三个栏目；栏目的安排有固定设置和非固定设置两种方式。

本次人教版教科书的修订遵循"强化育人功能，突出地理素养的培养，把控教学性，体现地理学的实用价值，以创新引领、考虑继承"的原则，以 2017 年版课标为依据，在广泛调研、总结经验、反思不足的基础上，从内容的选取、组织和呈现方式等方面对教科书进行了全面修订，使教科书具有更加强大的育人功能、更为鲜明的时代特色。

2. 中图版高中《地理》教科书修订情况

（1）中图版高中《地理》教科书的修订思想

通过学生地理核心素养的培养，落实"立德树人"根本任务的要求，强化人地协调发展的理念，提升地理学科关键能力。围绕地理核心素养培养的要求，精选利于地理核心素养形成的教科书内容，力求科学性、实践性和时代性的统一，满足学生现在和未来学习、工作和生活的需求。根据学生地理核心素养培育和形成过程的要求与特点，科学设计地理教学过程，引导学生通过自主、合作和探究等学习方式，在真实情境中开展丰富多样的地理实践活动。以学科学业质量标准为依据，通过过程性评价与终结性评价相结合的方式，设计必修模块、选择性必修模块内容的水平层次及作业题，增加习题的情境材料，注重开放题、实践题和探究题的设计。

（2）中图版高中《地理》教科书的内容与编排

中图版高中《地理》教科书依据《普通高中地理课程标准（2017年版）》的要求编写，教科书的章基本对应课标各模块主要包括的内容；节对应课标各条具体的"内容要求"，课标中每条内容标准都可以在教科书中找到相应的节；每节的内容组织力求突出重点。5册教科书修订后的章节内容与编排如下（表15-3～表15-7）。

表15-3　中图版必修第一册的章节内容与编排

章（课题）	节（探索、案例研究）
第一章　宇宙中的地球 　　课题：制作太阳系等比例模型	第一节　地球所处的宇宙环境 　　探索："先驱者10号"航天器 　　案例研究：空间天气 第二节　地球的圈层结构 　　探索：盒子里面是什么？ 　　案例研究："生物圈2号"实验 第三节　地球的演化过程 　　探索：感受地球上生物的演化过程 　　案例研究：用化石确定地层的年代和顺序
第二章　自然地理要素及现象 　　课题：认识自然地理要素及现象的联系	第一节　主要地貌的景观特点 　　探索：沉积物如何沉积 　　案例研究：敦煌雅丹国家地质公园 第二节　大气的组成与垂直分层 　　探索：民航客机的飞行高度 　　案例研究：卫星监测二氧化碳含量 第三节　大气受热过程与热力环流 　　探索：某地沥青路面、草地和近地面空气的温度对比 　　案例研究：城市热岛效应 第四节　水循环过程及地理意义 　　探索：模拟水循环 　　案例研究：北京推动海绵城市建设 第五节　海水的性质和运动对人类活动的影响 　　探索：何时上岛参观？ 　　案例研究：海水中的盐类物质来自何方

续上表

章（课题）	节（探索、案例研究）
	第六节 土壤的主要形成因素 　　探索：观察土壤剖面 　　案例研究：保护黑土地 第七节 植被与自然环境的关系 　　探索：乞力马扎罗山 　　案例研究：塞罕坝林场
第三章 常见自然灾害的成因与避防 　　课题：制订家庭避灾、防灾的方案	第一节 常见自然灾害及其成因 　　探索：中国主要自然灾害分布的特点 　　案例研究：生物入侵 第二节 常见自然灾害的避防 　　探索：四川陈家坝泥石流治理 　　案例研究：气象防灾减灾体制日益完善
第四章 自然地理实践的基本方法 　　课题：如何观察自然地理要素及现象	第一节 自然地理野外实习方法 　　探索：观察河岸 　　案例研究：云的观察 第二节 地理信息技术的应用 　　探索：溢油污染影响模拟 　　案例研究：地理信息技术在四川九寨沟防震减灾中的应用

表 15-4　中图版必修第二册的章节内容与编排

章（课题）	节（探索、案例研究）
第一章 人口分布、迁移与合理容量 　　课题：调查自己家族人口的分布、迁移	第一节 人口分布的特点及影响因素 　　探索：世界人口沿纬度分布状况 　　案例研究："胡焕庸线"与中国人口格局 第二节 人口迁移的特点及影响因素 　　探索：明朝初期山西人口向外迁移 　　案例研究：宁夏红寺堡移民开发区 第三节 资源环境承载力与人口合理容量 　　探索：南锣鼓巷的承载力 　　案例研究：中国人口究竟多少才合适
第二章 乡村和城镇 　　课题：读地图和照片研究城镇变化	第一节 乡村和城镇内部的空间结构 　　探索：半坡遗址 　　案例研究：四川成都新农村综合体 第二节 地域文化与城乡景观 　　探索：北京四合院 　　案例研究：徽州文化 第三节 不同地区城镇化的过程和特点 　　探索：深圳的变化 　　案例研究：德国的城镇化

续上表

章（课题）	节（探索、案例研究）
第三章 产业区位选择 　　课题：分析比较影响生产活动布局的区位因素	第一节 农业区位因素 　　探索：南蔬北运和北菜南运 　　案例研究：从杜能区位论到辛克莱模式 第二节 工业区位因素 　　探索：饮料厂区位选择 　　案例研究：汽车厂选址 第三节 服务业区位因素 　　探索：广州市生活性服务业空间分布 　　案例研究：上海的金融服务业 第四节 运输方式和交通布局与区域发展的关系 　　探索：青藏地区铁路运输及意义 　　案例研究：石家庄的变化
第四章 国土开发与保护 　　课题：了解中国海洋的开发与保护	第一节 京津冀协同发展的地理背景 　　探索：北京市对外联系的国道 　　案例研究：长江经济带地理背景 第二节 国家海洋权益与海洋发展战略 　　探索：北极航线 　　案例研究：中越北部湾划界协定 第三节 南海诸岛与钓鱼岛及其附属岛屿 　　探索：《顺风相送》 　　案例研究：三沙市 第四节 地理信息技术的应用 　　探索：计算机协助防范犯罪 　　案例研究："北斗"给我们带来新变化
第五章 人类面临的环境问题与可持续发展 　　课题：环境保护与"我"	第一节 人类面临的主要环境问题 　　探索：全球气温变化 　　案例研究："人类警告" 第二节 协调人地关系与可持续发展 　　探索："乐在其中" 　　案例研究：我们能为可持续发展目标做什么

表15-5　中图版选择性必修1的章节内容与编排

章（课题）	节（探索、案例研究）
第一章 地球的运动 　　课题：寻找正午太阳高度角变化的证据	第一节 地球的自转和公转 　　探索：怎么证明地球自转与公转？ 　　案例研究：地球自转速度变化的原因 第二节 地球运动的地理意义 　　探索：物体运动的方向改变了吗？ 　　案例研究：历法

续上表

章（课题）	节（探索、案例研究）
第二章 地表形态的变化 　　课题：认识板块构造学说	第一节 地表形态变化的内外力作用 　　探索：冰川如何改变地表形态？ 　　案例研究：科罗拉多大峡谷 第二节 岩石圈的物质组成及循环 　　探索：观察岩石，分析成因 　　案例研究：冰岛的火山
第三章 天气的成因与气候的形成 　　课题：调查小气候	第一节 常见天气现象及成因 　　探索：古诗词谚语中的天气知识 　　案例研究：梅雨 第二节 气压带、风带对气候的影响 　　探索：角马大迁徙 　　案例研究：副热带高压对我国的影响 第三节 气候的形成及其对自然地理景观的影响 　　探索：两地的景观为什么不同？ 　　案例研究：中国野象分布的变迁
第四章 地球上水的运动与能量交换 　　课题：地球上的水与其他自然地理要素之间的关系	第一节 陆地水体及其关系 　　探索：坎儿井 　　案例研究：敦煌绿洲 第二节 世界洋流的分布与影响 　　探索：运动鞋为什么会"失而复得"？ 　　案例研究：黑潮 第三节 海—气相互作用及其影响 　　探索：渔民的疑问 　　案例研究：超强厄尔尼诺对气候的影响
第五章 自然地理环境的整体性和地域分异规律 　　课题：画出自然地理要素之间的影响链	第一节 自然地理环境的整体性 　　探索：村名与自然地理要素的关系 　　案例研究：南美洲自然地理环境的整体性 第二节 自然地理环境的地域分异规律 　　探索：从土壤地带性学说到地理现象的地带性规律 　　案例研究：纬度地带性的发现

表 15-6　中图版选择性必修 2 的章节内容与编排

章（课题）	节（探索、案例研究）
第一章 区域类型与区域差异 　　课题：认识区域	第一节 区域的含义与类型 　　探索：寻找区域差异 　　案例研究：观察不同尺度区域的方法 第二节 区域差异与因地制宜 　　探索：元阳梯田 　　案例研究：四川盆地和吐鲁番盆地的比较

续上表

章（课题）	节（探索、案例研究）
第二章 区域发展 　　课题：比较区域可持续发展的不同对策	第一节 上海大都市的辐射功能 　　探索：历史上的上海电影院对周边的辐射作用 　　案例研究：巴黎大都市区 第二节 德国鲁尔区的产业结构变化 　　探索：德国鲁尔区某地土地利用的变化 　　案例研究：大数据驱动贵阳产业转型升级 第三节 辽宁阜新的转型与发展 　　探索：阜新的变化 　　案例研究：伊春的转型 第四节 黄土高原水土流失的治理 　　探索：黄土高原的沟谷和淤地坝 　　案例研究：陕西榆林的荒漠化治理
第三章 区域协调 　　课题：了解区域之间的合作	第一节 珠江三角洲地区的产业转移及其影响 　　探索：广东省佛山市的陶瓷产业调整 　　案例研究：首钢搬迁 第二节 南水北调对区域发展的影响 　　探索：南水进京 　　案例研究：西气东输 第三节 黄河流域内部协作 　　探索：黄河下游断流 　　案例研究：莱茵河流域的综合治理 第四节 "一带一路"倡议与国际合作 　　探索：古代陆上丝绸之路与海上丝绸之路 　　案例研究：中国与"一带一路"沿线国家油气资源的开发合作

表 15-7　中图版选择性必修 3 的章节内容与编排

章（课题）	节（探索、案例研究）
第一章 自然资源与人类活动 　　课题：节能的潜力有多大	第一节 自然资源的数量、质量及空间分布 　　探索：能源资源的分类 　　案例研究：新技术矿产 第二节 自然资源与人类活动的关系 　　探索：石板房 　　案例研究：水资源与农业
第二章 自然资源的开发利用与国家安全 　　课题：学会查阅中国主要自然资源的年报	第一节 中国耕地资源与粮食安全 　　探索：高标准农田建设 　　案例研究："一户一块田"改革 第二节 石油资源及战略意义 　　探索：中国国家石油储备基地 　　案例研究：中国的页岩气

续表

章（课题）	节（探索、案例研究）
	第三节 海洋空间资源与国家安全 　　探索：《海底两万里》 　　案例研究：秘鲁200海里海洋权的地理分析
第三章 环境与国家安全 　课题：如果我在国际环境保护大会上发言，我将……	第一节 碳排放与碳减排 　　探索：碳零排放节能大楼 　　案例研究：碳交易市场 第二节 污染物的跨境转移 　　探索：流动的海洋微塑料 　　案例研究：莱茵河剧毒污染事件的发生与启示 第三节 自然保护区与生态安全 　　探索：鼎湖山自然保护区 　　案例研究：三江源国家公园建设 第四节 环境保护与国家安全 　　探索：治沙与生态安全 　　案例研究：云南省划定生态保护红线

（3）双系列结构的内容呈现方式是中图版高中《地理》教科书保持的主要特色

双系列涉及课文系列和探究系列；课文系列注重科学性；探究系列注重实践性。中图版高中《地理》教科书内容的双系列结构编排情况及相关内容数量统计分别如图15-23、表15-8所示。

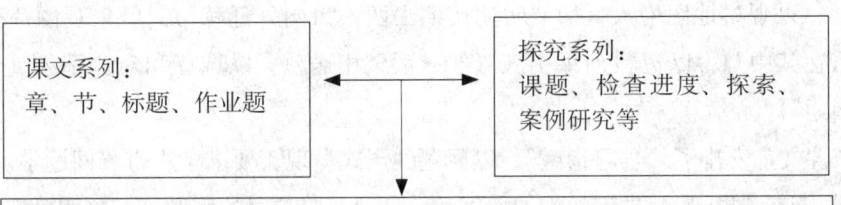

结合方式：
　　1. 在每章的章首，结合内容设计一个"课题"，并将其贯穿在章内的相关节中，由各节的"检查进度"来落实。
　　2. 在每节开头设计"探索"活动，用以引入本节内容的讲授。各节内部有机贯穿阅读、思考、实验等其他探究活动。
　　3. 在每节结尾处安排"案例研究"，旨在引导学生将学会的探究技能应用到一个具体的案例中。
　　4. 每节的作业中给出真实材料，让学生进行分析回答。

图15-23　中图版高中《地理》教科书内容的双系列结构呈现方式

表15-8 中图版中《地理》教科书系列结构相关内容数量统计

单位：个

教材模块	章	课题	节	探索	案例研究	作业题
必修1	4	4	14	14	14	42
必修2	5	5	16	16	16	48
选择性必修1	5	5	12	12	12	3
选择性必修2	3	3	10	10	10	30
选择性必修3	3	3	9	9	9	27
合计	20	20	61	61	61	150

其中，探究系列的体例为每章的章首设计一个"课题"，具体写法包括目标、准备、进度、总结4个方面；配合章首的"课题"，在章下面的各节后设置一个栏目"检查进度"。"课题"是贯穿全章的探索活动，也是落实地理实践力的平台。"课题"出现在每章的首页，目的是引导学生在学习内容之前，先明确实践探索的目标和方向，并将探究式学习贯穿始终。中图版教科书共设计了20个课题，课题是编者在研究课程标准中各个模块的内容要求、教学提示和学业要求，并在联系学生生活实际的基础上，经过仔细分析和研究后设计的。

在每节前设计"探索"活动，活动的设计突出探索性，力求有新意。概括而言，"探索"活动的设计方式有6种：以实验活动引入（如"模拟水循环"）、以使用图表引入（如"全球气温变化"）、以观察地图引入（如"明朝初期山西人口向外迁移"）、以景观图片和漫画等引入（如"乐在其中"）、以资料列举引入（如《顺风相送》）、以选择和对比引入（如"南蔬北运和北菜南运"）。

在每节课文前安排了"学习指南"，以问题的形式呈现，要求学生带着问题学习该节内容。"学习指南"下有"提示"，告诉学生如何阅读、学习及应注意的问题等，并明确了该节相关的核心概念。"案例研究"出现于每节正文结束后，通过提供一个完整的与本节所学内容相关的典型案例，对内容进行进一步拓展和加深，以开阔学生的视野，加深其对问题认识的广度和深度。"作业题"是本次教科书修订着力改造的地方，编者选择最新的现实材料，编制符合学业质量标准水平的题目，每节3道题，5册教科书共有150道题目，基本上是一道题目对应一个情境素材，个别情境素材设置了2道作业题。此外，还设置了一些与地理实践有关的作业题。

（4）中图版高中《地理》教科书各册学业质量水平的落实情况

学科核心素养的培养离不开具体、真实的情境。在修订过程中，编者从收集、研究的2 000多个情境案例中优中选优，以探索、阅读、活动、案例研究、作业等多种形式呈现，让学生结合具体、真实的情境素材进行学习、建立联系，逐步培养、落实必修学业1、2级水平，选择性必修3、4级水平的要求。

在编写中图版高中《地理》教科书的过程中，编者注重各册教科书内部，以及必修与选择性必修教科书之间的逻辑联系和知识概念的进阶。例如，为了加强学生对生活中自然地理现象的观察能力，编者在必修1设计了《自然地理实践的基本方法》一章，这一章是对第二章《自然地理要素及现象》中各自然地理要素野外实践方法和要求的归纳与总结，也为落实地理实践力素养目标提供了借鉴和参考，同时通过在"案例研究"中设计"云的观察"，更进一步落实了对学生野外地理实践能力的培养。设计"云的观察"案例的目的：一是为实践提供参考案例；二是云的观察受时间、空间等因素的限制较小，可操作性强。此外，编者还注意必修和选择性必修教科书相关内容学业质量水平的区别与联系，如必修1突出"广"，强调观察、识别、描述、解释、欣赏地理现象，广泛联系生活；而选择性必修1则突出"深"，强调说明、分析、解释自然地理过程及其成因。

本次教材修订的目标是落实课标、方便教学、有利于高考。根据教育部教材局的要求，编者邀请了来自北京、天津、江苏、吉林、湖北、陕西、江西、云南、海南9个省市的60多名骨干教师参与审读和试教工作。通过近两个月的审读和试教，老师们提出了许多有价值的意见和建议，对教科书的质量、教学适用性的进一步提高发挥了重要作用。

3．湘教版高中《地理》教科书修订情况

湘教版高中《地理》教科书聚焦地理核心素养的培养，从修订目标、理念和原则、体系结构等方面优化了教科书内容。湖南教育出版社的胡茂永是本次湘教版高中《地理》教科书修订的副主编，他从三个方面对湘教版高中《地理》教科书的修订情况进行了介绍。

（1）湘教版高中《地理》教科书的特色。修订后湘教版高中《地理》教科书有八个显著特色：以立德树人为核心，以地理核心素养为主线，重视问题式教学，强调地理实践，应用信息技术，重视情境学习，强化过程性评价，渗透地理教学方法和学习方法。

（2）湘教版高中《地理》教科书的体系结构。依据2017年版课标的体系结构，湘教版教科书分为必修、选择性必修和选修3个系列。本次修订的教科书主要是必修系列和选择性必修系列，教科书体系结构见表15-9。

表15-9 湘教版高中《地理》教科书体系结构

必修系列	必修第一册	包括导入和5章内容。导入为"走进地理学"，5章内容分别是"宇宙中的地球""地球表面形态""地球上的大气""地球上的水"和"地球上的植被与土壤"
	必修第二册	包括5章内容，分别为"人口与地理环境""城镇和乡村""产业区位选择""区域发展战略"和"人地关系与可持续发展"

续表

选择性必修系列	自然地理基础	包括5章内容，分别为"地球的运动""岩石圈与地表形态""大气的运动""陆地水与洋流"和"自然地理环境的整体性与差异性"
	区域发展	包括3章内容，分别为"认识区域""区域发展"和"区域合作"
	资源、环境与国家安全	包括3章内容，分别为"资源、环境与人类活动""自然资源与国家安全"和"生态环境保护与国家安全"

（3）湘教版高中《地理》教科书修订前后的变化主要体现在内容变化、编排变化和难度变化三个方面。在内容方面，湘教版高中《地理》教科书严格按照2017年版课标的课程内容架构章节体系，逐条落实了课标的内容要求；在编排方面，新增了"探究"和穿插在整套教科书中的3位"人物"，对"阅读"和"活动"中的问题情境、人物设计和自我评价方面进行了修订，并对湘教版高中《地理》教科书的地图和示意图进行了重绘；在难度方面，必修教科书旨在满足全体学生基本的地理学习需求，选择性必修教科书旨在满足部分学生升学考试或就业的需要。

本次湘教版高中《地理》教科书修订遵循新课标确立的基本理念和目标要求，通过选取体现时代发展、科技进步和符合学生生活经验的素材，以地理核心素养为引领，强化立德树人功能；以学生认知规律为路径，优化教科书体系结构；以学生能力培养为重点，创新教科书内容的呈现方式；以地理信息技术为支撑，提升学生地理认知水平。

4．鲁教版高中《地理》教科书修订情况

南京师范大学附属中学江宁分校的徐国民在本次鲁教版高中《地理》教科书修订过程中担任必修地理1和选择性必修1的副主编，他从两大方面对鲁教版高中《地理》教科书的修订情况进行了介绍。

（1）鲁教版高中《地理》教科书的编写思想。其具体内容包括：贯彻立德树人教育目标，着力落实学科核心素养，推动学习方式的转变，践行以人为本的思想。

（2）鲁教版高中《地理》教科书的编写特点。首先，教科书内容服从课标和教学的变化：根据2017年版课标的内容变化，调整了教科书内容；调整了部分图像；对部分情境进行了优化。其次，教科书结构服务于教学需求：重建了教科书架构，调整了章节结构。再次，教科书难度紧扣课标质量要求：必修2个模块服务于学生学业水平合格性考试，因此其难度设置对应学业质量水平2；为满足选择地理作为学业水平等级性考试科目的学生的需求，选择性必修教科书的难度力求对应学业质量水平4。最后，教科书特色彰显时代精神：更新资料，体现时代性；升级"活动"，突出探究性；突出主体，强调有用性。

鲁教版高中《地理》教科书的全面修订，是落实2017年版课标内涵的具体体现。在教学

中，教师应基于教科书，但不囿于教科书，把教科书与学情相结合，因材施教，灵活运用。教师既是教科书的使用者，也是教科书的建设者。课程标准是体现国家意志的教学指导文件，是编写教科书、组织教学的依据。作为教师，应深入研读新课标，深刻领会新课标。基于课标理解的教科书使用，才能实现使用效益最大化，也才能真正将"德育为魂""素养为本""能力为重""基础为先""创新为上"的教育理念和思想渗透到教学过程中，为学生的终身发展奠定良好的基础。

第三节　21世纪新课程标准下中学地理教科书发展的特点

一、编写理念的变化

21世纪以来，我国进行的地理课程改革为地理新课程的发展提供了新的价值取向，即为每一个学生的发展，学习对学生生活和终身有用的地理。由此，我国基础教育课程体系必须要走出目标单一、过程僵化、方式机械的"生产模式"，让每一个学生的个性获得充分的发展，培养出丰富多彩的人格①。从而决定我国中学地理教学的重要载体——教科书的编写理念出现新的变化。

（1）教科书正在建立新的知识观。在这种知识观下，知识技能不再是凝固起来供人类掌握和存储的东西，而是人们通过掌握它来培养批判性、创造性的思维。教科书的目的在于引导地理教学活动，是学生获得知识和技能的过程，同时也是学生学会学习和形成正确价值观的过程。新课程改革以来，初、高中地理教科书在编写过程中，对教科书知识的处理更加关注知识获得的过程，以实现新的知识体系的完善和建立。

（2）教科书关注新的学生观，关注学生个性的多元化发展。新课程认为学生不是被人塑造和控制、供人驱使和利用的工具，而是有其内在价值的独特存在。每一个学生的个性既具有独特性、自主性，彼此之间又互相关联。教科书在编写中要更加关注学生与自我、学生与自然、学生与社会的深入联系。现代教科书中，案例研究、活动、调查、小辩论等多种多样的活动形式，在改变学生自我学习的方式同时，也在逐步地改善学生与老师、社会和自然的多种关系。

（3）教科书加大了地理与社会之间的联系。地理教科书，乃至整个地理课程都在努力帮助学生反思、体验、享受生活并提升、完善生活，增强教科书所营造的学习的社会性，培养学生的实践能力、社会责任感和关心社会生活的态度。大量景观图片的运用、大量现实案例的使用，种种尝试都是在努力增进学生地理学习与社会之间的联系。

（4）教科书重视地理核心素养的培育。在教育部2014年印发的《关于全面深化课程改革落实立德树人根本任务的意见》中，首次提出"核心素养体系"概念。同时，《普通高中课程

---

① 王民. 地理新课程教学论[M]. 北京：高等教育出版社. 2003：25.

标准（2017年版）》也将核心素养作为重要的育人目标。

所谓"学生发展核心素养"，是指学生应具备的，能够适应终身发展和社会发展需要的必备品格和关键能力，是关于学生知识、技能、情感、态度、价值观等多方面要求的综合表现，是每一名学生获得成功生活、适应个人终生发展和社会发展都需要的、不可或缺的共同素养，其发展是一个持续终身的过程，可教可学，最初在家庭和学校中培养，随后在一生中不断完善。近十几年来，核心素养的教育与测评日益引起全球的关注，甚至成为许多国家或地区制定教育政策、开展教育改革的基础。面对日新月异的社会与经济变革，全球许多国际组织、国家和地区都在思考如何培养未来的公民，以使其能够更好地适应未来的工作与生活。

我国教育的传统是重视"双基"，即基础知识与基本技能，后来又提出三维目标——知识与技能、过程与方法、情感态度价值观。从"双基"到三维目标，再到核心素养，是从教书走向育人这一过程的不同阶段。核心素养的提出，将会进一步落实立德树人的根本目标，改变教育领域内依然大量存在的"唯分数论"的现象。明确核心素养，一方面可通过引领和促进教师的专业发展，改变当前存在的"知识本位"现象，另一方面可帮助学生明确未来的发展方向，激励学生朝这一目标不断努力。

基于"核心素养"的培养要求，结合地理课程的特点，形成了"地理核心素养"的提法，并在2017年的新版高中地理课程标准中予以体现并提出要求。具体而言，高中地理学科核心素养是学生通过地理学习而形成的、具有地理学科特性的必备品格和关键能力，主要由人地协调观、综合思维、区域认知和地理实践力四个要素构成。

人地协调观是指人们对人类与地理环境之间关系秉持的正确的价值观。具备"人地协调观"素养，学生就能够正确看待地理环境对人类活动的影响，以及人类活动影响环境的不同方式、强度和后果；能够理解人们对人地关系认识的阶段性表现及其原因；能够高度认同人地协调对持续发展具有重要意义，形成尊重自然、和谐发展的态度和品格。

综合思维是指人们全面、系统、动态地认识地理事物和现象的思维品质和能力。具备"综合思维"素养，学生就能够从多个维度对地理事物和现象进行分析，认识各要素之间相互作用、相互影响、相互制约的关系，并在一定程度上解释其发生、发展和演化的过程，从而较全面地观察、分析和认识地理环境特点，辩证地看待地理问题。

区域认知是指人们对区域的特征、问题进行分析、解释、预测的意识和能力。具备"区域认知"素养，学生就能够形成从区域视角认识地理现象的意识，运用区域综合分析、区域比较、区域关联等方法认识区域，形成评价区域发展的能力。

地理实践力是指人们在考察、调查和模拟实验等地理实践活动中所具备的行动能力和品质。具备"地理实践力"素养，学生就能够自觉探究地理问题，选择、使用工具，收集信息，设计野外考察、社会调查、地理实验等行动方案，解决实际问题。

培育"地理核心素养"，高中地理教科书也需要有新的改进。

二、编写内容的变化

教科书内容体系的变化体现在初中地理以区域地理为主、高中地理以系统地理为主的年级阶段划分的逐渐完成，使得初、高中地理在知识的衔接和对学生心理认知程度的把握等方面得到了很大改进。

在初中地理内容设置方面，一是把区域地理确定为初中地理课程的主要内容，符合初中学生的年龄特点和认知心理，也更加贴近学生的生活实际。二是淡化学科体系，增加课程弹性。即对初中地理课程中"地球与地图""中国地理""世界地理""乡土地理"四大部分的内容顺序不做硬性规定，地理要素的学习内容采用不同的呈现方式，对区域划分和选择理由给予充足的自主空间。这一点在目前使用的七个版本的地理教科书中都有非常明晰的反映。三是对世界地理和中国地理的区域划分不做硬性要求，且区域的具体选择寻求更多地展示学习区域地理的方法，而不强调对区域地理知识"量"的要求。例如，世界区域更多重视中国所在区域、周边地区和国家，重视世界上重要的或地理问题突出的地区和国家，重视与中国政治、经济关系比较重要的地区和国家等。

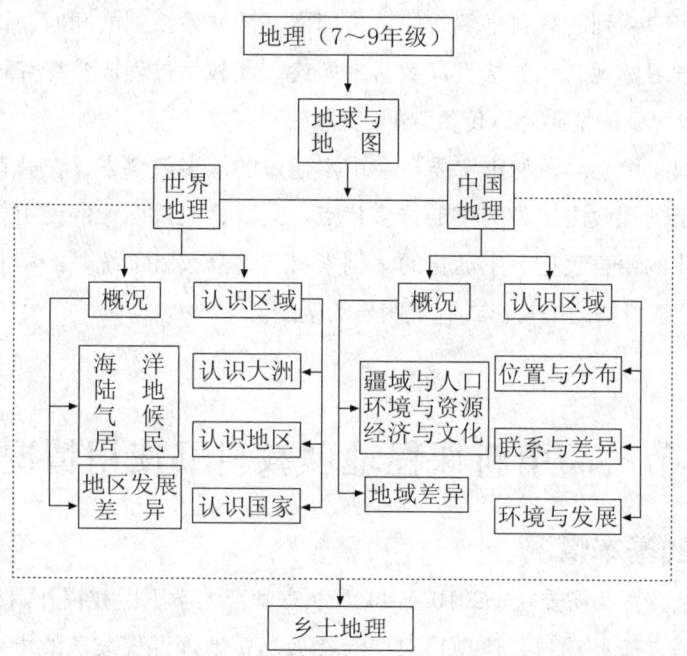

图15-24 初中地理课程标准地理知识框架体系

高中地理课程内容的设计以可持续发展为指导思想，以人地关系为主线，以当前人类面临的人口、资源、环境、发展等问题为重点，以现代科学技术方法为支撑，以培养国民现代文明素质为宗旨，从而全面体现地理课程的基本理念。这成了我国高中地理教科书内容设计的重要指导。

高中地理教科书由必修教科书和选修教科书组成，必修教科书以自然地理、人文地理和区域地理为主要内容，但编写过程中更加体现了三者之间的联系与融合，体现更多的基础性和时代性。选修教科书涉及地理学的理论、应用、技术等多个层面，突出了地理学的学科特点和应用价值，有利于学生开阔视野，培养学生科学精神和人文素养。必修教科书关注基础性，选修教科书关注学科拓展性，同时选修课程开设不受内容和时间的限制，更加体现学习的自主选择性。

这些特点表现在各个版本的地理教科书中，地理教科书走向多元化，这是我国地理教科书历史上前所未有的。

三、编写形式的变化

新课改以来颁布的初、高中"地理课程标准"所要求的多样化的地理学习方式，为多样化的地理教科书编写提供了条件，也提出了挑战。不同的编写者依照地理课程标准的要求，努力编写出了具有版本特色的中学地理教科书。而版本的特色更多体现在教科书的编写形式上。以人教版和中图版初中地理教科书为例：人教版初中地理教科书的编写在教科书中寻求多种思路，有基于问题的思路、基于主题的思路、基于案例的思路、基于情景的思路等，依次增加教学内容的探究性，从而体现了教科书不同的呈现方式；中图版初中地理教科书在设计过程中，采用了双系列的教科书编写体系，即展开课文系列的同时，设计了相应的探究系列，将探究式学习的观念和方法贯彻教科书始终，使教学过程成为探究过程，同时成为培养学生能力和养成正确的情感态度价值观的过程等。

目前，经过国家中小学教材审定委员会审定通过的众多教科书，在教科书内容呈现形式方面都具有有别于新课改之前教科书的许多优点。此外，大量图像的使用、多种形式作业系统的呈现、人性化的语言表述、生活化的案例素材、整套教科书统一的精心设计，都使得新课程改革以来地理教科书的编写形式有了明显的改变。

第四节　高中新课程地理教科书使用情况调查

一、调查的基本情况

受教育部基础教育二司委托，2010年11月北京师范大学王民教授开始承担《高中地理教科书使用情况跟踪调查》项目。该项目对已经参加高中地理课程改革的十个省份（安徽、北京、湖北、河南、甘肃、浙江、云南、江西、吉林、重庆）的学生、教师、教研员进行了问卷调查，重点从以下五个方面进行考察：对教科书的整体看法、新旧教科书的比较、教科书具体使用情况、教科书对教与学的促进作用、影响使用教科书的因素。通过调查，期望了解新课程地理教科书在推动地理课程改革中的作用以及存在的问题，为高中地理课程标准的修订以及教科书的完善提供科学依据。可以说，这次大规模的调查也是对我国高中地理教科书的一个全面评价。

第四节 高中新课程地理教科书使用情况调查

表 15-10 十个省份地理教科书使用版本情况

省份	版本	出版社
安徽	人教版	人民教育出版社
北京	人教版、中图版	人民教育出版社、中国地图出版社
湖北	人教版	人民教育出版社
河南	人教版	人民教育出版社
甘肃	人教版	人民教育出版社
浙江	湘教版	湖南教育出版社
云南	鲁教版	山东教育出版社
江西	中图版	中国地图出版社
吉林	人教版	人民教育出版社
重庆	人教版、湘教版	人民教育出版社、湖南教育出版社

本次调研样本选取坚持典型性、代表性和可操作性的原则，兼顾差异，避免抽样过于集中。2010 年 11 月问卷开始发放，截至 2011 年 7 月回收调查问卷共 11 772 份，其中学生问卷 10 833 份，教师问卷 840 份，教研员问卷 99 份（收回的问卷中部分问卷部分内容未填）。问卷涵盖了当时高中阶段所有的地理教科书版本。调查问卷基本信息，如表 15－11 所示。

表 15-11 调查问卷基本信息统计

调查对象	总人数/人	性别		学校类型					
		男性占比/%	女性占比/%	经济发达地区示范校占比/%	经济发达地区普通校占比/%	经济中等地区示范校占比/%	经济中等地区普通校占比/%	经济欠发达地区示范校占比/%	经济欠发达地区普通校占比/%
学生	10 833	39.3	60.7	21.6	10.8	20.3	12.7	15.8	12.4
教师	840	53.5	46.5	20.8	10.2	17.0	11.7	18.7	16.3
教研员	99	72.7	25.3						

调查对象中，学生女性多于男性，教师和教研员均男性多于女性，教研员性别差异最大。根据地区经济发展水平和学校类型，将学校分为六种不同类型，其中经济发达地区示范校和经济中等地区示范校的人数相对较多；其他类型人数相差不大，每种类型人数均达到了 10% 以上。

本次调研以调查问卷的形式完成数据采集。问卷采用"李克特五点计分"法，完全满意计 5 分，完全不满意计 1 分。

二、教科书满意度调查

1. 高中新课程地理教科书满意度总体状况

从教师使用高中新课程地理教科书的逻辑顺序，将师生对教科书的满意度测评分为了五个基本维度：对新课改核心思想的体现、内容的选择与组织、内容的呈现与表述、教学情景与活动设计、区域的适应性。在各个维度的表述中，力求突出地理学科特色，强调教科书的地理价值。

五个基本维度的测评，旨在从教科书的思想、内容、设计、适用性等方面对使用者的满意度进行了解。

通过检测筛选和专家咨询，最终确定了相关问题：其中学生问卷27题（1题为主观题），教师问卷29题，教研员问卷34题。从学生、教师、教研员问卷各维度与总体的Spearman相关系数可以看出，设计的问卷具有较好的结构效度（表15-12）。

表15-12 学生、教师、教研员效度和信度检验表

调查对象	Spearman 相关系数	Cronbach's Alpha	基于标准化项的Cronbach's Alpha
学生	0.766～0.899	0.907	0.916
教师	0.845～0.932	0.929	0.932
教研员	0.795～0.911	0.915	0.930

从调查对象使用的教科书版本情况来看（表15-13），基本涵盖了当时四个版本的高中地理教科书。其中对人教版使用者调查数量最多，三类人群人数占比均超过50%，其余版本相对较少。因为缺少云南省教研员的数据，因此没有鲁教版教科书的相关数据信息。

表15-13 调查版本数据统计

调查对象	调查人数/人	人教版 人数占比/%	中图版 人数占比/%	湘教版 人数占比/%	鲁教版 人数占比/%
学生	10 833	68.8	5.6	12.2	11.2
教师	840	56.2	8.3	27.5	5.2
教研员	99	70.7	8.1	18.2	0

数据显示，广大师生对教科书中"新课改核心思想的体现"（满分5分，学生问卷3.67，教师问卷3.80，教研员问卷3.97，下同）和"内容的呈现与表述"（3.69，3.74，4.00）的满意度较高，标准差值也偏小；对教科书中"教学情境与活动设计"（3.49，3.64，3.81）和"内容的选择与组织"（3.55，3.48，3.77）满意度相对低，且师生态度差异较大；对教科书中"区域的适应性"的满意度最低（无学生数据，3.43，3.34），如表15-14所示。从使用者

群体总体反映来看，教研员对新课程地理教科书的满意度最高，其次为教师，学生对新课程地理教科书的满意度最低。

表 15-14 高中新课程地理教科书总体满意度

项目	学生		教师		教研员	
	均值	方差	均值	方差	均值	方差
新课改核心思想的体现	3.67	0.759	3.80	0.648	3.97	0.488
内容的选择与组织	3.55	0.757	3.48	0.699	3.77	0.602
内容的呈现与表述	3.69	0.724	3.74	0.648	4.00	0.577
教学情境与活动设计	3.49	0.803	3.64	0.691	3.81	0.633
区域的适应性			3.43	0.811	3.34	0.858

2. 各维度满意度分析

（1）新课改核心思想的体现

总体来看，教研员对新课程地理教科书中新课改核心思想的体现满意度最高，其次为教师和学生。从教师和教研员的角度来说，新课程地理教科书中对学生知识、技能和价值观的培养都有非常明显的体现，其中以"教科书注重培养学生正确的人地关系和可持续发展的观念"的满意度最高（教师4.05，教研员4.27）。从学生的角度来说，地理教科书中知识观和价值观的表达对新课改核心思想有着较好的体现，但教科书在对学生学习过程的培养方面明显存在不足（3.38）。

（2）内容的选择与组织

在高中新课程地理教科书内容的选择与组织方面，教研员的满意度最高，教师的满意度最低。广大师生普遍认为，教科书内容的选择注重了不同学科之间的联系（3.67，3.82，4.02）、关注了地理学科最新成果和核心概念（3.59，3.61，3.92），并且在拓展学生知识面和协助学生开展探究活动等方面起到了积极的作用（3.57，3.75，4.07）。但是，新课程地理教科书在内容选择方面同样也存在诸如初、高中地理知识衔接不流畅（3.49，3.06，3.22）、作业系统和探究活动的针对性不强（3.54，3.28，3.44）、模块的设置不合理（3.47，3.38，3.74）、内容容量和课时安排不匹配等方面的问题。

（3）内容的呈现与表述

在新课程地理教科书内容的呈现与表述方面，教研员的满意度最高，教师和学生次之，但相差不多。广大师生对教科书的图文等外观设计的满意度普遍较高（3.82，3.99，4.25）；认为教科书中文字、图表、数据符合学生认知特点（3.86，3.72，4.18），但是教科书内容表述的准确性和生动性的满意程度相对偏低（3.66，3.42，3.86）。而对于部分学生而言，教科书还存在开本大（3.44）、价格不合理（3.56）等问题。

(4) 教学情境与活动设计

在新课程地理教科书的教学情境与活动设计方面，广大师生认为教科书在联系社会生活、突出社会问题方面有很好的体现（3.68，3.77，3.94）；教科书中所设计的教学情境与学生现实的联系（3.49，3.51，3.64）以及在实际课堂中的完成程度（3.40，3.50，3.41）明显存在问题和困难；教科书中的教学情境对学生学习热情的激发能力也有待提高（3.36，3.54，3.68）。对于学生而言，教学情境无法保证学生在课堂上真正得以消化，同时对其学习热情的激发不足。从教师的角度来看，虽然教科书中教学情境为教学活动的设计留有足够的空间，但教学情境所反映的教学内容针对性依然不强。

(5) 区域的适应性

对于不同版本教科书，地区的适应性必然是其重要的特征之一。调查结果显示，教科书在协助乡土地理的开发（无学生数据，3.48，3.35），考虑师生生活环境（无学生数据，3.48，3.48），关注城乡、东西部、民族之间的差异（3.69，3.34，3.20）等方面得分均不高，即满意度偏低。

3．不同使用群体对教科书满意程度的差异

(1) 不同性别使用者对教科书满意程度的差异

从学生角度来看，男生和女生对于新课程教科书的认同度平均分相当，但在具体问题中存在明显的差异。例如，男生在"新课改核心思想的体现""内容的选择与组织""教学情境与活动设计"方面满意度偏高；女生则在"内容的呈现与表述"和"区域的适应性"方面满意度偏高。从教师角度来看，男性教师对教科书的满意度明显低于女性教师。从教研员角度来看，男性对新课程地理教科书的认同程度要高于女性。经检验，教师和教研员对地理教科书的满意程度存在显著的态度差异（见表15-15）。

表15-15 不同性别使用者对教科书的满意程度

性别	学生		教师		教研员	
	均值	方差	均值	方差	均值	方差
男	3.55	0.647	3.56	0.620	3.81	0.556
女	3.54	0.562	3.68	0.613	3.56	0.416

(2) 不同类型学校的使用者对教科书满意度的差异

从调查结果来看，大部分地理教研员并没有严格隶属于某一个学校，有关不同类型学校的使用者对地理教科书满意度的统计仅关注学生和教师。从图15-25可以看出，不同类型学校的学生和老师对教科书的满意度明显不同，其中教师的满意度差异更明显。对于教师而言，学校所在地区经济发展情况与对新课程地理教科书的认可程度成正比；对于同一经济发展水平地区而言，示范校的教师对教科书的满意度相对较高。从不同类型学校学生满意度来看，经济发达地区普通校和经济中等地区示范校学生对教科书的满意度相对偏低。

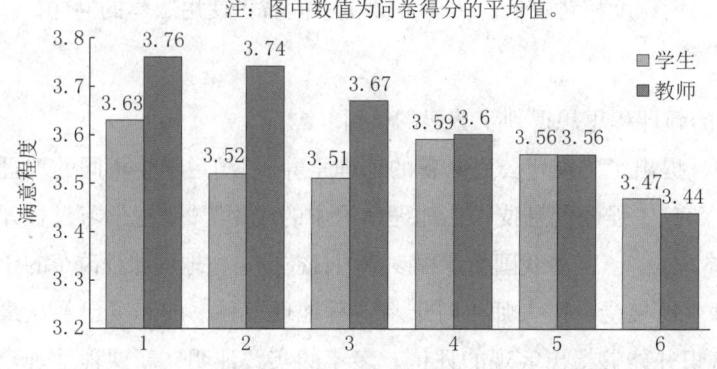

图 15-25　不同类型学校的学生和教师对地理教科书的满意度统计

(3) 不同省份的使用者对教科书满意度的差异

江西、安徽、甘肃、湖北四省的教研员对教科书满意度偏高，其余各省分值基本相当。吉林、江西、河南、安徽四省教师对教科书的满意度较高，其余各省分值基本相当。吉林、北京、甘肃和河南的学生对教科书的满意度最高。因此可以看出，三者对教科书均比较满意的是吉林、河南、江西三省；重庆、浙江、云南的满意度最低（见表 15-16）。

表 15-16　不同省份的使用者对新课程地理教科书满意度分值及其排名情况

省份	进入新课程的年份	满意度得分			满意度排名		
		学生	教师	教研员	学生	教师	教研员
安徽	2006 年	3.44	3.60	3.61	9	4	5
浙江	2006 年	3.44	3.42	3.44	8	7	8
北京	2007 年	3.68	3.48	3.41	2	5	6
吉林	2007 年	3.80	3.90	3.32	1	1	4
江西	2008 年	3.58	3.70	3.75	5	2	3
河南	2008 年	3.60	3.60	3.32	4	3	2
湖北	2009 年	3.48	3.49	3.53	7	6	1
重庆	2010 年	3.33	3.27		10	10	
甘肃	2010 年	3.64	3.41	3.57	3	8	7
云南	2010 年	3.50	3.36		6	9	

从不同省份的使用者对教科书满意度的排名可以看出，满意度较高和较低的省份都相对集中。结合其使用新课程地理教科书的年份、所用的版本进行分析，产生这一结果的原因：一方面是新课程教科书在其省份使用时间的长短。使用年份相对较长的省市（如北京），其分值相对平稳；使用年份较短的省市，其分值相对偏低，如重庆 2010 年刚刚开始使用新课程地

理教科书，对新课改还没有适应，满意度相对较低。另一方面是不同省份使用版本的问题。

4．小结

（1）高中地理教科书所体现的新课程思想得到了普遍的认可

在我国高中地理课程标准中，提出了"现代公民必备的地理素养""满足学生不同的地理学习需要""重视对地理问题的探究""强调信息技术在地理学习中的应用""重视学习过程评价和学习结果评价的结合"等基本理念①。随着我国新课程改革的日益推进，地理课程改革的核心思想和基本理念逐渐被广大师生所接受。广大师生对于新课程地理教科书的态度已经从最初的怀疑，逐渐转变为理性的认识并能够给出客观的评价。多年的实践证明，新课程地理教科书对于学生知识、技能和价值观的培养起到了积极的作用，其中以对学生"人地关系和可持续发展的观念"等情感态度价值观的培养最为满意。

（2）教科书内容开始由"教材"向"学材"不断转变

课程改革的成功离不开教学内容的有效落实。我国地理教科书经过百余年的发展，其作用已经从承载传统地理知识，向承载教学方法和教学过程转变②。新课程地理教科书的编写进一步打破了传统的"教材"式的编写模式，依照新地理课程标准，在其内容的选择、组织、表述、呈现等各个环节，充分体现了教科书"学材"的功能。这种转变得到了广大师生的普遍认可，特别在突出学科间知识融合、地理学科最新科学成果展现等形式的内容选择，以及追求图文和谐美观、便于师生教学等特点的内容呈现两个方面的满意度最高。

（3）活动和情景设计成为新课程教科书的亮点和落实的难点

活动和情景设计是地理教科书"学材"功能体现的重要方面。通过选择与学生生活密切相关的素材，使学生感受到教科书的"活、动、新"，同时考虑到高中学生的特点，以合作学习和探究学习等全新学习形式加以呈现，引导学生进行一些地理学动手操作的方法和实验，让学生了解地理学习中的"做"③。通过这种设置，在教科书体现地理学科时代特征和激发学生学习兴趣方面起到了非常重要的作用，也成为新课程地理教科书乃至整个地理教学改革的亮点。

通过调查可以看到，教学活动和情境设计作为新课改的主要亮点已经被广大师生接受和认可，在培养学生分析和理解地理问题、提升情感态度价值观方面起到了积极作用。但在具体落实中却依然存在困难，包括对教师教学工作的挑战、对教学进度和课时数量的挑战、对学生能力的要求等。因此，对新课程地理教科书活动和情景设计的关注依然是未来教科书研究的重要问题。

---

① 中华人民共和国教育部．普通高中地理课程标准（实验）[S]．北京：人民教育出版社，2004：2．

② 林培英，孙玥．学习地理教科书作用变化的讨论－我国地理课程改革中的继承与发展研究之教科书篇[J]．首都师范大学学报，2008（2）：117-122．

③ 王民．突出特色 落实理念 方便教学－北京师范大学编写，中国地图出版社出版的高中地理教材介绍[J]．地理教育，2005（1）：8-9．

(4) 教科书对区域差异的关注和区域的适应性显著不足

地理教科书的形成和发展受到多种因素的影响和制约，社会、经济、政治和文化等方面构成的社会环境是其中的核心要素之一[①]。我国国土辽阔，区域之间经济、文化等水平的差异非常大，四套高中教科书是否能够满足广大师生的实际需求成了本次调查的重要问题。

从综合调查结果来看，广大师生对地理教科书的区域适应性满意度偏低。这种区域适应性不仅是指对区域经济发展水平和学校类型的师生的适应，而且还体现在对广大师生生活环境、城乡差异、东西部差异、民族间差异等方面的适应上，因此解决教科书在不同地区的适应性问题显得尤为关键。

三、教科书四大基本系统及其难度表现

1. 我国地理教科书结构的传统划分

在我国传统地理教科书研究中，中学地理教科书是一个为教学服务的知识功能系统。从表现形式来看，它由课文系统、图像系统和作业系统三部分组成。这三者之间的自身特点和相互联系构成了地理教科书的表层结构。从教科书的教育因素来看，它包括了知识因素、技能因素、情感态度价值观因素。这三者自身的特点和相互关系构成了地理教科书的深层结构[②]。深层结构的实现依托于表层结构；表层结构是教科书骨架的支撑，而深层结构则是教科书存在的灵魂，是教科书存在的意义所在。

（1）表层结构

课文系统是以文字符号和数字符号的形式储存和传递地理教学信息的地理教材表述形式，是地理教科书的主体。它是地理知识的基本载体，有储存和传递地理教学信息的功能，这是课文系统最基本的功能。课文系统要简明、扼要、通俗、生动，文字和标点必须符合规范。

图像系统包括地图、照片、漫画素描、统计图表、示意图等多种形式。合适的图像不仅是对课文文字表述的形象注释，也是对课文内容的补充和扩展，甚至可以取代某些冗长的文字叙述，从而使知识直观易懂[③]。图像系统要清楚、准确、美观，合乎视力卫生要求。

作业系统一般包括课堂练习、填充图作业和练习、综合练习（读书报告、单元小结、学期论文等）、课程标准规定的课内外实践活动等。一般教科书的作业设置有明显的难度层次，有助于学生知识与能力的逐步巩固和提高。作业系统一般可以从作业的内容、形式、结构、数量、与其他系统的关系、地位、特色等角度去理解和分析。

（2）深层结构

在表层结构的背后，知识因素、技能因素、情感态度价值观因素三者自身的特点和相互关系构成地理教科书的深层结构。组成教科书深层结构的三因素正是地理课程标准的实质内

[①] 王树婷，钟学斌. 中学地理教材设计与编写的影响因素分析[J]. 高等函授学报（自然科学版），2010(4)：75—77.

[②] 王民. 地理课程论[M]. 南昌：江西教育出版社，2001.8.

[③] 王俊友，朱良，周盈科. 俄罗斯中学地理教科书的图像系统[J]. 中学地理教学参考，2008 (3)：58—60.

容，可以说地理课程标准目的的表述实际上就是地理教科书深层结构的依据。教科书深层结构的设计包含了基本原理、基本价值等更为根本的、普遍的文化要素的选择与组织。对深层结构的分析是从表层结构入手，从表层系统进一步来分析深层结构功能的体现。

（3）地理教科书各系统之间的关系

课文系统是教科书的支架，发挥着指导全文的作用。图像系统通过直观演示，对课文系统加以配合，使得知识内容更加直观、明了。作业系统以不同的形式对学生的实际操作进行反馈，一方面对概念模糊的内容进行及时补救，另一方面引导学生进一步思考和分析，开拓学生的思路。因此，地理教科书中的课文、图像和作业系统三者之间是相辅相成、缺一不可的，深层系统是透过表层系统的进一步升华。

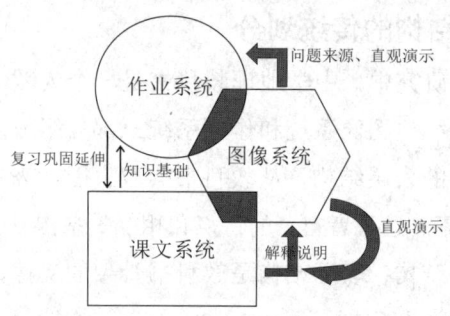

图 15-26　英国高中地理教材《基础地理》（*Essential As Geography*）中对表层结构各系统间关系的描述

我国普通高中地理课程标准对内容标准以"标准"+"活动建议"的形式加以阐述，"标准"对地理课程内容需要达到的基本要求进行表述，"活动建议"则主要是针对教学活动提供参考性建议，这种形式为教科书编写的结构设计提供了新的表达方式和途径。

为了落实课程标准和活动建议的要求，教科书根据不同的教学内容确定不同的教学活动，并相应地采用不同的呈现方式，其中不仅要有知识的陈述，更要有各种各样的活动形式，如探究、活动情境设计、讨论、实践活动、调研等①。这种表现形式集地理教科书表层结构三个系统（课文系统、图像系统和作业系统）于一体，构成了一种能够真正反映学生自主、合作、探究学习过程的特殊系统，实现了新课程地理教科书独特的新变化，可将其称为探究系统。

2. 我国新课程地理教科书的难度表现

（1）表层结构四大系统特征明显，师生对图像系统的满意度最高

①课文系统内容多、难度大

课文内容量和难度是评价教科书课文系统的核心指标因素。调查发现，约60%的教师和教研员认为新课程地理教科书内容量和难度适中，约35%的教师和教研员则表示教科书内容量和难度均偏大，如表15-17所示。

---

① 赵宗芳，吴俊明. 新课程化学教科书呈现方式刍议[J]. 课程·教材·教法，2005（7）：70-74.

表 15-17 教师、教研员对课文系统的态度

单位:%

难度	内容量		内容难度	
	教师	教研员	教师	教研员
偏小	6.70	2.00	7.00	0
适中	54.90	60.60	64.20	64.60
偏大	38.40	37.40	28.80	35.40

在课文内容量方面，地理教科书内容对课程标准中规定的核心概念进行了科学、准确地阐述和分析（满分5分，教师问卷均值3.63，教研员问卷均值3.99。下同），注重了对地理学科前沿成果的展示（3.61，3.92），关注了地理学科与其他学科的联系（3.82，4.02）。即地理教学的核心概念、地理学前沿知识、跨学科知识对地理学习具有较好的推动作用。而在内容难度方面，地理教科书的叙述方式符合学生认知特点（3.42，3.86），模块顺序一定程度上符合学生的学习习惯（3.38，3.74），但教科书本身内容模块的变化过大（3.42，3.32），且注重初中和高中地理知识衔接方面确实存在不足（3.06，3.22）。教科书内容的表述在关注学生学习基础、认知特点和学习习惯方面增加了教科书的难度。从总体评价来看，教研员的评价略高于教师。

半数左右的教师和教研员（47.6%，57.6%）认为教科书的语言易为学生理解。79.4%的教师认为教科书的编排顺序符合学生认知规律。在教学中，70.2%的教师基本上会按照教科书内容设计教学，88.6%的教师表示会补充教科书以外的配套资料辅助教学，91.9%的学生证实教师会在课堂上补充教科书以外的材料。

综合而言，广大师生对课文系统内容量满意度较高，但也普遍反映教科书内容量偏大。究其原因，一方面是教科书本身的内容量较多，另一方面是教师课堂教学过程中对教科书内容的重新编排和资料的补充过多。教科书内容难的一个重要原因是教科书内容模块的变动过大，导致地理教科书不能符合学生的学习特点、无法满足教师教学需求。

②作业数量和类型明显偏少，难度适中

50%以上的教师和教研员人认为新课程地理教科书作业的数量和类型适中，64%以上的教师和教研员认为作业的难度适中，33%以上的教师和教研员则表示作业的类型偏少。

表 15-18 教师、教研员对作业系统的态度

单位:%

难度	作业的数量		作业的难度		作业的类型	
	教师	教研员	教师	教研员	教师	教研员
偏小	34.80	37.30	15.90	13.20	33.00	41.50
适中	53.00	55.60	64.10	72.70	55.00	54.50
偏大	12.20	7.10	20.00	14.10	12.00	4.00

从作业系统来看,教师和教研员普遍认为作业系统对帮助学生理解地理学基本概念起到了积极作用(3.70,4.07)。学生普遍认为作业对促进其思考和理解知识很有帮助(3.61)。但是作业系统的针对性和对多元化评价体系构建等预设目标的效果并不理想(3.28,3.44),55%的教师认为作业系统的使用对其评价方式的转变起到了一定的作用,但仍有12%的教师认为作业系统的使用对其评价方式的转变没有起作用。

从作业系统的使用来看,30.7%的教师会给学生布置教科书中的课后习题,仅有43.9%的学生表示会多数或者全数完成教师布置的课后习题;52.5%的学生表示教科书中思考与讨论等栏目对其学习地理知识的作用很大,但实际教学中仅有55.5%的教师会经常组织学生学习这些栏目。与之相对应的,89%的教师会选择从教学辅导书中补充习题给学生使用,在其影响之下,70.7%的学生会选择一定的课外习题作为学习补充。

对教科书的作业系统,教师缺乏对学生的正确引导,使得学生对作业系统重视不够甚至忽视。

③图像的数量和类型适中,师生满意度高

图像系统是地理教科书知识的重要组成部分,广大师生对图像系统的满意度最高,认为图像的数量和难度适中的人数均在70%以上,教研员人数甚至在80%以上。

表 15-19 教师、教研员对图像系统的态度

单位:%

难度	图像的数量		图像的类型	
	教师	教研员	教师	教研员
偏少	13.20	6.10	13.20	8.10
适中	70.10	86.80	72.10	84.80
偏大	16.70	7.10	14.70	7.10

从图像系统来看,教师和教研员普遍认为图表数据准确、规范(3.72,4.18),数量和种类能够满足日常教学的需要(3.88,3.96),且图像系统和课文系统之间能够做到搭配和谐、美观(3.99,4.25)。图文搭配和谐一项,教研员给出的分数达到了4.25分,体现了对图像系统较高的满意程度。

在图像系统的使用中,99%的教研员认为图像系统方便了地理教学过程;66.1%的教师认为图像突出了地图特色,是地理教科书突出的亮点。

我国早期的地理教科书是以课文为主,图像的数量非常少,多以黑白素描图和数据表格为主,形式单一。现代地理教科书中,图像数量和类型大大增加,我国出版的四套新课程高中地理教科书基本上做到了图文比例合理,与国际地理教科书水平相当。但是图像系统中大量的图表数据在现实生活中是不断变化的,随着时间的推移,必然会有大量数据资料亟待更

新，这一点在调查中亦被师生多次提及。

④探究活动数量稍多，难度偏大

调查结果显示，60%左右教师和教研员认为教科书探究活动的数量和难度适中，其中25%以上的教师和教研员表示探究活动数量稍多，35%以上的教师和教研员表示探究活动的难度偏大。

表15-20 教师、教研员对探究系统的态度

单位：%

难度	探究活动的数量		探究活动的难度	
	教师	教研员	教师	教研员
偏小	8.10	7.10	5.00	3.00
适中	62.10	66.70	58.70	56.60
偏大	29.80	26.20	36.30	40.40

从探究系统来看，教师和教研员普遍认为教科书中探究活动联系了学生已有的生活经验（3.51，3.64），有利于激发学生学习热情（3.54，3.68），加深了学生的学习体验（3.75，3.90），且活动内容密切联系了社会生活，突出反映了社会问题（3.77，3.94），成为学生情感态度价值观培养的重要途径。此外，探究活动所需要的特殊的教学方式也为教师的教学和学生自主学习留有一定的自由空间（3.81，3.98）。学生认为探究活动具有启发性，有助于提高解决问题的能力（3.57）。

从探究系统的教学使用来看，65.3%的教师认为探究和案例活动促进了教学进程，仅有13.1%的教研员认为地理探究活动受到了所在地区学校的重视。具体教学设计中，53.9%的教师会对教科书中多数的探究活动加以组织实施。教学落实中，52.3%的教师认为地理教科书中探究活动能在预设的课堂内得以实现和完成，仅有46.9%的学生表示探究活动的内容能在课堂内消化吸收。

探究系统是地理课程改革以来，地理教科书变化最大的部分，其内容本身探究性增强、研究的成分增加，对教师和学生分析和解决问题能力提出了更高要求，因此也对传统教学方式提出了挑战，增加了教学的难度，必然成为难点之一。探究活动的开展耗时费力，工作量很大，然而地方和学校的支持力度并不大，这与有限的教学时间和繁重的教学工作必然产生冲突，因此探究活动只能作为选学内容。

（2）深层结构很好地实现了地理课程三维目标

地理教科书的深层结构隐含于教科书表层结构之中，课程标准明确规定了知识与技能、过程与方法、情感态度价值观三维教育目标，这正是深层结构的核心表述。调查发现，教师和教研员认为地理教科书很好地体现了地理学基本知识和技能（3.80，4.05），教科书注重

引导学生参与实践、创新、交流合作的学习过程（3.92，4.08），注重地理学思想和方法的渗透（3.91，4.11），并对培养学生正确的人地关系和可持续发展的观念起到了非常重要的作用（4.05，4.27），学生认为新课程地理教科书使其意识到个人和自然和谐相处的重要性（3.89）。

地理教科书深层系统很好地达到了地理课程的三维目标，教师和教研员的均值达到了3.80及以上。但学生的态度反映了地理教科书在关注学生学习的过程与方法（3.38）和形成积极主动的学习态度方面（3.42）仍需进一步加强。

(3) 半数以上的教师认可新课程地理教科书对教学的促进作用

53.5%的教师认为新课程地理教科书促进了其对新课程改革的理解，65.9%的教师认为教科书促进了其教学观念的转变，60.1%的教师认为在教授新课程教科书时教学能力得到了很大的提升，另有59.8%的教师则认为其科研能力也得到了提高，50.4%的教师则认为新课程教科书的使用并没有为实际教学减轻负担。

45.5%的教研员认为新课程地理教科书的使用频次较旧版教科书有了明显提升。50%以上的教师认为新课程教科书更加有利于教学设计活动（55.6%），更有利于激发学生的兴趣（60.2%），实现多样化的教学过程（52.4%），有利于学生探究学习（64.8%），且对于形成多元化评价体系提供了支撑（55.5%）。

四、教科书的使用情况调查

一套教科书是否成功，不仅取决于教科书的设计，而且与教科书能够得到合理使用密切相关[1]。在新课程改革的实践中，"改变学生的学习方式"被作为突破口[2]，在新课程地理教科书中得到了显著的体现。学生的"学"和教师的"教"存在密不可分的联系，因此在研究教科书使用情况中，亦从教师的教、学生的学两个方面来阐述。

1. 新课程地理教科书对转变教学方式的促进作用显著

新课程地理教科书对转变教学方式的促进，一方面体现在对教师专业知识和教学能力的促进，另一方面则体现在对学生知识学习和技能培养的促进。数据显示，教师认为新教科书的使用对其自身专业知识和教学技能的促进作用更高，均值分别为3.61和3.62；学生则普遍认为新课程地理教科书的使用对其地理知识的学习促进作用较大，均值为3.46，对其学习技能具有一定的促进作用，均值为3.41。新课程地理教科书（以下简称为教科书）对教学方式的转变已经产生了相对显著的促进作用。

(1) 教师认为教科书的使用对其教学方式的影响

教师认为教科书对其理解高中地理新课程理念（3.71）和转变教学观念（3.76）的帮助很大；地理教科书的有效使用对促进其自身教学能力（3.66）和科研能力（3.62）的提高也

---

[1] 王肇和. 发现式地理教材编写探讨[J]. 苏州科技学院学报（自然科学版），2004（3）：64.
[2] 韦志榕. 地理新教材改革的突破口——学生学习方式的变革——国家地理课程标准实验教材（人教版）的主要特点[J]. 中学地理教学参考，2001（3）：10-12.

有显著作用；教科书中活动、案例的设计对教师评价思路和评价方式起到了一定的促进作用（3.58）。

在教学活动中，地理教科书能够帮助教师设计教学活动和教学过程（3.53）；教科书的多种编写形式，突出了地理教学特点（3.76）；教科书内容设计了多种富有选择性的教学活动和情景，便于适应不同层次的教学需求（3.50）；教科书中的情景与问题能够引导学生深入思考（3.62），开展探究性学习（3.72）。

因此，教科书在提升教师自身能力，改善教学过程等方面起到了积极的促进作用。但从统计数据可以看到，教师依然表示教科书及其配套资料的使用对减轻其教学压力方面的作用并不明显，这一点均值仅为3.33。

（2）学生认为教科书的使用对其学习方式的影响

学生认为通过阅读地理教科书，对地理知识有了更多的了解（3.77），对学习地理的兴趣有了较大提高（3.49）。教科书中内容的安排，能够使其自主安排学习过程（3.40）；书中设计的教学情境与问题能够引导学生进行深入思考，发现地理问题（3.40），进而促使其主动完成地理知识学习（3.41）。

学生认为，教科书中的学习情境在一定程度上能够帮助其探索有效的学习方法（3.38），培养其观测、实验、调查、信息处理等地理技能（3.38）；教科书中的案例探究对其掌握解决具体问题的方法和能力起到了极大的促进作用（3.54）；通过学习教科书中学习活动，学生的自学能力得到了很大的提高（3.42）。

可见，教科书在提高学生兴趣、培养学习习惯、增强地理学习技能等方面均起到了积极的作用。但教科书在体现学生个性差异和为学生减轻负担方面亟待加强，其认同均值仅为3.33和3.34。

此外，教研员普遍认为教科书的案例研究更加贴近现实生活，在教学中具有较高的可操作性（3.69），同时在课堂教学过程中给予了学生和教师更多个性发挥的余地（3.84）。因此在教学设计、课堂教学、课程复习中使用的频率较旧版教科书来说有一定程度的增加（3.36）。

2．新课程地理教科书在教学过程中的使用情况

（1）地理课程开设基本实现多样化，课时略微偏少

据调查，地理课程的开设除必修1、2、3册以外，选修课以《自然灾害与防治》（开设率为46.0%，下同）、《环境保护》（33.0%）、《旅游地理》（29.1%）、《城乡规划》（15.6%）为主，仅有0.6%的学校开设了《地理信息技术应用》。可见，选修课开设重点倾向于目前国内外相对热门的地理学热点问题，且开设种类基本实现了多样化。进一步了解后发现，如地理信息技术、海洋地理等地理学科前沿内容并非学生不感兴趣，而是部分学校教师的知识和技能有限，或者学校不开设此课程。

高中地理每周课时主要为2～5节，高一以2～3节为主，高二和高三文科班以4～5

节为主，理科班以 1～2 节为主。调查显示，58.6% 的教师认为地理课程预设课时与实际课时基本一致，且对目前课时的安排较为满意。41.4% 的教师表示地理课程预设课时与实际课时并不相符，其中 37% 的教师表示课时偏少。教研员对课时偏少的态度更加明确，占总调查人数的 56.6%。大部分学生认为地理课时适中，仅有 17.5% 的学生认为课时存在偏少的问题。

（2）课前，教师对教科书重视程度高，学生使用率偏低

课前，教师和学生对教科书的使用主要体现在教学设计和知识预习上。

对于教师而言，在进行教学设计之前，65.1% 的教师表示会对教科书的全文进行仔细阅读，20.5% 的教师则仅选择阅读正文部分。教师备课时间主要集中在 0.5～4 小时，其中备课时间在 2～3 小时的人数最多。与之相对应，教师阅读教科书时间在 0～2 小时。因此，教师备课中阅读和深入挖掘教科书的时间几乎占到了总备课时间的一半。

在设计教学过程中，70.2% 的教师表示会依照教科书来设计教学，23% 的教师有一半内容是依照教科书来设计。教研员的态度亦证实了这一点，88.9% 的教研员表示教师会认真研读教科书，且对其给予重视（56.6%）。54% 的教师表示会对教科书教学内容和结构进行重新整合，使其更加符合所在学校或地区学生的认知特点和知识水平。以必修 1 为例，教师对内容的整合体现在"天气系统与大气环流""内力作用与地球的圈层结构""自然带""自然灾害"等知识点上。

对于学生而言，虽然 43.2% 的学生意识到了课前预习教科书对地理学习的帮助很大，但经常坚持预习教科书的学生仅占调查人数的 21.0%，约有 35.0% 的学生则表示基本不看地理教科书。学生课前阅读教科书的时间主要集中在 0～30 分钟，其中以 0～20 分钟的人数最多，占学生总数的 49.1%；阅读的方式以"选取部分内容精细阅读，其余浏览"（38.1%）和"仅对部分内容进行精细阅读"（34.0%）两种类型为主。

（3）课上，素材使用率高，但探究活动学生参与程度不高

虽然教科书在教学内容和形式等方面做了很大的调整，以适应现代地理教学的需要，但 48.3% 的教师表示教科书的使用对其挑战很大。这种挑战集中体现在案例、活动探究和问题思考等探究性内容方面。92.7% 的教师表示会对教科书中探究性素材进行利用；仅有 46.2% 的教师表示能组织多数学生探究，并进行落实。这表明，多数教师只是将探究性素材作为教学资料加以展示，并未真正实现探究功能。

教师在教学中面临的挑战，从教研员的态度中也可得到验证。73.7% 的教研员认为教科书的使用对教师实施地理教学提出了更高的要求；60.6% 的教师能够驾驭新课程地理教科书，11% 的教师仍然存在困难。而对探究活动的组织情况，50% 的教研员认为教师能够组织学生参与，50% 的教研员则表示教师参与度非常低。

对于学生而言，61.9% 的学生选择跟着老师的讲授思路翻阅教科书中相关的内容，25.5% 的学生则是老师让翻书的时候才会阅读教科书。听课过程中，68% 的学生会经常跟随老师讲的地理教科书的内容做笔记，11.8% 的学生很少甚至不做任何笔记。可见，约有三分之一的

学生在课堂中使用地理教科书显得被动。

有关教科书中案例、探究、思考、讨论等教学活动的组织，52.4%的学生认为这些教学活动对其学习的帮助非常大。但仅有36.8%的学生认为教师会经常组织相关的探究活动，25.7%的学生则表示老师有时会组织，36.2%的学生则认为老师很少组织相关的探究活动。因此，学生对教科书中探究活动并没有深入学习，教师的组织明显欠缺。

(4) 课后，辅导资料使用率更高，学生自主学习意识不高

教科书课后使用主要体现在作业练习、深入思考学习和考前复习三个方面。

56.6%的教研员认为教科书作业系统的使用率明显偏低，仅有55%的教师会给学生布置课后习题用以复习巩固课堂内容，能够很好地完成课后习题的学生仅占总人数的67.3%，31.3%的学生几乎不做练习。调查发现，71%左右的学生都会选择一定数量的课外习题作为学习的补充；33.4%的学生认为地理辅导书对其地理学习的意义更大，而支持教科书的学生仅有22.8%。原因是学生认为地理辅导书拥有更多的习题，更加针对考试。

仅有27.9%的学生表示平时会经常翻阅教科书，但仅对"概念和规律"以及"图像系统"部分进行仔细阅读，选择这两项的学生分别达到了60%和42%，其余部分大致浏览。在考试之前，阅读教科书的人数明显增多，占总人数的84.8%。28.4%的学生表示有总结整理地理知识结构的习惯，仔细琢磨地理内容之间规律的学生仅占24.1%；仅有4.7%的学生表示其对教科书内容有过质疑。可见，大部分学生并没有养成自学的习惯，学习过度依赖于教师的讲授和考前突击复习。

(5) 教学配套资源使用力度增大，但相对保守

关于教科书的使用环境，75%的教师认为目前的教学环境能够满足教科书的使用条件，但仍有25%的教师认为无法满足教科书的使用，其中突出表现在地理教学受重视程度和配套硬件设施的支持方面。51.5%的教研员还认为其所在地区对地理课程的配套资源重视不够。

随着技术的不断进步，教师使用的教学资源在不断地丰富。88.6%的教师表示其会使用教科书配套资源，以补充教科书中没有的知识点和习题。最常用的配套资源主要包括教参、地图册、练习辅导书和网络资源，其选用率均在70%左右。此外，其他版本的教科书、教师之间的经验和资料分享是其获取相关资源的重要途径。但是教科书相关资源的使用，依然局限在教科书及其内容高度相关的习题册等方面，开放性的辅助资料使用并不多；且教师更多还是以独立完成搜集过程为主。虽然团队分工合作和经验交流的形式已经有所改善，但采用率依然偏低。

(6) 教科书使用方法的指导有限

教师对学生的学法指导有限。据统计，47.5%的教师要求学生课前预习教科书，95%的教师在教学中会指导学生使用教科书的方法，92.5%的教师则表示其通常要求学生课后阅读教科书。总之，教师对学生使用教科书的指导主要体现在了课上和课后，对课前的重视不够。即使教师有所指导，但仍有51%的学生表示缺乏使用教科书的正确方法。

在地理教学方面，教研员往往具有丰富的经验和能力，对所在地区学校教师的培训和指导成为促进当地学校改进教学质量，保障地理教科书合理使用的重要途径和力量。调查发现，约 68.7% 的教研员表示会经常指导地理教师备课过程，25.3% 的教研员则表示有时候会指导；61.6% 教研员普遍表示会经常指导教师深挖教科书；85.8% 的教研员会指导教师使用案例和探究活动，但仍有 10.1% 的教研员表示极少给予指导。因此，教研员对教师使用教科书的指导并未完全落实，在教学设计、教学活动中教科书的使用都需要加强。

3. 小结

(1) 地理教师和学生的教材观发生了较大转变

在我国传统的教学观念中，教科书是一切地理教学的权威，所有的活动都围绕其开展。通过对我国教科书的使用情况调查发现，目前教师和学生的教材观正发生着变化。教师开始逐渐摆脱教科书的束缚，在教学中通过参考配套教参、其他版本教科书、网络资源、专著、期刊、杂志等资源，使得地理教学的内容不断地拓展和更新；教师备课的时间明显增长，对于教科书的深入理解和深加工过程明显增多；教师对教学内容和教学顺序进行再整合的意识明显增强，教师引导学生探究教科书相关案例活动，以加强学生思维能力、提高探究能力等诸多表现，都在反映其教材观的变化。

学生不再将教科书视为唯一的真理，开始对教科书的部分内容提出质疑，并有意识地理解教学内容深层因果关系和内在联系。此外，教科书也不再是其学习地理知识的唯一来源，地理辅导书、课外杂志等都已经成为学生学习的重要组成部分，因而学生学习的自由度大大提升。

传统的教学方式以讲授式最为典型，通过教师的"填鸭式"灌输和学生无条件接受完成知识的讲授过程。新课改以来，地理课程中设立了大量的案例和探究活动，为探究式教学过程提供了活动素材和方法。在地理教学中，教师组织和学生的参与力度不断增大，对于激发学生兴趣、学习地理知识、锻炼地理技能方面起到了积极作用。数据显示，课前的备课和预习、课上的教科书使用、课后深入思考和复习各个阶段，这些新变化都有体现。

虽然统计数据显示教师和学生对教科书的使用程度有所降低，但调查中却发现更多师生赞同"教科书为其教学过程提供了更大的自由空间"。教师寻找更多的案例和资源来补充教学，学生通过使用更多的资料来增强学习效果，使得整个教学过程变得更加灵活、富有差异、满足学生个性发展。而在考试之前，教科书的使用率会大幅度地提升，这说明教科书在学生地理学习过程中的重要性并没有丧失。这些情况反映了围绕教科书的知识内容，学生学习的途径更加多元化的地理教学新动态。

(2) 多个因素在影响着教科书的使用

调查表明，教科书的使用确实对加快新课程改革的深入落实起到了作用，但使用过程中依然是困难重重。教科书内容初、高中知识衔接不自然，内容模块跨度过大；教师新课程教学观念、教学能力、专业知识的更新滞后，与新课程理念衔接不好；教师培训的形式、内容、时间和频率都存在问题，而且覆盖面过窄；地理课程的安排不合理，课时偏少；传统考试评价方式的影响过深，多样化评价形式无法建立，教科书使用仍以应付考试为主要任务；教科书使用所需要的配套硬件设施地区差异大，总体满足程度不高等。这些问题是此次调查中普遍反映的影响教科书使用的主要原因。

对学生认为影响其使用教科书的原因进一步进行整理发现，74%的学生认为对教科书使用不够的原因是"时间少"，而62%的学生更倾向于借助课外辅导资料学习地理知识，因为"辅导书总结得更好，更有利于考试"。此外，学生学习方法欠缺、学习习惯不好、教师要求少、个人兴趣等都在影响教科书的使用。

与此对应的是，70%的教师和教研员普遍认为教师教学观念是影响教科书使用的最关键因素；其次为当前的评价方式和地理课程与课时安排情况；学生水平和教师能力同样也在影响教科书使用效果，其比重分别是68%和60%；此外，教师培训和配套硬件设施对教科书的使用影响也很大。

新课程改革以来，师生的教材观不断改变，教学活动更加符合新课程理念，但依然存在诸多的问题，且教学活动受到了包括教科书、师生、课程设置、外部环境等多方面因素的影响。这些问题和影响因素必将成为未来改进我国中学地理教学的核心问题，亟待进一步研究。

第四部分 研究的启示

第十六章

我国地理教科书百余年发展历程的启示

第十六章
我国地理教科书百余年发展历程的启示

纵观百余年我国地理教科书的发展变化，地理教科书的编写、使用已经形成了相对完善的体系，有着一套比较严格、规范的要求，时代特点、国家目标、课程设计、大纲要求和编写原则环环相扣，保证了国家意志的落实和体现[①]。百余年地理教科书的发展历程为我们积累了理论和实践经验，我国中学地理教科书在不断地继承和创新中寻求发展，地理教科书的目标定位、内容的选择组织和编排、内容的呈现形式、教育功能等方面都发生了巨大的变化，为我国今后地理教科书的编写出版提供了众多的启示。

一、为学生学习服务

通过对百余年中学地理教科书的研究，可以看到地理教科书的表达方式越来越符合学生的认知规律，有利于学生学习，也越来越注重培养学生的多种能力，使学生在知识、能力、情感、态度和价值观诸方面得到发展，地理核心素养得到提升。

教育的主体是学生，教育的目的是使学生得到社会所需要的、全面的发展。教科书是学生学习的依据，在学生学习过程中具有重要作用，因此一定要树立教科书为学生学习服务的思想。只有如此，才能充分发挥教科书的功能，有助于实现教育的培养目标。而为学生学习服务的地理教科书首先应能够形成帮助学生优化学习的内在机制，即创设相应的教育情境以激发学生的兴趣和潜能，由问题引发学生的探究，在探究过程中选择一定的方法给学生提供帮助，使学生通过探究获取知识、能力和情感、态度和价值观。这种探究的形式并非适用于所有教科书的内容，要根据课文内容而灵活控制，选择如全部探究、部分探究、大型的探究、小型的探究等多种不同的形式，激发学生的学习兴趣，培养学生的能力。

从我国多个版本的地理教科书编写特点及其说明中可以看到，初中阶段的地理教科书关注学生学习能力的培养，发挥地理教学方法的指导作用，培养探究式学习方式。高中的地理教科书则更加体现了核心素养的落实，加强对学生地理理性思维的培养，例如为学生提供地区发展问题的不同观点、选择存在争议的地理问题进行探讨、设计一些地理原理的分析和论证等。这一思想的逐渐落实，使得教科书的内容、形式等发生了很大的变化，成为引导我国地理教科书不断发展的重要因素。

二、以人地关系为内容主线

我国中学地理教科书的编写，始终是依照国家制定的各项方针、政策，以及各类教学大纲和课程标准的框架下进行的，在特定历史时期具有特殊的公民教育内容。同时，地理学科的特殊性决定了其在关注人类面临的全球性人口、资源、环境等问题，阐述可持续发展思想方面所具有的其他学科无法比拟的独特性，即所谓的人地关系的内容主线。

在1986年我国颁布的《全日制中学地理教学大纲》中，首次明确规定了以正确阐述人地关系作为确定地理教学内容的首要原则。1988年颁布的教学大纲对这一说法进行了延续，从

---

① 课程教材研究所. 新中国中小学教材建设史 1949—2000 研究丛书·地理[M]. 北京：人民教育出版社，2010：383.

此地理教科书确立了以人地关系作为内容主线。但是我国地理教科书中体现人地关系的内容并非从此时才开始。20世纪初期，地理教科书中就已经出现了关于人类与自然环境关系的讨论，其中"环境决定论"的思想非常突出。从20世纪50年代开始，我国地理教科书广泛学习苏联，课文突出了人类改造自然的主观能动性，"人定胜天"的思想不断膨胀。随着全球环境不断恶化，从20世纪80年代开始，我国中学地理教科书中有关人地关系的讨论越来越多，纠正了"环境决定论"和"人定胜天"的错误思想，帮助学生树立正确的资源观、人口观和环境观。20世纪90年代以后，随着全球环境不断恶化，可持续发展战略被提出，可持续发展教育不断升温，中学地理教科书以可持续发展的人地关系作为内容主线得到了地理教育界的普遍认可。《普通高中地理课程标准（2017年版）》将"人地协调观"作为首要的地理核心素养和地理课程的目标。

在可持续发展的人地关系指引下，学生通过学习能关注地球以及人类发展的未来，地理教育的内容也向更广的范围发展。从现实生活中学习地理，使学生在获得必要地理知识的同时，能发展地理技能，培养地理思维；关注身边的、国家的及全球的地理环境，能培养学生的爱国情操和全球意识，并树立国际竞争和国际合作观念。这种变化必然也推动着地理教科书的发展。

三、满足国家、社会发展的需要

地理教育有其自身发展的特点和规律，其中满足社会需要是基本要求，其目的在于培养具有优秀地理素养的公民。纵观百余年中学地理教科书的发展历程，每一时期，地理教科书在介绍地理知识的过程中，都带有明显的社会需求和国家意志。20世纪初期，教科书饱含对当时政府软弱无能的担忧和对国家复兴的期盼；20世纪20年代，教科书发出对国家遭受外敌入侵，民族面临危机的呐喊；20世纪30年代，教学书注重对"三民主义"的宣扬；20世纪50年代，教科书反映了国际两大阵营的对立；20世纪70年代初期，教科书内容受"文化大革命"的影响；20世纪80年代，教科书体现了快速恢复地理知识体系，培养"四有新人"的诉求；20世纪90年代以后，关注可持续发展的人地关系、关注学生兴趣和个人发展等开始成为教育功能的核心体现；21世纪初，提出"为了中华民族的复兴，为了每个学生的发展"，关注学生的全面发展。

我国地理教科书的发展带有强烈的时代烙印。20世纪初期，地理课程的初设迫切需要地理教科书，我国地理教科书的编写也经历了从直接翻译到选择性翻译，再到自主编写的过程。20世纪20年代以后，随着地理课程的不断改进，教科书质量也在不断地提高。20世纪50年代，人民教育出版社作为唯一的教材出版发行单位，独立承担全国教科书的出版发行，而后在20世纪60年代的"文化大革命"时期被迫中断，后各地开始自主编写地方教材。直至20世纪80年代以后，人民教育出版社恢复出版教科书，北京、上海等地也开始陆续出现自编教科书，之后形成了六三制、五四制、沿海版、内地版等教科书出版发行的分化。1993年，国家推行"一纲多本"的教科书制度，逐渐将我国地理教科书推向了多元化的发展道路。这期间,地理教科书无不带有深深的时代烙印。

不难看出,国家、社会发展到某一特定阶段,必然会对当时的地理教育思想产生深刻影响。对其的客观评判需要用唯物主义的观点看待每一次地理教材的变化,把它们放在历史的长河中分析其利弊得失[①]。但地理教育为提高国民素质、促进国民的全面发展的根本作用是绝不会改变的。

四、重建教材知识结构

地理学由于学科体系庞大,涉及自然、人文环境中的各个方面,尽管教科书中仅选择最基本最核心的知识点进行讲授,但仍然存在内容多、难点多、重点不突出、主题不明显、实用性差等问题。我国最初的中学地理教科书是从传统的地方志形式发展而来的,其内容过于庞杂,虽名为地理,却以百科全书式的编写形式宽泛地描述区域概况,其中不乏政治、军事、历史等诸多问题。这种编写方式虽然具有明确的区域特征,但不足以体现地理学的学科特性。

中华人民共和国成立后,由于深受苏联教科书编写体例的影响,我国地理教科书的地理性显著增强,但却出现了人文地理和自然地理的严重对立。20世纪70年代末,我国实行改革开放,社会、经济得到迅速发展,世界各地经济、文化等方面的交流越来越广泛,但同时人口、资源、环境、发展方面的问题日益突出。这些变化给地理教科书甚至地理教育提出了更高的要求,即加强自然地理和人文地理的整合,阐明人文环境的形成以及人类活动与地理环境的关系。20世纪90年代以后,我国地理教科书的内容选择已经开始由关注传统的地形、气候等自然地理要素,以及工业、农业、交通等经济地理要素,到越来越关注人口、城市、文化、旅游地理等人文地理内容,充分体现了强调自然地理与人文地理的整合趋势。此外,全球化已成为不可逆转的趋势,世界各国的经济文化呈现"你中有我,我中有你"的错综复杂的局面,区域地理成为地理教科书的热点。2000年以来,教科书的内容选择已经不再追求知识的系统性,而是通过模块的设置使得教科书内容的选择和知识体系构建更加灵活,以适应地理教学的需要。

纵观我国百余年中学地理教科书的知识结构特点,从最初的地方志,到后来发展到国家、省份的详细介绍;从经典地理、天文知识系统介绍,到关注相对简化且全面的系统地理知识。经过百余年的发展,我国的地理教科书逐渐改变了过度关注地理学科知识体系,重知识本位的叙述方式,开始摆脱自然地理、人文地理、中国地理、世界地理相互割裂的状况,从学生认知规律和地理环境的整体性和差异性出发,建立由不同尺度、不同层次主题构成的基础教育地理课程体系,并结合生活情境传递基础知识,以突出学科特色。

目前,我国编写的多个版本的初中地理教科书,正在落实课程标准的要求,逐步建立起利于学生学习的内容结构,打破传统区域地理的学科体系,更加注意区域的典型性、独特性,注意区域知识组合的覆盖面,努力做到分散难点,关注知识再现。高中地理教科书的编写,

---

① 课程教材研究所. 新中国中小学教材建设史 1949-2000 研究丛书·地理[M]. 北京:人民教育出版社,2010:383.

必修1、2、3册通过对内容进行合理的组合，体现自然地理、人文地理和区域地理之间的密切联系；配套的7个不同模块的选修教科书，可补充因不再追求知识系统性而带来的部分知识的遗漏或缺失。实践证明，这种重新组建的知识结构确实对促进我国中学地理教学，提高学生学习地理兴趣等方面起到了非常重要的作用。《普通高中地理课程标准（2017年版）》颁布后，为了落实立德树人根本任务和学科核心素养，高中地理课程改为必修、选择性必修和选修三类课程。必修1、2反映自然地理、人文地理的基础；选择性必修1、2、3反映社会的新需求，结合了未来高中教育和职业方向选择；选修则考虑的是学生的个人兴趣。

五、生动而富有吸引力的地理课文表述

长期以来，我国传统的地理教科书表述形式是先介绍概念、原理、规律等，再举例对相应的原理性知识进行解释，最后以作业或者练习对其进行巩固，形成相对固定的形式。这种传统的地理课文表述形式在提高学生兴趣、培养学生能力方面存在严重不足，使广大师生形成了"地理学科只需要背诵记忆就足够"的错误观念，大大影响了学生学习地理的兴趣，降低了学生探索新知识和解决新问题的欲望，长期影响了我国地理教育的发展。为此，我国地理教科书编写者不断总结经验和教训，并在不断创新中开始尝试采用生动而富有吸引力的课文表述。地理教科书从学生身边或熟悉的地理事物入手，做到课文简明、通俗、科学、生动、亲切，活动设计密切联系学生现实生活的经历和体验，使得地理教科书的编写进入了一个全新的时代。

我国传统地理教科书的表述多为顺向陈述式，平铺直叙、按部就班来介绍或讲述。这种方式容易造成学生缺疑少问，缺少主动思考和探究，对知识只能被动接受。越来越多的教科书开始关注逆向问题式的课文描述形式，即通过资料、案例、情景等的呈现，先给学生提出一些问题，激发起学生学习的兴趣和欲望，进而去探索和挖掘问题产生的原因，最后得以解答。

在不影响表述科学性的情况下，地理教科书在不断地寻找更加生动的表述形式。一本富有情感的教科书可以给学生提供生动、活泼的学习氛围，使学生产生兴趣，兴趣又可以产生强烈的学习动机，动机推动着学生有效地学习。目前，许多地理教科书中的学习内容被转化为案例探究、小组讨论、角色扮演、合作学习、研究性学习等多种形式，让学生亲身参与其中，使他们在学习知识的同时树立科学观点、掌握科学方法、拥有科学态度。

六、课文系统与图像系统、作业系统的优化组合

教科书是学生学习和教师教学的最直接媒介，教科书的内容选择和呈现方式的创新，对于激发学生学习兴趣十分重要。我国百余年地理教科书发展历史中，图像系统发生了很大的变化：(1) 在数量上，"以图代文"的力度逐步加大，用图像解说、分析、证明相关地理观点的特征不断明显，增加了课本的直观性。图像不再是"附图"或"插图"，而是与文字叙述并重的教材表述手段。(2) 在质量上，最初图像的数量很少，且色彩较为单一，发展至今的图

像具有色彩丰富、形象生动、形式多样、设计新颖等特点，常见的类型除了地图、统计图、景观图片、示意图外，还有框图、联系图、卫星影像、航空照片、漫画等多种形式。

图像和文字是一个有机的组合。最初我国地理教科书中的图像仅仅作为辅助说明，甚至只是用来美化课文，但发展至今，图像就是课文的组成部分。学习图像的过程就是学习知识的过程，图像的使用更加恰到好处，并与文字有机联系在一起。

我国中学地理教科书中的作业系统始于20世纪30年代。最初作业系统的功能仅仅作为检测学生学习情况的工具，测评的方式也仅仅停留在考查学生对于知识点的记忆程度，理解性和技能性的作业涉及极少。随着对学生地理技能、情感、态度和价值观的不断重视，作业系统与课文的关系也开始相互配合，功能上逐渐向复习巩固、培养技能、导学新知等多功能转变；在形式上，作业系统从单一的"练习与思考"，向多层次、开放性、探究性的多种形式转变，使整个作业系统既有"量"的控制，又有"质"的提高。

现在的地理教科书中图像系统和作业系统已经逐渐融入传统的课文系统之中，三者相互融合，共同构成了教科书的有机整体。

七、开放、灵活的地理教科书设计

长期以来，我国学科本位的特征非常突出，各个学科各自为政。但在现实生活中，各学科之间往往存在千丝万缕的联系。我国课程改革中明确提出"改变课程结构过于强调学科本位、科目过多和缺乏整合的现状，整体设置九年一贯的课程门类和课时比例，并设置综合课程，以适应不同地区和学生发展的需求，体现课程结构的均衡性、综合性和选择性"。

"学习对生活有用的地理"这一思想的确立，使地理课程中所出现的问题越来越趋于综合性。例如，某个地理环境现象产生的原因可能有历史的、经济的、地理的、化学的等多方面的因素，而不是某单一学科就能解释的。因此，地理课程内容逐渐走向开放已成为必然的趋势。虽然作为独立的地理课程存在，但教科书的内容更要体现开放性和灵活性，根据实际需要整合相关领域知识，以解决问题为目的。加强知识的综合性、关联性是完全可以的，而且有利于培养学生的综合分析能力，满足学生的实际需求。

此外，生活中的地理必然是多种形式、多种类型的。地理教科书在设计教学内容的过程中，创设更多生动而灵活的场景，一方面让学生能够有更多身临其境的体验，另一方面通过模拟现实的探索过程可以使学生获得更多的地理技能、地理思维方式，减少学习的障碍。

第十七章

高中地理教科书难度国际比较研究的思考和启示

"中小学理科教材国际比较研究（高中地理）"是国家社科基金"十二五"规划2012年度教育学重点课题（课题批准号：AHA120008，首席专家王民）。项目紧紧围绕"中小学""教材""难度"3个关键词展开研究，重点研究教材中的知识问题，不做教材好坏的价值性判断。通过比较研究，明确回答了如下3个问题：中国教材到底难不难？哪些学科难？在学生不同年龄阶段，难度如何？

一、我国高中地理教科书的难度值

该课题选取10个国家（英国、法国、德国、俄罗斯、日本、韩国、新加坡、中国、美国和澳大利亚）的高中地理教科书（每个国家选择一套主流教科书），从教科书内容的广度、深度对其进行难度分析和比较研究。该课题解决了两个主要问题：（1）中学地理教科书难易程度应该如何表述？具体可以采用哪些指标进行衡量？（2）与所选国家的教科书相比较，我国当前使用的高中地理教科书难度如何？

10本参加国际比较的高中地理教科书的平均难度值是0.37。10个国家高中地理教科书总体难度由大到小依次为：澳大利亚、英国、俄罗斯、中国、新加坡、美国、德国、法国、韩国和日本。其中，澳大利亚教科书的难度值最高；日本的难度值最低；我国教科书难度位居第4，难度值为0.37，恰好等于10个国家的平均难度值。详细结论可见《中小学理科教材难度国际比较研究（高中地理卷）》（教育科学出版社，2016）。

二、我国高中地理教科书各主题难度的思考

第一，我国高中地理教科书的总体难度处于中等水平，教科书里的各个主题却是有难有易。修订地理教科书时就需要思考，比较难的主题，需要那么难吗？到底多难合适？比较容易的主题也存在难度多少为合适的问题。

比较而言，我国高中地理教科书可以考虑适当降低自然地理部分的难度。例如，减少"地球运动"主题的内容，10国中只有3个国家的教科书有这个主题的内容，而且只有我国的教科书对其进行了系统的讲解，而且难度最大。"地球圈层结构"的知识也可以简化。我国地理教科书中"大气圈"主题的内容深度位列10国第1。"大气圈"主题是我国高中地理教科书的经典核心内容，所涉及的知识点是自然地理部分各知识主题中最多的，所用篇幅和教学时间也是最多的，如"三圈环流""热力环流""海陆热力差异"等。修订教科书时可以适当减少这部分内容，降低内容难度，并多结合实际生活案例进行讲解。

选择高中地理教科书的内容，不仅要考虑地理科学体系，也要联系中国的地理国情，增加如自然资源、自然灾害、生态环境等方面的知识。

第二，我国高中地理教科书的人文地理部分可以适当加入对热点问题的探讨，引导学生运用地理思维思考问题。我国教科书的人文地理部分主要划分为人口、城市、农业、工业、交通、人地关系等六大模块，国外地理教科书的人文地理内容多以专题的形式展开，关注世界发展不平衡、食品地理、资源利用、文化等全球热点问题。其中，澳大利亚突出了资源、

文化、政治和发展；日本强调了文化、民族、资源；新加坡强调了旅游业、发展和食品；俄罗斯则关注资源和世界经济等内容。地理学科是一个紧密结合实际的学科，与国外教科书相比较，我国中学地理教科书在这个方面普遍存在不足，应用性较差，值得我们关注。

第三，我国高中地理教科书内容普遍缺少地理学史、科学史的科学渗透，可以考虑适当增加该部分内容。通过地理发现史、地理科学家的故事等加强对学生情感、态度和价值观的培养。

三、我国高中地理教科书改革的思考

该课题的研究解决了我国高中地理教材"难不难"的问题。我国高中地理教材"好不好"呢？好的教材的标准是什么？该课题的研究给我们一些启示。这些启示既是本研究的重要结论，也可以成为后续研究的一个开篇。

1．装帧印刷是外在条件

在地理教材比较研究过程中，我们常常听到人们对国外一些教材的图像、印制水平表示赞扬，这些赞扬甚至有些夸张。我们需要强调教材的图像、印制水平是重要的，但图文并茂、印制精良只是好教材的入门条件，而不是唯一标准，因为再精美的画报也成为不了教材。

我们除了关注教材的图像、印制外，更重要的是关注教材的表层结构，即课文系统、图像系统和作业系统内容是否充实，各系统之间关系是否清晰，比例是否恰当。

2．落实核心素养

高中地理教材到底应该介绍什么内容？选择的标准是什么？各部分内在的关系是什么？这主要指的是教材的深层结构，即教材的知识、能力、情感、态度和价值观的内容是否充实，关系是否清晰，是否相互促进，比例是否恰当。

我们认为，高中地理教材首先要浓缩知识主题，突出核心素养。

关于核心素养的研究，已经在国际上形成一股巨大的浪潮。什么是核心素养？按照目前一般的理解，核心素养不是简单的学科与技能，而是（跨）学科知识和技能、过程与方法、情感、态度和价值观的整合，是个体在面对复杂的、不确定的现实生活情境时，分析情境、发现问题、提出问题、解决问题、交流结果过程中表现出来的综合性品质。

地理课程教材改革对核心素养也有研究和反映。如美国最新版地理课标《终身地理教育：2012年国家地理标准（第二版）》在《终身地理教育：1994年国家地理标准》的基础上进行了修改补充，它依然以6大要素和18项标准为主线。6大要素包括空间尺度上的世界、地方和区域、自然系统、人文系统、环境和社会以及地理学的应用，涵盖了从幼儿园到十二年级的地理知识。每个要素中包含2至5项标准，每项标准又按学年来分述。德国中学地理课程标准（2012年版）则把培养目标概括为6方面的能力，包括地理学科知识、空间定位能力、资料的收集与选择、合作与交流、地理信息评价、行为能力。

国际地理奥林匹克竞赛集中在12个主题，它们是气候与气候变化，灾害与灾害管理，资

源与资源管理,环境地理与可持续发展,地貌,景观和土地利用,农业地理和粮食问题,人口与人口变化,经济地理与全球化,发展地理与空间不平衡,城市地理,城市更新与城市规划,旅游和旅游管理,文化地理与区域认同。

可见,突出核心素养已经成为高中地理教材内容选择的首要标准。我国高中地理课程标准(2017年版)列出了4个核心素养,它们分别是人地协调观、综合思维、区域认知和地理实践力,每个核心素养又分成4级水平。高中地理课程的总目标是培养学生的地理核心素养,使学生在一定程度上形成人地协调观,增强社会责任感;使学生学会运用地理综合思维、区域认知的方法,解决地理问题;使学生初步具备地理实践力,将理论与实际密切结合,为未来学习和走向社会打下基础。目前,高中地理教材在落实核心素养的4级水平上还存在一些问题,仍需要做较多工作。

核心素养的形成、培养无法脱离地理学科内容。个体只有具备系统的、结构化的地理学科知识和技能、思想方法和探究模式,才能深刻理解特定任务情境,明确问题,形成假设,解决问题。地理教材要强调地理学科内容的结构性和关联性,避免从孤立的、过细的学科知识点角度思考学科内容;要突出地理思想方法和探究技能的运用,关注重要的、整合的现象,创设基于现实情境的复杂或开放性问题。

4个核心素养是纲,纲举目张。它们可以统领地理教材的知识体系,使教材内容突出地理学的本质。在核心素养的统领下,找出核心的概念、关键能力,分析厘清概念的进阶。围绕核心素养编写地理教材,符合学生的心理发展和认识规律,有利于学生的认知和发展,这是好教材的本质特点。

3. 有利学生学习

目前,学生在学校"获得"的地理知识或技能之所以无法迁移到现实生活中去,关键就在于学校学习活动所依存的情境被过于人为地简化和抽象,失去了和现实生活的衔接。下面的例子可以很好地说明这个问题。在1993年中德历史、地理教科书合作项目研讨会上,当时的中国地理教材中介绍德国为"发达的资本主义国家,工业在国民经济中占绝对优势。"德国维尔茨堡大学博恩教授问道:"什么是发达的?什么是资本主义?什么是工业国?"后来,王民教授与博恩教授对各自所在国家的中学生进行调查[①],结果显示,德国中学生对中国人的三个印象分别是筷子、长城、眯缝眼(单眼皮);中国中学生对德国人的三个印象分别是希特勒、足球、汽车。可以看出,中学生对对方国家的认识都是具体的、有情境的。德国工业发达的具体表现为汽车,而不是一个抽象的"工业国";中国历史悠久,则具体反映在长城上。

因此,地理教科书要将知识条件化,即将地理知识带回具体的问题情境、熟知的生活情境、概念框架情境中,力避知识干涸化;将地理知识按某种逻辑组织起来,形成网状结构,以免碎片化;在知识与该知识习得过程之间建立关联思考,避免"用不科学的方法教科学",

---

① 王民教授与博恩教授在调查研究结束后,共同编著了《中国—德国——地理教科书视野的扩展》一书,由中国地图出版社于1998年出版。

杜绝各种假学习。

在探讨教材如何将"知识条件化"之前，我们需要讨论一下情境。什么是情境？它是指在一定时间内各种情况相对的或结合的境况，包括戏剧情境、规定情境、教学情境、社会情境、学习情境等。问题情境是指教师有目的、有意识地创设各种情境，促使学生质疑问难。问题源于情境。问题情境教学可追溯到古希腊苏格拉底的问题教学法或谈话法。美国教育家杜威在20世纪初曾提倡过问题教学，其核心就是问题情境。布鲁纳的问题教学法（又称"发现法"）也主张创设问题情境，他认为："学习者在一定的问题情境中，经历对学习材料的亲身体验和发展过程，才是学习者最有价值的东西。"

核心素养是学习和教育过程中形成或培养起来的内在品质，是无法直接观测的，需要通过学生应对复杂现实情境的外在表现加以推断。各种复杂的开放性的现实情境是评价学生核心素养发展水平的重要依托。情境可以分成不同的水平，从简单、良好结构情境到复杂良好结构情境或者简单不良结构情境，最后到复杂、不良结构情境。

下面我们具体探讨地理教材如何将"知识条件化"。

首先，创设具体的问题情境要基于"真实"的地理，具体可以包括：地理景观、地理空间、地理分布、地理实验与活动等。比如，狮身人面像在埃及是真实的景观，如果在中国再建，它就不是"真实"的景观了，至多是一个建筑。

其次，生活情境一定要基于"活"的地理、学生身边的地理。情境不仅要真实，还要结合学生的实际或者可以理解的实际，要教给学生"活"的地理。如探索欧洲不同地区传统民居墙壁厚度变化的原因。在建筑保温材料尚未普及的时代，从大西洋沿岸往东至俄罗斯，欧洲传统民居的墙壁在厚度上呈现一定的变化规律。教师可以引导学生观察图片（图片显示：英国南部墙厚23厘米，德国西部墙厚26厘米，德国东部墙厚38厘米，波兰中部墙厚51厘米，俄罗斯西部墙厚73厘米），然后找出这种规律，让学生思考墙壁厚度发生变化的主要原因是什么？不同区域的地理环境对人类活动有哪些方面的影响？

最后，结合学生学习的地理知识，给出概念框架情境。如《义务教育地理课程标准（2011年版）》中，认识区域是从"大洲、地区、国家"三个不同尺度进行的，这是认识区域的概念框架。对这三个尺度，我们在教材中给出三个情境：从太空看地球——认识大洲，从空中看地球——认识地区，从地面看地球——认识国家，或者更确切一些，从太空看地球——认识大洲，从空中看世界——认识地区，从地面看人地关系——认识国家。这样，就形成了概念框架情境。

后记

本书终于要出版了,这是我计划的"中学地理教科书研究丛书"其中的一本,这个系列从计划编写到今天出版,已经有10多年了。如果从我开始研究中学地理教科书算起,已经近40年了。

当我坐在电脑前写这个后记时,眼前浮现出一幕幕清晰的场景,把这些场景串起来,正好说明了写这本书,确切地说,是写这个系列丛书的原因和背景。

一、1982年发表介绍美国中学地理教科书的文章

1981年,我当时在北京师范大学地理系学习,高如珊老师给我们地理系77级同学上"地理教学法"课。为了让我们了解国际地理教科书发展的动态,高老师给我们班布置翻译美国中学地理教科书《世界地理》及作业册(1979年出版)的任务。当时全班同学分工合作,齐心协力完成了任务。

1982年2月,我毕业留校任教,从事地理教学法方向的教学和研究工作,那些翻译材料的整理工作也就落在我身上了。当时很少接触国外的教科书,看到美国的中学地理教科书和作业册,耳目一新,大开眼界。整理研究后,我写了一篇介绍文章,题目为《一本编排新颖的地理教科书——介绍美国最近出版的〈世界地理〉》,发表在《中学地理教学参考》杂志1982年第6期,这是我发表的第一篇专业研究文章。从此我也开始了对中学地理教科书的研究。

二、1982—1984年去北京师范大学附属中学兼课,认真研读中学地理教科书

为了做好地理教学法教学研究,需要熟悉中学地理教学,系领导安排我到北京师范大学附属中学实习教课,向当时在北京师范大学附属中学任教的著名特级教师王树声、秘际韩老师以及宣武区地理教研员李志媛老师学习。从1982年9月到1984年1月,在这一年半的时间里,我每星期有两节课,但为上一节课常常一去就是一天,骑自行车从北三环到南二环,穿城而过。为了备好课,我认真研读了高中地理教科书,也仔细研究了北京师范大学地理系

于1981年编写的实验教材《地学》（编者有宋春青、武吉华、李之保、邬翊光、郭瑞涛等）。当时写的教案，不是提纲要点，而是把上课要说的每一句话都写下来。

当时正值我国改革开放初期，那是一个奋发进取、积极向上的年代。那时候的中学地理教学，材料很少，条件简陋，但老师们热情很高，积极探索。在王树声、秘际韩两位特级教师的带领下，师大附中的地理教学水平高，课堂活跃，方法灵活，注重启发，积极开发新的教具，在北京市乃至全国地理教学领域都起到引领的作用。通过认真研读、仔细分析高中地理教科书，体验地理课堂教学，研究地理教科书的使用情况，加深了我对地理教科书和教学的认识，也为后来我编写地理教科书打下了基础。

三、1986—1993年参加编制九年义务教育初中地理教学大纲与编写"五四"制初中地理教科书

1986年4月12日，第六届全国人民代表大会第四次会议通过了《中华人民共和国义务教育法》，并于1986年7月1日起施行。同年也开始了九年义务教育初中地理教学大纲的编写。当时，初中地理课程分为三种模式：一是编写适合全国大多数地区的地理教学大纲，由人民教育出版社地理室（陈尔寿、徐岩等）、北京师范大学地理系（郭瑞涛、冯嘉萍、王民等）和北京教育学院（郭正权、李志媛等）等单位编写，并在全国进行实验；二是由上海市编写的地理教学大纲，并在上海市进行实验；三是由浙江省编写综合课的教学大纲（其中包括地理），并在浙江省进行实验。

编写全国地理教学大纲的三个单位在各自完成大纲初稿的基础上，经多次讨论，形成了九年制义务教育《全日制初级中学地理教学大纲（初审稿）》，由国家教委于1988年颁发。根据这个教学大纲（初审稿），国家教委实行"一纲多本"的方针，规划了几套不同学制、不同层次的教科书，具体是：人民教育出版社编写"六三"制（小学六年、初中三年）初中地理教科书、北京师范大学地理系编写"五四"制（小学五年、初中四年）初中地理教科书、广东省编写适用于沿海地区的初中地理教科书、四川省编写适用于内陆地区的初中地理教科书，并陆续在全国各地进行实验。当时，使用"五四"制教科书的主要有山东诸城等地。

经过实验，国家教委组织对初中地理教学大纲进行了多次修改后，于1992年正式颁布了《全日制初级中学地理教学大纲（试用）》。北京师范大学地理系编写的"五四"制教科书（主编冯嘉萍、金陵、王民）于1992年经国家教委审查通过，从1993年秋季开始在全国试用。

我参加了九年制义务教育地理教学大纲编制、"五四"制初中地理教科书编写的全过程，历时7年。在这7年中我学到了很多东西，也遇到了很多问题，促使我对中学地理课程和教科书进行深入思考和研究。

四、1994—2000年参加编制普通高中地理教学大纲与编写北京版高中地理教科书

1994年，国家教委开始组织与九年义务教育初中地理教学大纲相衔接的普通高中地理教学大纲的编制，我是大纲编制组的成员。根据国家教委制定的高中课程方案，高中三个年

级均开设地理课。高一是必修课（每周 3 课时），面向全体学生，高二（每周 1 课时）、高三（每周 2 课时）是限定性选修课，即文科学生必修。国家教委提出，高中地理课程的制定，要从我国国情和 21 世纪初对人才的需求出发，要面向全体高中学生。

1996 年 5 月，国家教委颁布《全日制普通高级中学地理教学大纲（供试验用）》。高一学习地理环境的基础知识和人地关系；高二学习人文地理基础知识；高三学习中国地理区域知识。随后由人民教育出版社新编的地理教科书开始在天津、山西、江西进行实验。

北京市教委根据北京市的情况，在高中新大纲的基础上，增加了相关内容，编写北京市高中地理实验教材，聘我为主编，由中国地图出版社出版，并从 1999 年秋季开始，在北京师范大学附属中学等一些重点高中进行实验，后经过修改，于 2002 年经全国中小学教材审定委员会审查通过。我也第一次完整地编写了初中到高中的地理教科书，一共八本。

从 1986 至 2000 年，历时 15 年，我国完成了从初中到高中、从教学大纲编制到教科书编写出版、从实验到推广使用的整个过程，这标志着我国中学地理课程、教科书建设走上正轨。我有幸亲身参加了初中、高中地理教学大纲的编制和教科书编写，受益良多。经过针对诸多问题的思考与研究，我编写了《地理课程论》一书（广西教育出版社，2000 年），对地理课程与教科书进行了较为系统的研究。

五、中国—德国地理教科书合作项目

1991 年 11 月，当时的国家教委有关部门与德国乔治—埃格特国际教科书研究所签署了两国"关于教学计划、教科书交流与合作的议定书"，同时制订了"中国、德国关于历史、地理教科书的评审办法"。根据协议，双方交换了教科书。从那时起，我开始参与中德合作项目，对德国七本中学地理教科书中有关中国地理内容进行评审，撰写评审报告。

1993 年 6 月，由当时国家教委基础教育课程教材研究中心主任兼基础教育司副司长游铭钧带队，中国教科书代表团赴德，参加在德国不伦瑞克乔治—埃格特国际教科书研究所举行的第一次中国—德国教科书评审会议。我作为中国教科书代表团地理学科代表，在大会上做了"对德国中学地理教科书中有关中国地理内容的初步评价"的报告，德方代表做了"中国地理教科书中的德国"的报告。双方对对方地理教科书中介绍本国的内容进行了评审，各自指出对方地理教科书中介绍不准确甚至错误的地方。

1994 年 9 月，两国在北京召开了第二次中国—德国教科书会议，德方发表了"德国新版地理教科书中的中国"，我发表了"关于德国情况的调查报告"，这是我们 1993 年 10 月在北京市 9 所中学进行问卷调查的结果。通过进一步的研讨，中德双方同意，在尊重历史、尊重科学的原则下，对审查出的问题进行修订。从 1994 年开始，我便与德国维尔茨堡大学地理系博恩教授、德国乔治—埃格特国际教科书研究所亨瑞先生开始了长达 20 多年的深入合作。双方合作研究两国的地理教学大纲，经过充分讨论，尝试并开辟出一个新的思路，即由一国的地理学家为另一国的学生编写本国的地理，以此作为另一国编写相关内容的基础资料，这是国际地理教科书研究中的一个新发展，被当时德国乔治—埃格特国际教科书研究所所长贝歇尔教授称为国际上此类研究的首创。

经过三年多的合作，我与博恩教授合作编写完成了《中国—德国：地理教科书视野的扩展》一书，该书分别由德国汉诺威雄鸡出版社于1997年10月以德文出版，1998年8月由中国地图出版社以中文出版。该书分为三部分，第一部分为欧洲地理（包括欧洲概况、欧洲的划分、欧洲在合作的道路上、欧盟的经济结构、欧洲的社会结构、欧洲的农村、欧洲的城市、欧洲的交通），第二部分为德国地理（包括德国的位置、德国自然地理与区域划分、德国的人口、德国的农业、德国的工业、城市、空间规划、被危害的环境），这两个部分由博恩教授编写完成。第三部分为中国地理，由我编写完成。中国地理部分包括中国概况、中国的地形和地势、中国的气候——受季风强烈影响的气候、中国自然地理三分区、中国的河流、中国的自然灾害及中国人民与自然的斗争、中国的人口和民族、中国的农业、中国的工业、中国的交通运输、中国的城市、中国的现代化与改革开放。该书的编写思路可以概括为：重视国家区域地理结构，重视该结构发展变化的过程，重视人的生活，补充日常生活案例，重视教给学生活生生的地理。

该书作为乔治—埃格特国际教科书研究所《国际教科书研究》第90卷出版，已经成为德国各州编写地理教科书有关"中国地理"内容的重要参考书，一些德国中学地理教科书引用了书中的材料，如德国康乃馨出版社2001年出版的《人类与环境》中使用了《德国—中国：地理教科书视野的扩展》一书中的不少材料。

有比较才有鉴别。通过中德教科书项目，我看到两国地理教科书的差异，也为中国教科书研究提供了国际视野和新鲜素材。在20多年的合作中，我们发表了多项研究成果，也见证了中国地理教科书明显的进步。

六、2000年新一轮课程改革，编写中图版初中地理教科书

2000年教育部开始新一轮的课程改革。我们递交了国家基础教育课程改革《初中、高中地理课程标准研究与编制》（王民撰写）项目书，经教育部基教司组织的专家委员会评审，以地理第一名中标。

2001年7月，《全日制义务教育地理课程标准（实验稿）》颁布。立项申请通过后，我开始主编初中地理教科书，由中国地图出版社出版（简称中图版地理教科书），2003年完成初中地理教科书（4册）编写，送审一次通过。

在这套教科书中，我们设计了课文—探究双系列的编写架构，即有课文系列（包括章、节、节下标题和作业题等）和探究系列（包括课题、探索、检查进度等）。两个系列结合：在每章开始，设计一个课题，贯穿全章，在每节结尾处有"检查进度"予以落实；每节前有探索。这已经成为中图版地理教科书的显著特色。

从2004年到2012年，经当时国际地理联合会副主席刘昌明院士的推荐，我当选并连任国际地理联合会地理教育委员会执委。教科书编写与研究是与国外同行交流的重要的话题。通过交流既能帮助我们了解、研究国外地理教科书，也能向国外同行积极介绍我国地理教科

书的发展。

七、2004—2007年中图版高中地理教科书

2003年4月,《普通高中地理课程标准(实验)》颁布。教育部组织高中教科书编写立项申请,11个单位申报有4个通过,我们是其中之一。

编写高中地理教科书时间紧,工程浩大。当时北师大地理教育实验室经常是通宵亮灯,我们夜以继日地编写。我也经常到位于北京市白纸坊西街的中国地图出版社修改文稿,加班吃盒饭是常事。

高中地理教科书保持了双系列结构的编写架构,在每节之后,增设案例研究,扩充探究系列。高中地理教科书的必修教科书有3册,选修教科书有7册,一共10册教科书,历时4年,到2007年全部审查通过。

在2002—2007年的5年中,我们编写完成了从初中到高中的一整套中学地理教科书,一共14册。这是我第二次完整编写从初中到高中的地理教科书。作为配套材料,我们还编写了地图册、作业册、教师教学用书等。在这几年中,从编写实践到理论研究,我对地理教科书的认识不断深化,逐渐从青涩到成熟。

八、2010—2014年对国内外地理教育发展与我国地理教科书历史研究

在2010—2014年,我们对国内外地理教育发展和我国地理教科书历史进行较为系统的研究与梳理。我与何亚琼、蔚东英、张英等人在《中学地理教学参考》杂志发表系列文章,如《1993年—1999年我国中学地理教育的发展》《近年来国际地理教育思想演变与价值探寻》《新中国成立前我国中学地理课程的设置(一)》《新中国成立前我国中学地理课程的设置(二)》《新中国成立前我国地理教育研究概述》《清朝末期我国的中学地理教科书(上)》《清朝末期我国的中学地理教科书(下)》《北洋政府时期我国的中学地理教科书(上)》《北洋政府时期我国的中学地理教科书(下)》《民国时期我国的中学地理教科书(上)》《民国时期我国的中学地理教科书(下)》《新中国成立前我国中学地理教科书的演变特点》等。此外,还有地球科学教育研究连载,如《国际中学地球科学教育现状与发展趋势研究》等。这些研究成果也奠定了本书框架内容的基础。

九、2011—2013年高中地理教科书评价

2011年和2013年,教育部在多个省份组织了实地调研。高中实验版地理教科书使用情况跟踪调查研究是由北京师范大学王民教授团队承担的,2011年对全国10个省份12 000多名教师、学生、教研员进行了关于高中地理教科书使用情况的问卷调查。调查内容分为教科书对实验版课标核心思想的体现、内容的选择与组织、内容的表述与呈现、教学情境与活动设计、地区适应性五个维度。2013年,王民教授团队又对已经参加高中地理课程改革的3个省份(北京、湖北、甘肃)的教师、学生和教研员进行了关于高中地理教科书使用情况的问卷

调查，通过对比实现教科书使用情况的跟踪分析与比较。在此数据分析的基础上，得到地理教科书的综合分析与评价。

这次调查研究，从调研工具设计到调查的实施，从数据整理到全面分析，完成了对地理教科书评价理论与实践的探索。

十、2012—2014年10个国家地理教科书难度国际比较项目

2012年初，我承担了国家社科基金重大委托项目《中小学理科教材难易程度的国际比较研究》的子项目《高中地理教材难度的国际比较研究》（课题批准号：AHA120008）。本课题选取四大洲的10个国家（英国、法国、德国、俄罗斯、日本、韩国、新加坡、中国、美国和澳大利亚）的高中地理教科书（每个国家选择一套主流教科书），从教科书内容的广度、深度对其进行难度分析和比较研究。课题拟解决两个主要问题：(1) 中学地理教科书难易程度应该如何表述？具体可以采用哪些指标进行度量？(2) 与所选的国家相比较，我国当前使用的高中地理教科书难度水平如何？

项目紧紧围绕"中小学""教科书""难度"3个关键词开展研究，重点研究教科书中的知识问题，不做教科书好坏的价值性判断。课题组研制开发了评价研究工具，选择了10个国家有代表性的教科书进行翻译；同时分别对这10套教科书从广度和深度两方面进行了赋值，并计算了相应的难度。经过两年多的研究，结果表明，我国初中地理教科书的难度排在10个国家的第5位、高中地理教科书的难度排在10个国家的第4位，在国际上处于中等水平。

2014年5月6日，全国教育科学规划领导小组办公室在北京会议中心举行《中小学理科教材难度的国际比较研究》成果报告暨专题研讨会，数学、物理、化学、生物、地理、科学共6个学科的专家均到场参加汇报和研讨。我代表地理学科做了题为《中学地理教科书难易程度的国际比较——基于国际10国中学地理教科书的研究》的大会发言。

本课题研究团队翻译了澳大利亚、英国、新加坡、美国、俄罗斯、德国、法国、韩国和日本9个国家地理教科书，打印成册，共3 177页，也为本套丛书的深入研究与编写提供了丰富的、可比较的素材。《中小学理科教材难度国际比较研究（高中地理卷）》一书于2016年12月由教育科学出版社出版。书中在回答了中国地理教材"难不难"的问题后，我们也试着对教材"好不好"的问题进行了研究。

十一、2012—2019年中图版初中、高中地理教科书修订

依据《义务教育地理课程标准（2011年版）》，我们全面修订了初中地理教科书。2012年七年级地理教科书审查通过，2013年八年级地理教科书审查通过。

依据《普通高中地理课程标准（2017年版）》，我们于2018年全面修订高中必修第一册、必修第二册，选择性必修1、2、3共5册地理教科书。2019年11月，经国家教材委员会专家委员会审查，全部通过。这是我第三次完整编写修订了从初中到高中的地理教科书。

2021年10月，在国家教材委员会开展的"首届全国教材建设奖"评选中，我主编的普通

高中教科书《地理》必修第一册获得全国优秀教材（基础教育类）一等奖；我主编的义务教育教科书《地理》七年级上册、义务教育教科书《地理》八年级下册获得全国优秀教材（基础教育类）二等奖。

我在大学教书，但编写与研究中学地理教科书贯穿职业生涯始终。初步计算，我指导的进行地理教科书方面研究的研究生、本科生超过了60人。其中，有多人对我国教科书历史进行了研究，如本科生论文《中国中学地理教科书中中国区域划分的演变与依据研究》（2002，杨许红）、《中国100年中学地理教科书内容的演变分析》（2005，龚宣渤）、《清末至今中国地理教科书西藏地区的有关区划与内容的研究》（2013，索朗德吉）；硕士论文有《1949年后我国高中地理教科书内容及表述方式研究》（2003，秦淑慧）、《20世纪上半叶我国中学地理教科书的发展与演变》（2010，何亚琼）、《北洋政府时期我国中学地理教科书的内容体系研究》（2015，张九零）等。

本研究系列反映了我们对中学地理教科书领域全面、深入的思考，可以分为三部分：一是地理教科书历史与发展研究，包括《中国中学地理教科书发展与演变研究（1902—2019）》《20世纪80年代以来国际中学地理教育动态研究》《国外地理教科书有关中国地理与国家形象的比较研究》《基于OECD课程内容图谱的地理内容领域与能力框架研究》；二是地理教科书内容与编写研究，包括《中学地理教科书内容体系研究》《中学地理教科书结构研究》《中学地理教科书图像系统研究》《中学地理教科书作业系统研究》《中学地理教科书探究活动研究》《中小学理科教材难度国际比较研究（高中地理卷）》；三是评价方法、教师教学用书研究，有《中学地理教科书评价研究》《中学地理教师教学用书研究》。

本书由王民、何亚琼、蔚东英、张九零等完成，汇集了我们多个研究成果。参加后期研究与整理工作还有张鹏韬、降同昌、王健、牟安琪等。为真实反映近代以来我国中学地理教科书的面貌，本书在地名、国名、人名等方面的引用上，均按当时的教科书呈现。

感谢北京师范大学地理教育团队毕业的各届同学，我们研究成果中留下了你们坚实的脚印；感谢中国地图出版社，从集团领导到教材分社的领导对教科书研究项目给予了长期的、坚定的支持；感谢中国地图出版社教材出版分社陶宁平社长、马宝艳副总编、胡志刚编辑、廖倩编辑对本书顺利出版所付出的辛勤努力。

由于时间和能力有限，虽已尽力，但书中难免存在各种缺陷和不足，敬请批评指正。

王 民

2021年12月12日于北京师范大学地理学院385实验室

责任编辑　胡志刚　廖　倩
审　　校　王　强
复　　审　李红梅
审　　订　马宝艳
封面设计　徐海燕